1340179

Hellmut Flashar
HIPPOKRATES

Hellmut Flashar

HIPPOKRATES
Meister der Heilkunst

Leben und Werk

C.H.Beck

Mit 10 Abbildungen

© Verlag C.H.Beck oHG, München 2016
Satz: Fotosatz Amann, Memmingen
Druck und Bindung: CPI – Ebner & Spiegel, Ulm
Umschlaggestaltung: Geviert, Grafik & Typografie, Michaela Kneißl
Umschlagabbildung: Hippokrates von Kos, Louvre, Paris; © IAM/akg-images
Gedruckt auf säurefreiem, alterungsbeständigem Papier
(hergestellt aus chlorfrei gebleichtem Zellstoff)
Printed in Germany
ISBN 978 3 406 69746 3

www.chbeck.de

INHALT

VORWORT
Seite 7

I. DIE ANFÄNGE
Seite 9

1. Ägyptische Medizin 9
2. Homerische Ärzte und mythische Ahnen 12
3. Von Homer zu Hippokrates –
   die Medizin wird Wissenschaft 17

II. HIPPOKRATES UND SEIN WERK
Seite 26

1. Das Leben und sein Bildnis 26
2. Das Werk 32

III. WERKE UND THEMEN
Seite 36

1. Der Eid 36
2. Die heilige Krankheit 50
3. Umwelt 54
4. Von der Diagnose zur Prognose 74
5. Epidemien, Säfte und Krankheiten 81

6. Grundfragen der Medizin in der Diskussion .. 90
   a) Über die Lüfte 91
   b) Die Natur des Menschen 93
   c) Die alte Heilkunst 100
   d) Über die Kunst 106
7. Diät und Gesundheitsvorsorge 108
8. Gynäkologie 120
9. Innere Krankheiten 140
10. Chirurgie und Orthopädie 155
11. Zahlen, Fieber, Tod 168
12. Die Einrichtung einer Praxis und
    die ärztliche Standesethik 179
13. Aphorismen 186
14. Briefe, Reden und ein Dekret 196

IV. ASKLEPIOS UND DIE ASKLEPIOSMEDIZIN
Seite 208

V. STATIONEN DER REZEPTION
Seite 226

ANHANG
Seite 255

Das Corpus Hippocraticum 257
Anmerkungen 260
Literaturhinweise 280
Bildnachweis 292
Personenregister 293
Ortsregister 296

VORWORT

Hippokrates war der erste Arzt, der über seine Heilkunst öffentlich Rechenschaft abgelegt hat. Obwohl nur ein Teil der unter seinem Namen überlieferten Schriften von ihm selber stammen kann, ist Hippokrates Symbol für eine ethisch und wissenschaftlich verantwortete Medizin mit einer bis in die Gegenwart reichenden Prägekraft.

Die Eigenart der hippokratischen Medizin aus der Sicht des Philologen zu veranschaulichen, ist das Ziel dieses Buches. Mit dem Untertitel «Meister der Heilkunst» soll der Kunstcharakter der Medizin anklingen, wie er in dem griechischen Wort Techne (τέχνη) beschlossen liegt, das Kunst, Wissen und Können zugleich bedeutet. Dass die Medizin in ihrer Geschichte immer auch als «Kunst» verstanden worden ist, mag heute im Zeichen der Apparatemedizin nicht mehr voll bewusst sein, bleibt aber auch über den Ausdruck «Kunstfehler» hinaus bestehen.

Für Rat und Hilfe möchte ich herzlich danken: Hinrich Biesterfeld (Bochum), Olga Chernyahkhovskaya (Bamberg), Martin Flashar (Freiburg im Breisgau), Bettina Full (Bochum/Bamberg), Tom Gerald (New York), Norbert Gertz (Bielefeld), Jochen Schäfer (Kiel), Anselm Vogt (Bochum) und Christiane Zimmermann (Berlin).

Stefan von der Lahr hat mit gewohnter Sorgfalt das Buch lektoriert und in allen Phasen der Entstehung, hilfreich unterstützt von Andrea Morgan, begleitet. Für die präzise Herstellung des Typoskriptes möchte ich Carola Budnj herzlich danken. Ebenfalls habe ich Theodor Lindken für bibliographische Recherchen zu danken.

Für die Vorbereitung des Textes habe ich einen Zuschuss von der Fritz Thyssen Stiftung erhalten, für den ich sehr dankbar bin.

Bochum, im Frühjahr 2016   *Hellmut Flashar*

I.
DIE ANFÄNGE

1. Ägyptische Medizin

Ärzte und Medizin hat es immer gegeben, nur fehlt für die ganz frühen Zeiten schriftloser Kulturen die Überlieferung. Nicht zu Unrecht stellen wir uns einen Medizinmann vor, der Priester, Zauberer und Arzt zugleich ist, der, mit magischen Kräften begabt, zwischen der göttlichen und menschlichen Sphäre vermittelt und dabei verängstigte Menschen von Krankheiten befreit. Sicher gab es auch in den vielen kriegerischen Auseinandersetzungen eine ganz einfache und praktische Wundbehandlung. Funde von Schädeln in Gräbern deuten auf präoperative Eingriffe, die bis in die Jungsteinzeit (ca. 10 000 v. Chr.) heraufreichen. In den fernöstlichen Kulturen, in China, Tibet und in Indien, gab es früh Ansätze zu einer Medizin, in der sich magische und rationale Komponenten durchdringen.[1]

Die schriftliche Überlieferung setzt mit der Kultur des Alten Ägypten ein. Es gibt eine ganze Reihe von Papyri, die über medizinische Behandlungen und vor allem über Rezepte ausführliche Auskunft geben.[2] Der älteste, 4,7 Meter lange Papyrus ist der sogenannte Papyrus Smith, benannt nach dem amerikanischen Ägyptologen Edwin Smith (1822–1906). Es handelt sich dabei teilweise um eine Abschrift noch älterer Texte, die bis ca. 1900 v. Chr. heraufreichen. Der längste, fast 20 Meter lange Papyrus, der Papyrus Ebers, benannt nach dem Leipziger Ägyptologen Georg Moritz Ebers (1837–1898), ist – wie der Papyrus Smith – um 1550 v. Chr. geschrieben.

Nehmen wir nur diese beiden Papyri, so tritt uns in ihnen ein geschlossenes Bild der ägyptischen Medizin entgegen. Sie zeichnet sich durch ein hohes Niveau von Anfang an, durch eine bemerkenswerte Konstanz über die Zeiten ohne eine erkennbare Weiterentwicklung im

Grundsätzlichen und durch eine hohe Spezialisierung aus. In diesen beiden Papyri werden 150 Ärzte genannt, 132 mit Namen, spezialisiert als: Augenärzte, Zahnärzte, Kopfärzte, Bauchärzte, «Hirt des Afters», Spezialisten für unsichtbare Krankheiten. Manchmal haben sie einen Titel wie: «Arzt des Palastes» oder «Oberster der Ärzte des Palastes».

Auffallend ist die ungeheure Fülle der Rezepte. Allein im Papyrus Ebers finden sie sich in 880 Einzeltexten nach 45 Sachgruppen geordnet. Die Beschreibung der Erkrankungen und der entsprechenden Heilmittel geht vom Kopf an über Hals, Nacken, Brust, Rücken, Wirbel und weiter abwärts. Es gibt allein 40 Hustenrezepte, je nachdem, wo der Husten sitzt. Kommt er aus dem Bauch, so wird folgendes Rezept empfohlen: Feigen, Granatapfel, Rosinen, Kreuzkümmel, Blätter der Dornakazie, Senfkohl und süßes Bier werden in einem bestimmten Mengenverhältnis verrührt und vier Tage lang getrunken. Nach diesem Schema gibt es Hunderte von Rezepten. Die Therapie bestand generell im Einnehmen, Essen, Trinken, Inhalieren, Salben, Schneiden, Brennen, Einrenken, Anlegen von Verbänden. Der Arzt war dabei sein eigener Apotheker; die Trennung von Apotheke und Arzt ist erst im Mittelalter vollzogen worden. Die Diagnosestellung war exakt; man konnte den Puls messen. Ein Beispiel mag die Art der Untersuchung veranschaulichen:

> Wenn du einen Mann untersuchst, der an seinem Magen leidet: Alle seine Körperstellen sind unter Druck gegen ihn wie bei einem Ausbruch von Ermattung. Dann sollst du deine Hand auf seinen Magen legen und findest du seinen Magen wie eine Pauke, indem er geht und kommt unter deinen Fingern, dann sollst du sagen: Das ist eine Trägheit des Essens, die verhindert, dass er weiter etwas isst. Dann sollst du ihm ein Abführmittel machen: Kerne von Datteln, durchgepresst mit verdorbenem Bier. Seine Esslust kommt wieder (Pap. Eb. 189).

Mit großer Selbstverständlichkeit werden auch Frauen untersucht und behandelt. Da ist von Schmerzen am After, in der Schamgegend, von Ausscheidungen, von Erkrankungen der Vagina, des Uterus, von Blutungen bis hin zu krampfartigem Husten die Rede.

Neben den Papyri gibt es Darstellungen von Arzt-Szenen eingeritzt auf Wänden meist sakraler Bauten, so eine Augenbehandlung auf einer Baustelle an einem Grab. Einem Bauarbeiter ist offenbar ein Fremdkörper, vielleicht ein Holzsplitter, ins Auge geraten. Er wird an Ort und Stelle mit einem Federrohr behandelt mit dem Ziel, den Fremdkörper aus dem Auge zu entfernen.[3]

Bei alledem ist aber die so rational wirkende ägyptische Medizin von Anfang bis Ende durchzogen von Magie und Zauberei. Die Zaubersprüche selbst werden in den Papyri kaum im Ganzen mitgeteilt. Es heißt immer wieder: «Dieser Zauberspruch werde rezitiert über ...» Oder: «Es werde dieser Zauberspruch gesprochen über dem Kot eines Katers» – bei einem Beinleiden (Pap. Eb. 74). Manchmal wird auch mitgeteilt, wie oft ein Zauberspruch wiederholt werden soll, so sieben Mal über einem Amulettknoten für ein Beinleiden (Westendorf I 68). Es sind Begleitsprüche bei der Drogenbereitung und bei der Behandlung. Das Auflegen von Amulettknoten auf eine Wunde soll helfen, Zaubersprüche sollen Seuchen eindämmen. Anrufung von Dämonen, Schutzzauber für eine Mutter nach der Geburt eines Kindes und viele andere Zaubermittel stehen jedoch nicht isoliert, sondern sollen zusammen mit dem Heilmittel wirken. Schon die Bereitung der Drogen wird von Zaubersprüchen begleitet. So ist der Arzt zugleich ein mit magischen Kräften begabter Zauberer, der eine Verknüpfung mit der dämonisch-göttlichen Sphäre herstellt. Hier liegt der entscheidende Unterschied zur griechischen Medizin.

Als der Geschichtsschreiber Herodot (ca. 485–425) Ägypten bereist, urteilt er über die Medizin in der Spätphase des ägyptischen Reiches:

> Jeder Arzt ist nur für eine Krankheit da und nicht für mehrere. Und alles ist voll von Ärzten. Denn die einen sind Ärzte für die Augen, andere für den Kopf, andere für die Zähne, andere für den Unterleib, wieder andere für innere Krankheiten (II 84).

Diese Worte lassen den Schluss zu, dass es – nach der Meinung Herodots – bei den Griechen offenbar anders war.[4] Herodot verfasste sein Werk zu Lebzeiten des Hippokrates.

2. Homerische Ärzte und mythische Ahnen

In dem ältesten Werk europäischer Literatur, in der *Ilias* Homers (ca. 700 v. Chr.), taucht sogleich der Urahn der griechischen Medizin, Asklepios, auf.[1] Homer nennt ihn einen «untadeligen Arzt» (*Ilias* XI 518). Aber er ist noch nicht der Heilgott oder Heilheros, sondern ein Sterblicher und Arzt überhaupt nur im Nebenberuf. Denn er ist Fürst von Trikka (Trikke, heute: Trikala) in Thessalien nahe des Pelion-Gebirges und er beteiligt sich auch an dem globalen Feldzug aller Griechen gegen Troia, zu dem er 30 Schiffe entsendet (*Ilias* II 729–733). Aber er fährt nicht selber mit, sondern beauftragt seine beiden Söhne, Machaon und Podaleirios, ebenfalls «tüchtige Ärzte» (*Ilias* II 733), mit der Führung des Kontingents. Also sind auch sie nicht nur Ärzte, sondern Flottenkapitäne, Anführer von ca. 1500 Kriegern.[2] Und sie kämpfen auch selber mit, stehen jedenfalls an vorderster Front. Als Menelaos durch einen Pfeilschuss verwundet wird, soll Machaon «die Wunde abtasten und Kräuter auflegen, die die Schmerzen lindern» (*Ilias* IV 190). Schließlich wird Machaon selber verwundet. Nestor wird aufgefordert, ihn aus der Schusslinie zu den Schiffen zu bringen, zu seiner Hütte, wo er durch Getränke gestärkt wird (*Ilias* XI 504–520), später Wein trinken soll und ein wärmendes Bad bekommt, damit der Schorf von der Wunde abgewaschen werden kann (*Ilias* XIV 1–8). Mit der Verwundung des Machaon ist eine schwierige Situation eingetreten, ist er doch der einzige Arzt, dem in dem riesigen Heer vor Troia eine aktiv-therapierende Funktion zufällt. Als Eurypylos verwundet wird, ist kein Arzt vorhanden, denn der verwundete Machaon «bedarf selbst eines untadligen Arztes», der andere (Podaleirios) «hält stand im Feld der Troer dem scharfen Ares» (*Ilias* XI 835–836). Er kämpft also gerade. Später soll er zu den 20 Männern gehört haben, die in dem Troianischen Pferd in die Stadt eindrangen.[3] Dass von ihm in der *Ilias* nicht weiter die Rede ist, hängt auch damit zusammen, dass er nicht in erster Linie Wundarzt, sondern eher für innere Krankheiten zuständig war. Jedenfalls gibt es in der *Ilias* durchaus einen gewissen Ärztemangel, was Anlass genug ist, die Reputation des Arztes gebührend hervorzuheben:

Abb. 1: *Achill verbindet den verwundeten Patroklos.*
Attische Trinkschale des Sosias-Malers, Antikensammlung,
Staatliche Museen zu Berlin

Denn ein ärztlicher Mann wiegt viele andere auf, Pfeile herauszuschneiden und lindernde Kräuter aufzustreuen (XI 514).

Gemeint ist ganz konkret, dass ein Arzt in der Lage ist, als Einzelner viele andere Menschen zu heilen und damit wieder funktionsfähig zu machen.[4] Daneben aber haben sich die homerischen Helden bei kleineren Verwundungen, wie sie entsprechend der eingesetzten Waffen (Schwert, Lanze, Pfeil) häufig vorkommen, gegenseitig erste Hilfe geleistet. So verbindet Achill den verwundeten Patroklos, wie es meisterhaft das Innenbild der Trinkschale des Sosias zeigt, allerdings stilisiert nach der Entstehungszeit der Schale um 500 v. Chr.

Als nach der Verwundung des Machaon kein Arzt zur Verfügung stand, bittet der verwundete Eurypylos Patroklos, er solle ihn behandeln: «Schneide mir aus dem Schenkel den Pfeil und wasche ab das schwarze Blut mit warmem Wasser und streue lindernde Kräuter darauf» (*Ilias* XI, 828–830). Patroklos tut dies ganz fachgerecht, als sei er ein Arzt: «Er schnitt mit dem Messer aus dem Schenkel das schwarze Geschoss, das sehr spitze und wusch ihm ab das schwarze Blut mit warmem Wasser und tat eine bittere Wurzel darauf, die er zerrieb mit den Händen, eine schmerztötende, die ihm alle Schmerzen tilgte, und die Wunde verharschte, und es stockte das Blut» (*Ilias* XI, 844–848).

Aber es gibt auch schwere, oft zum Tode führende Verletzungen, die Homer mit erstaunlicher anatomischer Kenntnis schildert:

> Idomeneus durchstieß den Eurymas am Mund mit dem erbarmungslosen Erz, und gerade hindurch fuhr hinten heraus der eherne Speer, unterhalb des Gehirns, und spaltete die weißen Knochen. Und herausgeschüttelt wurden die Zähne, und es füllten sich mit Blut die beiden Augen, und aus dem Mund und aus den Nasenlöchern sprühte er es heraus, mit klaffendem Mund, und ihn umhüllte des Todes schwarze Wolke (*Ilias* XVI, 345–350).

Trotz des auffallenden Interesses, das Homer an medizinischen Details hat, sind in der *Ilias* die beiden Ärzte erstaunlich wenig in Aktion. Machaon behandelt zwar verletzte Krieger, bis er selber verwundet wird, und Podaleirios tut ‹medizinisch› gar nichts. Ihre eigentliche ‹Aristie› (Heldentat) haben sie in der *Iliou persis* (Zerstörung Troias) geleistet, in einem zu dem sogenannten epischen Kyklos gehörenden Epos, das zur Zeit Homers bekannt war, möglicherweise nur durch mündliche Überlieferung, der erst eine spätere Aufzeichnung folgte.[5] Die herausragende Tat des Machaon war die Heilung des Philoktet, der wegen einer scheinbar unheilbaren, durch einen Schlangenbiss verursachten Wunde lange Zeit auf der Insel Lemnos verbannt, aber nach einem Orakelspruch zur Eroberung Troias unerlässlich war und daher zurückgeholt werden musste. Machaon gelang mit der Heilung das scheinbar Unmögliche. Und die besondere Leistung des Podaleirios bestand darin, als Erster den Wahnsinn des Aias erkannt und richtig diagnostiziert zu haben. Weil Podaleirios nicht in erster Linie Wundarzt, sondern für die inneren Krankheiten zuständig war, ist von ihm in der *Ilias* kaum die Rede. Dabei zeigt sich die ärztliche Kunst in den homerischen Epen (und in denen des Kyklos) als völlig rational, unverknüpft mit Magie oder Sehertum der Ärzte. Man könnte fragen, ob der Typ des homerischen Arztes signifikant für die Zeit Homers ist oder ob Homer archaisiert und die Verhältnisse auf die mykenische Zeit projiziert, in der die Handlung der Epen spielt. Man möchte ein Archaisieren am ehesten für den adligen, berufslosen Helden bzw. Herrscher annehmen, der nebenbei Arzt ist. Jedenfalls kennt die gegenüber der *Ilias* etwas jüngere *Odyssee* den professionellen Arzt, der nur diesen Beruf ausübt, und zwar gegen Honorar (*Odyssee* XVII, 382–387). Dieser Arzttypus kristallisiert sich mit der in dieser Zeit sich vollziehenden Bildung der Polis heraus.

Dabei bleibt es oft so, dass die ärztliche Kunst von Generation zu Generation innerhalb eines Geschlechterverbandes weitergegeben wird.

So haben auch Machaon und Podaleirios ihre ärztliche Kunst von ihrem Vater Asklepios gelernt. Der aber ist von dem Kentauren Cheiron (Chiron) unterwiesen worden. Machaon «sog das Blut und streute kundig darauf lindernde Kräuter, die seinem Vater einst wohlgesonnen gegeben hatte Cheiron» (*Ilias* IV 218–219). Damit wird letztlich die griechische Medizin auf einen mythischen Ursprung zurückgeführt.

Es ist ja seltsam genug, dass unter diesen wilden Naturdämonen, teils Mensch, teils Pferd mit vier Beinen, die im Kampf mit dem thessalischen Stamm der Lapithen (in der sogenannten Kentauromachie) schließlich unterlagen, sich einer befand, der als weise und gerecht galt und als Erzieher nicht nur des Asklepios, sondern auch Achills fungierte. Denn auch Achill hat eine medizinische Unterweisung von Cheiron erhalten. Eurypylos zu Patroklos: «Streue lindernde Kräuter darauf, gute, die du von Achilleus gelernt hast, den Cheiron gelehrt hat, der gerechteste unter den Kentauren» (*Ilias* X 830–832). Wir gewinnen so eine Abfolge von Geschlechtern in der Grundlegung der ärztlichen Kunst: Cheiron – Asklepios – Machaon und Podaleirios. Man dachte sich Cheiron in einer Hütte am Pelion-Gebirge lebend, also ganz nahe an dem Herrschaftsgebiet des Asklepios. Dass Homer ihn den «gerechtesten» nennt, deutet zugleich eine ethische Komponente in der Unterweisung an. Die griechische Medizin hat also einen mythischen Ahnen und in Asklepios einen zunächst als Mensch auftretenden Begründer einer rationalen Medizin. So sieht es Eryximachos in seiner Rede im platonischen *Symposion* unter Berufung auf die Dichter: «Unser Ahnherr Asklepios hat, wie die Dichter sagen und wie ich es glaube, unsere (ärztliche) Kunst begründet» (186 E). Dieser rationale Asklepios ist jedoch zu unterscheiden von dem Heilgott oder Heilheros der Asklepiosheiligtümer.[6]

Gleichwohl lebt im Mythos Cheiron als Ahnherr der Medizin weiter. In einem auf etwa 474 v. Chr. zu datierenden Gedicht (*Pythien* IV) will Pindar dem kranken Fürsten Hieron von Syrakus (den er in mehreren Siegesliedern besungen hat) Trost spenden mit den Worten:

> Ich wünschte, Chiron der Philyride –
> wenn ich mit meiner Zunge beten soll dies gemeinsame Wort –
> möchte leben, der Abgeschiedene,
> der weitwaltende Sohn des Uraniden Kronos, und möchte in den Tälern
> des Pelion herrschen, das Halbtier auf dem Feld,
> dessen Sinn den Männern hold ist, so wie er aufzog einst
> den freundlichen Baumeister der gliederstärkenden Linderung
> Asklepios,
> den Heros, den Abwehrer jeglicher Seuchen.

Dann heißt es weiter über Asklepios:

> Alle, die nun kamen, von selbst entstandener Gebrechen teilhaftig oder vom grauen Erz an den Gliedern verwundet oder von weithin treffendem Stein, oder die Gestalt von sommerlicher Glut zerstört oder vom Winter: die löste er und befreite den einen von der, die anderen von anderer Pein. Die einen besprach er mit sänftigenden Zaubersprüchen, den anderen gab er Linderndes zu trinken oder umwand die Glieder ringsum mit heilenden Kräutern, andere stellte er durch Schneiden aufrecht.

In mythischer Einkleidung finden wir hier eine klare Systematik der Krankheiten (innere Leiden, Verwundungen, durch Hitze und Kälte bedingte Leiden) und Therapiemethoden (psychische Behandlung, Diätetik, Wundbehandlung, Chirurgie), der dann die Warnung vor einem Überschreiten der ärztlichen Kunst folgt. Asklepios selber, so heißt es, habe sich durch Bestechung dazu verleiten lassen, «einen Mann aus dem Tode zu bringen, der schon gepackt war». Zeus bestraft beide mit dem Tode (*Pyth.* IV 56–59). Es ist die Strafe für Vermessenheit und die Warnung, die Grenze ärztlicher Kunst nicht zu überschreiten. Der irdische Tod des Asklepios ist die Voraussetzung für seine spätere Heroisierung. Die Erinnerung an diesen überragenden Arzt lebte weiter, denn immer wieder haben sich Ärzte auf Asklepios und seinen Sohn Machaon berufen.

3. Von Homer zu Hippokrates – die Medizin wird Wissenschaft

Zwischen Homer und Hippokrates liegt die Entstehung und Ausbildung der Philosophie. Die frühen griechischen Philosophen, die man «Vorsokratiker» nennt, haben entscheidend dazu beigetragen, dass die Medizin zur Wissenschaft geworden ist.[1] Ihre Bedeutung für die Medizin liegt vor allem darin, dass in die Entwürfe eines naturwissenschaftlich begründeten Weltbildes der Mensch in seiner psycho-physischen Konstitution integriert wird. Die Frage nach Entstehung und Struktur des Kosmos, nach letzten Prinzipien, die allem kosmischen Geschehen zugrunde liegen, führt ganz natürlich zum Problem der Stellung des Menschen im Kosmos. So haben einige dieser ‹Vorsokratiker› auf der Suche nach der Entstehung allen Lebens Zeugungslehren und Vererbungslehren entwickelt, die Anatomie des menschlichen Körpers und die Funktion der Sinnesorgane erforscht. Auch die bei den frühen griechischen Philosophen kontrovers diskutierte Frage, ob das Zentralorgan des Menschen das Gehirn oder das Herz ist, führt unmittelbar zur Frage nach der Struktur des menschlichen Körpers in seiner normalen Beschaffenheit, also im gesunden Zustand. Von hier aus ist es nur ein Schritt, den kranken Körper und damit Krankheiten und deren Heilung ins Auge zu fassen. Aber auch das Reinheitsgebot des Pythagoras (um 570–nach 510) und seiner Schüler, verbunden mit dem Verbot des Tötens und Essens von Tieren, die – im Sinne der Seelenwanderung – eine menschliche Seele in sich tragen können, führt in den Bereich der Medizin, namentlich in die Diätetik, die sich dann rasch als eigene Disziplin der Medizin entwickelt. Aristoteles (384–322) hat es später rückblickend so ausgedrückt:

> Es ist auch Sache des Naturforschers, die ersten Prinzipien bezüglich Gesundheit und Krankheit ins Auge zu fassen. Denn weder Gesundheit noch Krankheit kann in leblosen Dingen entstehen. Deshalb sind die meisten Naturforscher auch Ärzte, die aber ihre Kunst in stärkerem Maße philosophisch betreiben. Die einen gelangen dann zur Medizin, die anderen zur Erforschung der Natur (*De sensu* 1, 436 a 19–22).

Am stärksten ist die Nähe zwischen frühgriechischer Philosophie und Medizin ausgeprägt bei dem Pythagoreer Alkmaion von Kroton (ca. 570–500). Er hat keine Prinzipienlehre (Annahme von Wasser, Luft, Feuer, Atome usw. als Prinzipien des Alls) entwickelt, sondern als kosmische Urkräfte die Qualitäten Feucht, Trocken, Kalt, Warm angesehen.

> Gesundheitsbewahrend ist die Isonomie (Gleichberechtigung) der Kräfte des Feuchten, Trockenen, Kalten, Warmen, Bitteren, Süßen usw., die Monarchie (Alleinherrschaft) bei ihnen ist dagegen krankheitserregend. Denn verderblich wirkt die Alleinherrschaft des einen Gegensatzes. Und es lassen sich die Krankheiten, was die Ursache angeht, auf das Übermaß von Wärme oder Kälte, was den Anlass angeht, auf Übermaß oder Mangel an Nahrung zurückführen. Was aber die Stellen im Körper angeht, so ist Blut, Mark oder Gehirn betroffen. Doch entstehen (in diesen Organen) auch Krankheiten aus äußeren Anlässen, von bestimmten Gewässern, von einer bestimmten Gegend oder von Anstrengung oder von Zwang oder dergleichen. Die Gesundheit aber ist die gleichmäßige Mischung dieser Qualitäten (Frgm. B 4 Diels/Kranz).

Dieser Bericht aus später Quelle gibt nicht in allen Einzelheiten den Wortlaut des Alkmaion wieder, lässt aber doch seine Konzeption erkennen. Zwei Begriffe aus der politischen Sphäre, Isonomie und Monarchie, bezeichnen Gesundheit und Krankheit, Isonomie als «Gleichverteiltheit» der Grundqualitäten, Monarchie als Störung im

Gleichgewicht der Kräfte.[2] Es ist evident, dass hier der Mensch nach den gleichen Grundkräften strukturiert ist wie der Kosmos im Ganzen, also der Sache (wenn auch nicht dem Begriff) nach der Mensch im Verhältnis zum Weltganzen als Mikrokosmos und der Kosmos im Verhältnis zum Menschen als Makrokosmos erscheint. Durch diese Analogie, die in der späteren Philosophie weiter ausgestaltet wird, erhält die Medizin, sofern sie sich als Wissenschaft versteht, eine ganz neue Dimension, die in den hippokratischen Schriften spürbar ist. Dabei dominiert bei Alkmaion nicht die Spekulation, sondern die Empirie. So soll Alkmaion als Erster ein Auge (eines Tieres?) seziert, «Kanäle», die die Augen mit dem Gehirn verbinden und überhaupt das Gehirn als Zentrum des Denkens, Wahrnehmens und Fühlens entdeckt haben.

Dass die frühen griechischen Philosophen, die die Anatomie des Menschen erforscht und dabei auch die Phänomene Krankheit und Gesundheit im Blick hatten, selber auch als Ärzte praktiziert haben, ist eher unwahrscheinlich. Bezeugt ist es nur für Empedokles (ca. 483–424), der – nun schon als inkarnierter «Gott» stilisiert – «Tausenden» hilft, die «nachfragen, bei mannigfachen Krankheiten ein heilbringendes Wort zu erfahren, lange schon von schweren Schmerzen durchbohrt» (Frgm. B 112), wobei offenbleibt, ob die Therapie sich auf das «heilbringende Wort» in vielleicht magischer Besprechung beschränkt. Auf der anderen Seite hat Empedokles – der Begründer der Lehre von den vier Elementen (von ihm «Wurzelkräfte» genannt) – nicht nur eine Embryologie und Anatomie, sondern auch eine hochinteressante Lehre von der Hautatmung entwickelt (Frgm. B 100: «Alles atmet ein und aus»), wonach über die Oberfläche der Körper blutarme Fleischröhren gespannt sind, durch die eine ständige «Atmung» (Perspiration) stattfindet. Dies alles ist aufs engste mit der Lehre von den vier Elementen (Feuer, Wasser, Erde, Luft) und damit mit dem Aufbau des Kosmos verknüpft. Die Beobachtung der Hautatmung ist umso interessanter, als nach den Erkenntnissen der modernen Medizin der Anteil der Haut am gesamten Sauerstoffaustausch beim Menschen weniger als 1 Prozent beträgt.

Das herausragende Beispiel eines praktizierenden Arztes vor Hippokrates ist der legendäre Demokedes (ca. 550–480).³ Er stammt aus Kroton in Unteritalien, also aus dem Ort, in dem Pythagoras und seine Anhänger wirkten. Vielleicht war er Schüler des Alkmaion. Es muss sich dort so etwas wie eine Ärzteschule etabliert haben, denn der Historiker Herodot bemerkt, «dass die Ärzte aus Kroton im Ruf standen, die besten zu sein» (III 131). Abenteuerlich ist die Lebensgeschichte des Demokedes, wie sie Herodot (III 125. 129–131) berichtet. Demokedes überwarf sich mit seinem Vater, verließ Kroton und gelangte zunächst nach Ägina. Dort ließ er sich nieder und praktizierte. Schon im ersten Jahr überragte er alle anderen Ärzte. Im zweiten Jahr erhielt er von der Stadt ein Gehalt von einem Talent, nach vorsichtiger Schätzung ca. 180 000 Euro.⁴ Dann begab er sich nach Athen, wo er schon 100 Minen (= ca. 300 000 Euro) bekam, was wohl ungefähr den Spitzengehältern unserer Chefärzte nahekommt. Danach kam er nach Samos und konnte dort an dem ungeheuren Reichtum des Tyrannen Polykrates partizipieren. Als nach dessen Tod (522 v. Chr.) die Perser die Insel besetzten, geriet Demokedes in Gefangenschaft des persischen Satrapen Oroites, der grausam über Samos und Teile von Kleinasien herrschte. Ihn beseitigte der persische König Dareios (550–486), der die Sklaven und Gefangenen des Oroites nach Susa, der Hauptstadt des persischen Reiches, bringen ließ, darunter Demokedes. Da zog sich der noch junge Dareios bei einem Sprung vom Pferd eine Verletzung am Fuß zu. Offenbar war der Knöchel aus dem Gelenk gesprungen. Dareios vertraute sich zunächst den ägyptischen Leibärzten an, die er in seinem Gefolge hatte. Sie versuchten vergeblich, das Gelenk gewaltsam wieder einzurenken und verschlimmerten das Übel, so dass Dareios nächtelang vor Schmerzen keinen Schlaf fand. Da ließ er Demokedes kommen, von dem es hieß, er sei Arzt. Demokedes, als Gefangener in Lumpen und Ketten vorgeführt, gab seine Profession zunächst nicht preis. Erst unter Androhung von Folter gab er sich als Arzt zu erkennen. Nun musste er helfen – der Arzt hilft auch dem Feind. Er wandte keine gewaltsame Methode, sondern sanfte «hellenische Heilmittel» an, hatte Erfolg und machte Dareios gesund. Als Dareios dann die erfolglosen ägyptischen Ärzte zum Tode durch den Strang verurteilen wollte, konnte Demokedes sie durch Fürsprache beim König retten – Kollegen helfen sich. Er wurde belohnt und durfte an der Tafel des Königs speisen. Bald darauf erkrankte die Frau des Königs, Atossa, an einem Geschwür an der Brust. Solange es noch harmlos war, sprach Atossa mit niemandem darüber, denn sie schämte sich. Als es aber schlimmer wurde, aufbrach und sich vergrößerte, wandte sie sich an Demokedes. Der versprach Heilung, ließ Atossa aber schwören, ihm nach erfolgreicher Behandlung eine Bitte zu erfüllen. Sie bestand darin, den König dazu zu bewegen, gegen Hellas zu ziehen, was Dareios aber ohnehin schon vorhatte. Der Grund für diese ungewöhnliche Bitte war, dass Demokedes hoffte, auf diese Weise wieder als freier Mann in seine Heimat zu kommen. Das gelang auch nach einiger Zeit.

Mögen wir die Bitte des Demokedes an Atossa in das Reich der Anekdote verweisen, so dürfte doch der Bericht Herodots im Ganzen historisch zuverlässig sein. Zwar erfährt man nicht genau die Diagnose des Geschwürs der Atossa und auch nicht die Behandlungsart des Demokedes, aber es lässt sich dem Text doch entnehmen, dass hier ein bedeutender Arzt am Werke ist, der ein Vertrauensverhältnis zum Patienten hat. Schließlich erwähnt Herodot (III 137) noch, dass Demokedes nach seiner Rückkehr in die Heimat die Tochter des Milon in Kroton zur Frau genommen habe. Milon war ein berühmter Athlet von gewaltigem Körpergewicht, mehrfacher Olympiensieger, um den sich zahlreiche Anekdoten rankten. Nicht zuletzt durch ihn wurde Kroton zum Zentrum athletischen Sports.

Die Geschichte des Demokedes ist im Ganzen so farbenreich, dass sie sogar Anlass zu einem Roman gegeben hat. Der weithin unbekannte Schriftsteller Artur Swerr hält sich streng an den Bericht Herodots, hat aber auch die Stätten des Wirkens dieses erstaunlichen Arztes besucht.[5] Es ist eine Icherzählung, in der Demokedes selber in fünf Papyrusrollen von seinem Schicksal in Ägina, Athen, Samos, Susa und Kroton berichtet. Dabei ist manches hinzuerfunden und in gegenüber Herodot fiktionaler Steigerung dargestellt, so zum Beispiel wie Demokedes in Ägina erst Anerkennung findet, nachdem er eine Seuche in der Stadt erfolgreich bekämpft hat, wie er dann von Geheimagenten aus Athen abgeworben wird, wie er sich in Athen in eine Blumenver-

Abb. 2: *Das Basler Arztrelief, um 480 v. Chr.*

käuferin verliebt, für die er beim Lykeion vor den Toren Athens ein verfallenes Landhaus mietet und die er später als Sklavin an ganz anderem Ort wiedersieht und manches mehr.

In die Gestalt des Demokedes fließen verschiedene Aspekte zusammen. Sein Vater war ein aus Knidos stammender Asklepiospriester, der sicher in die auch die Medizin umfassende religiöse Atmosphäre passte, die in Kroton von Pythagoras ausging. Demokedes war dann ein hervorragender praktischer Arzt, der es zu hohem Ansehen brachte. Über keinen Arzt vor Hippokrates sind wir so gut informiert wie über Demokedes.

Deutlich ist, dass es schon vor Hippokrates den Typ des Wanderarztes gab, der von Polis zu Polis ging und – wenn er sichtbare Heilerfolge aufzuweisen hatte – auch eine feste Anstellung erhalten konnte, aber auch dann nicht das volle Bürgerrecht erhielt, das nur den in der jeweiligen Polis Geborenen zustand. Gleichwohl stand der Arzt in hohem Ansehen, wofür auch das prächtige «Basler Arztrelief» ein Zeugnis ist, das um 480 v. Chr. den Arzt als typischen Wanderarzt auf einem Klappstuhl sitzend mit dem Wanderstab in der Hand zeigt.[6] Der ihm gegenüberstehende Knabe ist offenbar sein Gehilfe und die Gegenstände im oberen Teil des Reliefs sind Schröpfköpfe, wie sie auch in den hippokratischen Schriften mehrfach genannt sind. Mit ihnen wird, falls die Haut vorher eingeritzt ist, Blut abgenommen, falls sie nicht eingeritzt ist, eine Blutansammlung zu therapeutischen Zwecken herbeigeführt. Das Basler Arztrelief ist auch deshalb von besonderer Bedeutung, weil aus der klassischen Zeit kein vergleichbares Relief erhalten ist. Erst im 4. Jahrhundert v. Chr. erscheinen Arztreliefs häufiger, unter denen dasjenige, das die (inschriftlich genannte) Phanostrate zeigt, ein besonderes Interesse beanspruchen darf, weil hier zum ersten Mal eine (wohl aus dem Stand der Hebammen) hervorgegangene Ärztin inschriftlich genannt ist.[7]

Neben Kroton hat sich schon vor Hippokrates auch Knidos, die Stadt auf der Halbinsel im südwestlichen Festland gegenüber Kos, zu einem gewissen Ärztezentrum entwickelt, und zwar offenbar in Verbindung mit einem Asklepioskult. Der Vater des Demokedes stammt ja daher. Die Vorstellung, die drei Ärzteschulen von Kos, Knidos und Kroton würden untereinander rivalisieren, ist gewiss eine systematisierende und übertreibende Konstruktion späterer Doxographie (Referat von Lehrmeinungen). Überhaupt ist der Ausdruck «Ärzteschule» für die frühe Zeit nicht ganz zutreffend. Eher sind es Ärztegeschlechter, die sich an Orten alter Asklepiosheiligtümer ansiedelten. Aber es gab eine spezifische knidische Medizin und es gab auch knidische Schriften.[8] Galen (129–199) zitiert *Knidische Sentenzen* (Κνίδιαι γνῶμαι) und einige Schriften, die im *Corpus Hippocraticum* Unterschlupf fanden, gelten als knidisch. In den hippokratischen Schriften wird auch gegen die knidische Medizin polemisiert, so z. B. in der Schrift *Über die Diät bei akuten Krankheiten* 1 (= Testimonium 10 bei Grensemann): «Die Verfasser der *Knidischen Sentenzen* haben zwar die Art, wie die Kranken bei den einzelnen Krankheiten leiden, richtig be-

Abb. 3: Das Asklepieion von Kos, Ruinen des Tempels von Asklepios

schrieben» ... «darin aber, was der Arzt noch darüber hinaus in Erfahrung bringen muss» ... «haben sie Vieles außer acht gelassen». Die knidische Medizin beschränkt sich in der Tat auf die sehr detaillierte Einteilung von Krankheiten und deren einfache, meist pharmakologische Therapie. In der Spezifizierung z. B. von sieben Gallen-, zwölf Blasen-, vier Nierenerkrankungen steht sie der ägyptischen Medizin nahe. Knidos war eine blühende Handelsstadt und Beziehungen zu Ägypten sind ausdrücklich bezeugt (Herodot II 178). So gilt es als sicher, dass die ägyptische Medizin auch auf dem Gebiet der Pharmakologie auf die knidische Medizin eingewirkt hat.

Leider wissen wir wenig über eine koische Medizin vor Hippokrates. Sicher waren dort Ärztegeschlechter ansässig; die antike Biographie nennt die Namen des Vaters und der Großväter des Hippokrates als Ärzte. Aber ob es eine förmliche Ärzteschule gab, ist sehr zweifelhaft. Die koischen Ärzte bezeichneten sich als «Asklepiaden», doch ist ganz unsicher, ob es ein Asklepiosheiligtum (Asklepieion) in früher Zeit auf Kos gegeben hat.[9] Das prächtige Asklepieion mit Terrassen, Freitreppen und Säulenhallen, dessen Reste heute von Touristen besichtigt werden, hat mit Hippokrates ebenso wenig zu tun wie die berühmte Platane des Hippokrates. Das Asklepieion ist erst um 366 v. Chr. errichtet worden, und zwar nach einem Synoikismos (Zusammenschluss) mehrerer Städte zu der nun an der Nordostküste neu gegründeten Polis Kos. Hippokrates hat vermutlich in der alten Hauptstadt Astypalaia an der Südspitze der Insel gewirkt (ca. 50 Kilometer von der Stadt Kos entfernt), ziemlich genau an der Stelle, wo sich heute der Club Méditerranée befindet.[10]

Mit der Errichtung des Asklepieion hatte sich auch der Asklepioskult entwickelt. Die Ärzte haben immer Asklepios als den Heros der Medizin verehrt, auch im Respekt vor der homerischen Tradition. Mit der Gründung der Asklepiosheiligtümer avanciert Asklepios zum Gott.[11] Dass das erste und damit älteste Asklepiosheiligtum in seiner Heimat Trikka errichtet wurde, ist ausdrücklich bezeugt.[12] Spuren des Asklepiosheiligtums in Epidauros führen in das späte 6. Jahrhundert v. Chr. Längst waren auch in vielen anderen Städten, z. B. in Ägina, Piraeus, Athen, Asklepiosheiligtümer errichtet, bevor dasjenige in Kos entstand, vielleicht in Erinnerung an den schon berühmt gewordenen Hippokrates. Aber mit der Medizin, wie sie Hippokrates verstand, hat das alles nichts zu tun. Die Touristen, die heute auf Kos den Spuren des Hippokrates nachgehen, sind auf der falschen Fährte.

II.
HIPPOKRATES UND SEIN WERK

1. Das Leben und sein Bildnis

Über das Leben des Hippokrates wissen wir nicht viel. Es sind drei spätantike Viten (Lebensbeschreibungen) erhalten, die sogenannte *Vita Bruxellensis*, ein in Brüssel aufbewahrter Codex aus dem 6. Jahrhundert n. Chr. ohne Verfasserangabe, ferner unter dem Stichwort «Hippokrates» in dem byzantinischen Lexicon *Suda* aus dem 10. Jahrhundert n. Chr. und die Vita bei Tzetzes im 12. Jahrhundert. Alle diese Viten gehen jeweils auf frühere Quellen zurück, die teilweise auch genannt werden. Die früheste Vita stammt indes von Soran, wobei nicht mit letzter Sicherheit zu klären ist, ob es sich um den berühmten Gynäkologen des 1. Jahrhunderts n. Chr. oder einen sonst unbekannten Verfasser gleichen Namens handelt. Auch Soran beruft sich in seiner Vita auf frühere Quellen. Der Arzt Soran (den wir doch als Verfasser der Vita annehmen möchten) wirkte in Rom und hat neben der Hippokrates-Vita eine Reihe von medizinischen, meist gynäkologischen Schriften verfasst, von denen das Meiste nicht erhalten ist. Da selbst die Soran-Vita um ca. 500 Jahre von Hippokrates getrennt ist, konnte die Legendenbildung reichlich wuchern. Gern werden wir glauben, dass Hippokrates seine Ausbildung dem Vater Herakleides verdankt und dass er seinerseits zwei Söhne, Thessalos und Drakon, hatte, die ebenfalls Ärzte wurden. Dass er klein an Wuchs, aber groß an Bedeutung war, erwähnt Aristoteles (*Politik* VII 4, 1326 a 17) aus vermutlich zuverlässiger Quelle. Für alles Weitere aber empfiehlt es sich, zwei Zeugnisse in Augenschein zu nehmen, die bei Platon (428–347) stehen. Es handelt sich um die frühesten Erwähnungen des Hippokrates überhaupt.

Sokrates ist auf dem Wege zu dem Sophisten Protagoras und trifft einen jungen Mann namens Hippokrates, einen Namensvetter des

Arztes. Der Name Hippokrates kommt auch sonst mehrfach vor. Sokrates fragt:

> Wenn Du die Absicht hättest, Deinen Namensvetter Hippokrates aus Kos, einen der Asklepiaden, aufzusuchen und ihm für seine Bemühungen um Dich Lehrgeld zu zahlen und wenn Dich dann jemand fragte: «Sage mir Hippokrates, dem Hippokrates willst Du Lehrgeld zahlen, als wem eigentlich?»–«Als einem Arzt.»–«Und um was zu werden?»–«Um Arzt zu werden», sagte er. Wenn Du aber zu Polyklet aus Argos oder zu dem Athener Phidias zu gelangen beabsichtigst, um ihnen für ihre Bemühungen um Dich Lehrgeld zu zahlen, und wenn Dich jemand fragt: «Sage mir, Du willst dieses Lehrgeld dem Polyklet oder dem Phidias zahlen als wem eigentlich? Was würdest Du antworten?» «Ich würde sagen, als Bildhauer.» «Und um was zu werden?» «Natürlich um Bildhauer zu werden.» (*Protagoras* 311 DE).

Wir erfahren in diesem Abschnitt über Hippokrates: Er stammt aus Kos, nennt sich «Asklepiade», man kann zu ihm in die Lehre gehen, um Arzt zu werden, und muss dazu Lehrgeld zahlen. Wichtiger noch: Hippokrates ist auch in Athen als berühmter Arzt hochangesehen. Er steht auf einer Stufe mit den berühmtesten Bildhauern der Zeit, mit Phidias (480–430) und Polyklet (um 480–gegen Ende des 5. Jahrhunderts v. Chr.), die in der Szenerie des platonischen Dialoges ebenso wie Hippokrates als lebend gedacht sind. Platon legt Wert auf die innere Stimmigkeit der literarischen Fiktion, und eine Reihe von Indizien führt darauf, dass der Dialog *Protagoras* etwa um 432 v. Chr. ‹spielt›,[1] also in der Zeit, in der Phidias die berühmte Goldelfenbeinstatue für den Parthenon auf der Athener Akropolis gefertigt hat, und als Polyklet eine Reihe von Statuen geschaffen hat, unter denen der Doryphoros (Speerträger) die berühmteste ist. In einem Atemzug mit ihnen wird Hippokrates genannt. Gewiss kennt Platon auch andere bedeutende Ärzte, so Eryximachos, dem er im *Gastmahl* (*Symposion*) eine durchaus hintergründige Rede in den Mund legt. Auch kann die Nennung des Hippokrates im *Protagoras* durch die Namensgleichheit mit dem Gesprächspartner des Sokrates veranlasst sein. Es ist aber unbestreitbar, dass Hippokrates zu dieser Zeit als ein auch in Athen berühmter Arzt angesehen war.

Worauf gründet sich seine Berühmtheit? Dass er je in Athen gewesen sei, wird nirgends erwähnt und ist auch unwahrscheinlich. Vielleicht wusste man von sensationellen Therapieerfolgen. Nur mündliche Kunde reicht aber kaum aus. Also werden wohl Schriften des Hippokrates bekannt gewesen sein, gab es doch zu dieser Zeit in Athen und in anderen griechischen Städten schon einen regelrechten Buchhandel.[2] Es kommt noch eine andere Überlegung hinzu. Ist zwar das fiktive Datum des *Protagoras* ca. 432, so hat Platon diesen Dialog ca. im Jahre 388 verfasst. Aber auch zu dieser Zeit galt für die Leser des platonischen Dialoges Hippokrates als das Beispiel eines Arztes schlechthin.

Etwa zwanzig Jahre später kommt Platon noch einmal auf Hippokrates zurück, und zwar im *Phaidros*.

> Glaubst Du, die Natur der Seele vernünftig begreifen zu können ohne die Natur des Ganzen? Wenn man Hippokrates, einem der Asklepiaden, folgen will, noch nicht einmal die des Körpers ohne ein solches Verfahren (270 C).

Platon führt näherhin aus, dass man den menschlichen Körper nicht nur nach Gewohnheit und Erfahrung, sondern nach fachlichem Wissen behandeln soll, um ihm so durch die Anwendung entsprechender Arznei und Nahrung Stärke und Gesundheit zu verschaffen (270 B). Wieder ist Hippokrates das Idealbild des Arztes und in der Tat ist in den hippokratischen Schriften die alte, rein symptomatische Behandlungsart überwunden.[3]

Auch hier wird Hippokrates als «Asklepiade» bezeichnet. Die alten Ärztegenerationen führen sich auf Asklepios als ihren Ahnherrn zurück.

Wenn die Chronologie der antiken Biographen zutrifft, wonach Hippokrates von ca. 460 bis ca. 380 gelebt hat, dann fällt die Bemerkung Platons im *Phaidros* nicht mehr in die Lebenszeit des Hippokrates.

Er war also Zeitgenosse des klassischen 5. Jahrhunderts v. Chr. mit der Blüte der Tragödie und Komödie, mit dem Aufkommen der Sophistik und der Geschichtsschreibung. Er hat, auf Kos geboren und unterrichtet, nach dem Abschluss seiner Ausbildung die Heimat verlassen, wie es der Tradition der ‹Wanderärzte› entspricht. Aber sein Ziel war nicht – wie sonst üblich –, eine Anstellung in einer Polis zu finden und dort zu praktizieren. Vielmehr wollte er in anderen Gegenden die unterschiedlichen klimatischen Bedingungen und Umweltfaktoren kennenlernen, die für Gesundheit und Krankheit der dort ansässigen Menschen von Bedeutung sind. Gewiss war er auch als Arzt tätig, aber er hat – wohl als Erster – einzelne Krankheitsgeschichten in ihrem Verlauf dokumentiert und in den größeren Zusammenhang der Umweltbedingungen einer Gegend eingeordnet.

Die Spuren der Reisen des Hippokrates führen jedoch nicht in das inzwischen zum kulturellen Zentrum der griechischen Welt avancierte Athen,[4] sondern nach Nordgriechenland. Wenn das erste Buch der *Epidemien* wirklich von Hippokrates stammt, muss er sich drei Jahre lang auf der Insel Thasos aufgehalten haben, wo ihn die Relation zwischen dem Klima der Insel, die den kalten thrakischen Bergwinden ausgesetzt ist, und dem Festland besonders gereizt haben wird. Andere Städte Nordgriechenlands (Abdera, Larissa) werden in den hippokratischen Schriften wiederholt genannt. Auch dort muss Hippokrates sich längere Zeit aufgehalten haben. Als sicher kann gelten, dass er gegen 380 v. Chr., also mit mehr als 80 Jahren, in Larissa gestorben ist. Auf seinem Grabmal, etwas nördlich von Larissa gelegen, befand sich eine Inschrift:

Der Thessaler Hippokrates, Koer von Herkunft, ruht hier,
aus der Wurzel des unsterblichen Phoibos hervorgegangen.
Zahlreiche Krankheiten hat er bezwungen mit den Waffen der Hygieia.
Ruhm hat er bei vielen erlangt, nicht durch Glück, sondern durch seine Kunst.

(*Anthologia Graeca* VII 135)

Beachtenswert ist, dass Hippokrates als «Thessaler» bezeichnet wird, also als Bürger dieser Stadt galt. Ferner: Auch hier wird bezeugt, dass die alten Ärztegeschlechter ihren Stammbaum auf Apollon (Phoibos), auf den Vater des Asklepios, zurückführten.

Lassen wir die törichten Legenden beiseite, z. B. Hippokrates habe die Bibliothek von Knidos angezündet, so ist es nicht eben viel, was über sein Leben bekannt ist. Aus den ihm zugeschriebenen Schriften sich ein Bild über seine Persönlichkeit zu machen, ist eine schwierige, mit vielerlei Hypothesen belastete Aufgabe.

Antike Hippokratesdarstellungen in der bildenden Kunst sind relativ rar. Im Jahre 1929 ist im Odeion (der kleineren Form des Theaters) in Kos eine monumentale, überlebensgroße, Würde und Idealität ausstrahlende Statue gefunden worden, die sogleich als Darstellung des Hippokrates in Anspruch genommen wurde und die heute im Museum von Kos aufgestellt ist. Doch hat die neuere archäologische Forschung übereinstimmend festgestellt, dass dieses wohl zwischen 330 und 300 v. Chr. entstandene, also spätklassisch-hellenistische Meisterwerk von hohem künstlerischen Rang nicht Hippokrates darstellt, denn «für Hippokrates selbst ist ein anderer Porträttypus belegt».[5] Wen diese Statue wirklich repräsentieren soll, bleibt offen. Vielleicht handelt es sich um eine «Votivstatue, die einen der Ärzte aus dem Geschlecht der Asklepiaden abbilde(t), der sich um das Allgemeinwohl der Bevölkerung verdient gemacht und politischen Einfluss besessen» hat.[6]

Eindeutig zu Hippokrates führt eine Büste, die in einer Grabanlage in Ostia bei Rom zum Vorschein gekommen ist. Der Fundzusammenhang ist etwas kompliziert. Als Verwandte des kaiserlichen Leibarztes C. Marcius Demetrius bei einer Pestepidemie des Jahres 165/6 den Tod fanden, ließ dieser Demetrius eine mit Statuen reich geschmückte Grabanlage errichten. Offenbar seitlich vom Grabeingang war eine Büste angebracht, die auf einer Stele (freistehender Pfeiler) stand, auf der eine Inschrift angebracht war, die mit den ersten Worten: «Das Leben ist kurz» eindeutig auf den Anfang des berühmten ersten Aphorismus der hippokratischen *Aphorismen* (S. 188) verweist. Da dessen Fortsetzung: «die (ärztliche) Kunst ist lang» nicht so gut zu einer Grabinschrift passt, hat diese eine andere Fortsetzung (in deutscher Übersetzung): «Kurz ist das Leben, aber lang die Lebenszeit unter der Erde, die wir Sterblichen mit unserem Ende antreten. Alle haben Teil an dem Schicksal, gottgewirktes Los zu gewinnen, in welcher Gestalt es auch immer trifft.» Bei diesem Text handelt es sich nach Metrik und Sprache um ein Chorlied aus einer verlorenen Tragödie des Euripides, wahrscheinlich aus dem *Polyidos*.[7]

Die Büste selber, durch Angabe der Anfangsbuchstaben als Hippokrates identifiziert, ist, wie in der römischen Kunst üblich, eine Replik eines griechischen Originals (als Standbild), das aus stilistischen Gründen in die Zeit des Hochhellenismus, also etwa ins 3. Jahrhundert v. Chr., datiert wird.[8] Sie zeigt, typisch für den hellenistischen Realismus, kein schönes Idealbild, sondern einen herben, energiegeladenen Kopf in leichter Schrägstellung mit breiter Stirn, kräftiger Nase, starkem Bartwuchs, leicht nach oben gerichteten Augen, so als blicke er über das Getriebe der Welt auf das Beständige der medizinischen Wissenschaft. Das ist also das erste sichere Bildnis des Hippokrates. Wahrscheinlich stand es in Athen, wo man das Verlangen hatte, «auch anderen berühmten Größen» der Vergangenheit, die man nicht schon in älteren Statuen vor sich sah, in neuen Standbildern gleichsam eine attische Heimat zu geben, zumal wenn sie nicht Athener waren.[9] Von dieser Statue gibt es noch sieben weitere erhaltene Repliken,[10] darunter auch Münzen, die vom 1. Jahrhundert n. Chr. an in Kos auftauchen. Aus römischer Zeit (2.–3. Jahrhundert n. Chr.) stammt auch ein Mosaik aus Kos (heute im Museum von Kos), das in eigenartiger historischer Vermischung Asklepios zeigt, wie er von einem Schiff herabsteigt und neben einem Wächter oder Bauern die Insel Kos betritt. Zur Linken sitzt ein Mann mit einladender Geste, in dem man mit einer gewissen Wahrscheinlichkeit Hippokrates sieht.[11] Asklepios und Hippokrates in friedlicher Koexistenz.

Späterhin erscheinen Hippokratesbildnisse oft zur Illustration von Handschriften hippokratischer Texte, wobei das Herbe seines Ausdrucks zurückgenommen und dem allgemeinen Typ des Philosophenkopfes angeglichen wird.[12] Natürlich gibt es auch zahlreiche neuzeitliche Hippokratesplastiken, von denen die von Ludwig Schwanthaler (1802–1848), dem bayerischen Meister der klassischen Plastik, geschaffene Statue des Hippokrates vor der Bayerischen Staatsbibliothek in München Beachtung verdient. Hier steht Hippokrates neben Thukydides, Homer und Aristoteles zur Bezeichnung des gesamten Bereiches der Medizin, so wie Thukydides die Geschichte, Homer die Dichtung und Aristoteles die Philosophie repräsentieren.

Im Übrigen sind die vor allem auf der Insel Kos massenhaft angebo-

Abb. 4: Hippokrates, römische Kopie nach Vorbild des 2. Jahrhunderts v. Chr., Museo Ostiense, Ostia

tenen Souvenirs für Touristen in Form von Statuetten, Büsten und Reliefs, die Hippokrates repräsentieren sollen, keineswegs reine Phantasieprodukte, sondern in unterschiedlicher Abstufung durchaus in Anlehnung an hellenistische und römische Darstellungen hergestellt.[13]

2. Das Werk

Eigentlich müsste es leicht sein, sich ein Bild von Wesen und Wirken des Hippokrates zu machen, da unter seinem Namen ca. (je nach Einteilung) 60 Schriften überliefert sind. Aber die Forschung ist sich seit langem darin einig, dass nur ein kleiner Teil dieses *Corpus Hippocraticum* von Hippokrates selbst stammen kann. Vielmehr ist es so, dass die alexandrinischen Gelehrten im 3. Jahrhundert v. Chr. bei der Errichtung der berühmt gewordenen Bibliothek das griechische medizinische Schrifttum des 5. und weitgehend der ersten Hälfte des 4. Jahrhunderts v. Chr. zusammengestellt und als Schriften des Hippokrates

DAS WERK

Abb. 5: Hippokrates-Statue vor der Bayerischen Staatsbibliothek

selbst ausgegeben haben. Dazu passt, dass tatsächlich von Hippokrates an bis etwa zur Mitte des 4. Jahrhunderts keine medizinischen Schriften überliefert oder bekannt sind. Erst mit Diokles von Karystos (Mitte des 4. Jahrhunderts v. Chr.) wird ein Arzt als Individualität fassbar, von dessen umfangreichem Werk man sich aus den Fragmenten einen Eindruck verschaffen kann. Das *Corpus Hippocraticum* enthält aber auch noch sehr viel spätere, nachalexandrinische Schriften, so vor allem die *Briefe*, die aus römischer Zeit stammen dürften.

Insgesamt vermittelt das *Corpus Hippocraticum*[1] einen lebendigen Eindruck verschiedener Theorien, Beobachtungen, Therapien, die offenbar von Hippokrates selber angestoßen, in wechselseitiger Beziehung, oft sogar Polemik, das medizinische Schrifttum jener Zeit ausmachen, wie es durch Hippokrates überhaupt erst möglich geworden ist. Mit wirklicher Gewissheit kann man keine Schrift des *Corpus Hippocraticum* Hippokrates zuschreiben, aber man sollte – die von einigen Forschern vertretene – Skepsis nicht zu weit treiben[2] und doch annehmen, dass die älteste Schicht des Corpus auf Hippokrates selbst zurückgeht. Eine solche älteste Schicht lässt sich durchaus auf Grund sprachlich-stilistischer Indizien, historischer Anspielungen und des medizinischen Wissensstands ermitteln. In diesem Sinne gehören zu dieser ältesten Schicht die Schriften *Über die heilige Krankheit*, *Über Luft, Wasser, Ortslagen* (auch Schrift *Über die Umwelt* genannt), die Schrift *Prognostikon* und das erste und dritte Buch der *Epidemien*.

Dieses Ergebnis moderner philologischer und medizinhistorischer Forschung stimmt indes nicht mit zahlreichen schon antiken, in sich widersprüchlichen und von Tendenzen geleiteten Versuchen überein, den wahren Hippokrates zu ermitteln. Insbesondere der *Anonymus Londinensis*, ein im 2. Jahrhundert n. Chr. geschriebener, zuerst 1893 edierter, in London aufbewahrter Papyrus, der über mehrere Zwischenquellen auf den Aristotelesschüler Menon zurückgeht, nennt als echt hippokratisch eine Krankheitslehre, die sich zuerst in der sicher nicht von Hippokrates stammenden Schrift *Über die Lüfte* findet.[3] Und Galen hielt die Viersäftelehre, wie sie sich in der Schrift *Über die Natur des Menschen* findet, wegen ihrer auffallenden Systematik für echt hippokratisch, während der *Anonymus Londinensis* die gleiche Schrift dem Schwiegersohn des Hippokrates, Polybos, zuweist.[4]

Gleichwohl darf als sicher gelten, dass eine ganze Reihe von Schriften im *Corpus Hippocraticum*, die im strengen Sinne nicht von ihm selbst verfasst sind, von ihm angeregt sein können. Auch wird er bei seinen Untersuchungen Hilfskräfte gehabt haben, die Einzelheiten, beispielsweise den Krankheitsverlauf von Patienten, aufgezeichnet haben, so dass die Grenze zwischen echt und unecht nicht immer ganz scharf gezogen werden kann.

Da aber Hippokrates auch an Orten, an denen er vermutlich nie gewesen ist, so in Athen, schon bald berühmt geworden ist, muss dieser Ruhm doch auch von seinen Schriften ausgegangen sein. Es wird im Folgenden gezeigt werden, dass es in der Tat die älteste Schicht des *Corpus Hippocraticum* ist, die diesen Ruhm mit Fug und Recht begründet hat. Für die Frage, wann und in welchem Umfang ein *Corpus Hippocraticum* zuerst entstanden ist, fehlt eine sichere Überlieferung. Ob schon Ärzte auf Kos eine Art Archiv mit medizinischen Schriften unter der generellen Überschrift «Hippokrates» angelegt haben, muss

Vermutung bleiben. Wahrscheinlich haben die alexandrinischen Gelehrten die ihnen erreichbaren medizinischen Schriften, die unter dem Namen des Hippokrates umliefen, für die 288 v. Chr. gegründete, berühmt gewordene Bibliothek gesammelt und in einem Corpus vereinigt. Dazu passt, dass zuerst im 3. Jahrhundert v. Chr. von Grammatikern und Ärzten, die in Alexandria wirkten, Glossen und Kommentare zu hippokratischen Schriften verfasst wurden.[5] Eine in diesem Zusammenhang entstandene Sammlung war aber mit unserem *Corpus Hippocraticum* noch nicht voll identisch, sondern ist später (besonders durch die Briefe und die Dekrete) erweitert worden. Durch einzelne Mitteilungen Galens wird deutlich, dass ein erweitertes *Corpus Hippocraticum* zu Beginn des 2. Jahrhunderts n. Chr. von dem Grammatiker Dioskurides und dem Arzt Artemidoros Kapiton angelegt worden ist, das im Wesentlichen mit dem uns überlieferten Corpus identisch sein dürfte.

Was Hippokrates auszeichnet, sind – um es stichwortartig im Voraus anzudeuten – die Trennung der Medizin von jeglicher Art von Magie und Tempelmedizin, die Integration der anthropologischen und kosmologischen Fragestellungen der «Philosophie» und damit die Begründung der Medizin als Wissenschaft, die Erweiterung des Blicks von der Diagnose zur Prognose, eine neue Sicht des Patienten als einer eigenständigen Größe im medizinischen Geschehen und schließlich die Dokumentation und Veröffentlichung medizinischer Theorie und Empirie, wie dies vorher zwar bei den Philosophen, aber nicht bei den Ärzten der Fall war.

III.

WERKE UND THEMEN

1. Der Eid

Das berühmteste Stück des *Corpus Hippocraticum* ist der *Eid*. Er hat sowohl in der Antike als auch in der Neuzeit zahlreiche Abwandlungen erfahren und ist bis heute als Inbegriff hippokratischer Ethik in der Diskussion. Gleichwohl birgt er eine Fülle von Problemen, die nach wie vor kontrovers diskutiert werden,[1] so dass eine Einzelanalyse nötig ist. Zunächst die Übersetzung.

1. Ich schwöre bei Apollon dem Arzt, bei Asklepios und Hygieia und Panakeia und bei allen Göttern und Göttinnen, sie zu Zeugen machend, dass ich nach meinem Vermögen und Urteil diesen Eid und Vertrag erfüllen werde:
2. Meinen Lehrer in dieser Kunst meinen Eltern gleich zu achten, mein Leben mit ihm zu teilen und, wenn er Not leidet, ihn mitzuversorgen und seine männlichen Nachkommen wie meine Brüder zu halten und sie diese Kunst zu lehren, wenn sie sie zu lernen begehren, und zwar ohne Honorar und ohne Vertrag, und an Unterweisung und an Vorlesung sowie an dem ganzen übrigen Lehrstoff teilhaben zu lassen meine Söhne, die meines Lehrers und die Schüler, die durch den Vertrag und durch den Eid nach ärztlichem Brauch gebunden sind, sonst aber niemanden.
3. Die diätetischen Behandlungen werde ich zum Nutzen der Kranken nach meinem Vermögen und Urteil treffen, Schaden und Unrecht aber von ihnen fernhalten, gemäß meiner Kenntnis.
4. Ich werde niemandem ein tödliches Mittel verabreichen, auch auf Verlangen nicht und ich werde auch nicht einen entsprechenden Rat dazu erteilen. Ebenso werde ich keiner Frau ein abtreibendes Zäpfchen geben.
5. Rein und heilig werde ich mein Leben und meine Kunst bewahren.
6. Auf keinen Fall werde ich den Blasensteinschnitt machen, sondern den in dieser Handlung wirkenden Männern überlassen.

7. In wie viele Häuser ich auch eintrete, ich werde hineingehen zum Nutzen der Kranken fern von jedem vorsätzlichen Unrecht und Schädigung, insbesondere von sexuellen Handlungen an Körpern von Frauen und Männern, Freien und Sklaven.
8. Was ich während der Behandlung sehen und hören werde, oder auch außerhalb der Behandlung vom Leben der Menschen, was nicht nach außen verbreitet werden darf, darüber werde ich schweigen in der Überzeugung, dass Derartiges der Vertraulichkeit unterliegt.
9. Wenn ich nun diesen Eid erfülle und nicht breche, dann möge ich Erfolg im Leben und in der (ärztlichen) Kunst haben, angesehen bei allen Menschen für alle Zeit, wenn ich aber (den Eid) übertrete und meineidig werde, dann soll das Gegenteil davon eintreten. (IV 629–632 L.)

1. Die Anrufung der Götter als Zeugen des Schwurs. Zuerst Apollon. Dass er den Zusatz «als Arzt» trägt, ist zunächst befremdlich. Denn «die Heilkunst übt er nicht; um Heilmittel für leibliche Leiden wird er nicht gefragt».[2] Eher hat man Apollon in Erinnerung als einen Gott, der mit seinen Giftpfeilen als Strafe für menschliches Vergehen Pestseuchen sendet, so am Anfang der homerischen *Ilias*. Aber Apollon ist auch der Gott der Sühne und der Reinheit. Und er gilt als Vater des Asklepios, mit dem zusammen er auch später auf Inschriften von Asklepiosheiligtümern genannt ist. Asklepios selber erscheint hier als Gott, nicht mehr nur als idealer oder heroisierter Arzt. Als Heilung bringender Gott hat er später Apollon verdrängt, hier aber noch nicht. Es folgen Hygieia und Panakeia. Sie waren Töchter des Asklepios und sind hier ebenfalls als Göttinnen angerufen. Für griechisches medizinisches Denken ist es bezeichnend, dass vor der Krankheit die Gesundheit, Hygieia, steht. Erhaltung der Gesundheit durch Diät ist ein wesentlicher Bestandteil der griechischen Medizin. Hygieia, dem frühen griechischen Mythos noch unbekannt, wird stets in Verbindung mit Asklepios genannt, so auf Kultbildgruppen und Weihreliefs. Erst später erlangte sie einen eigenständigen Kult. Ein Altar der Hygieia ist zuerst für das Asklepiosheiligtum in Epidauros gegen Ende des 5. Jahrhunderts v. Chr. bezeugt.[3] Mit Panakeia, der «Allheilerin», ist der ganze Bereich der kurativen Medizin bezeichnet, so dass mit Apollon, Asklepios, Hygieia und Panakeia die gesamte ärztliche Götterfamilie genannt ist, die der Schwörende anruft. Diese wird erweitert durch

«alle Götter und Göttinnen», die als «Zeugen» für die Erfüllung des Eides stehen. In dem mit «Zeugen» übersetzten Wort ἵστορας klingt die ursprüngliche Bedeutung von «Wissen» nach. Die Götter sind die «Wissenden»; ihnen entgeht nichts, auch kein Meineid eines Schwörenden. Die Götteranrufung ist überaus gewichtig. Beim lauten Sprechen des Eides unterwirft sich der Schwörende gewaltigen, magisch-religiös wirkenden Kräften, deren Anrufung noch nicht zu einer Floskel herabgesunken ist wie ein: «so wahr mir Gott helfe» in unseren Eiden. Passend dazu stehen die Worte «nach meinem Vermögen und Urteil», die die Tragweite des Eides auf das dem angehenden Arzt Mögliche beschränken, auf seine Erfahrungen, Fähigkeiten und fachliche Kompetenz. Mit dieser Einschränkung wird der Schwörende «diesen Eid und Vertrag» erfüllen. Das mit «Vertrag» übersetzte Wort heißt wörtlich: «Schriftstück». Es ist umstritten, ob damit der schriftlich vorliegende Eid oder ein davon gesonderter «Vertrag» gemeint ist. Eine Entscheidung kann erst der folgende Absatz bringen.

2. Dieser Abschnitt enthält die Verpflichtung, die der Schwörende einzugehen bereit ist. Er soll seinen Lehrer wie seine Eltern achten, ihn im Falle der Not mitversorgen, ja sogar das Leben mit ihm zu einer gemeinsamen Sache machen und die Schüler des Lehrers wie seine eigenen Söhne behandeln. Die Schwierigkeit dieses Abschnittes liegt in einem einzigen Wort: διδάξαντα. Dieses Wort steht in der grammatischen Form des Aorist und wird in aller Regel als Form der Vergangenheit übersetzt mit: «der mich gelehrt hat». Damit wird ausgedrückt, dass der Eid am Ende der Ausbildung und am Anfang der ärztlichen Tätigkeit geleistet wird, wie auch in allen späteren Fassungen des Eides bis in unsere Zeit, wo der Rekurs auf den Eid im Zusammenhang mit der Promotion erfolgt. Einige Forscher (Charles Lichtenthaeler, Charlotte Schubert) verstehen das Wort διδάξαντα als ingressiven Aorist: «der, der sich anschickt, mich zu belehren». Dann würde der Eid am Beginn der Ausbildung geleistet. Dafür wird angeführt, dass die Vorschrift, das Leben mit dem Lehrer gemeinsam zu gestalten und ihn mitzuversorgen, eigentlich keinen Sinn gibt, wenn der Eid zu einem Zeitpunkt geleistet wird, in dem der angehende Arzt

am Ende seiner Ausbildung als Wanderarzt die Stätte seiner Lehre und damit den Lehrer verlässt. Auch die Söhne des Lehrers mitzuversorgen, setzt eine gewisse Anwesenheit des angehenden Arztes voraus. So wird er denn auch im Zuge seiner eidlichen Verpflichtung in das Haus des Lehrenden aufgenommen, als handle es sich um eine Adoption.

Die Schwierigkeit der Interpretation beruht darauf, dass es zwischen Ausbildung und ärztlicher Tätigkeit keine festen Grenzen gab, wie sie erst in der Neuzeit durch Staatsexamen und Promotion gesetzt sind. Der Lehrende lässt vielmehr den Lernenden von Anfang an am ärztlichen Geschehen mitwirken. Auf der anderen Seite beziehen sich Bestimmungen wie die unentgeltliche Unterweisung der Söhne des Lehrers eindeutig auf einen Zeitraum nach abgeschlossener Ausbildung. Doch kann das Wort συγγραφή als «Ausbildungsvertrag» nur verstanden werden, wenn der Eid zu Beginn der Ausbildung geleistet wird.

Die Schwierigkeit einer eindeutigen Entscheidung liegt auch in der Inhomogenität des Ärztestandes begründet. Sowohl der vorliegende Eid als auch weitere zu postulierende Eide sind daher in ihrem Entstehungs- und Anwendungsbereich begrenzt.

Auffallend ist ferner, dass der Schwörende nicht in irgendeinen Ärztestand versetzt oder einer Ärztegilde zugeordnet wird, sondern dass er *einem* Lehrer gegenübersteht, der ihn unterweist, es sich also um eine exklusive Zweierbeziehung handelt.

Der Schwörende dieses Eides gehört nicht zur Familie des Lehrers. Doch er verleugnet deshalb seine leiblichen Eltern nicht. Er ist ein Quereinsteiger in einer Zeit offenbar, in der grundsätzlich noch an dem Prinzip der Ärztesippe festgehalten wird, aber der Ärztebedarf nicht mehr voll durch die gentilizische Ordnung der Ärztefamilien gedeckt werden kann. Dies trifft genau auf die Zeit des Hippokrates zu, womit auch ein Indiz für die Datierung des *Eides* gegeben ist.

Wieder taucht hier das Wort «Schriftstück» (συγγραφή) auf. Es ist damit nicht die schriftliche Formulierung des Eides gemeint, sondern ein förmlicher Lehrvertrag, in dem die Höhe des Lehrgeldes und vielleicht auch die Dauer der Ausbildung und weitere Bestimmungen geregelt waren. Derartige Lehrverträge sind erhalten, wenn auch erst aus späterer Zeit.

Der erste (auf Papyrus) erhaltene Arztvertrag stammt aus der zweiten Hälfte des 3. Jahrhunderts v. Chr. und ist von auffallender Kürze.[4] Dabei dürfen wir uns die ärztliche Ausbildung nicht so vorstellen wie ein modernes Studium der Medizin. Der Lehrer wird seinen Schüler von Anfang an in die diagnostische und therapeutische Praxis mitgenommen haben, so dass er sogleich mit der ärztlichen Tätigkeit in Berührung kam. Ob die Ausbildungsdauer in einem solchen Vertrag festgelegt war, wissen wir nicht. In dem Heidelberger Papyrus wird sie mit sechs Jahren angegeben, aber in einer Zeit, in der ein medizinisches Studium schon weitgehend geregelt und normiert war.

Die Söhne des Lehrers (an Töchter ist nicht gedacht) sollen von dem Schwörenden, sobald er selber Arzt geworden ist, unentgeltlich und ohne Vertrag unterrichtet werden. Vorausgesetzt ist, dass jeder Arzt als Meister seines Faches auch unterrichtet, und zwar in einer exklusiven Zweierbeziehung. Der Adept tritt nach seiner Ausbildung nicht in einen allgemeinen Ärztestand ein. Die Frage ist nun, ob die Söhne des Meisters, die unentgeltlich und ohne Lehrvertrag von dem hier Schwörenden, sobald er Arzt geworden ist, unterrichtet werden sollen, gar keinen Eid schwören müssen. Das ist unwahrscheinlich. Anzunehmen ist vielmehr, dass auch sie einen Eid zu schwören haben, der lediglich den Teil 2 (nach der hier vorgenommenen Einteilung) nicht enthält. Dann ist der uns überlieferte Eid nur einer unter mehreren, anzuwenden auf den speziellen Fall des Quereinsteigers in eine ärztliche Familie. Da kein anderer Eid erhalten ist, hat man ihn später unter Loslösung seines historischen Kontextes zu einer allgemeinen Gültigkeit erhoben.

Dass das medizinische Wissen sonst «niemandem» mitgeteilt werden soll, meint nicht eine Geheimlehre, sondern bedeutet eine Abgrenzung gegen eine nichtfachliche Umwelt. Es gab keinen Ärztestand mit einer Berufsordnung, dafür aber viele Scharlatane, die wie Ärzte auftraten. Dieser Satz bestätigt die Annahme, dass jeder, der in einem ärztlichen Lehrer-Schüler-Verhältnis steht, «nach ärztlichem Brauch» einen Eid zu leisten hat. Der Eid ist so das Bindeglied zur Sicherung und Bewahrung ärztlichen Wissens und des ärztlichen Ethos in der Tradition der Familienverbände, die sich Asklepiaden nennen.

3. Den dritten Teil des *Eides* nennt man «Sittenkodex». Das Entscheidende, auch in den hippokratischen Schriften immer wieder Hervorgehobene, ist die Maxime, «zum Nutzen der Patienten» zu wirken. Mit «diätetischen Maßnahmen» ist nicht nur die Verordnung von angemessenen Speisen und Getränken gemeint, sondern auch alles, was wir unter Physiotherapie, Bädern und Heilgymnastik verstehen. Dass die Diätetik zu einer systematischen Wissenschaft gelangt ist, zeigen die hippokratischen Schriften *Über die Diät* und *Über die Diät bei akuten Krankheiten*. Wiederum wird das ärztliche Können gebunden an das Menschenmögliche, aber auch an das «Urteil» («Krisis»), das der Arzt nach Prüfung des Befundes trifft. Diese «Krisis», gegenüber der archaischen Medizin ein neues Element, spielt auch in den hippokratischen Schriften eine bedeutende Rolle.

4. Es geht um das strikte Verbot ärztlicher Hilfe zum Selbstmord und zur Abtreibung, und zwar mit besonderem Nachdruck und ohne Ausnahme. Der Schutz des Lebens, auch des keimenden Lebens, ist oberste Maxime. Man hat mit Recht darauf aufmerksam gemacht, dass der *Eid* im Kontext eines genealogischen Denkens im Hinblick auf die Kontinuität eines Geschlechtes steht. Der Eingriff einer Abtreibung würde die Ahnenreihe unterbrechen und wäre ein Sakrileg gegenüber der bei den Griechen religiös fundierten Familientradition. Es hängt mit den gänzlich anderen Gegebenheiten von Familie und Partnerschaft in unserer Zeit zusammen, dass der *Eid* in dieser Frage heute zwar in der Diskussion, aber nicht mehr von verbindlicher Vorbildlichkeit ist.

5. Genau in der Mitte des *Eides* steht der Kernsatz von der Integrität des Arztes im Beruf und im Leben. Mit «heilig» und «rein» klingt eine religiöse Sphäre an. Damit wird der Arzt nicht zum Priesterarzt, steht aber auch nicht außerhalb der altgriechischen Religiosität. Bemerkenswert ist, dass an erster Stelle das Postulat des reinen Lebens steht, das wir heute nur im Sinne einer juristischen Straffreiheit erheben würden.

6. Dieser Abschnitt hat zu vielen Kontroversen Anlass gegeben. Gemeint ist nicht das Verbot von jeglicher Chirurgie,[5] sondern nur eines einzelnen chirurgischen Eingriffs, des sogenannten Blasensteinschnittes, und zwar mit unerbittlichem Nachdruck. Dieser Schnitt in der Darmgegend unterhalb der Prostata war äußerst schmerzhaft und risikoreich. Er führte zu Entzündungen und oft nicht zum Erfolg. Der hippokratische Arzt hält sich hier zurück, weil das Risiko, dem Patienten Schaden zuzufügen, zu groß war.[6] Merkwürdig bleibt dann, dass der Steinschnitt bei darauf spezialisierten Operateuren – offenbar Ärzten niederen Ranges – geduldet wird. Mit dem Bestreben, die ärztliche Kunst rein zu halten, vermischt sich der Gedanke, dem Patienten Leiden und Schmerzen zu ersparen, wenn es irgend möglich ist. Es gab also professionelle Lithotome (Steinschneider), von denen das *Corpus Hippocraticum* nichts weiß, die bei Celsus (25 v. Chr.–50 n. Chr.), Galen und anderen aber erwähnt werden. Eine Schilderung über den Vorgang des Blasenschnitts ist zuerst erhalten bei dem römischen Arzt Celsus (1. Jahrhundert n. Chr.), und zwar hier durchgeführt vom Arzt und nicht von einem speziellen Lithotomen. Der Patient, so heißt es, bekommt zuerst eine vorbereitende Diät. Dann dringt der Arzt mit dem Zeigefinger der linken Hand bis an das Ende der Blase, ertastet dort den Stein, schiebt ihn nach unten, bis er an den Blasenhals gekommen ist. Dann trennt er die Haut bis zur Seite des Afters durch einen halbmondförmigen Schnitt (Dammschnitt). Ist der Stein klein, kann man ihn auf einer Seite mit dem Finger vorschieben und vorziehen. Bei einem großen Stein muss ein Haken verwendet werden, mit dem man den Stein vorzieht. Nach dem Herausziehen tritt Blutfluss mit der Gefahr der Entzündung auf. Die Größe und Härte des Steins erfordert unterschiedliche Verfahren (Celsus, *De medicina* VII 26).

Der Beruf des Lithotomen hat sich bis ins 19. Jahrhundert erhalten und ist mit wechselndem Erfolg praktiziert worden. Der heute seltener auftretende Blasenstein war früher infolge anderer Ernährungsgewohnheiten häufiger. Der Dammschnitt wird heute nicht mehr gemacht. Der Stein kann durch Laserstrahlen zertrümmert oder durch die Harnröhre entfernt werden. Hinzu kommt, dass, was früher als Blasenstein bezeichnet wurde, auch ein Tumor sein kann. Das konnte man früher nicht unterscheiden. Es bleibt dieser Abschnitt im *Eid* aber singulär, ohne Parallele im *Corpus Hippocraticum*. Übersetzt man (was sprachlich möglich ist) den Absatz mit: «Ich werde nicht schneiden, auch Steinleidende nicht», würde sich der *Eid* noch mehr von den hippokratischen Schriften entfernen, in denen es eine ausgebildete Chirurgie gibt, wie denn das Schneiden von Wunden ganz generell der griechischen Medizin von alters her eigen ist. Daher hat Ludwig Edelstein den *Eid* als ein im 4. Jahrhundert v. Chr. entstandenes esoterisches Dokument der Pythagoreer angesehen, weil ein blutiger Eingriff mit dem pythagoreischen Reinheitsgebot nicht vereinbar ist. Diese Deutung hat aber keine Nachfolge gefunden.

7. Das Betreten des fremden Hauses durch den Arzt bedeutet – weit mehr als heutzutage – das Übertreten einer als religiöser Schranke empfundenen Schwelle. Die Innenwelt war nicht nur von der Außenwelt streng getrennt, sondern in sich stark gegliedert in Räume für Männer, Frauen und Sklaven. Dass ein Fremder die Frauengemächer betritt, war ganz ungewöhnlich. Nur der Arzt darf es, denn vor ihm sind alle gleich: Frauen – mit Bedacht zuerst erwähnt –, Männer, seien es Freie oder Sklaven. Der hippokratische Arzt war in seinem Ethos auf den Menschen ohne Rücksicht auf Geschlechts- und Standesunterschiede gerichtet. Die medizinische Ethik des *Eides* konnte sich nicht auf eine allgemeine philosophische Ethik stützen, die es – wenigstens im 5. Jahrhundert v. Chr. – noch gar nicht gab. Sie musste sich sogar gegen popular-ethische Anschauungen durchsetzen, wonach man dem Freunde nützt und dem Feinde schadet.[7] Mit der Einschränkung, dass der Arzt sich von «vorsätzlichem Unrecht» fernhält, scheint vor allem mit dem Wort «vorsätzlich» (ἑκουσίης) die Rechtssphäre durch, wie sie sich im 5. Jahrhundert v. Chr. entwickelt hat. Der Arzt kann bei bester Absicht unfreiwillig Schaden zufügen, beispielsweise durch Eingabe eines Medikaments, das der Patient nicht verträgt, oder durch einen chirurgischen Eingriff, der nicht zum Erfolg führt. In solchen Fällen wird der Arzt nicht meineidig.

Es hängt mit der ungewöhnlichen Situation zusammen, die mit dem Betreten des fremden Hauses gegeben ist, dass der Arzt einer Versuchung ausgesetzt ist. Der Arzt schwört, dass er im Widerstehen dieser Versuchung eine unbedingte Achtung vor dem Patienten bewahrt.

8. Das ärztliche Schweigegebot wird hier zum ersten Mal in der Medizingeschichte formuliert. Es ist uns ganz geläufig, erscheint aber hier in eine religiöse Sphäre gesteigert und erstreckt sich überdies auch auf Kenntnisse beliebiger Art, die der Arzt vom Patienten auch außerhalb der Behandlung hat. Das Wort ἄρρητα («heilige Geheimnisse») stammt aus der Sprache der Mysterien und das damit verbundene Verschwiegenheitsgebot ist so auf einer religiösen Ebene verankert.

9. Im Schlussabschnitt taucht noch einmal die den ganzen *Eid* durchziehende Verbindung von Leben und (ärztlicher) Kunst auf. Die mit der Erfüllung des Eides verbundene Ruhmeserwartung klingt für unsere Ohren befremdlich, ist aber nicht nur im griechischen, sondern überhaupt im antiken Denken fest verankert. Wir kennen sie vor allem in der Ruhmeserwartung des Dichters aus Solons (um 640–560) *Musenelegie* («Gebt mir, dass ich bei den seligen Göttern und allen Menschen ewig guten Ruhm habe» [Frgm. 1, 3]) bis hin zu dem stolzen Wort des Horaz (65–8 v. Chr.), seine Dichtung sei dauerhafter als Erz («Exegi monumentum aere perennius» [c. III 30]). Das Erstaunliche ist, dass Anerkennung nicht nur von den betroffenen Menschen oder der Polis erwartet wird, bei der der Arzt angestellt ist, sondern von «allen Menschen», wobei es nicht nur um das Ansehen und damit um die Berühmtheit des Arztes zu Lebzeiten, sondern auch um den Nachruhm geht.

Der hippokratische *Eid* ist ein erstaunliches Dokument, das sich erst voll erschließt, wenn man erkennt, dass es in einen spezifischen geschichtlichen und kulturellen Kontext eingebunden ist. Zudem scheint er nur einer unter mehreren Eiden zu sein, nämlich speziell für Quereinsteiger, die nicht Mitglied einer Ärztesippe sind, sondern von außen hinzukommen. Diese Situation ist gerade zur Zeit des Hippokrates gegeben, wo der Ärztebedarf größer geworden ist, als dass er allein durch Ärztefamilien gedeckt werden kann. Damit ist ein Hinweis auf die Datierung gegeben, nämlich auf die zweite Hälfte des 5. Jahrhunderts v. Chr., in die auch das Sprachmaterial des *Eides* passen würde.[8] Wirkliche Sicherheit ist dabei nicht zu gewinnen, auch nicht, ob Hippokrates selber der Verfasser des *Eides* ist. Denn der *Eid* steht isoliert da; es ist kein anderer medizinischer Eid überliefert und die späteren Eide hängen alle von dem uns überlieferten Eid ab.

Auch muss offenbleiben, ob der *Eid* wirklich geschworen wurde oder ob er ein Idealdokument darstellt, eine ethische Maxime für die ärztliche Tätigkeit. Dass er später wirklich als Schwur fungierte, legt der 1966 publizierte Papyrus (POxy. XXXI 2547) nahe, weil er im Kontext von Gebrauchstexten auf der Müllhalde von Oxyrhynchos gelandet ist.[9] Im Übrigen fehlt jede Überlieferung über die Eidesleistung und explizite Anwendung dieses Eides zur Zeit des Hippokrates und weiterhin im frühen Hellenismus. Natürlich gab es von alters her den anerkannten Beruf des Arztes. Auch muss es zur Zeit des Hippokrates irgendeine, wenn auch lockere Organisation von Ärzten zumindest in Gruppen von Ärztesippen gegeben haben. Dennoch bleibt völlig unklar, vor wem der Eid geleistet wurde.

Als Ganzes wird der *Eid* zuerst im 1. Jahrhundert n. Chr. in dem Hippokratesglossar des Arztes Erotian erwähnt, der die Eidesleistung (mit Recht) an den Anfang der Unterweisung setzt.[10] Zitiert wird aus dem *Eid* erst bei Soran (1. Jahrhundert n. Chr.), von dem auch die Vita des Hippokrates stammt. Insgesamt sind die Spuren einer frühen Überlieferung so knapp und undeutlich, dass viele Unsicherheiten bleiben. Offenbar ist der *Eid* immer wieder den jeweils aktuellen Bedürfnissen angepasst worden.

Das gilt für alle späteren Fassungen des *Eides*,[11] so für eine christliche Fassung (überliefert in der Hippokrateshandschrift Ambrosiana B 113), die mit den Worten beginnt: «Gepriesen sei der Gott und Vater unseres Herrn Jesus Christus, der gepriesen sei in alle Ewigkeit, dass ich nicht meineidig werde.» Mit Beginn der ersten Ausgabe der hippokratischen Schriften im 3. Jahrhundert v. Chr., in denen der *Eid* stets an der Spitze steht, entstehen immer wieder neue Fassungen und Abwandlungen des *Eides*, so der Basler Eid von 1460, in dem der «dreieinige Gott» angerufen wird, der hier (anstelle von Asklepios) als

Vater von «Hygiae et Panaceae» fungiert, ferner der Gießener Doktoreid von 1607.

Unter den zahlreichen Abwandlungen des hippokratischen *Eides* ist von besonderer Bedeutung das Genfer Ärztegelöbnis von 1948.

> Au moment d'être admis comme membre de la profession médicale:
> Je prends l'engagement solennel de consacrer ma vie au service de l'humanité;
> Je témoignerai à mes maîtres le respect et la reconnaissance qui leur sont dus;
> J'exercerai ma profession avec conscience et dignité;
> Je considérerai la santé de mon patient comme mon premier souci;
> Je respecterai les secrets qui me seront confiés, même après la mort du patient;
> Je maintiendrai, dans toute la mesure de mes moyens, l'honneur et les nobles traditions de la profession médicale;
> Mes collègues seront mes soeurs et mes frères;
> Je ne permettrai pas que des considérations d'âge, de maladie ou d'infirmité, de croyance, d'origine ethnique, de sexe, de nationalité, d'affiliation politique, de race, d'inclination sexuelle, de statut social ou tout autre critère s'interposent entre mon devoir et mon patient;
> Je garderai le respect absolu de la vie humaine;
> Je n'utiliserai pas mes connaissances médicales pour enfreindre les droits de l'homme et les libertés civiques, même sous le menace;
> Je fais ces promesses solennellement, librement et sur l'honneur.

Es sind vor allem die Begriffe humanité, dignité, les nobles traditions und honneur, die in der französischen Sprache einen ganz eigenen Klang haben, der in der deutschen Übersetzung nur annäherungsweise zum Ausdruck kommt.

> Zum Zeitpunkt meines Eintritts als Mitglied des ärztlichen Berufs verpflichte ich mich feierlich, mein Leben dem Dienst der Menschheit zu weihen.
> Ich werde meinen Lehrern die schuldige Achtung und Dankbarkeit wahren.
> Ich werde meinen Beruf mit Gewissenhaftigkeit und Würde ausführen.
> Ich werde die Gesundheit meines Patienten als meine erste Sorge ansehen.
> Ich werde die Geheimnisse, die mir anvertraut werden, respektieren, auch über den Tod des Patienten hinaus.

Ich werde mit allen mir zur Verfügung stehenden Mitteln die Ehre und die edlen Traditionen des Ärzteberufs aufrechterhalten.
Meine Kollegen sollen meine Schwestern und Brüder sein.
Ich werde nicht zulassen, dass Überlegungen hinsichtlich Alter, Grad der Krankheit oder Schwäche, des Glaubens, der ethnischen Herkunft, des Geschlechtes, der Nationalität, der politischen Einstellung, der Rasse, der sexuellen Neigung, des sozialen Status oder anderer Kriterien sich zwischen meine Pflicht und meinen Patienten stellen.
Ich werde dem menschlichen Leben absoluten Respekt zollen.
Ich werde meine medizinischen Kenntnisse nicht entgegen den Menschenrechten und der bürgerlichen Freiheit anwenden, auch nicht unter Drohung.
Ich gebe diese Versprechen feierlich, frei und auf meine Ehre.

Nach dem evidenten Missbrauch ärztlicher Kenntnis und Praxis unter der Herrschaft des Nationalsozialismus (Massenmord, Euthanasie, medizinische Versuche an KZ-Patienten) und in den Wirren des Krieges hat der Weltärztebund in dem Bemühen, dem ärztlichen Ethos international eine neue Grundlage zu geben, sichtlich auf den hippokratischen *Eid* zurückgegriffen, wobei der Rekurs auf die antiken Götter durch humanité ersetzt und manche Einzelbestimmung etwas allgemeiner gefasst ist.

Dass eine deutsche Übersetzung der Genfer Fassung als Präambel der Berufsordnung für die deutschen Ärzte vorangestellt würde, war die Bedingung für die Aufnahme der deutschen Ärzteorganisation in den Weltärztebund. Der *Eid* ist sogar zweimal im Auftrag von Ärzteorganisationen vertont worden, so für den 15. Weltkongress der Internationalen Gesellschaft für Herzchirurgie 1981 in Athen durch Iannis Xenakis, uraufgeführt im Herodes-Atticus-Theater. In dem siebenminütigen Stück für vierstimmigen Chor a capella ist allerdings nur ein ganz kleines Stück des *Eides* vertont, nämlich nur die abrupt abbrechenden Wortfetzen (natürlich im griechischen Original, hier in der Übersetzung wiedergegeben): «Ich schwöre bei Apollon dem Arzt diesen Eid, zum Nutzen der Patienten nach meinem Vermögen und Urteil. Nie werde ich ein tödliches Mittel verabreichen, auch auf Verlangen nicht.» Dann folgen lautmalerische Vokale, die in den mehrfach wiederholten Ausruf «Hippokrates» münden.

Die zweite Vertonung des *Eides* stammt von Mauricio Kagel auf Anregung des deutschen Ärzteblattes, uraufgeführt am 13. Mai 1984 in Bremen. Es ist ein Klavierstück, merkwürdigerweise für drei Hände ohne jeden Text, nur vier Minuten dauernd (als CD erhältlich). Ein Bezug zum *Eid* ist nicht erkennbar.

Der hippokratische *Eid* wird heute nicht mehr geschworen. Bis in die Gegenwart wird er an mehreren Universitäten auf schönem Pergamentpapier neben die Promotionsurkunde gelegt. Doch werden die in Deutschland approbierten Ärzte durch die Berufsordnung der Bundesärztekammer auf das Genfer Gelöbnis (in modifizierter und aktualisierter Form) verpflichtet.[12] Das Genfer Gelöbnis – und damit mittelbar der hippokratische *Eid* – klingt auch noch nach in einem 1971 eingeführten, obligatorisch zu schwörenden Eid in der Sowjetunion. Er lautet (in deutscher Übersetzung):

«In dem Augenblick, in dem ich den hohen Titel des Arztes erhalte und meine ärztliche Tätigkeit beginne, gelobe ich feierlich: alle meine Kenntnisse und Kräfte der Erhaltung und Verbesserung der menschlichen Gesundheit sowie der Behandlung und Verhütung von Krankheiten zu widmen und gewissenhaft dort zu arbeiten, wo die Interessen der Gesellschaft es erfordern; immer bereit zu sein, ärztliche Hilfe zu leisten; mich den Kranken gegenüber aufmerksam und fürsorglich zu verhalten und die ärztliche Schweigepflicht zu achten; meine medizinischen Kenntnisse und ärztlichen Fertigkeiten ständig zu verbessern und mit meiner Arbeit zur Weiterentwicklung der medizinischen Wissenschaft und Praxis beizutragen; mich, wenn das Interesse des Patienten es verlangt, an meine Berufskollegen um Rat zu wenden und auch ihnen niemals Rat und Hilfe zu verweigern; die edlen Traditionen unserer nationalen Medizin zu bewahren und fortzuführen; mich bei all meinen Handlungen von den Prinzipien der kommunistischen Moral leiten zu lassen und immer der hohen Berufung des sowjetischen Arztes sowie der Verantwortung gegenüber dem Volk und dem sowjetischen Staat eingedenk zu sein. Ich schwöre, diesen Eid mein ganzes Leben lang treu zu halten.»

Es scheint im Duktus der hippokratische *Eid* noch durch, doch ist die politische Bevormundung und Manipulation evident.

Diesem Eid wurde in der Sowjetunion eine hohe Bedeutung zuerkannt. Das Präsidium des Obersten Rates der UdSSR erließ Ausführungsbestimmungen, wonach die Vereidigung in besonders feierlicher Form zu erfolgen habe. Nach Abschluss der Vereidigung musste die Nationalhymne der UdSSR erklingen; die Vereidigung wurde im Diplom des angehenden Arztes vermerkt und zu seiner Personalakte genommen.[13] Der Eid war also ein Staatsakt. Von ihm hing die Verleihung des Titels «Arzt» ab.

Dieser Eid wurde zunächst 1994 durch den «Eid des russischen Arztes» und dann durch den «Eid des Arztes in Russland» ersetzt, den 1999 die Duma (die russische Volkskammer) angenommen hat (von Boris Jelzin unterzeichnet), den jeder Arzt in Russland zu schwören hat. Er lautet (in der Übersetzung von Olga Chernyakhovskaya):

«Bei Erhalt des hohen Titels des Arztes und bei Beginn meiner beruflichen Tätigkeit gelobe ich:

meiner ärztlichen Pflicht ehrlich nachzukommen; meine Kenntnisse und Fähigkeiten der Vorbeugung und Heilung von Krankheiten sowie der Erhaltung und Stärkung der Gesundheit des Menschen zu widmen;

immer bereit zu sein, medizinische Hilfe zu leisten; das Ärztegeheimnis zu wahren; den Patienten aufmerksam und sorgsam zu behandeln; ausschließlich in seinem Interesse zu handeln unabhängig von Geschlecht, Rasse, Nationalität, Sprache, Herkunft, Vermögenslage und Dienststellung, Wohnsitz, Stellung zur Religion, Gesinnung, Zugehörigkeit zu gesellschaftlichen Vereinen sowie von anderen Umständen;

die höchste Achtung für das Leben des Menschen zu zeigen; niemals eine Euthanasie durchzuführen;

meinen Lehrern immer dankbar zu sein und sie zu verehren; gegen meine Schüler anspruchsvoll und gerecht zu sein und ihre berufliche Entwicklung zu fördern;

meinen Kollegen wohlwollend gegenüberzustehen; bei ihnen Rat und Hilfe suchen, wenn es im Interesse des Patienten liegt; und selber den Kollegen Hilfe und Rat nie zu versagen;

ständig mein fachliches Können zu verbessern; die edlen Traditionen der Medizin zu bewahren und zu entwickeln.»

Gegenüber dem sowjetischen Eid sind die Hinweise auf die Verpflichtungen auf die sozialistische Gesellschaft verschwunden. Wieder aufgenommen ist die Achtung vor dem Lehrer und die Verpflichtung des Arztes, unabhängig von Geschlecht, Rasse und Nationalität zu handeln. So ist dieser Eid wieder näher an dem Genfer Gelöbnis und damit mittelbar auch am hippokratischen *Eid*.[14]

2. Die heilige Krankheit

Die «heilige Krankheit»[1] ist die Epilepsie. Sie tritt in verschiedenen Formen auf, zumeist als epileptischer Anfall, der in der Regel nur kurz dauert (30 Sekunden bis vier Minuten), um dann relativ bald wieder abzuklingen, so dass der Außenstehende mögliche Nachwirkungen und Beeinträchtigungen kaum bemerkt.[2] Galten in der vorwissenschaftlichen Tradition Krankheiten, deren Ursachen nicht erkennbar sind, als von einem Gott gegeben, so musste dies bei der Epilepsie in besonderem Maße zutreffen, weil – anders als bei allen Formen von Wahnsinn – die Krankheit in ganz kurzer Zeit aufzutreten und abzuklingen pflegt. Deshalb heißt sie «heilige Krankheit». Hippokrates, den ich als Autor der Schrift *Über die heilige Krankheit* ansehen möchte, ersetzt Aberglauben durch Wissenschaft. Dieser Schritt war keine Selbstverständlichkeit. Vielmehr musste sich Hippokrates gegen den noch zu seiner Zeit verbreiteten Aberglauben durchsetzen.

> In keiner Weise scheint sie (die heilige Krankheit) mir göttlicher oder heiliger zu sein als die anderen Krankheiten. Vielmehr hat sie eine natürliche Beschaffenheit und Ursache. Die Menschen haben angenommen, dass sie ein göttliches Geschenk sei, infolge ihrer Ratlosigkeit und Verwunderung, weil sie in nichts den anderen Krankheiten gleicht (Kap. 1, VI 352 L.).

Hippokrates führt dann weiter aus, dass man auch viele andere Krankheiten, die niemand für heilig hält, als «heilig» bezeichnen könnte, weil sie als seltsam und wundersam erscheinen. So gibt es Menschen, die ohne sichtbaren Grund wahnsinnig werden, hohes Fieber haben oder im Schlaf jammern. Mit heftiger Polemik wendet

DIE HEILIGE KRANKHEIT 51

er sich gegen diejenigen, die diese Krankheit noch immer für göttlich halten.

Mir aber scheinen die ersten, die diese Krankheit für heilig erklärt haben, Menschen, wie es sie auch heute noch gibt, nämlich Magier, Sühnepriester, Bettler und Schwindler, die für sich in Anspruch nehmen, besonders gottergeben zu sein und mehr zu wissen. Sie nehmen nun das Göttliche als Deckmantel und Vorwand für ihre Unfähigkeit, weil sie nichts hatten, womit sie wirklich helfen konnten, und damit nicht offenbar wird, dass sie nichts wissen, nannten sie diese Krankheit «heilig» (Kap. 2, VI 356 L.).

Hippokrates wendet sich also durchaus gegen Erscheinungen und Praktiken seiner Zeit, in der der Beruf des Arztes noch nicht gesetzlich geschützt war und jeder mit dem Anspruch eines ‹Heilpraktikers› auftreten konnte. Man sieht auch unter diesem Aspekt noch einmal die Bedeutung des *Eides*. Wer diesen (oder einen analogen) Eid geschworen hat, steht auf der Seite der wissenschaftlichen Medizin. Dabei geben die kritisierten ‹Kurpfuscher› durchaus medizinische Verordnungen. Neben rein verbalen Entsühnungen und Besprechungen verbieten sie Bäder, bestimmte Speisen (Barben und Aale), Fleisch von Ziegen, Hirschen, Schweinen und Hunden, einige Geflügel- und Gemüsearten. Sie geben Kleidervorschriften (keine schwarzen Kleider, kein Ziegenfell) und verbieten bestimmte Körperhaltungen (ein Bein über das andere schlagen). Dabei haben sie sich abgesichert. Werden die Menschen gesund, rechnen sie es sich selber an, werden oder bleiben sie krank, haben die Götter die Schuld. Man merkt dem Text an, dass Hippokrates mit beträchtlicher Emphase nicht mehr die Epilepsie allein im Blick hat, sondern die kritisierten Praktiken insgesamt. Das zeigt sich an dem Beispiel, das Hippokrates zur Widerlegung anführt: Die Libyer (also Afrikaner, die das Landesinnere bewohnen) müssten eigentlich alle krank sein, wenn Ziegenfell oder Ziegenfleisch die Ursache wäre, denn sie essen Ziegenfleisch und haben Kleidung, Decken und Schuhe ausschließlich aus Ziegenfell.

Die Ausführlichkeit der durchaus mit Ironie gewürzten Polemik zeigt nicht nur die Gefährlichkeit der für Hippokrates noch aktuellen Praktiken, sondern auch seinen eigenen Respekt vor dem Göttlichen.

Ich jedenfalls bin überzeugt davon, dass der Körper eines Menschen nicht von einem Gott befleckt wird, das Hinfälligste vom Reinsten. Vielmehr sollte der menschliche Körper, wenn er von etwas anderem befleckt ist oder etwas anderes erlitten hat, vom Gott gereinigt und entsühnt werden, als dass er von ihm befleckt würde (Kap. 1, VI 364 L.).

Es zeigt sich hier auch die eigentliche Religiosität des Hippokrates. Die Gottheit ist rein. Pest oder ähnliche Seuchen gehen nicht auf die Giftpfeile Apolls zurück (wie am Anfang der *Ilias* Homers), sondern haben natürliche Ursachen. Heilig oder göttlich sind Krankheiten nur insofern, als der ganze Kosmos natürlich und göttlich zugleich ist. Hippokrates steht so auf einer Stufe mit den frühgriechischen Philosophen, die den Kosmos und seine Entstehung naturwissenschaftlich zu erklären suchten und dabei – so insbesondere Xenophanes (ca. 570–470) – das von den Dichtern überkommene Bild von ‹unreinen› Göttern kritisierten, die (so bei Homer) stehlen, sich betrügen und ehebrechen.

Der Hauptteil der Schrift ist der anatomisch-physiologischen Analyse der Epilepsie gewidmet. Eingerahmt wird die Untersuchung durch die mit großem Nachdruck vorgebrachte Überzeugung vom Gehirn als Zentralorgan des Menschen, gegen die alte Auffassung, es sei das Zwerchfell.

Das Gehirn ist schuld an diesen Leiden wie auch an den schwersten anderen Krankheiten ... Das Gehirn des Menschen ist zweigeteilt wie auch bei allen anderen Lebewesen. In der Mitte wird es durch eine dünne Haut (in zwei Hälften) geteilt. Deshalb hat man nicht immer an der gleichen Stelle Kopfschmerzen, sondern an einer der beiden Seiten, manchmal allerdings auch am ganzen Kopf. ... Die Menschen müssen wissen, dass aus keiner anderen Quelle Freuden, Lachen und Schmerzen kommen als daher, von wo auch Kummer, Leid, Unlust und Weinen (entstehen). Und mit ihm (dem Gehirn) überlegen und denken wir und sehen und hören wir und unterscheiden das Hässliche vom Schönen, das Schlechte vom Guten, das Angenehme vom Unangenehmen. ... Durch dieses Organ verfallen wir auch in Raserei und Wahnsinn und Ängste und Schrecken treten bei uns (daher) auf, teils nachts, teils am Tage, ferner Schlaflosigkeit, unpassende Irrtümer, unbegründete Sorgen, Verkennen der Lage und Vergesslichkeit ... das Zwerchfell aber hat seinen Namen (wörtlich: Geist, Verstand) zu Unrecht durch Zufall erhalten und durch Brauch, aber nicht der Wirklichkeit entsprechend (aus den Kap. 4, 14, 17).

Die anatomisch-physiologische Analyse der Epilepsie geht von zwei Voraussetzungen aus: Erstens, die Epilepsie ist erblich, und zweitens, sie ist an einen bestimmten Typ gebunden, an den Phlegmatyp, der von dem Galletyp unterschieden wird. In der ältesten Schicht des *Corpus Hippocraticum* findet man durchweg eine Gliederung nach zwei Typen, während die späte kanonisch gewordene Viertypenlehre zuerst in der Schrift *Über die Natur des Menschen* vorkommt, die wohl eine Generation nach Hippokrates entstanden ist (vgl. S. 95). Dabei werden diese beiden Typen hinsichtlich der Disposition zu Krankheiten gesehen. Der Galletyp kann in krankhaftem Zustand schreien, bösartig und unruhig werden, nur kommt bei ihm die Epilepsie nicht vor.

Beim Phlegmatyp kann es zur Epilepsie kommen, wenn kaltes Phlegma (Schleim) in das warme Blut fließt und die Luft absperrt.[3] Hippokrates zählt die medizinisch relevanten Symptome auf:

> Der Kranke verliert Sprache und Bewusstsein ... die Hände werden kraftlos und verkrampfen sich ... die Augen verdrehen sich ... Schaum tritt aus dem Mund ... Kot geht ab infolge der Gewalt des Anfalls ... er schlägt mit den Füßen (Kap. 7, VI 372 L.).

Hippokrates äußert sich dann detailliert über die Gefahren der Epilepsie in den verschiedenen Altersstufen und über die Heilungschancen, auch unter Berücksichtigung klimatischer Verhältnisse, wobei der feuchte Südwind als besonders bedrohlich im Hinblick auf die Epilepsie angesehen wird. Psychologische Momente kommen dazu.

> Diejenigen, die schon mit der Krankheit vertraut sind, merken schon vorher, wann ein Anfall kommt und fliehen dann aus der Gesellschaft der Menschen. Ist ihre Wohnung in der Nähe, nach Hause, wenn nicht, an einen sehr einsamen Ort, wo nur ganz Wenige sehen können, wie (der Kranke) gestürzt ist, der sich dann sogleich verhüllt. Das aber tut er, weil er sich des Leidens schämt, aber nicht, wie die Meisten annehmen, aus Furcht vor einer Gottheit (Kap. 12, VI 382 L.).

Weiter führt Hippokrates aus, dass kleine Kinder, die die Krankheit noch nicht richtig kennen, wenn sie merken, dass ein Anfall bevorsteht, zu ihren Müttern oder einem nahen Verwandten laufen. Hippokrates äußert sich auch zu den Heilungschancen, differenziert nach Altersgruppen, aber es fehlen Angaben über eine spezielle und gezielte Therapie. Hippokrates ist vor allem darauf bedacht, den Sonderstatus der «heiligen Krankheit» zu negieren, vielmehr muss man

> alle Krankheiten für göttlich und menschlich halten. Jede hat ihren natürlichen Ursprung und ihre spezielle Kraft und gegen keine sind wir ratlos oder machtlos (Kap. 18, VI 394 L.).

Die Erklärung der Epilepsie auf der Grundlage der Säftelehre und der Grundqualitäten Kalt, Warm, Trocken, Feucht kann natürlich heute nicht mehr gültig sein. Die moderne Medizin unterscheidet kryptogene und idiopathische Epilepsie, als deren Ursachen Gehirnblutungen, Sauerstoffmangel, Hirnhautentzündungen und cerebrale Durchblutungsstörungen angesehen werden. Aber so fern von Hippokrates ist das auch nicht, war er es doch, der als Erster Schädigungen des Gehirns für die Epilepsie verantwortlich gemacht hat.

Stil und Gedankenführung der Schrift – durchaus auch mit Wiederholungen – legen die Auffassung nahe, dass es sich zunächst um einen Lehrvortrag handelt, wie er im *Eid* (Nr. 2) auch ausdrücklich zu den Obliegenheiten des Arztes gerechnet wird. Ob Hippokrates einen solchen Vortrag auf Kos oder an anderer Stelle gehalten hat, wissen wir nicht. Aber er wird den Vortrag dann auch publiziert haben, wie es die zeitgenössischen Sophisten mit ihren Vorträgen nachweislich auch getan haben. Auf diese Weise wird auch Platon davon Kenntnis genommen haben. Das Ethos und die Verantwortung des Arztes in Abgrenzung gegen jede Art von falscher Gläubigkeit, Scharlatanerie und Dilettantismus bezeugen, dass die Medizin zu einer Wissenschaft geworden ist, die über ihr Tun Rechenschaft ablegen kann.

3. Umwelt

Die Schrift *Über Luft, Wasser und Ortslagen* (auch zitiert als Schrift *Über die Umwelt*) handelt über die Umweltbedingungen für den Menschen im Hinblick auf Gesundheit und Krankheit. Die Schrift hat deutlich zwei Teile: In einem ersten Teil (Kap. 1–11) wird im Einzelnen analysiert, mit welchen periodischen oder endemischen, d. h. für eine bestimmte Gegend typischen Krankheiten aufgrund ihrer Lage, ihrer Winde und der Wasserverhältnisse zu rechnen ist. Der zweite Teil (Kap. 12–24) enthält eine Untersuchung über die morphologischen Verschiedenheiten einzelner Völker in der Abhängigkeit ihrer Konstitution und Lebensweise von bestimmten Umweltbedingungen. Die beide Teile übergreifende Thematik ist der Einfluss der natürlichen Umwelt auf den Menschen.

Einigkeit herrscht darin, dass diese im Übrigen viel beachtete Schrift zur ältesten Schicht des *Corpus Hippocraticum* gehört, also von Hippokrates selbst verfasst sein kann. Umstritten ist, ob beide Teile ursprünglich selbständig waren und vielleicht zwei verschiedenen Autoren zuzuweisen sind, einem ‹Wanderarzt› und einem ‹Aitiologen›. Umstritten ist ferner, wie das Verhältnis dieser Schrift bzw. ihrer Teile zu der Schrift *Über die heilige Krankheit* ist, ob sie vor oder nach jener Schrift entstanden und ob der Verfasser beider Schriften der gleiche ist.

Neuere Forschung[1] hat evident gezeigt, dass beide Teile zusammengehören und dem gleichen Verfasser zuzuordnen sind, der zugleich auf die Schrift *Über die heilige Krankheit* zurückblickt. Offen mag bleiben, ob beide Teile der Schrift von Anfang an gleichzeitig konzipiert wurden oder der zweite Teil nachträglich, aber organisch zum ersten Teil hinzugefügt wurde. In jedem Fall besteht der zweite Teil aus Anwendungsbeispielen für die im ersten Teil entwickelten Theorien, wenn auch der ethnographische Diskurs des zweiten Teiles über bloße Fallstudien hinausgeht und auch für sich genommen rezipiert werden kann.

Die Schrift wendet sich an den typischen ‹Wanderarzt›, der in Gegenden und damit in Städte kommt, von denen er außer ihrer geographischen Lage nichts weiß. Es geht wieder um die für Hippokrates so bezeichnende ganzheitliche Betrachtungsweise. Würde der Arzt – wie es vor Hippokrates durchweg geschah – einen Kranken ohne Kenntnis der Umweltbedingungen allein an den auftretenden und sichtbaren Symptomen behandeln, wäre der Heilerfolg viel unsicherer. Es ist also durchaus der Erfolg des Arztes im Blick, durch den allein er sich legitimiert. Die zunächst fehlende Erfahrung eines Arztes in einer fremden Gegend wird bis zu einem gewissen Grade kompensiert, wenn er Grundbedingungen der Umwelt und damit auch der Lebensweise der Menschen in dieser Gegend vorher zur Kenntnis nimmt. Mit diesem Wissen will Hippokrates den noch unerfahrenen Arzt ausstatten. Im Einzelnen muss der Arzt die für eine Gegend typischen Winde im Verhältnis zu ihrer Lage nach «Sonnenaufgang» (also Osten) oder «Sonnenuntergang» (also Westen) kennen. Er muss ferner die Beschaffenheit des Wassers kennen, das die Bewohner einer Gegend benutzen, ob es sumpfig, weich, hart, süß oder salzig ist, ob es aus dem Flachland oder aus dem Gebirge kommt. Ferner muss er die geologische Beschaffenheit einer Landschaft kennen, ob sie kahl, wasserarm oder dicht bewachsen und wasserreich, muldenförmig und daher drückend heiß oder hochgelegen und kalt ist. Schließlich muss der Arzt sich von der Lebensweise der Bewohner einer bestimmten Gegend Kenntnisse (durch Befragungen?) verschaffen, wie und wie oft sie essen und trinken, ob sie körperliche Anstrengungen lieben, starke Esser und Trinker sind oder nicht.

Wenn einer dies alles im Blick hat und so ein Vorherwissen erwirbt, dann wird er am ehesten die entscheidenden Momente (des Eingreifens) bei jedem einzelnen kennen, in den meisten Fällen die Gesundheit erzielen und so nicht geringen Erfolg in seiner Kunst haben. Wenn aber jemand der Ansicht ist, diese Dinge gehörten in das Gebiet der Meteorologie, so dürfte er wohl, sollte er von seiner Meinung (versuchsweise) abgehen, bald merken, dass die Astronomie keinen geringen, sondern einen ganz großen Beitrag zur Medizin leistet (Kap. 2, II 14 L.).

Wenn Platon im *Phaidros* (270 C) die «Natur des Ganzen» in ihrer Bedeutung für die Medizin unter Berufung auf Hippokrates hervorhebt, so trifft dies genau auf das Konzept der Schrift *Über die Umwelt* und ihre methodischen Maximen zu. Wenn irgendwo, so stehen wir hier auf dem Boden des Hippokrates selbst.

Dass die Begriffe «Meteorologie» und «Astronomie» als geradezu synonym verwendet werden, hängt damit zusammen, dass die sublunare (also «meteorologische») von der translunaren (also «astronomischen») Schicht des Kosmos noch nicht als getrennt angesehen wird. Erst Aristoteles hat diesen Schritt vollzogen. Hippokrates will zeigen, dass der Mensch in seiner Konstitution von äußeren Gegebenheiten abhängig, also ein Glied im Kosmos ist.

Man spürt eine gewisse Polemik gegen die Skeptiker einer ganzheitlichen Medizin, die an der alten rein symptomatischen Diagnostik und Therapie festhalten, aber auch ein Gefühl der Überlegenheit in der Überzeugung, man werde schon seine Meinung ändern, wenn man sich erst einmal auf die offenbar wirklich neue Betrachtungsweise eingelassen hat. Denn die Einbettung medizinischer Theorie und Praxis nicht nur abstrakt in die Grundqualitäten Warm, Kalt, Trocken, Feucht, sondern in die konkreten Umweltbedingungen einer Stadt war in der Geschichte der Medizin etwas Neues, das wir wohl mit der Person des Hippokrates selbst in Verbindung bringen dürfen.

Die Ausführung des Programms erfolgt durchaus mit einem gewissen Schematismus, dessen Ausfüllung dann allerdings medizinische Beobachtung und Erfahrung verrät. Es werden keine Städte mit Namen genannt, die Analyse gilt also prinzipiell. Die Darstellung der Auswirkung der Winde (Kap. 3–6) beginnt mit einer Gegenüberstellung von Süd- und Nordwinden als den beiden für Griechenland häufigsten Winden, während die Ost- und Westwinde von untergeordneter Bedeutung sind und kürzer behandelt werden.

Bei einer Stadt, die den warmen Südwinden ausgesetzt ist, aber vor den kalten Nordwinden geschützt ist, ergeben sich Ansammlungen von Feuchtigkeit im Menschen. Dabei führt der Südwind bei seinem Lauf über das Mittelmeer salzigen Wasserdampf mit sich. Daraus ergeben sich Konsequenzen zunächst für die Konstitution der Menschen. Ihre Körper sind stark wasser- und schleimhaltig, ihr Körperwuchs schwach und schlapp. Sie sind keine starken Esser und Trinker. Hippokrates legt dann sogleich dar, zu welchen Krankheiten die Menschen unter diesen Umweltbedingungen neigen, gegliedert nach Frauen (die zuerst genannt werden), Kindern und Männern. Die Frauen neigen leicht zu Krankheiten, werden oft infolge von Krankheiten unfruchtbar oder haben häufig Fehlgeburten. Die Kinder werden von Krämpfen und Asthma befallen «und von allen Erscheinungen, von denen man glaubt, dass eine göttliche Macht sie bewirke und die man heilige Krankheit nennt» (Kap. 3), also von Epilepsie. Die Männer erleiden Ruhr, Durchfall, Schüttelfrost, Fieber vor allem im Winter, wässerige Augenleiden, die kurzsichtig machen. Ältere Männer bekommen leicht einen Schlaganfall, wenn sie ihren Kopf plötzlich der Sonne aussetzen. Antithetisch werden die Verhältnisse der nach Norden gelegenen Stadt gegenübergestellt. Bei den kalten Nordwinden ist das Wasser hart, kalt und eher süßlich. Die Menschen in einer solchen Stadt haben einen straffen und hageren Körperbau; sie haben gesunde und harte Köpfe, eine schlechte Verdauung und «mehr Galle als Schleim (Phlegma)». Ohne nähere Begründung arbeitet Hippokrates auch hier (wie in der Schrift *Über die heilige Krankheit*) mit der älteren Zweisäftelehre in Verbindung mit den vier Grundqualitäten. Bei den Männern kommen Brustfellentzündungen und Eiteransammlungen vor, weil das Innere der Körper hart ist. Sie sind starke Esser, trinken aber nicht viel. Die Augen sind infolge der Härte des ganzen Körpers trocken, hart und rissig. Junge Menschen haben im Sommer oft Nasenbluten. Die sogenannten «heiligen Krankheiten» (im Plural!) treten seltener, dann aber heftig auf. Die Menschen sind langlebiger, ihr Charakter mehr wild als zahm. Von den Frauen wird ein großer Anteil unfruchtbar infolge des harten Wassers, die monatliche Periode tritt nur schwach und unter Beschwerden auf, die Geburten sind schwer, die Stillfähigkeit ist eingeschränkt, weil sich infolge der Härte und Schwerverdaulichkeit des Wassers zu wenig Milch bildet. Wegen der Schwere der Geburt kommen Krämpfe und Brüche vor. Kinder haben eine relativ späte Pubertät.

Bei den Städten, die nach Osten und nach Westen liegen, fasst Hippokrates sich kürzer. Er legt das gleiche antithetische Schema zugrunde, benutzt es aber freier. Die den Ostwinden ausgesetzte Stadt gilt als besonders gesund. Aufgrund ihres gemäßigten Klimas und ihres klaren und weichen Wassers vergleicht Hippokrates die Verhältnisse in einer solchen Stadt generell mit dem Frühling. Die Menschen haben eine schöne und blühende Hautfarbe, eine helle Stimme, einen guten Verstand und Charakter. So treten auch seltener Krankheiten auf, und sie verlaufen leichter. Die Frauen sind fruchtbar und gebären leicht. Über einzelne Krankheiten äußert sich Hippokrates hier nicht, und zwar nicht, weil sie bei der nach Osten gelegenen Stadt seltener vorkommen, sondern weil für ihn die Lage nach Osten und nach Westen von geringerer Bedeutung ist. Entsprechend verzichtet er auch auf eine Darlegung von einzelnen Krankheiten bei der nach Westen gelegenen Stadt, obwohl sie dort häufig vorkommen. Dafür kommt ein neuer Faktor hinzu: die Wirkung der Sonneneinstrahlung. Bei der nach Osten gelegenen Stadt verhindert die schon am Morgen herabstrahlende Sonne die Bildung von Nebel, bei der nach Westen gelegenen Stadt kann die Sonne erst gegen Mittag ihre Kraft entfalten. Wegen des vielen Nebels und der insgesamt geringen Sonneneinstrahlung hat eine solche Stadt eine ungesunde Lage. Das Wasser ist nicht klar, die Menschen haben eine schlechte Hautfarbe, ihre Stimmen werden von der Nachmittagssonne ausgetrocknet. Hippokrates vergleicht eine solche Stadt mit dem Herbst. Es treten viele (im Einzelnen nicht genannte) Krankheiten auf.

Trotz des erkennbaren Schematismus wirkt die Schilderung lebendig. Ob Hippokrates bestimmte Städte im Blick hat, erfährt man nicht. Aber es ist deutlich die griechische Landschaft in ihrem gebirgigen und zerklüfteten Charakter, die die Öffnung zu einer bestimmten Himmelsrichtung aufweist. Hippokrates hat den ganzen Menschen im Blick, nicht nur seine Anfälligkeiten für bestimmte Krankheiten, sondern auch seine intellektuellen und charakterlichen Eigenschaften. Zugleich verharrt die Darstellung nicht in bloßer Theorie, sondern gibt dem ‹Wanderarzt› eine praktische Handreichung für seine ärztliche Praxis. So etwas hat es vor Hippokrates nicht gegeben.

Hochaktuell ist die Schilderung der verschiedenen Arten des Wassers in seiner Bedeutung für Krankheit und Gesundheit (Kap. 7–9). Hippokrates hat dabei durchgehend die Auswirkung einer spezifischen Wasserart auf mögliche Erkrankungen im Blick, aber die differenzierte Analyse der einzelnen Wasserarten ist für sich schon ein Zeichen systematischer, nahezu naturwissenschaftlicher Leistung. Es geht nicht mehr undifferenziert um Wasser überhaupt, sondern um die Unterscheidung verschiedener Wasserarten in ihrer spezifischen Bedeutung für den Menschen. Hippokrates beginnt mit sumpfigem und stehendem Wasser, das vor allem im Sommer warm, dick und übelriechend ist, weil es nicht abfließen kann, während es im Winter kalt und trüb ist. Die Auswirkungen bei ständiger Benutzung eines solchen Wassers als Trinkwasser erstrecken sich nicht nur auf einzelne Krankheiten (Ruhr, Durchfall und Fieber), sondern auch auf die Konstitution des Körpers. Er wird hart, dünn, warm, Schultern, Schlüsselbein und Gesicht sind mager und eingefallen. Die Menschen haben ständig Durst und Hunger. Im Winter treten zudem Lungenentzündungen auf, bei jungen Menschen sogar Geisteskrankheiten, bei Frauen Geschwulstbildungen, Bleichsucht. Sie werden seltener schwanger und gebären schwer, die Säuglinge sind unverhältnismäßig groß, sie lassen sich schwer stillen. Gelegentlich kommt es zu eingebildeten Schwangerschaften, die auf eine Schwellung der Gebärmutter zurückzuführen sind. Die Männer bekommen Krampfadern und offene Beine. Die Menschen altern früh, die Sterblichkeitsrate ist hoch.

An zweiter Stelle (in der von der schlechtesten Variante aus aufsteigenden Wertskala) stehen Quellwässer, differenziert nach Felswasser, Wasser aus warmen Quellen und Wasser aus erdigen Anhöhen. Wasser, das aus einer Quelle an einem Felsen entspringt, gilt wegen seiner Härte generell als ungesund. Wasser aus warmen Quellen hat einen hohen Mineral- und Salzgehalt, sofern es warmem Erdreich entspringt. Das Wasser ist hart, verursacht Hitze und wirkt verstopfend. Am besten ist das Quellwasser aus hochgelegenen und zugleich erdigen Gegenden. Es ist süß, hell, im Winter warm, im Sommer kalt, insbesondere wenn die Quelle tief im Erdreich liegt.

Als weiteres Kriterium für die Beurteilung der Wasserqualität kommt die Sonne im Verhältnis zur Lage einer Stadt nach den Himmelsrichtungen hinzu. Wenn Quellwasser nach Osten zu liegt, ist es klar und riecht gut. Ein solches Wasser gilt als das beste. In jetzt absteigender Wertskala gilt das nach Norden gelegene Quellwasser als noch relativ gut, das Quellwasser nach Westen zu als weniger gut, nach Süden zu ganz schlecht, insbesondere bei Südwinden. Maßgebend ist die Sonneneinstrahlung in den verschiedenen Tageszeiten. Hippokrates ist nicht ängstlich oder rigoros. Deshalb bemerkt er ausdrücklich, dass der Gesunde jedes beliebige Wasser trinken kann. Der Kranke oder der zu einer Krankheit Neigende aber muss vorsichtig sein. Interessant ist die Bemerkung, dass selbst das beste Wasser abgekocht werden soll, bevor es als Trinkwasser verwendet wird. Vorsichtig soll man auch bei mineralhaltigem Wasser sein. Als Abführmittel nützt es nur im Einzelfall, generell aber hemmt es die Darmtätigkeit.

Gleich einem Naturforscher, wie es die frühen Philosophen waren, führt Hippokrates auch ein Experiment an. Gießt man im Winter Wasser in ein Gefäß, misst die Wassermenge, stellt das Gefäß dann an die Luft an der Stelle, wo das Wasser am stärksten gefriert, setzt es am folgenden Tage der Sonne aus, so dass das Wasser schmilzt, und misst man dann wieder, so ist es weniger geworden. Hippokrates will mit diesem Experiment zeigen, dass die leichten und dünnen Bestandteile des Wassers verschwinden, die schweren und dicken Teile aber zurückbleiben, weshalb Schmelzwasser so schädlich ist. Hippokrates hat – vielleicht als Erster – erkannt, dass Wasser kein homogener Stoff ist, sondern aus verschiedenen Bestandteilen (nach heutiger Kenntnis als H_2O in reiner Form als aqua destillata aus Wasserstoff- und Sauerstoffatomen) besteht. Ferner weist Hippokrates darauf hin, dass Wasser, das aus verschiedenen Quellen zusammengesetzt ist (Zusammenfluss kleinerer Flüsse und von einem großen Fluss; Wasser, das aus verschiedenen Seen oder aus weiter Ferne zusammenfließt), Nierenleiden und Blasensteine hervorrufen kann. Das alles wird empirisch untermauert. Steinkranke urinieren besonders klaren Harn, weil die dicken und trüben Bestandteile (die vom trüben Wasser her kommen) zurückbleiben und sich zu einem Stein zusammenballen, wobei junge Frauen weniger Steine haben, weil bei ihnen die Harnleiter kurz und weit ist, so dass der Harn leicht durchfließen kann. Experimente sind also bei Hippokrates kein Mittel zu bloßer Erkenntnis, sondern anwendungsbezogen auf Gesundheit und Krankheit des Menschen.

Die Faktoren Sonne und Erde werden noch einmal wichtig bei der Analyse spezifischer Sommer- und Wintererkrankungen im Ablauf der Jahreszeiten (Kap. 10). Bei regelmäßigem Auf- und Untergang der Gestirne, normalen Temperaturen und Niederschlägen treten im ganzen Jahr nur wenige Krankheiten auf. Ist der Winter jedoch rau und von starkem Nordwind beherrscht, das Frühjahr regnerisch und von starkem Südwind heimgesucht, treten im Sommer infolge der plötzlich einsetzenden Schwüle spezifische Krankheiten auf, vor allem Fieber mit meist letalem Ausgang, aber auch Augenkrankheiten, relativ am wenigsten bei alten Menschen. Wieder werden die vier Grundqualitäten und die beiden Konstitutionstypen herangezogen. Bei feuchtem und mildem Winter und nachfolgendem kalten Frühling bekommen die Phlegmatypen Durchfall, die Galletypen aber trockene Augenkrankheiten. Schließlich gibt es auch spezifische Winterkrankheiten, so bei feuchtem und warmem Sommer und Frühjahr Brennfieber bei den Phlegmatypen, Brustfell- und Lungenentzündungen bei den Galletypen. Bei trockenem und kaltem Sommer mit dann feuchtem und warmem Herbst entstehen im Winter Kopfschmerzen, Gehirnentzündungen, Husten und Lungenerkrankungen. Nach trockenem und kaltem Sommer und Herbst bekommen im Winter die Galletypen lang anhaltendes Fieber, «manche auch Melancholien» (Kap. 10). Damit ist hier mit dem erstmaligen Vorkommen des Wortes «Melancholie» (noch) nicht die psychisch bestimmte Schwermut gemeint, sondern die schwarze und krankhafte Verfärbung des Gallensaftes infolge seiner Eindickung, diagnostiziert am Erbrochenen, im Stuhl und im Urin. Hippokrates kennt noch keinen selbständigen Saft «schwarze Galle» und demzufolge auch keinen «Melancholiker» als Typ.[2] Resümierend stellt Hippokrates fest (Kap. 11), dass die Vorauserkennung von Krankheiten durch die Beobachtung der Witterungsverhältnisse möglich ist. Dem ‹Wanderarzt› gibt er als generelle Regel den Rat, bei den Übergängen von einer Jahreszeit in eine andere, also mitten in großen klimatischen Veränderungen, möglichst keine Behandlung vorzunehmen, sondern mindestens zehn Tage zu warten.

Es gibt auch sonst gefährliche Tage im Jahr, an denen sich die meisten Krankheiten «entscheiden» (κρίνεται). Die «Krisis» ist in den hippokratischen Schriften nicht eine allgemeine Krise, sondern der Zeitpunkt, an dem sich ‹entscheidet›, ob eine Krankheit gut ausgeht oder einen letalen Ausgang nimmt.

Überblickt man den ganzen ersten Teil der Schrift *Über die Umwelt*, so stellt sich dieser Teil als eine geschlossene Abhandlung dar, die in einer so vorher wohl kaum gekannten, typisch hippokratischen Methode die isolierende Betrachtungsweise des Arztes überwinden will. Es geht jetzt nicht mehr allein darum, das einzelne Krankheitssymptom im Kontext des ganzen Körpers zu erfassen, sondern den Menschen in Krankheit und Gesundheit in der Abhängigkeit von seiner klimatisch strukturierten Umwelt zu erkennen, und zwar in kosmischen Dimensionen. Alles Naturgeschehen zwischen Sonne und Erde wird einbezogen, die Sonne selbst, die Gestirne in ihrem Auf- und Untergang, Wasser und Winde, ohne dass eine meteorologische von einer astronomischen Sphäre getrennt wäre. Am stärksten unter allen hippokratischen Schriften zeigt sich hier die Nähe zu den frühgriechischen Philosophen in ihrer Erkundung des Kosmos und auch darin, dass Hippokrates mit Bedacht keinen Ort, keine geographischen Einzelheiten nennt. Seine Darstellung beansprucht allgemeine Gültigkeit und bettet damit den Menschen generell in seine natürliche Umwelt ein, über die er sich nicht selbstherrlich erheben kann, sondern von der er abhängig ist. In den Grundannahmen steht er Alkmaion von Kroton (vgl. S. 18) und damit wohl auch der krotoniatischen Ärzteschule nahe, aber in der Ausgestaltung des Grundschemas und vor allem in der konsequenten Ausrichtung auf die Befindlichkeit des Menschen geht er ganz selbständig vor. Dabei verwendet Hippokrates das einmal zugrunde gelegte Schema nicht starr, sondern wechselt die Perspektive, wenn es ihm angezeigt erscheint. Insbesondere aber geht es ihm um die Prognose, um das Vorherwissen des Arztes, der Einsicht in die Umweltbedingungen erlangen soll. Der in dieser Schrift mehrfach genannte oder umschriebene Begriff der Prognose (Kap. 2, Kap. 11) wird hier nicht (wie sonst allgemein) verstanden als das Vorherwissen über den Verlauf einer schon bestehenden Krankheit eines einzelnen Patienten, sondern als im Voraus gewonnene Einsicht in das, was alle Menschen im Hinblick auf ihre Umwelt erfahren oder erleiden können.

Die Schrift wendet sich nicht an Laien, sondern an Ärzte. Die wahrscheinlichste Annahme ist die, dass es sich auch hier (wie bei der Schrift *Über die heilige Krankheit*) um einen Lehrvortrag für angehende Ärzte handelt. Kleinere Unebenheiten des Textes und gelegentliche Wiederholungen lassen sich so am leichtesten erklären. Aber

Hippokrates wird auch sicher die Schrift (unter den damaligen Editionsbedingungen) veröffentlicht haben.

Das Verhältnis des Menschen zu den klimatischen Umweltbedingungen ist auch heute ein hochaktuelles Thema. Es war aber im antiken Griechenland noch drängender. Die mitteleuropäische Lebensweise der Gegenwart mit allem Fortschritt der Technik lässt uns leicht vergessen, wie mühsam es damals war, einwandfreies Trinkwasser zu gewinnen in einem Land, in dem es ohnehin seltener regnet und daher die Ausrichtung einer Stadt auf eine bestimmte Himmelsrichtung von elementarer Bedeutung war. Hundert Jahre nach Hippokrates empfiehlt Aristoteles (*Politik* VII 11, 1330 a 34–b 17), bei der Anlage einer neu zu gründenden Stadt auf eine für die Gesundheit zuträgliche Lage zu achten, insbesondere im Hinblick auf das Vorhandensein von gesundem Wasser:

> Da man auf die Gesundheit der Einwohner bedacht sein muss, betrifft dies erstens die Lage der Stadt so, dass sie die Gesundheit begünstigt, zweitens die Möglichkeit, gesundes Wasser zu gebrauchen. Darauf muss man die Aufmerksamkeit nicht nur beiläufig richten. Denn was wir für den Körper am meisten und am häufigsten brauchen, das trägt am meisten zur Gesundheit bei. Wasser und Luft aber haben von Natur aus diese Wirkung (1330 b 8–14).

Das hat Aristoteles in hippokratischem Geist geschrieben.

Der zweite Teil der Schrift *Über die Umwelt* (Kap. 12–24) ist voller schwieriger Probleme, die nicht alle mit letzter Sicherheit gelöst werden können. Es beginnt mit der nüchternen Überleitung:

> So verhält es sich damit. Jetzt will ich aber über Asien und Europa darlegen, wie sehr sie sich untereinander in jeder Hinsicht unterscheiden und bezüglich der Körpergestalt der (einzelnen) Völker (will ich zeigen), wie verschieden sie ist und dass sie auch untereinander in nichts gleichen. Auf alle einzugehen wäre eine zu umfangreiche Erörterung. Über die größten und die am meisten voneinander unterschiedenen (Völker) will ich reden, so wie es mir richtig erscheint (Kap. 12, II 52 L.).

Es gibt in der Forschung eine lange Debatte darüber, ob dieser zweite Teil erst nachträglich mit dem ersten Teil zu einer Schrift verbunden worden ist, ob der Verfasser des ersten Teiles mit dem des zweiten Teiles überhaupt identisch ist, ob nicht ein Autor B (des zweiten Teiles) von ganz anderen Interessen ausgeht, die den Arzt höchstens mittelbar betreffen. Es kommt hinzu, dass die meisten Editoren und Interpreten am Ende des Kapitels 12 eine größere Lücke annehmen, in der ursprünglich von Ägypten und Afrika die Rede war, denn das 13. Kapitel beginnt mit den Worten: «Über die Aegypter und Libyer verhält es sich so», wovon aber im vorausgehenden Text nicht die Rede war. Insgesamt aber steht der zweite Teil nicht beziehungslos zum ersten Teil und das Verhältnis der beiden Teile zueinander lässt sich gut durch die Annahme erklären, dass es sich auch im zweiten Teil um einen Lehrvortrag handelt, der nachträglich, aber ganz organisch dem ersten Lehrvortrag angehängt wurde. Kleinere sachliche Differenzen erzwingen nicht die Annahme von zwei verschiedenen Autoren. Wenn im Folgenden Hippokrates als Autor auch dieses zweiten Teiles der Schrift genannt wird, so steht dies unter dem Vorbehalt, dass wirkliche Sicherheit in der Verfasserfrage nicht zu gewinnen ist. Sollte dieser zweite Teil auch ein Lehrvortrag für angehende Ärzte sein, so würden die Unterweisungen des ersten Teiles in weltweite Zusammenhänge eingebettet und damit der Horizont stark erweitert werden. Denn es geht auch in diesem zweiten Teil um den Einfluss des Klimas im weitesten Sinne auf die Lebensweise, die Konstitution und den Charakter der Menschen unter den verschiedenen Völkern. Der medizinische Aspekt ergibt sich zumeist nur mittelbar als leicht zu ziehende Schlussfolgerung aus den allgemeinen Darlegungen. Es ist eine medizinische Geographie, die sich aus einer ethnologischen Theoriebildung ergibt.[3]

Hippokrates greift weit aus, indem er zunächst generell und dann differenziert Europa mit Asien vergleicht.

> Asien, so behaupte ich, ist ganz und gar verschieden von Europa in jeder Hinsicht, sowohl in allem, was aus der Erde wächst als auch in Bezug auf die Menschen. Denn alles tritt in Asien viel schöner und größer in Erscheinung, das Land ist im Vergleich zu jedem anderen Land milder und die Sitten der Menschen sind sanfter und gutmütiger (Kap. 12, II 52 L.).

Diese Einschätzung mag zunächst überraschen. Aber der Autor fügt sogleich hinzu, dass die Unterschiede innerhalb Asiens sehr groß sind.

Die Verhältnisse in Asien sind nicht überall die gleichen, sondern der Teil des Landes, der in der Mitte zwischen der warmen und kalten Zone liegt, hat die besten Früchte und Bäume, das mildeste Klima und das beste Wasser zur Verfügung, sowohl vom Himmel als auch aus der Erde.

Fragt man, welche geographische Zone Asiens Hippokrates im Blick hat, so kann es eigentlich nur der westliche Teil Kleinasiens (also Ionien) sein mit den weitgehend von den Griechen bewohnten Städten.[4] Hippokrates fügt hinzu:

soweit nicht ein gewaltsames Regime, sondern gleicher Anteil in allem herrscht.

Mit diesem Satz kommt ein politischer Aspekt in die Erörterung. Das Wort «gleicher Anteil» (ἰσομοιρίη) ist zugleich ein Begriff der attischen Demokratie[5] und Hippokrates mag hier durchaus das wechselnde Schicksal der kleinasiatischen Griechenstädte im Blick haben.[6] Aber es bleibt eine knappe Andeutung. Im Übrigen preist Hippokrates diese Klimazone geradezu hymnisch. Die Menschen kultivieren die Natur, Haustiere gedeihen prächtig, die Menschen sind wohlgenährt, sie haben einen schönen Körperbau und eine stattliche Größe. Das alles wird abgeleitet aus den klimatischen Umweltbedingungen, wie sie hier im Hinblick auf Wärme, Kälte, Trockenheit und Feuchtigkeit eine ideale Ausgeglichenheit aufweisen, als wäre es ein ewiger Frühling. Diese Metapher hatte Hippokrates schon im ersten Teil der Schrift zur Charakterisierung der nach Osten hin gelegenen Stadt gebraucht (Kap. 5). Auf den ethisch-politischen Bereich folgt dann aber wieder die Folgerung, dass bei derart fast schlaraffenlandähnlichen Zuständen Tapferkeit, Abhärtung, Arbeitsamkeit und Mut nicht entstehen können (Kap. 12, Ende).

Hatte Hippokrates zunächst eine geographische Zone mit gleichmäßigem Klima behandelt, so geht es im Folgenden (Kap. 13) um die Auswirkungen eines wechselhaften Klimas auf die Konstitution des

Menschen. Der Autor findet dies nach Nordosten zu bei den Völkern, die «bis zum Mäotischen See» (heute Asowsches Meer) «hin wohnen», wo er «die Grenze zwischen Europa und Asien» sieht. Wegen des wechselnden Klimas sind in diesen Gegenden auch die Konstitutionen und Lebensarten der dort lebenden Völkerstämme in sich ganz verschieden. Es werden vier verschiedene geographische Formationen skizziert, denen vier verschiedene Konstitutionen von Menschen entsprechen:
1. Wald- und wasserreiche Berge, also Vorherrschen von Kalt und Feucht,
2. dürre und wasserarme Gebirgsgegenden, also Vorherrschen von Kalt und Trocken,
3. wasserreiche Ebenen und Sumpfgelände, also Vorherrschen von Warm und Feucht,
4. trockene und kahle Ebenen, also Vorherrschen von Warm und Trocken.

Man mag darin eine Vorstufe einer hier nicht näher ausgeführten Lehre von den vier Temperamenten finden, wie sie explizit erst in der nachhippokratischen Schrift *Über die Natur des Menschen* vorliegt. Hippokrates kommt es hier darauf an, Mensch und Landschaft parallel in der Abhängigkeit vom Klima aufzuzeigen.

Im Folgenden erörtert Hippokrates auffallende Besonderheiten einzelner asiatischer und europäischer Stämme, zunächst die seltsame Eigenart der Makrokephalen (Kap. 14). Hippokrates sagt, dass die auffallend lange Schädelbildung nur bei einem Volksstamm (der geographisch nicht lokalisiert wird) vorkommt, was sachlich unrichtig ist. In diesem nicht näher bezeichneten Volksstamm sei es Sitte gewesen, dass bei jedem Säugling um den noch zarten und weichen Kopf eine straffe Bandage gelegt wird mit dem Effekt, dass der zunächst runde Kopf in die Länge wächst und damit größer erscheint. Der Zweck dieser Maßnahme liegt in einem Schönheitsideal. Menschen mit einer derartigen Kopfform gelten als besonders vornehm. Im Laufe der Zeit aber ist dieser Brauch gar nicht mehr nötig, weil inzwischen die Menschen dieses Volksstammes von Natur aus mit einem lang geformten Schädel zur Welt kommen. Genauso, wie von Kahlköpfigen

Kahlköpfige, von Blauäugigen Blauäugige und von Schielenden Schielende gezeugt werden, können auch von Menschen mit langem Schädel ebensolche geboren werden. Für Hippokrates ist dies ein Beispiel dafür, wie Nomos (Brauch, Setzung) zur Physis (Natur) werden kann. Es ist damit eine Debatte um das generelle Verhältnis von Nomos und Physis aufgegriffen, die in der politischen und sophistischen Diskussion des 5. Jahrhunderts v. Chr. eine große Rolle spielte.[7] Jetzt aber, so fügt Hippokrates hinzu, gibt es dort keine Langköpfe mehr, «denn der Brauch herrscht nicht mehr wegen der Vermischung der Menschen» mit anderen Volksstämmen. Die zunächst durch äußeren Eingriff erreichte Schädelformung hält also als ererbte Eigentümlichkeit nur so lange an, wie die Zeugung auch von Langköpfen ausgeht. Da keinerlei Angaben über die geographische Lokalität dieses Volksstammes gegeben werden, wird Hippokrates sich hier nicht auf Autopsie gestützt haben. Die Makrokephalie (oder Dolichokephalie) kann überall vorkommen. Sie wird heute damit erklärt, dass die Sagittalnaht (Sutura sagittalis) ungewöhnlich früh verknöchert ist und es so zu einem Ungleichgewicht zwischen dem Längen- und Breitenwachstum des Kopfes kommt. Es handelt sich also durchaus um ein medizinisches Thema, dessen Relevanz aber im Text nicht explizit wird. Auch geht es hier nicht um das die anderen Teile der Schrift beherrschende Thema der klimatischen Bedingungen in ihrem Einfluss auf den Menschen.

Das ist durchaus wieder der Fall in der Charakterisierung der Bewohner am Fluss Phasis (Kap. 15). Es handelt sich um den heute Rioni genannten Fluss in Kolchis an der Südostküste des Schwarzen Meeres, eines der Ursprungsgebiete des nach dem Namen Phasis genannten Fasans.[8] Er war zugleich der nördliche Grenzfluss des Perserreiches[9] und damit der Grenze zwischen Europa und Asien. Die Bewohner dieser Gegend sind für Hippokrates ein Beispiel für die Lebensart und Konstitution in derartigen Gegenden. Das Land ist sumpfig, warm, wasserreich, dicht bewachsen; es fällt viel und häufig Regen, die Bewohner leben in Sümpfen, ihre Häuser sind Pfahlbauten auf dem Wasser. Sie fahren auf Einbäumen auf den vielen Kanälen zwischen den Häusern und auf dem Fluss. Sie trinken warmes und faules Wasser, zumal der Phasis der langsamste aller Flüsse ist. Es gibt viel Nebel. Sie atmen diese dunstige Luft ein, ihre Nahrung ist kraftlos und weich. Die Folge davon ist eine große Körperfülle, eine gelbe Hautfarbe, «als ob sie von Gelbsucht ergriffen wären». Sie scheuen sich, Anstrengungen auf sich zu nehmen, sind also durch und durch träge. Das Klima weist kaum Wechsel auf.

Diese – relativ kurze – Schilderung der Menschen am Phasis bildet den Übergang zu einer generellen Charakterisierung der Asiaten als mut- und kraftlos (Kap. 16). Außer dem Klima werden dafür auch politische Gründe angeführt.

> Der größte Teil von Asien steht nämlich unter Königsherrschaft. Wo aber die Menschen nicht Herr über sich selbst sind und sich nicht ihre Gesetze selber geben, sondern beherrscht werden, da handelt es sich nicht darum, sich in der Kriegskunst zu üben, sondern darum, möglichst nicht kämpferisch zu scheinen. Die Risiken sind nämlich nicht gleich verteilt. Denn die einen ziehen zu Felde, nehmen Strapazen auf sich und sterben gezwungen für ihre Herrscher, fern von Kind, Weib und allem, was ihnen sonst lieb ist. Was sie Tüchtiges und Tapferes leisten, davon gewinnen ihre Herren Macht und Ansehen, Gefahr und Tod aber bleibt ihnen als Frucht. Die anderen aber nehmen Gefahren und Tod für sich selber in Kauf... (Kap. 16, II 64 L.).

Man spürt hier den Stolz des demokratisch regierten Griechen, wie er in dem Sieg der Griechen über die ‹Asiaten› nach der Schlacht von Salamis (480 v. Chr.) symbolhaft in den *Persern* des Aischylos und im Geschichtswerk des Herodot zum Ausdruck kommt. Aber Hippokrates differenziert. Die Asiaten sind für ihn untereinander verschieden und so nimmt er von seiner generellen Charakterisierung der Asiaten die «Griechen oder Barbaren in Asien, die nicht unter Alleinherrschaft stehen, sondern unabhängig sind und im eigenen Interesse Mühsal ertragen» (Kap. 16), aus. Diese Differenzierung führt Hippokrates allein auf die Unterschiede im Klima zurück. Die Hellenen-Barbaren-Antithese war, zumindest in der Zeit vor dem Peloponnesischen Krieg (431–404), ein Schlagwort der Griechen, aber nirgends wird sie sonst durch die Auswirkungen des Klimas begründet.

Die Untersuchung der Verhältnisse in Europa unter diesem Aspekt

(Kap. 17–24) beginnt allerdings nicht mit einer Antithese zu den Asiaten, sondern mit der Schilderung eines absonderlichen Randvolkes, den Skythen (Kap. 17–22), die mehr Raum einnimmt als die nur sehr pauschal skizzierte Darstellung des ganzen übrigen Europas (Kap. 23–24). Es ist also ein deutliches ethnographisches Interesse am Ungewöhnlichen spürbar, wie es auch bei Herodot der Fall ist, gerade auch im Falle der Skythen. Dabei beginnt Hippokrates noch nicht einmal mit den Skythen insgesamt, sondern mit einem kleinen Volksstamm am Mäotis-See, also an der nördlichen Grenze Europas, mit den Sauromaten. Es geht ausschließlich um die Frauen dieses Volkes, die vor ihrer Heirat reiten, schießen und kämpfen. Schon in der Kindheit haben die Mütter ihnen die rechte Brust mit einem glühenden Bronzeinstrument ausgebrannt, damit das Wachstum dafür ganz in die rechte Schulter und den rechten Arm gehen kann. Bevor sie heiraten, müssen sie mindestens drei Feinde getötet haben. Nach der Heirat geben sie das Reiten auf und gebären Kinder. Insofern sind sie keine Amazonen.

Medizinisch relevant ist daran nur der Vorgang, dass durch eine künstliche Schwächung eines natürlichen Zustandes an einer Stelle des Körpers eine Stärkung an anderer Stelle (kompensatorische Hypertrophie) erfolgt. Aber Hippokrates thematisiert den medizinischen Aspekt nicht explizit.

Erst danach beschreibt er die Lebensweise der Skythen insgesamt, und zwar jetzt wieder im Kontext der Relation der klimatischen Verhältnisse zu der Lebensweise und der psychosomatischen Konstitution ihrer Bewohner. Die Skythen stehen unter dem Einfluss der Kälte; das Land ist hochgelegen und wasserarm. Bei wenig Sonne, kalten Winden und viel Nebel herrscht fast immer Winter. Die Skythen atmen immer schlechte, dicke Luft ein, ihr Trinkwasser aus Eis und Schnee ist schlecht. Ihre Nahrung ist einförmig; sie tragen im Sommer und im Winter die gleiche Kleidung. Die Folge davon ist ein feuchter und schlapper Körper, ferner bei den Männern ein geringer Geschlechtstrieb, auch infolge des vielen Reitens, denn die Skythen sind Nomaden. Durch das viele Reiten treten Gelenkschwellungen auf, die man durch Aderlasse hinter den Ohren behandelt, was Impotenz zur Folge hat. Bei den Frauen ist die Gebärmutter zu wasserhaltig; ihre schwammige Konstitution ist auch die Folge mangelnder Bewegung, denn sie sitzen ständig im Wagen, in dem bei der Lebensweise der Nomaden «die Frauen ihr Leben zubringen» (Kap. 18). Mit spürbar negativer Wertung heißt es: «Die Gebärmutter kann den Samen nicht an sich ziehen; auch kommt bei ihnen die monatliche Reinigung nur gelegentlich und dann spärlich. ... Sie sind träge und fett, ihre Bäuche sind kalt und schlaff» (Kap. 21). Bezeichnend für die hippokratische Argumentationsweise ist der angeführte Gegenbeweis (Kap. 21): Skythische Sklavinnen (offenbar in Griechenland) empfangen unverzüglich, sobald sie mit einem Mann zusammengekommen sind, weil sie arbeiten und durch die Anstrengung ihr Fleisch straff und trocken geworden ist.

Die Nähe zur Schrift *Über die heilige Krankheit* spürt man in der Bemerkung, die Männer würden, wenn sie nach mindestens dreimaligem Versuch beim Verkehr mit den Frauen erfolglos blieben, die Schuld einer Gottheit zuweisen, der gegenüber sie gefehlt hätten. Dann legen sie Frauenkleidung an, reden und arbeiten wie Frauen, werden also zu Transvestiten.

Die Einheimischen schieben die Schuld dafür einer Gottheit zu. Sie verehren diese Leute und werfen sich vor ihnen nieder, da jeder für sich das Gleiche fürchtet. Mir aber scheinen diese Leiden ebenso göttlich zu sein wie alle anderen und keines göttlicher oder menschlicher als ein anderes, sondern alle gleich und alle göttlich. Ein jedes von ihnen hat eine ihm eigene natürliche Beschaffenheit und entsteht nicht ohne Natur (Kap. 22, II 76 L.).

Eine Verfehlung der Gottheit gegenüber ist in der Regel ein Vorenthalten von Opfern und Weihgaben, «da die Götter sich freuen, wenn sie von den Menschen geehrt und bewundert werden» (Kap. 22). Diese Worte stimmen wörtlich mit Vers 8 der im Jahre 428 v. Chr. aufgeführten Tragödie des Euripides *Hippolytos* überein, man hört sogar noch im hippokratischen Text den iambischen Trimeter der Tragödie heraus. Ob das ein Hinweis auf die – aus anderen Gründen durchaus passende – Entstehungszeit der Schrift sein kann, wird man kaum mit wirklicher Sicherheit behaupten können. Woher sollte Hippokrates die in Athen aufgeführte Tragödie kennen und konnten die Hörer eines solchen Lehrvortrages (angehende Ärzte) oder spätere Leser die Anspielung heraushören?

Insgesamt haben die Ausführungen über die Skythen in der Forschung ein starkes Interesse gefunden.[10] Insbesondere zeigt der Vergleich mit dem viel ausführlicheren sogenannten Skythenlogos im Geschichtswerk Herodots (IV 1–142) einige Gemeinsamkeiten mit der hippokratischen Schrift auf. Sie beziehen sich bis zu einem gewissen Grade auch auf die klimatischen Verhältnisse. Auch Herodot beschreibt den unwirtlichen, kalten, nahezu acht Monate dauernden skythischen Winter (IV 28), zieht daraus aber nicht die Folgerungen auf die Konstitution der Menschen im Hinblick auf ihre gesundheitliche Verfassung. Dafür behandelt er die historischen und ethnographischen Fragen viel ausführlicher, so die Herkunft der Skythen, ihre geographische Lage, ihre Religion und ihre Sitten. Unmittelbare Abhängigkeiten zwischen beiden Schriften lassen sich nicht ausmachen. Es kommt hinzu, dass schon Hekataios von Milet (geboren ca. 560 v. Chr.) in seinem nur fragmentarisch erhaltenen Werk *Erdbeschreibung* lange vor Hippokrates auf die Skythen eingegangen ist, wie überhaupt die Griechen seit dem 7. Jahrhundert v. Chr. durch Kolonisation und Handel in direktem Kontakt mit der Schwarzmeerküste und den dort wohnenden verschiedenen Skythen-Stämmen gekommen sind, die auf die Griechen (und auf uns bis heute) eine starke Faszination ausgeübt haben.[11] In dieser ganzen Diskussion, die man sich vielfältiger vorstellen muss, als es unsere Quellen belegen, ist die Abhängigkeit von Krankheit, Gesundheit und Konstitution des Menschen von den Umweltbedingungen das Besondere der hippokratischen Schrift.

Obwohl die Skythen zu Europa gerechnet werden (Kap. 17, II 66 L.), bilden sie in der auffallend kurzen Darlegung «der übrigen Bevölkerung Europas» (Kap. 23, II 82 L.) den Gegensatz zu den eigentlichen Europäern, als wären die Skythen Asiaten. Mit den «Europäern» sind sichtlich vor allem die Griechen gemeint, obwohl diese namentlich gar nicht genannt werden. Die großen jahreszeitlichen Schwankungen hinsichtlich Wärme, Kälte, Trockenheit und Feuchtigkeit haben hier zur Folge, dass die Konstitution der Menschen ganz verschieden ist. Dadurch ergibt sich eine größere charakterliche und geistige Beweglichkeit.

Darum, so meine ich, sind die Bewohner Europas beherzter als die Asiens, denn im immer Gleichmäßigen macht sich Schlaffheit breit, in einer Atmosphäre ständiger Veränderungen aber die Bereitschaft, Anstrengungen auf sich zu nehmen für Körper und Seele. Und aus Ruhe und Schlaffheit erwächst Feigheit, aus der Bereitschaft, Mühen auf sich zu nehmen, Tapferkeit (Kap. 23, II 84–86 L.).

Dieser Grundsatz wird dann noch einmal in betonter Wiederholung («darüber habe ich vorher schon gesprochen») auf den politischen Bereich übertragen. Unter despotischer Königsherrschaft sind die Menschen feige, auch ihre Seelen sind versklavt. Die Menschen aber, die sich ihre eigenen Gesetze geben, nehmen für sich selbst und nicht für andere Gefahren auf sich. Abschließend heißt es: «So bewirken Gesetze nicht zum Wenigsten eine gute seelische Verfassung.»

In einem Schlusskapitel (24) werden, die beiden Teile der Schrift resümierend, die Gründe für die Verschiedenheit der Völker hinsichtlich körperlicher und seelischer Konstitution der Menschen in Abhängigkeit von den klimatischen Verhältnissen und der geographischen Lage zusammengefasst.

Überblickt man die Schrift im Ganzen, so fällt schon bei aller systematischen Kohärenz auf, dass das Interesse über das rein Medizinische hinausgeht. Und es ist wohl so, «dass das medizinisch-anthropologische Interesse des fünften Jahrhunderts nicht zu trennen ist von dem Diskussionsstand der Zeit in Form der politischen Anthropologie sowie der Evolutions- und Kulturtheorie».[12]

Zugleich aber ist die ganze Schrift eingebettet in ein umfassendes Gesamtkonzept einer meteorologischen Medizin, wie sie uns in einer ganzen Reihe von Schriften des *Corpus Hippocraticum* entgegentritt. Kennzeichnend dafür ist die Analyse einer idealen Mitte im Sinne einer Ausgewogenheit von klimatischen Verhältnissen, Körpersäften und natürlicher Lebensweise.[13]

4. Von der Diagnose zur Prognose

Die Ausbildung einer wissenschaftlich fundierten medizinischen Prognose gehört zu der größten Leistung des Hippokrates und seiner Schüler. Das *Corpus Hippocraticum* ist durchzogen von Anweisungen und Bemerkungen zu einer fachgerechten Prognose. Die weit ausgreifende Schrift *Über die Umwelt* ist ganz in den Dienst der Prognose gestellt. Das Gleiche gilt für zahlreiche andere Schriften des Corpus, namentlich für die *Epidemien*. Angesichts der Beschränkung der vorhippokratischen Medizin auf die Diagnose einer Krankheit und deren symptomatischer Therapie, gewiss gestützt auf Erfahrung und Methode, ist der Schritt von der Diagnose zur Prognose fundamental. Prognosen kannte man vorher nur in Form von Orakeln, Mantik oder als göttliche Inspiration, wie sie die Muse dem Dichter gibt. So preist der archaische Dichter Hesiod (um 700 v. Chr.) im Proömium seiner *Theogonie*, die Musen könnten «das Gegenwärtige, das Künftige und das Vergangene besingen» (*Theogonie* 38).

Neben den vielen Bemerkungen über die Prognose gibt es im *Corpus Hippocraticum* vier Schriften, die schon im Titel den Begriff Prognose aufweisen, also diesen Begriff ins Zentrum der Untersuchung stellen, das *Prognostikon, Prorrhetikon (Vorhersagungen)* I, *Prorrhetikon* II und die *Koischen Prognosen*. Beginnen wir mit dem *Prognostikon*.

> Für den Arzt ist es nach meiner Meinung am besten, wenn er sich um die Prognose kümmert. Denn wenn er bei den Kranken den gegenwärtigen, den vergangenen und den künftigen Zustand vorauserkennt und vorhersagt und dabei auch alles ergänzend ausführt, was die Kranken auslassen, dann wird er Vertrauen gewinnen, weil er den Zustand des Kranken besser erkennt, so dass die Menschen es wagen, sich diesem Arzt anzuvertrauen (Kap. 1, II 110 L.).

Die Schrift richtet sich an den Arzt. Die Prognose umfasst nicht nur den künftigen Verlauf einer Krankheit aufgrund eines gegenwärtigen Leidens, sondern bezieht auch die Vergangenheit ein. Der Satz «den gegenwärtigen, den vergangenen und den künftigen Zustand» wirkt fast wie ein Zitat aus dem Hesiod-Vers. Der Arzt kann also auch aus der Anamnese der Vorgeschichte und damit der Ursache einer Krankheit sich ein für den weiteren Verlauf der Krankheit zutreffendes Bild machen, auch wenn der Patient ihm Einzelheiten verschweigt. Ein solcher Arzt gewinnt Vertrauen. Damit kommt ein psychologisches Moment dazu, das man so immer wieder in den hippokratischen Schriften findet. Der Arzt erregt in der sachgerechten Prognose nicht nur Vertrauen, sondern auch Bewunderung. Und er kann sich vor Kritik schützen, wenn er etwa den Tod eines Patienten richtig vorausgesagt hat. Denn:

Alle Kranken gesund zu machen, ist unmöglich. Denn das wäre wohl noch besser als den künftigen Verlauf einer Krankheit nur vorauszusagen. Nachdem nun einmal die Menschen sterben, die einen, bevor sie den Arzt gerufen haben, infolge der Schwere der Krankheit, die einen gleich nachdem sie den Arzt haben rufen lassen – die einen leben gerade noch einen Tag, die anderen etwas länger – so muss der Arzt, bevor er mit seiner Kunst eine einzelne Krankheit bekämpft, die Natur derartiger Krankheiten erkennen, inwieweit sie über die Widerstandskraft des Körpers hinausgehen, zugleich auch ob etwas Göttliches in solchen Krankheiten steckt, und er muss davon die Prognose gründlich lernen. So wird er dann wohl mit Recht bewundert werden und ein guter Arzt sein (Kap. 1, II 110 L.).

Die Prognose ist also zugleich ein Verfahren, den Arzt abzusichern. Das unterscheidet den hippokratischen von dem modernen Prognosebegriff, der eher umgekehrt dem Patienten die Möglichkeit gibt, den Arzt zu kontrollieren. Für das Selbstverständnis des hippokratischen Arztes ist ferner von Bedeutung die Wendung, «ob etwas Göttliches in solchen Krankheiten steckt». Damit ist keine überrationale Instanz im Sinne einer traditionellen Religion gemeint, sondern das der Natur immanente Göttliche, wie es in der Schrift *Über die heilige Krankheit* zum Ausdruck kommt.[1] Konkret ist damit vorsichtig angedeutet, dass es naturgegebene Faktoren gibt, die sich einer Behandlung widersetzen, weil die Gefahr des letalen Ausgangs zu groß ist. Wenn von den allein in den Büchern I und III der *Epidemien* genannten Fällen

60 Prozent tödlich ausgehen, ist eine Dimension gegeben, die es in der modernen, mit Antibiotika arbeitenden Medizin so nicht gibt. In solchen Fällen muss die Prognose des hippokratischen Arztes besonders vorsichtig sein. Die Absicherung des Arztes bis hin zur Unterlassung ärztlicher Hilfe bei hoffnungslosen Fällen ist ein Motiv, das angesichts der rechtlich und institutionell ungesicherten Stellung des Arztes im *Corpus Hippocraticum* immer wieder auftaucht.[2]

Während der Begriff der Prognose in der Schrift *Über die Umwelt* Vorinformationen über mögliche Erkrankungen unter bestimmten Umweltbedingungen zum Inhalt hat, bezieht sich die Prognose im *Prognostikon* ausschließlich auf akute Krankheiten. Beide Schriften ergänzen sich auf diese Weise.

Die Schrift *Prognostikon* besteht im Wesentlichen aus einer präzisen Beschreibung des menschlichen Körpers im kranken Zustand, beginnend mit dem Gesicht. Berühmt geworden ist die Schilderung des Gesichts eines Kranken, die Facies Hippocratica, wie man sie in der medizinischen Literatur seit dem 16. Jahrhundert nennt:

> Spitze Nase, hohle Augen, eingesunkene Schläfen, kalte und zusammengeschrumpfte Ohren, zurückgebogene Ohrläppchen und die Gesichtshaut spröde, gespannt und geschrumpft. Die Farbe des ganzen Gesichts bleich und bleiern. ... Wenn (die Augen) das helle Licht scheuen, unwillkürlich tränen oder sich verdrehen oder wenn das eine Auge kleiner als das andere wird oder wenn das Weiße (des Auges) eine rote oder eine bläuliche Farbe annimmt oder wenn schwarze Äderchen in den Augen sich zeigen oder wenn gelbliche Absonderungen um die Augen herum auftreten oder wenn (die Augäpfel) nach oben gezogen sind oder hervorstehen oder tief in den Augenhöhlen liegen, oder wenn die Farbe des ganzen Gesichtes sich verändert, so muss man das alles für schlimm und verderbenbringend ansehen (Kap. 2, II 114 L.).

Diese Schilderung der ‹Facies Hippocratica›, als deren Ursachen man heute die Erschlaffung der Gesichtsmuskulatur infolge mangelnder Durchblutung ansieht, ist von einer Präzision, wie sie in der vorhippokratischen Medizin undenkbar wäre. Hippokrates beginnt sinnvollerweise mit der Schilderung des (kranken) Gesichts, weil dieser Körperteil für den Arzt in der Regel sofort sichtbar ist.

Es folgt eine Analyse der Lage und der Bewegungen des Kranken im Bett. Am besten ist es, wenn er auf der rechten oder linken Seite liegt und die Beine etwas angewinkelt sind. Wenn er aber auf dem Rücken mit ausgestreckten Armen und Beinen liegt und noch dazu nach vorne rutscht, ist das ein ebenso schlimmes Zeichen, wie wenn er mit offenem Mund schläft, sich im Schlaf aufrichtet oder mit den Zähnen knirscht.

Mit gleicher Präzision wird eine Fülle von Körpermerkmalen untersucht, so das Verhalten der Hände (Hin- und Herfahren, nach etwas in der Luft greifen), Atmung, Schweißausbruch, Zustand des Unterleibs (Anschwellungen, Abszesse, Eiterdurchbrüche), Wasseransammlungen und Schwellungen, vor allem an den Füßen, und langwieriger Durchfall, Verfärbungen von Fingern, Füßen, Nägeln, Schlafgewohnheiten und Schlafstörungen, Stuhlgang (am besten zwei- bis dreimal täglich), Blähungen, Beschaffenheit des Urins, Erbrechen, Auswurf, Schnupfen und Niesen, Eiterbildungen (Empyeme als Ansammlung von Eiter in natürlichen Körperhöhlen), innere Geschwüre, krankhafte Absonderungen, Fieber, Kopfschmerzen, Ohrenschmerzen, Entzündungen am Kehlkopf, Mandelentzündungen, Krämpfe, Gehirnentzündungen. Hippokrates bezieht sich dabei immer auf den Kranken und dessen Zustand in gelegentlicher Gegenüberstellung mit den gesunden Verhältnissen. Mit einem gewissen Stolz heißt es am Schluss, die vorgestellte Symptomatik sei vollständig, auch wenn nicht alle Krankheiten mit Namen genannt sind. Dieselben Symptome treten überall gleich auf, «auch in Libyen wie auf Delos und bei den Skythen», wie es in einer Zusammenstellung durchaus heterogener Orte heißt (Kap. 25). Es ist eine Art Handbuch der Symptome, klar und sachlich in einfachen Sätzen beschrieben, die der Arzt für alle Krankheiten diagnostizieren muss, um auf dieser Basis eine sachlich begründete Prognose stellen zu können. Wem und bei welchen Gelegenheiten der Arzt seine Prognose mitteilt, erfahren wir in dieser Schrift nicht.

Die übrigen prognostischen Schriften des *Corpus Hippocraticum* stammen nach übereinstimmender Meinung der Forschung aus etwas späterer Zeit und nicht aus der Hand des Hippokrates selber. Dabei sind die beiden Bücher *Vorhersagungen* (*Prorrhetikon*) zwei in Stil und Intention verschiedene Schriften.

Das erste Buch besteht aus einer Sammlung von 170 kurzen prognostischen Aussagen. Sie beziehen sich alle auf Fiebererkrankungen, die bei einigen Kranken zu Phrenitis (Hirnhautentzündung) geführt haben. Die Grundfrage ist stets, ob der Kranke sterben wird und mit welcher Wahrscheinlichkeit Gesundung oder Tod vorausgesagt werden kann. Dabei geht es um Symptome wie Spasmen, Konvulsionen, Blutungen, Schwellungen an Ohren und Speicheldrüsen. Im Unterschied zum *Prognostikon* werden in elf Fällen die Namen der Kranken genannt, in zwei Fällen der Wohnort, einmal Kos (Nr. 34) und einmal Odessos (Nr. 72), das heutige Varna am Schwarzen Meer in Bulgarien. Die meisten Namen sind für Kos belegt, auf Weihinschriften für Heiligtümer oder auf inschriftlich erhaltenen Kalendarien.[3] Es handelt sich also um eine Sammlung von Fallbeispielen Fieberkranker auf Kos. Der einzige namentlich Genannte aus einem anderen Ort (Lysis aus Odessos, Nr. 72) war vielleicht zufällig in Kos, als er erkrankte. Ob es sich bei dieser Sammlung um die Zusammenstellung disparater Einzelfälle oder um die Bilanz einer einzigen Fieberepidemie handelt, muss offenbleiben. Der Adressat ist jedenfalls der Arzt, der aus den verschiedenen Ausprägungen der mit Fieber verbundenen Erkrankungen exemplarisch Prognosen über den Ausgang der Krankheit stellen kann.

Dass es sich um auf der Insel Kos diagnostizierte Fallbeispiele handelt, geht auch daraus hervor, dass in der Schrift *Koische Prognosen*, die also schon im Titel auf Kos weist, mit insgesamt 640 Lehrsätzen 153 der 170 Abschnitte aus dem ersten Buch der *Vorhersagungen* wörtlich übernommen, also integriert sind in eine umfangreiche, über den Bereich der Fiebererkrankungen weit hinausgehende Sammlung von vielfältigen inneren Erkrankungen, die in Kos archiviert wurde, um als Nachschlagewerk dem Arzt Informationen und Belehrungen zu geben, die ihn dazu befähigen können, in jedem Fall eine sachgerechte Prognose zu erstellen.

Ganz anders ist das zweite Buch der *Vorhersagungen*, das ursprünglich eine selbständige Schrift von einem anderen Verfasser aus nachhippokratischer Zeit war. An drei Stellen (Kap. 2, 4 und 6) wird ausdrücklich mitgeteilt, dass es sich nicht etwa um einen Lehrvortrag, sondern um eine wirkliche Schrift handelt. Diese Schrift kann deshalb ein besonderes Interesse beanspruchen, weil ihr Verfasser Begriff und Sache der Prognose problematisiert. Seine Kritik richtet sich sowohl gegen bestimmte Formen der medizinischen Prognose als auch gegen eine Prognose auf ganz anderen Gebieten, so eine Prognose bei Wettkämpfen, bei Kaufgeschäften und Handelsunternehmungen. Offenbar ist der Begriff der durchaus rationalen Prognose von der Medizin ausgehend bereits auf andere Gebiete ausgedehnt, was beim Autor dieser Schrift auf Skepsis stößt, der aber auch bereits auf eine ausgedehnte medizinische Prognostik zurückblickt. Viele Prognosen gerade auch von Ärzten hätten sich nicht bewahrheitet. Manche Prognosen seien unsinnig, wenn etwa der Tod eines ganz Gesunden vorausgesagt wird, oder überflüssig, weil die Gesundung schon so weit vorangeschritten ist, dass die weitere Entwicklung auch ohne Prognose erkennbar sei. So zeigt der Autor dieser Schrift Grenzen in der teilweise auch missbräuchlichen oder überflüssigen Anwendung der Prognose auf. Das alles setzt die Etablierung einer ausgedehnten medizinischen Prognostik voraus.

Der Autor will sich bei der Prognose auf das Evidente und Sichere beschränken. Sein Prognosebegriff bezieht sich auch keineswegs ausschließlich auf Tod oder Genesung, sondern richtet sich ganz allgemein auf erkennbare Entwicklungen. So ist sicher erkennbar, dass ein Mensch, der unter einem Fastengebot steht, dann aber mehr isst als erlaubt, bestimmte Krankheitssymptome (Blähungen) aufweisen wird, die entsprechend zu behandeln sind. Überhaupt sind die Prognosen in dieser Schrift stets mit Handlungsanweisungen für die Therapie verbunden.

In diesem Sinne werden für Podagra, Gicht, Geschwüre, Kopfschmerzen, Wunden, Ischias, Gelenkverletzungen, Durchfall und Erbrechen Prognosen und Therapiemaßnahmen getroffen. Der Prognosebegriff wird dadurch etwas alltäglicher; es geht nicht mehr nur um Tod oder Leben. Dafür werden Begriff und Sache der Prognose differenzierter, so in der Abstufung nach Altersstufen, aber auch langfristiger angewendet auf langwierige Krankheiten. Darin einbezogen wird auch die «heilige Krankheit» (Kap. 9–10, IX 28 L.), bei der für Kindheit, Blütezeit und Greisenalter hinsichtlich der Therapiemaßnahmen unterschieden wird. Auch die Krankheit als solche wird näher differenziert, je nachdem ein Anfall vom Kopf, von den Rippen, von Händen und Füßen auszugehen scheint. Einige Prognosen beziehen sich überhaupt nicht auf Krankheiten, so wenn man bei Frauen voraussagen kann, bei welchen erkennbaren Merkmalen (groß, klein, mager, dick, durchscheinende oder unsichtbare Blutadern) eine Empfängnisbereitschaft vorhanden ist oder nicht (Kap. 24, IX 54–58 L.).

Der Verfasser dieser Schrift ist unbezweifelbar Arzt. Er kennt die medizinische Prognose, wie sie von anderen Ärzten angewandt wird. Er zeigt Grenzen und Missbrauch der Prognose auf und wendet sie selber in erweitertem Geltungsbereich dort an, wo er glaubt, auf sicherem Grund zu stehen. Dabei wird erkennbar, welche Dimension der von Hippokrates eingeführte Begriff der Prognose inzwischen angenommen hat.

Begriff und Sache der Prognose sind in vielen Schriften des *Corpus Hippocraticum* von unmittelbarer Relevanz. Aber schon die vier Schriften, die den Begriff der Prognose im Titel führen, zeigen deutlich, dass die Erschließung der rationalen Prognose zu den großen Leistungen des Hippokrates gehört. Sie ist aus der Medizin nicht wegzudenken, in der Methode verfeinert durch wissenschaftlich erstellte Statistiken, aber auch ausgedehnt auf ganz andere Gebiete bis hin zur Wettervorhersage und zum Verlauf von Aktienkursen.

Ganz unmittelbar hat die hippokratische Prognose zur Ausbildung eines prognostischen Denkens in der Geschichtswissenschaft beigetragen. Der Historiker Thukydides hat bei seiner berühmten Schilderung der pestähnlichen Seuche in Athen im Sommer des Jahres 430 v. Chr. mitgeteilt, dass er die Symptome der Krankheit schildern wolle, damit man bei einer Wiederkehr der Krankheit Bescheid wisse und sich besser helfen könne (II 48). Darüber hinaus zeigt sich Thukydides als der Erste, der Geschichtsschreibung durch ein ausgeprägtes Prognosedenken zur Wissenschaft gemacht hat. Grundlage und Konstante ist die «menschliche Natur», die sich gleich bleibt und ermöglicht, aus vergangenem Geschehen Rückschlüsse für die Zukunft zu ziehen, und zwar im Sinne einer Wahrscheinlichkeitsvoraussage zukünftigen Geschehens, das dann besser beurteilt und eingeordnet werden kann (I 22). Grundsätze hippokratischer Medizin werden evident zu Kategorien einer Geschichtsschreibung.[4] Vielleicht sind sich Hippokrates und Thukydides sogar persönlich begegnet. Wenn Hippokrates der Verfasser des ersten Buches der *Epidemien* ist (vgl. S. 82), muss er mehrere Jahre auf der Insel Thasos gelebt haben, als gleichzeitig Thukydides nach seinem Misserfolg als Stratege gegen den Spartaner Brasidas verbannt wurde und dann in Skapte Hyle auf dem Festland gegenüber Thasos gelebt hat.[5] So verwundert es nicht, dass der hippokratische Grundsatz: «Nützen oder wenigstens nicht freiwillig schaden» (vgl. S. 84) bei Thukydides wörtlich wiederkehrt in der Rede, die der Feldherr Nikias zu Beginn der Sizilischen Expedition (415 v. Chr.) in Athen gehalten hat: «Derjenige ist für seine Stadt ein guter Arzt ... und führt sein Amt gut, der seinem Vaterland so viel wie möglich nützt oder wenigstens nicht freiwillig schadet» (VI 14). Aber es geht nicht allein um Einzelheiten. Das Geschichtswerk des Thukydides insgesamt ist in der Darstellung des Kriegsgeschehens als einer Krankheitsgeschichte zutiefst von der hippokratischen Medizin geprägt.[6]

5. Epidemien, Säfte und Krankheiten

Unter dem Namen des Hippokrates sind sieben Bücher mit dem Titel *Epidemien* überliefert. Es besteht in der Forschung darüber Einigkeit, dass es sich nicht um das Werk eines Autors handelt, sondern dass drei Schichten zu unterscheiden sind: Erstens, Buch I und III als älteste Schicht,[1] die man ganz gut datieren kann, weil einige auf der Insel Thasos ansässige, mit Namen genannte Patienten (Antiphon, I 15, Daidares, I 16. 20, Philiskos I 21) auch auf inschriftlich überlieferten Theorenlisten (Listen für Teilnehmer an Festgesandtschaften) und auf Archontenlisten aus Thasos auftauchen.[2] Man kommt auf diese Weise auf die Jahre um 410 v. Chr., also in die Lebenszeit des Hippokrates, und es spricht nichts dagegen, diese älteste Schicht der *Epidemien* dem großen Arzt zuzuweisen, zumal ihr Inhalt von dem gleichen Geist getragen ist wie die anderen frühen Schriften des *Corpus Hippocraticum*. Zweitens, die Bücher II, IV, VI. Dabei handelt es sich um zahlreiche Fallbeispiele einzelner Kranker und Krankheiten, bei deren Mitteilung die therapeutische (weniger die prognostische) Absicht im Vordergrund steht. Im Mittelpunkt des zweiten Buches steht die Schilderung der Epidemie in Perinth (einer samischen Kolonie in Thrakien), wie überhaupt der Verfasser dieser Bücher zu erkennen gibt, dass er in mehreren Städten Thessaliens und Thrakiens gewirkt hat. Allerdings stammen wahrscheinlich nicht alle drei Bücher von ein und demselben Verfasser. Buch IV weist gegenüber den beiden anderen Büchern Differenzen auf insofern, als dieses Buch keine medizinischen Anweisungen zu Therapie und Diät enthält, sondern rein diagnostisch orientiert ist.[3] Man datiert diese Schicht auf ca. 399–395 v. Chr. Drittens, die Bücher V und VII. Sie enthalten insgesamt 230 einzelne Krankengeschichten, deren Patienten teilweise mit Namen mitgeteilt werden, aus verschiedenen Städten Thessaliens und Thrakiens. Diese Krankengeschichten sind aber keine bloßen tagebuchähnlichen Notizen, sondern nachträglich differenziert überformte Fassungen, die nicht allein an ein medizinisches Fachpublikum, sondern an einen größeren Kreis gerichtet sind.[4] Diese Bücher werden auf ca. 355 v. Chr. datiert.[5]

Der in der griechischen Medizin durchweg verwendete Begriff «Epidemie» weicht von unserem Gebrauch des Wortes etwas ab. Wir verstehen unter Epidemie eine gehäuft auftretende, örtlich und zeitlich begrenzte, auf Infektion beruhende Krankheit. Hippokrates versteht unter «Epidemie» die typische Verbreitung einer Krankheit aufgrund der in einer Gegend herrschenden Witterungsverhältnisse. Damit kommt der hippokratische Grundgedanke von dem Einfluss der Umweltbedingungen auf Gesundheit und Krankheit des Menschen in Begriff und Sache der Epidemie zum Ausdruck.

Das zeigt sich exemplarisch in der ältesten, hippokratischen Schicht der *Epidemien*. Das erste Buch beginnt ohne jede allgemeine Einleitung sogleich mit der Schilderung von drei «Katastasen». Das Wort Katastase (κατάστασις) meint einen «Witterungszustand», wie er sich im Laufe eines Jahres in einer bestimmten Gegend zeigt, und welche Krankheiten dabei typisch sind. Die drei Katastasen des ersten Buches beziehen sich auf die Insel Thasos, auf der Hippokrates demnach mindestens drei Jahre gelebt haben muss. Denn die Schilderung beruht auf Autopsie. Jede Katastasis ist nach den Jahreszeiten gegliedert in der Reihenfolge Herbst (damals Beginn des Jahres), Winter, Frühling, Sommer. Dass Hippokrates sich nicht mit der Beschreibung der Witterungsverhältnisse nur eines Jahres begnügt, das ja auch einmal ganz atypisch verlaufen kann, zeigt sein Bestreben, zu allgemein gültigen Aussagen zu kommen. Und tatsächlich wird gleich zu Beginn der Schilderung der zweiten Katastasis vermerkt, dass zu Beginn des Herbstes ganz untypisch auf Thasos plötzlich feuchte Winde aufkamen und dann Stürme losbrachen (I 4, II 614 L.), während für die Periode des ersten Jahres zwar viel Regen, aber schwache Winde und eine milde Witterung vermerkt werden.

Nach der Beschreibung der Witterungsverhältnisse in den einzelnen Jahreszeiten folgt in allen drei Katastasen eine Zusammenfassung der Witterung des ganzen Jahres und darauf in größerer Ausführlichkeit eine Darstellung der Krankheiten, die sich aus den Eigenarten der geschilderten Witterungsperioden ergeben. Dabei geht es nicht um einfache Korrespondenzen zwischen kalter, warmer, feuchter und trockener Witterung zu Störungen im Wärme- und Feuchtigkeitshaushalt des Menschen, sondern um eine Fülle von Gesichtspunkten, von denen sich der Arzt bei der Diagnose und Therapie leiten lassen muss.

Die Beobachtungen bei den Krankheiten, aus denen wir unsere Diagnose gewonnen haben, sind die Folgenden: Wir lernten aus der allgemeinen menschlichen Natur und aus der individuellen Natur eines jeden Kranken, aus der Krankheit, aus den verordneten Mitteln und dem verordnenden Arzt – denn daraus ergibt sich ein leichterer oder schwerer Verlauf der Krankheit –, aus dem ganzen Witterungsverlauf (Katastasis) und im Einzelnen aus den Vorgängen am Himmel und einer jeden Gegend, aus der Lebensgewohnheit, aus der Ernährung, aus den Beschäftigungen, aus Lebensalter eines jeden Patienten, aus seinen Reden, aus seinem Betragen, aus Schweigen, aus seinen Gedanken, aus Schlaf, Nicht-Schlaf, aus Träumen, welcher Art sie sind und wann sie auftreten, aus Zupfen, Kratzen, Tränen, aus den Krankheitssteigerungen, aus Stuhlgang, Urin,

Speichel, Erbrochenem, aus der Abfolge von Krankheiten nach Ursache und Beschaffenheit, aus den Abscheidungen zum Schlimmen und zur Wendung zum Besseren, wie Schweiß, Erstarren, Kälte, Husten, Niesen, Aufstoßen, Winde, stille wie geräuschvolle, Blutergüsse und Blutflüsse. Was daraus und dabei entsteht, das muss geprüft werden (I 23, II 670 L.).

Hier ist eine umfassende Diagnostik entwickelt, die jedes einzelne Symptom einschließlich aller Befindlichkeiten am Körper bis hin zu den Lebensgewohnheiten erfasst. Diese Diagnostik wird in Beziehung gesetzt zu den Einflüssen einer Witterungsperiode, wie sie sich aufgrund der klimatischen Verhältnisse nicht starr, sondern von Jahr zu Jahr differenziert ergibt. Die Kombination aller möglichen Symptome mit dem Ganzen des menschlichen Körpers und seiner Umwelt zeigt sich hier noch gesteigert gegenüber der Schrift *Über die Umwelt* als das gegenüber aller vorausgehender Medizin Neue, das Hippokrates in die medizinische Wissenschaft eingebracht hat, und zwar in einer Verbindung von Theorie und Praxis, tritt er doch selber als Arzt auf, wohl auch zusammen mit Schülern und Kollegen («Wir lernten»).

Dazu passt, dass das Credo der hippokratischen Medizin, wenn auch etwas unvermittelt, gegen Ende der zweiten Katastasis auftaucht:

Man muss das Vergangene beachten, das Gegenwärtige erkennen und das Künftige voraussagen. Darin muss man sich üben. Beachten muss man hinsichtlich der Krankheiten zweierlei: Nützen oder (wenigstens) nicht schaden. Die (ärztliche) Kunst hat es mit drei Faktoren zu tun: Krankheit, Kranker, Arzt. Der Arzt ist der Diener der Kunst. Der Kranke muss sich der Krankheit entgegenstellen, zusammen mit dem Arzt (I 11, II 636 L.).

Als eigene Größe taucht der Patient auf. Auch das ist gegenüber der vorhippokratischen Medizin neu, in der der Patient als ein passives Objekt angesehen wird. Der ganz moderne Gedanke, dass der Patient zum Heilungsprozess selber beitragen muss, ist von Hippokrates in die Medizin eingebracht worden. Das Zusammenwirken von Arzt und Patient als eine Maxime von grundsätzlicher Bedeutung schließt dabei jedes missbräuchliche Wirken eines Arztes, wie es bis in die Gegenwart immer wieder vorkommt, aus. Das Ethos des *Eides* wird auch hier spürbar.

Auf die Schilderung der Witterungsverhältnisse in drei verschiedenen Jahren folgen 14 bzw. 26 Krankengeschichten (wenn man die zwölf Krankengeschichten der ersten Hälfte des dritten Epidemienbuches hinzunimmt), von unterschiedlicher Länge.[6] Diese Krankengeschichten beziehen sich vorwiegend auf Patienten, die auf der Insel Thasos wohnen. Es wird nicht einfach nur die Krankheit und ihr Verlauf mitgeteilt, sondern auch der Name des Patienten, sein Wohnort und gelegentlich seine Adresse, wie: «der an der Mauer (der Stadt) wohnt», oder: «am Vorgebirge», «beim Regenwasserbrunnen des Phrynichides», «beim Heiligtum der Hera», «am Lügenmarkt». Ein Beispiel:

> Erasinos wohnte bei der Schlucht des Bootes. Fieber ergriff ihn nach dem Abendessen. Er hatte eine unruhige Nacht. Den ersten Tag (danach) verbrachte er ruhig, die Nacht aber mühselig. Am zweiten Tag verschlimmerte sich alles, in der Nacht war er verwirrt. Am dritten Tag mühselig, er war stark verwirrt. Am vierten Tag war es ganz unerträglich, zur Nacht hin fand er keinen Schlaf, dann Träume und Reden (im Schlaf). Danach wurde es schlimmer, große und zuverlässige Zeichen: Angst, sehr schlechter Allgemeinzustand. Am fünften Tag früh beruhigte er sich. Er war wieder ganz bei Verstand. Aber einige Zeit vor Mittag fing er an zu toben und konnte sich nicht beherrschen. Die Extremitäten wurden kalt und blau unterlaufen, der Urin stockte. Er starb gegen Sonnenuntergang. Bis zum Ende hatte er Fieber, verbunden mit Schweiß. Der Unterleib war geschwollen und schmerzhaft gespannt. Der Urin war dunkel und auf ihm schwebten runde Teilchen, die sich nicht setzten. Vom Darm aus ging der Stuhl (normal) ab. Durst bis zum Ende, aber nicht sehr stark. Häufige Krämpfe mit Schweiß in der Zeit des Todes (Nr. 8, II 702–704 L.).

Diese Krankengeschichte ist ein Beispiel dafür, wie der Arzt praktizierte. Er beobachtete den Kranken Tag und Nacht. Befragen konnte er ihn nur sehr eingeschränkt, weil er meist verwirrt war. Im Übrigen wird bei kaum einer der Krankengeschichten eine Therapie mitgeteilt. Es sind Protokolle vom Krankheitsverlauf, nicht hingeworfene Notizen, sondern geformte Aufzeichnungen, die alle eine einheitliche Struktur aufweisen.[7] Nach den persönlichen Angaben wird der Krankheitsverlauf in chronologischer Reihenfolge aufgezählt, oft von Tag zu

Tag (mit Nummerierung der Tage). Wiederholungen werden vermieden, der Ausgang der Krankheit wird nicht im Voraus mitgeteilt. Es handelt sich häufig um Fieberkranke.[8] Im Übrigen sind die Krankengeschichten nicht sämtlich streng bezogen auf das Thema: Epidemie. Der (nachträgliche) Titel *Epidemien* kann genau genommen nur auf die insgesamt lediglich vier Katastasen (drei im ersten, eine im dritten Buch) bezogen werden. In den anderen Büchern der *Epidemien* finden sich nur fallweise Rekurse auf die Witterungsverhältnisse. Die nahezu 400 Krankengeschichten in allen Büchern der *Epidemien* stehen für sich als Dokumente für die praktische Tätigkeit des Arztes von Fall zu Fall. Sie weisen in Sprache, Stil und genauer Diagnose eine erstaunliche Konstanz auf, obwohl die ältesten (in den Büchern I und III) von den jüngsten (in den Büchern V und VII) durch mehr als 50 Jahre getrennt sind. So hat Hippokrates – wohl erstmals – eine Form der Mitteilung geschaffen, die sich in ihrer Standardisierung unverändert über lange Zeit erhalten hat.

Hinter der Nüchternheit der analysierten Beobachtungen wird menschliche Tragik sichtbar, so wenn ein elfjähriges Mädchen sterben muss, weil ihr jemand die Tür gegen den Kopf geschlagen und dabei die Knochen am Kopf zerquetscht hat (V 28, V 226 L.) oder wenn ein Kind von einem Eber am Bauch und an der Leber verletzt wurde, Fieber bekam, bewusstlos wurde und sterben musste (V 39, V 230 L.). An den vielen Krankengeschichten wird auch erkennbar, dass der Arzt sich, wie es der *Eid* fordert, ohne Unterschied an Männer, Frauen, Kinder und Sklaven wendet. Es werden mindestens ebenso viele Frauen wie Männer in den Fallbeispielen genannt, auffallend häufig Kinder und nicht selten Sklaven. Vor dem Arzt sind alle gleich. Ein instruktives Beispiel:

> Die Magd, die ich als eben gekaufte Sklavin beschaute, hatte an der rechten Seite ein großes, hartes, aber nicht sehr schmerzhaftes Geschwulst. Ihr Bauch war groß und stark gespannt, nicht jedoch wie bei einer Bauchwassersucht (Aszites). Sie war an den übrigen Teilen fett, dabei nicht besonders kurzatmig, aber blass. Die (monatliche) Reinigung war seit sieben Jahren ausgeblieben. Sie bekam Darmruhr ohne Darmzwang. Bei alledem wurde die Härte an der rechten Seite schmerzhaft. Mäßige Fie-

berhitze, die nicht über sieben Tage währte. Bernsteingelber Durchfall, schlüpfrig, überaus reichlich, mehrere Tage lang. Danach kam auch die Reinigung. Der Bauch wurde weich, die Hautfarbe lebhaft und sie nahm an Fülle zu (IV 38, V 180 L.).

Der Arzt hatte die Patientin mehr als sieben Tage lang in der Behandlung. Dass die monatliche Reinigung seit sieben Jahren ausgeblieben war, konnte er nicht diagnostizieren. Die Patientin hat es ihm mitgeteilt, was sie auch hätte verschweigen können. Also hat sich ein Vertrauensverhältnis zwischen Arzt und Patientin aufgebaut.

In vielen Fällen wird auch der Beruf eines Patienten mitgeteilt und man kann erkennen, dass der Arzt sich unterschiedslos allen Schichten und Gruppen zuwendet. Als Beruf der Patienten wird genannt: Koch (VII 71), Schankwirt (VII 13), Schiffsaufseher (V 74; VI 36), Baumfäller (III 9), Gärtner (V 1), Weinbauer (IV 25), Schuster (V 45; VI 55), Lederarbeiter (IV 20), Pferdeknecht (V 16), Zimmermann (IV 23. 29), Binsenflechter (IV 2), Schulmeister (IV 37), Faustkämpfer (V 71). Mit einer gewissen Ironie wird über den Faustkämpfer berichtet:

> Der Faustkämpfer Bias, von jeher gefräßig, zog sich ein galliges Leiden nach einer Fleischmahlzeit zu, die hauptsächlich aus blutreichem Schweinefleisch bestand, wozu wohlriechender Wein kam, ferner Backwerk und Honignaschwerk, reife Melonen, Milch und frische Mehlsuppe (V 71, V 244 L.).

Die Krankheiten selbst sind von ganz unterschiedlicher Art. Keineswegs sind es nur Krankheiten, die sich aus bestimmten Witterungsverhältnissen ergeben. Neben inneren Krankheiten sind es auch Wunden, Verletzungen, Verwundungen im Krieg wie durch Pfeilschuss (V 46; II 28), Verletzung durch einen Wurfspieß (VII 31. 33), Herunterfallen von einer Wand (V 55), aber auch Zahnschmerzen (IV 19; V 67. 69. 100), Sportunfall (IV 11), einmal auch ein Verkehrsunfall:

> Der Mann aus Malis. Ein schwerbeladener Wagen fuhr ihm über den Brustkorb und zerbrach ihm die Rippen. Einige Zeit danach ging ihm Eiter unterhalb der Rippen ab. Er wurde bei der Milz gebrannt und bekam einen Wundverband. So ging es zehn Monate. Dann wurde ihm die Haut aufgeschnitten. Es wurde ein Loch erkennbar, das bis ins Innere

und bis in die andere Körperseite sich erstreckte. In der Gegend der Niere und um die Knochen kam Fäulnis hinzu. Dieser Zustand des Körpers, der von galliger Natur war, blieb unbemerkt, und (es blieb auch unbemerkt), dass im Körper und im Krankheitsherd viel Fäulnis um die Niere und an anderen Fleischteilen war. Das hätte man, falls es jemand (ein Arzt) gekonnt hätte, sofort ausräumen müssen mit einem trocknenden Mittel, solang der Kranke noch einige Kraft hatte. Denn von den Körpersäften kam keine Hilfe, sie gingen in Fäulnis über. Da durch den Wundverband das Feuchte zurückgehalten wurde, packte den Kranken Schüttelfrost und Fieberhitze und die Fäulnis nahm zu. So sammelte sich in dem Kranken eine schwärzliche, übelriechende Fäulnis an. Schon vor dem Versuch eines ärztlichen Eingriffs war Tag für Tag ein Stoff reichlich nach außen gedrungen, aber er floss nicht richtig ab. Jetzt erkannte man, dass der Krankheitsherd tiefer lag als unter der Hautoberfläche. Auch als der Kranke alle ärztlichen Maßnahmen gut überstanden hatte, erschien seine Rettung nicht möglich. Ein Durchfall kam dazu (V 26, V 224 L.).

Diese Krankengeschichte ist auch deshalb interessant, weil hier (wie auch in einigen anderen Abschnitten) Kritik an anderen Ärzten laut wird. Offenbar gab es lokale Ärzte mit unzureichender Ausbildung, deren Versäumnisse teils mit, teils ohne Erfolg von dem erst später hinzukommenden, in der hippokratischen Tradition stehenden Arzt korrigiert wurden. Von einem solchen Arzt werden die Aufzeichnungen in den späteren Epidemienbüchern stammen.

Alle Krankengeschichten zeigen, dass Wirken und Gesinnung des Hippokrates und seiner Schüler Dienst am Menschen ist, vor dem alle Unterschiede fallen. Es ist praktizierte Humanität in einer Zeit, in der es noch keine philosophisch begründete Ethik gab. Gewiss hat der Arzt immer geholfen, aber sein Wirken explizit auf eine derartige humanitäre Haltung zu gründen, ist die epochale Leistung des Hippokrates. Sie findet ihren gültigen Ausdruck in der Formel: «Wo Liebe zum Menschen ist, da ist auch Liebe zur ärztlichen Kunst» (*Praecepta* 6, IX 258 L.).

Dieser auch als Motto medizinhistorischer Arbeiten beliebte Spruch wird oft so verstanden, als wären die Glieder des Satzes umgekehrt: Wo Liebe zur ärztlichen Kunst, da ergibt sich eine (allgemeine) Menschenliebe. Das steht aber nicht da. Vielmehr ist der Satz so zu verstehen: Wo es eine liebevolle Behandlung des Patienten durch den Arzt gibt, da ist (überhaupt) Liebe zur ärztlichen Kunst. Der Spruch stammt aus einer Schrift des 4. Jahrhunderts v. Chr., wie überhaupt das Wort «Philanthropia» erst im 4. Jahrhundert belegt ist.[9] Doch trifft der Inhalt des Spruches auch auf den hippokratischen Arzt zu, wie er uns in den vielen Krankengeschichten der *Epidemien* begegnet.

Émile Littré hat in seiner bahnbrechenden Ausgabe die kurze Schrift *Über die Säfte* als quasi das achte Buch der *Epidemien* bezeichnet und damit auch in der neueren Forschung Zustimmung gefunden.[10] Der Grund dafür ist, dass der Autor dieser Schrift in Stil und Lehre eine Ähnlichkeit vor allem mit der mittleren Schicht der *Epidemien* (II, IV, VI) erkennen lässt und damit in die ersten Dezennien des 4. Jahrhunderts v. Chr. gehört. Allerdings wird nur ein einziges Mal ein Patient mit Namen genannt (Kap. 20, V 502 L.), während sonst Gruppen von Kranken («Diejenigen, die Blutflüsse haben», «diejenigen, die Schwellungen am Ohr haben», 20, V 500 L.) pauschal bezeichnet werden. Der Autor dieser Schrift kennt die inzwischen voll ausgebildete Humoralpathologie (Viersäftelehre), auf deren Boden er selbst steht. Er unternimmt es, einzelne Säfte näher zu analysieren, indem er ihre Verfärbung an Ausscheidungen, Erbrechen, Stuhlgang, Urin, Speichel und Hustenauswurf diagnostiziert und entsprechende Heilverfahren vorschlägt. Wie in den älteren hippokratischen Schriften achtet er auch auf den Einfluss der Jahreszeiten mit Regen, Trockenheit, Kälte und Hitze auf Krankheit und Gesundheit der verschiedenen Konstitutionen, und zwar im Hinblick auf die Säfte, die in den einzelnen Jahreszeiten jeweils andere Farbnuancierungen aufweisen. Insgesamt wird eine Fülle von Beobachtungen mitgeteilt, auf die der Arzt achten soll, nicht nur auf die Ausscheidungen aller Art, sondern auch auf den körperlichen Habitus, so auf Haltung, Zusammensinken des Körpers, auf Verfärbungen der Augen, Körpergeruch, Mundgeruch, Schweiß, Schlaf, Traum, unmäßiges Essen und Trinken, bestimmte Leidenschaften wie das Würfelspiel und überhaupt das Ertragen von Anstrengungen aller Art, sogar beim Forschen. In all diesen Fällen wird das Erscheinungsbild des Menschen im Ganzen zu einem diagnostischen Prinzip. Dazu gehört auch die psychische Reaktion des Menschen, der in bestimmten Körperstellen bei von außen kommenden Eindrücken reflexartig erregt wird.

Wenn Mühlsteine gegeneinander gerieben werden, bekommen die Zähne ein stumpfes Gefühl. Wenn man an einem Abgrund vorbeigeht, beginnen die Beine zu zittern. Wenn Jemand etwas hervorhebt, was er nicht hervorheben sollte, zittern seine Hände. Eine Schlange, die man plötzlich sieht, bewirkt Erblassen. Bei Furcht, Scham, Schmerz, Freude, Zorn und anderen Empfindungen dieser Art reagiert jeweils ein entsprechender Körperteil (Kap. 9, V 488–490 L.).

Die Schrift *Über die Säfte* ist kein durchgearbeiteter Lehrvortrag für die Öffentlichkeit, sondern besteht aus Notizen eines Arztes, der in der Tradition des Hippokrates steht und in dessen Horizont Beobachtungen zur Diagnose vertieft und Therapievorschläge unterbreitet.

6. Grundfragen der Medizin in der Diskussion

Wie es scheint, ist Hippokrates der erste praktizierende Arzt gewesen, der seine Erfahrungen und Einsichten in Schriften dargelegt und der Öffentlichkeit zugänglich gemacht hat. Er hat damit eine Diskussion ausgelöst, die eine Generation später, gegen Ende des 5. Jahrhunderts v. Chr., aber wohl noch zu Lebzeiten des Hippokrates, zu einer lebhaften Debatte über Grundfragen der Medizin geführt hat. Signifikant dafür sind drei Schriften im *Corpus Hippocraticum*, deren Verfasser sich betont auch an Laien wenden, um Verständlichkeit bemüht sind und ihre Ansichten in Form von Lehrvorträgen dargelegt haben. Die Gattung des Lehrvortrages war auch durch die inzwischen aufgekommene Sophistik fest etabliert und so zeigen einige der hippokratischen Schriften durchaus eine Nähe zur Sophistik. Ihre Verfasser werden in der Forschung gelegentlich mit einem allerdings erst in der Spätantike belegten Begriff «Iatrosophisten» genannt. Doch muss festgehalten werden, dass es sich durchaus um Ärzte handelt, die in der Tradition der frühgriechischen Philosophie die Medizin als Wissenschaft im Rahmen einer kontroversen Diskussion auf Prinzipien zurückzufüh-

GRUNDFRAGEN DER MEDIZIN IN DER DISKUSSION 91

ren suchen oder einen Rekurs auf Prinzipien bestreiten. Die Analyse der folgenden drei Schriften mag einen Einblick in diese Diskussionen geben.

Hinzu kommt die Schrift *Über die Kunst*, deren Verfasser keine bestimmte medizinische Position vertritt, sondern die ärztliche Kunst generell verteidigen will. Er ist wahrscheinlich kein Arzt, die sophistische Argumentationsweise steht ganz im Vordergrund.

a) Über die Lüfte

Die Übersetzung des Titels περὶ φυσῶν durch: *Über die Lüfte* meint nicht nur Winde, wie sie aus verschiedenen Himmelsrichtungen wehen, sondern jede Art von Luft, die sich als bewegte Luft innerhalb und außerhalb des menschlichen Körpers bemerkbar macht.[1] Die Luft wird so zum Grundprinzip allen Lebens.

Und in der Tat hält der Autor der Schrift *Über die Lüfte* geradezu eine Lobrede auf die Allmacht der Luft. Sie ist der entscheidende Faktor für alle Vorgänge des Kosmos. Als Wind ist sie Strömen und Fließen von Luft, durch die Bäume entwurzelt werden und das Meer aufgewühlt wird. Sie ist im Meerwasser enthalten, denn sonst könnten schwimmende und atmende Tiere nicht im Wasser leben. Das Wasser fungiert als Vermittler der Luft, alles zwischen Himmel und Erde ist von Luft erfüllt; ohne Luft könnte kein Mensch auch nur einen Tag leben; jede Tätigkeit eines Menschen vollzieht sich im Wechsel zwischen Ein- und Ausatmen von Luft.

Mag die Konzeption vom Primat der Luft als Seinsprinzip letztlich auf Anaximenes zurückgehen,[2] so ist es doch vor allem Diogenes von Apollonia (Mitte 5. Jahrhundert v. Chr.), der auf der Basis der ionischen Naturphilosophie mit der Lehre von der Luft als Grundprinzip allen Lebens auf den Autor der Schrift *Über die Lüfte* vermittelnd gewirkt hat.

Aber der Autor der Schrift *Über die Lüfte* war kein rein theoretischer Mediziner (wie Diogenes von Apollonia), sondern Arzt. Ausdrücklich betont er, dass es Laien nicht möglich ist, die schwachen Seiten der ärztlichen Kunst zu erkennen. Hier, vor allem bei den versteckten und schweren Krankheiten, kommt es auf die Erfahrung an. Wer das schreibt, ist Arzt. Auch ein ausgesprochen ärztliches Ethos ist spürbar.

> Der Arzt sieht Schreckliches; er kommt mit Unangenehmem in Berührung und hat von fremdem Missgeschick als Gewinn eigenen Kummer (Kap. 1, VI 92 L.).

Den nahezu gleichen Gedanken hatte Gorgias in Bezug auf die Wirkung der Dichtung (gemeint ist vor allem die Tragödie) formuliert, wo die Seele des Zuschauers «bei Glück und Unglück fremder Probleme und Personen ein eigenes Leiden erfährt» (Frgm. B 11, 9). Mag hier und auch sonst in der ganzen Schrift eine gewisse Nähe zur Sophistik erkennbar sein, so sind doch die Ausführungen über die Bedeutung der Luft für Krankheit und Gesundheit von ärztlicher Kenntnis geprägt.

Das trifft weniger auf die schematische Einteilung von zwei verschiedenen Fieberarten (epidemische und auf fehlerhafter Lebensweise beruhende) zu, als vielmehr auf Phänomene, die im Gefolge von Fieber auftreten und die alle durch das Auftreten der allgegenwärtigen Luft in den verschiedensten Konstellationen erklärt werden. Dazu gehören Blähungen, ferner Frostschauder vor dem Fieber, Zittern des Körpers, Gähnen vor Eintritt des Fiebers, Gelenkschmerzen, Schweiß (die Luft verwandelt sich an der Haut in Wasser und dringt durch die Poren), Kopfschmerzen im Gefolge von Fieber, Darmverschluss (Ileus), Bewusstlosigkeit infolge von Luftmangel im Gehirn, Bersten von Blutgefäßen, Zustände von Betäubung, Schwindelanfälle.

Auf der Grundlage der zentralen Bedeutung der Luft sucht der Autor auch nach einer Erklärung für die ‹heilige Krankheit›. Sie entsteht dadurch, dass eingeatmete und dann verbrauchte Luft nicht in ausreichendem Maß ausgeschieden wird, die Blutgefäße belastet und das Blut am Durchfließen hindert, so dass es zu einem Stau kommt mit der Folge von Zerrungen in allen Teilen des Körpers.

Die Kranken sind in dieser Zeit allem gegenüber ohne Empfindungen, taub gegen alles, was gesagt wird, blind gegen das, was um sie herum geschieht und ohne Schmerzgefühl. So hat die Luft das Blut aufgewühlt und verunreinigt. Aus dem Mund quillt Schaum ... das Feuchte aber, mit Luft vermischt, wird weiß. Durch die Schaumblasen scheint die reine Luft hindurch. Deshalb ist jeder Schaum weiß. ... Wenn aber der Schaum zu wallen aufgehört hat, hört der Anfall auf (Kap. 14, VI 110 L.).

Der Autor nennt die Epilepsie mit dem alten Namen «heilige Krankheit», aber er braucht nach der echt hippokratischen Schrift *Über die heilige Krankheit* eine natürliche Erklärung dieser Krankheit nicht mehr eigens zu begründen. Doch weicht seine Erklärung, auch die Epilepsie allein auf Vorgänge der Luft zurückzuführen, von der des Hippokrates in der Schrift *Über die heilige Krankheit* ab, in der als Hauptursache die mangelnde Reinigung des Gehirns vom Schleim genannt ist. Schon deshalb ist der Autor nicht mit Hippokrates als Verfasser der Schrift *Über die heilige Krankheit* identisch.[3]

Am Schluss hebt der Autor noch einmal seine Grundthese hervor und gibt zugleich erneut zu erkennen, dass die uns vorliegende Schrift ursprünglich ein Lehrvortrag war.

Ich hatte versprochen, die Ursache der Krankheiten zu nennen. Ich habe gezeigt, dass die Luft sowohl im Kosmos als auch in den Körpern der Lebewesen als herrschende Macht wirksam ist und ich brachte die Rede auf die bekannten Krankheiten, bei denen sich meine Voraussetzung zutreffend erwies. Wollte ich über alle Krankheiten sprechen, so würde meine Rede länger werden, dadurch aber nicht wahrer und überzeugender (Kap. 15, VI 114 L.).

b) Die Natur des Menschen

Der Autor der Schrift *Über die Natur des Menschen* nimmt gleich zu Beginn auf Diskussionen Bezug, die den Menschen in Krankheit und Gesundheit aus nur einem Prinzip herleiten wollen. Seine Kritik bezieht sich dabei auch auf den Autor der Schrift *Über die Lüfte* und dessen Fokussieren allen Geschehens auf die Luft. Er erwähnt Reden und Rededuelle, bei denen in echt sophistischer Manier derjenige den

Sieg davonträgt, dessen Rede bei den Zuhörern am besten ankommt.
So wird man nicht fehlgehen, auch in der vorliegenden Schrift einen
ursprünglichen Lehrvortrag anzunehmen.

Als Beispiel für widersprüchliche Ergebnisse bei gleicher Grundannahme führt der Autor andere Autoren an, die alle davon ausgehen, dass der Mensch wie das All aus *einem* Grundstoff besteht, aber im Einzelnen etwas ganz Verschiedenes damit meinen, entweder Luft oder Feuer oder Wasser oder Erde. Entsprechend würden auch Ärzte die Konstitution des Menschen aus nur einem Grundstoff annehmen, entweder aus Galle oder aus Schleim (Phlegma).

Ich aber sage, wenn der Mensch nur aus einem Grundstoff bestünde, würde er niemals krank werden. Denn es gäbe nichts, wodurch er krank werden könnte, wenn es nur einen Grundstoff gäbe. Und wenn er wirklich krank würde, müsste es auch nur ein einziges Heilmittel geben. Nun gibt es aber viele. Denn es gibt viele Stoffe im Körper, die Krankheiten hervorbringen, wenn sie untereinander über das natürliche Maß hinaus sich erwärmen, abkühlen, austrocknen und feucht werden, so dass es viele Erscheinungsformen von Krankheiten gibt. Entsprechend ist auch die Heilung vielfältig (Kap. 2, VI 34–36 L.).

Der Autor geht davon aus, dass der Mensch in allen Phasen seines Lebens entsprechend dem Sprachgebrauch «Mensch» hinsichtlich seiner Konstitution immer derselbe bleibt, in der Jugend und im Alter, bei kalter und warmer Jahreszeit. Veränderungen wie Wachstum, Zu- und Abnehmen von Kräften sind nur möglich, wenn sich mehrere Grundbestandteile untereinander vermischen. Der entscheidende Schritt ist nun der, entsprechend den vier Grundelementen Feuer, Wasser, Erde, Luft und den vier Grundqualitäten Warm, Feucht, Trocken, Kalt auch vier Grundsäfte im Körper des Menschen anzunehmen: Blut, Schleim, helle Galle, schwarze Galle. Dieser Schritt war überfällig. Zwar polemisiert der Autor hauptsächlich gegen die Auffassung, wonach dem Menschen letztlich nur ein Grundstoff zugrunde liegt, aber es handelt sich deutlich auch um eine Weiterentwicklung einer Zweisäftelehre, wie sie in der ältesten Schicht des hippokratischen Corpus mit der Annahme von Galle und Schleim als feste Größen entgegentritt.⁴ Die mit dem Viererschema erreichte Systematik, die überdies mit den vier Jahreszeiten korrespondiert, hat Galen in seinem Kommentar zu dieser Schrift als den Inbegriff hippokratischen Denkens angenommen. Aber schon die im *Anonymus Londinensis* (vgl. S. 34) aufbewahrte Medizingeschichte nennt als Autor dieser Viersäftelehre einen gewissen Polybos (XIX 1–18), in dem die spätere biographische Tradition den Schwiegersohn des Hippokrates sah.⁵ Richtig daran ist, dass die Schrift *Über die Natur des Menschen* durch etwa eine Generation von den ältesten hippokratischen Schriften getrennt ist und demnach auch zeitlich in die Nähe der Schriften gehört, in denen die Frage erörtert wird, ob und gegebenenfalls wie viele letztlich kosmische Grundkräfte im menschlichen Körper walten und daher medizinisch relevant sind.

Mit der Systematik des Viererschemas ist ein bedeutender Fortschritt, aber auch eine gewisse Verengung erreicht. Die ältere Zweisäftelehre kannte neben den beiden Grundsäften Galle und Schleim noch eine Fülle von Differenzierungen und Variationen in der Konstitution des Menschen und seiner Disposition zu bestimmten Krankheiten. Aber der Fortschritt ist unverkennbar. Das Neue liegt vor allem in der anderen Bewertung der schwarzen Galle. Sie ist jetzt nicht mehr als schwarze Verfärbung des Saftes Galle ein Krankheitssymptom, sondern ein den anderen Säften gleichberechtigter Grundbestandteil auch des gesunden Menschen. Hinzu kommt eine Neubewertung des Blutes. Das Blut ist traditionellerweise wie selbstverständlich gegeben, aber nicht den anderen Säften an die Seite gestellt. Jetzt wird es als gleichgewichtig in das Schema der vier Säfte integriert.

Der Körper des Menschen enthält in sich Blut, Schleim, gelbe und schwarze Galle und diese (Säfte) machen die natürliche Beschaffenheit des Körpers aus und dadurch ist er krank und gesund (Kap. 4, VI 38–40 L.).

Die vollständige und im richtigen Verhältnis stehende Mischung dieser Säfte bedeutet Gesundheit, während die Prävalenz oder das Ausströmen eines dieser Säfte Zeichen von Krankheit sind. In der Erörterung im Einzelnen mischen sich theoretische Überlegungen mit empirischen Beobachtungen. So wird die Wirkung von Abführmitteln und damit das Ausscheiden der Säfte ebenso beschrieben wie das Zunehmen und Abnehmen einzelner Säfte auch des gesunden Menschen in den vier Jahreszeiten dergestalt, dass im Winter Schleim, im Frühjahr Blut, im Sommer die gelbe und im Herbst die schwarze Galle überwiegt.

Indessen bringt Polybos die Säfte überhaupt nicht mit seelischen Eigenschaften oder gar mit unterschiedlichen Typen in Verbindung, während in den echten Schriften des Hippokrates auf der Basis der Zweisäftelehre schon von einem «Galletyp» und einem «Phlegmatyp» die Rede war. Erst recht fehlt völlig jeder Ansatz zur Ausbildung eines Sanguinikers, Cholerikers, Phlegmatikers und Melancholikers als den Menschen im Ganzen bestimmender Typ. Aber die Schrift des Polybos ist der Ausgangspunkt für eine sich über Jahrhunderte ziehende Entwicklung. Dabei begründet die hier entwickelte Viersäftelehre keine verbindliche Dogmatik, sondern ist ein noch offenes System. In einer Reihe auch noch späterer Schriften des *Corpus Hippocraticum* sind die verschiedensten Kombinationen von Zwei-, Drei- und Viersäftelehren mit Elementen und Qualitäten anzutreffen. Erst bei Galen (S. 233) ist im Rückgriff auf die hippokratische Schrift *Über die Natur des Menschen* die Viersäftelehre von unabänderlicher Verbindlichkeit.

Als Arzt musste Polybos natürlich die medizinischen und therapeutischen Konsequenzen seiner Konzeption von den vier Säften im Körper des Menschen aufzeigen. Dabei steht an erster Stelle die Annahme von Selbstheilungsvorgängen bei Prävalenz einzelner Säfte in Korrespondenz zu den Jahreszeiten. Im Winter erfolgt eine Zunahme des Schleims und eine Abnahme der übrigen Säfte im Körper. Man hat mehr Schleimausscheidungen (Spucke, Schnäuzen). Diese Symptome verschwinden im Frühjahr, in dem eine Zunahme des Blutes erfolgt (Durchblutung des Körpers, aber auch Nasenbluten), während im Sommer mit einer Zunahme der gelben Galle und Abnahme der anderen Stoffe die Hautfarbe leicht gelblich wird und wegen der trockenen Hitze am ehesten Fieber aufkommt. Im Herbst schließlich treten wegen der Zunahme an schwarzem Gallensaft in reichlicherem Maß dunkelfarbige Ausscheidungen auf. Bei dieser jahreszeitlich bedingten Unausgewogenheit der Säfte können die durch jeweils einen der vier Säfte bedingten Krankheiten in der folgenden Jahreszeit von selbst ausheilen. Es zeigt sich jetzt, dass die Integration der vier Jahreszeiten in das Schema der vier Säfte keine rein theoretisch angelegte Systematik darstellt, sondern medizinisch gut begründet ist, wobei der Gedanke der möglichen Selbstheilung als eines natürlichen Prozesses Beachtung verdient (Kap. 8, VI 50–52 L.). Tritt aber eine Selbstheilung nicht ein, so muss der Arzt eingreifen, und zwar nach dem allopathischen Prinzip, also das jeweils entgegengesetzte Mittel verordnen, natürlich unter Beachtung der jahreszeitlichen Schwankungen.

Grundsätzlich unterscheidet Polybos (den wir als Autor auch des zweiten Teiles der Schrift ansehen möchten[6]) zwei Arten von Krankheiten, einmal Krankheiten, die durch die Lebensweise – Ernährung, Anstrengung usw. – eintreten, zum anderen Krankheiten, die durch die Einatmung der Luft entstehen. Es ist dies eine erste andeutende Beschreibung des Phänomens der ansteckenden Krankheit, die sich zu einer Epidemie oder Seuche ausweiten kann. Mit einer gewissen Emphase betont Polybos, dass Krankheiten, die Jüngere und Ältere, Frauen und Männer, Weintrinker und Wassertrinker, Esser von Gerstenbrei und Weißbrot, sich stark oder wenig Anstrengende gleichermaßen heimsuchen, nicht auf die Lebensweise der Menschen zurückgeführt werden können. Man spürt, dass der Autor hier einen Schritt über die übliche Diätetik hinausgeht, verbunden mit der Forderung an den Arzt, stärker zu differenzieren. Während Seuchen traditionell als religiöse ‹Befleckung› (Miasma) galten und durch rituelle Maßnahmen bekämpft wurden, ist mit der Entdeckung der eingeatmeten (und auch ausgeatmeten) Luft als Krankheitserreger für die hippokratische Medizin im Ganzen eine wissenschaftliche Rationalität erreicht.[7]

Entsprechend ist der Arzt Massenerkrankungen gegenüber auch nicht ratlos. Polybos empfiehlt dabei, die Lebensweise grundsätzlich nicht zu ändern, wohl aber auf Gewichtsreduzierung bedacht zu sein, eventuell einen Ortswechsel vorzunehmen und insgesamt das Atemvolumen zu reduzieren (Kap. 10, VI 56 L.).

Mit dem Konzept der Vierzahl von Säften analog zu den Elementen und Grundkräften hängt es auch zusammen, dass Polybos vier Paare von Adern im Körper annimmt, während in der Schrift *Über die heilige Krankheit* entsprechend der Lehre von zwei Grundsäften zwei Hauptadern unterschieden werden.[8] Ein erstes Adernpaar, so sieht es Polybos, geht vom Hinterkopf über Hals, Wirbelsäule außen, Hüfte, Schenkel, Waden zu den Fußknöcheln. Ein zweites Paar verläuft von den Kopfseiten entlang den Ohren, dann entlang der Innenseite der Wirbelsäule über Hoden, Schenkel, Kniekehle zur Außenseite der Fußknöchel. Das dritte Paar erstreckt sich von den Schläfen über Lunge, Milz, Leber, Niere zum Darm. Das vierte Paar schließlich verläuft an der Vorderseite des Menschen von den Augen über Gesicht, Arme, Achselhöhle, Brust, Milz, Leber, Magen zu den Genitalien. Der Systemtrieb zur Vierzahl der Hauptadern hindert Polybos nicht daran, auch noch kleine und vielfältige Adern anzunehmen, die sich über den ganzen Körper verteilen (Kap. 11, VI 58–60 L.). Die Systematik bleibt aber keineswegs ein theoretisches Postulat, sondern hat eine durchaus praktische Bedeutung, insbesondere für den in der gesamten antiken Medizin und auch bis ins 19. Jahrhundert gängigen Aderlass. Denn je nach der Körperstelle, an der Schmerzen auftreten, muss der Aderlass vorgenommen werden, nicht an der Schmerzstelle direkt, sondern an einer für diese Praxis geeigneten Stelle (Ellenbogen, Kniekehlen, Knöchel), an der die jeweils entsprechende Ader verläuft. Er besteht in einem Schnitt, der mit dem Ziel ausgeführt wurde, überschüssiges Blut zu entfernen, um so ein Gleichgewicht der Säfte und damit Gesundheit im Sinne der Humoralpathologie herzustellen.[9]

Schließlich wird das Viererschema angewandt auf die Phänomene des Fiebers. Denn Polybos unterscheidet vier Arten von Fieber, erstens, das kontinuierliche Fieber, das als das gefährlichste gilt, zweitens, das Eintagesfieber, das diskontinuierlich über einen längeren Zeitpunkt eintritt und nach einem Tag wieder abklingt, dem Körper also zwischen zwei Fieberattacken eine Ruhepause (Remission) ermöglicht, drittens, das Dritttagsfieber, das am ersten und dritten Tag auftritt, und viertens, das Viertagsfieber, das langwieriger und schwerer zu beseitigen ist als das Dritttagsfieber.[10] Als Ursache aller Fieberarten wird die Galle angegeben, deren Saft im Körper vorhanden ist.

Die übermäßige Anhäufung von Gallensaft bewirkt eine Erhitzung des Körpers und damit Fieber. Das besondere Interesse des Polybos gilt dem Viertagsfieber, das von der schwarzen Galle herrührt. Denn die schwarze Galle ist es ja, die Polybos den anderen Säften hinzugefügt hat. Die lange Dauer und die Schwierigkeit der Therapie führt Polybos auf die zähe Konsistenz der schwarzen Galle zurück. Wieder setzt er eine zunächst rein schematisch wirkende Einteilung mit ärztlicher Erfahrung in Verbindung. Er beobachtet, dass das Viertagsfieber am häufigsten im Herbst auftritt, in der Jahreszeit also, in der die schwarze Galle im Körper am stärksten wirksam ist, und dass diese Fieberart vor allem Menschen im Alter von 25 bis 52 Jahren befällt, die Altersstufe, in der die schwarze Galle in größerer Menge vorhanden ist als bei den anderen Altersstufen.

Insgesamt lernt man in der Schrift *Über die Natur des Menschen* einen Autor kennen, der – mag er nun zu Recht Polybos heißen oder nicht – in der Tradition des Hippokrates selber steht, dessen Grundannahmen er aber zu erweitern sucht in einem schematisch wirkenden Systemtrieb, der jedoch nicht in der Theorie verharrt, sondern immer wieder mit ärztlicher Erfahrung verbunden wird und offen bleibt.

Mit diesem Schritt ist dann auch das System einer Humoralpathologie oder besser: Humorallehre begründet, das stark gewirkt hat und auch wieder dazu geführt hat, die Eigenart der einzelnen Säfte näher zu analysieren. Bezeichnend dafür ist die nicht unbedeutende, wohl erst im 4. Jahrhundert v. Chr. entstandene Schrift *Über die Säfte*, deren Verfasser Fragen der Säfteausscheidung, der diagnostischen Bedeutung von Erkennungsmerkmalen von Säfteverfärbungen im Erbrochenen, im Stuhl, Speichel, Urin, bei Husten, Niesen und Jucken mit therapeutischen Ratschlägen verbindet.

Wenn die Krankheit – anders als noch in der vorhippokratischen Medizin – nicht mehr als isoliertes Phänomen meist unbekannter Herkunft angesehen wird, sondern als eine Störung im Säftehaushalt des Menschen, dann erweitert sich das ärztliche Interesse von der Krankheit zum Kranken als Person. Die Konzeption vom Patienten als selbständige Größe, die als Errungenschaft der hippokratischen Medizin gelten kann, hat darin ihre sachliche Grundlage.

c) Die alte Heilkunst

Die Reaktion konnte nicht ausbleiben. Ein erfahrener Arzt hat eine beachtliche und auch viel beachtete Schrift verfasst, die sich vehement gegen alle Versuche wendet, die Medizin auf wenige Grundkräfte oder Prinzipien zurückzuführen. In vehementer Polemik wendet sich der Autor dieser Schrift gegen die Theoretisierung der Medizin.[11]

> Wie viele es auch unternommen haben, über die Heilkunst zu reden oder zu schreiben und dabei als Grundlage für ihre Darlegungen das Warme oder das Kalte oder das Feuchte oder das Trockene oder etwas Anderes nach Belieben gesetzt haben, indem sie die Grundursache von Krankheiten und Tod der Menschen auf eine kurze Formel ziehen, und so für alles dieselben ein oder zwei Grundlagen anführen, sie befinden sich in vielen ihrer Aussagen im Irrtum. Vor allem aber verdienen sie getadelt zu werden, weil sie dies angesichts einer doch bestehenden Kunst tun, die alle in den schwerwiegendsten Situationen in Anspruch nehmen und dabei besonders die tüchtigen Fachvertreter und Praktiker ehren (Kap. 1, I 570 L.).

Es gibt eine lange Diskussion darüber, wen der Autor mit seiner Kritik meint. Einzelne Philosophen, die zugleich Ärzte sind, werden genannt (Philolaos), aber es geht aus dem Text eindeutig hervor, wer gemeint ist. Es sind alle, die ihre Untersuchungen über Krankheit und Gesundheit auf der Basis von ein, zwei oder vier Grundqualitäten führen und dadurch die Medizin mit kosmischen Elementen in Verbindung bringen. Der einzige Name, der in diesem Zusammenhang genannt wird, ist Empedokles als Begründer einer Vierelementenlehre (Kap. 20, I 620 L.), darüber hinaus sind es «gewisse Ärzte und Sophisten», gegen die sich der Autor wendet. Das Wort «Sophisten» (σοφισταί) – das im gesamten *Corpus Hippocraticum* nur an dieser Stelle vorkommt – ist hier noch nicht exklusiv eingeschränkt auf jene Gruppe, die wir mit Gorgias, Protagoras (um 490–um 411) und anderen in Verbindung bringen und die so scharf von Platon kritisiert werden, sondern bezeichnet hier im weitesten Sinne alle, die sich theoretisch mit der Medizin auf der Grundlage von spekulativen Grundkräften beschäftigt haben. Aber es sind auch Ärzte, gegen die sich der Autor absetzt, und damit sind auch einzelne Verfasser hippokratischer Schriften gemeint, so beispielsweise der Autor der Schrift *Über die Diät* (vgl. S. 108), aber bis zu einem gewissen Grad sogar Hippokrates selber.[12] Der Autor hält eine derartige Abhängigkeit der Medizin von außermedizinischen Gegebenheiten geradezu für eine Beleidigung der Medizin, denn es gibt ja die Medizin schon seit langer Zeit und sie hat sich auf der Grundlage von Erfahrungen zu einer Wissenschaft entwickelt. So meint der Titel: *Alte Heilkunst* ein Plädoyer für die Tradition, in der die Medizin steht, die sich doch bewährt hat, auch ohne Rekurs auf abstrakte Grundkräfte.

Aber ganz ohne Theorie kommt der Autor auch nicht aus. Bei seiner Theorie handelt es sich um eine Kulturentstehungslehre, wie sie als Gattung um die Mitte des 5. Jahrhunderts v. Chr. aufkam und in Protagoras und Demokrit (460–370) prominente Vertreter fand.[13] Sie ist vom Autor unserer Schrift bezogen auf die Entwicklung der Ernährung. Und in diesem Zusammenhang sei die Medizin als Heilkunst entdeckt worden. Auf einer ersten, primitiven Stufe, so heißt es, haben die Menschen tierische Nahrung zu sich genommen. Durch lange Gewöhnung haben sie diese weitgehend rohe Kost zunächst auch vertragen, solange sie gesund waren. Aber es traten Beschwerden und Krankheiten auf, so dass die Not erfinderisch machte mit der Entdeckung, dass die Ernährung der Konstitution und der Lebensweise der Menschen angepasst werden muss. Das ist die Geburtsstunde der Medizin. Sie bestand also ursprünglich in der Suche und Anwendung einer dem Menschen angepassten Ernährung. Der erste Schritt war ein Aufweichen, Enthülsen, Mahlen, Sieben und Kneten von Weizenkörnern zu einem Brot. Hinzu kam die aus Gerstenmehl hergestellte «Maza», ein Brei, der als einfaches Nahrungsmittel bis in die klassische Zeit gängig war. Darüber hinaus ist man darangegangen, zu kochen, zu rösten, kräftigere und leichtere Nahrungsmittel zu mischen, in der Erkenntnis, dass Wachstum und Gesundheit, Schmerz, Krankheit und Tod von der Art der Ernährung abhängen.

Was könnte es für diese Erfindung und Erforschung einen gerechtfertigteren und zugleich passenden Namen geben als Heilkunst. Denn sie ist ja erfunden für des Menschen Gesundheit, Erhaltung und Ernährung als

Abkehr von jener Lebensweise, aus der Beschwerden, Krankheit und Tod eingetreten sind (Kap. 3, I 578 L.).

Man wird diese Darstellung der ‹Erfindung› der Medizin im Rahmen einer allgemeinen Entwicklung der menschlichen Kultur als einen Beitrag zu einer gerade im letzten Viertel des 5. Jahrhunderts v. Chr. aufgekommenen Diskussion ansehen können, ohne dass auch hier konkrete Quellen genannt werden. Wie sehr sich der Autor in einer aktuellen Diskussion weiß, zeigt auch sein in der ganzen Schrift erkennbares Bemühen, seine Konzeption von der Erfindung und Entwicklung der Medizin gegen Kritiker zu verteidigen, so etwa gegen den Vorwurf, er verstünde Medizin als Kochkunst, oder: Jeder, der kochen kann, sei Arzt. Vielmehr hebt er hervor, die Heilkunst sei «eine bedeutende Erfindung und verbunden mit vielfältiger Forschung und fachlichem Können» (Kap. 4, I 580 L.).

Dass die richtige Ernährung wirklich eine Angelegenheit medizinischen Fachwissens ist, zeigt der Autor im Hauptteil seiner Schrift. Am wichtigsten ist dabei die Kunst der Differenzierung. Aus der Beobachtung der Wirkung einer bestimmten Ernährung könne man erkennen, was für einen Gesunden oder einen Kranken zuträglich ist. Aber es gibt auch so etwas wie eine generell gute und schlechte Ernährung. So ist ganz allgemein eine üppige und schwere Kost (wie sie im Anfangsstadium der ‹tierischen› Ernährung bestand) unzuträglich. Daher erfand man die Suppe, die mit der Verflüssigung fester Kost die Schwerverdaulichkeit beseitigt. Da aber manche Menschen in bestimmten (krankhaften) Situationen auch Suppen nicht vertragen, war es eine weitere medizinische Erfindung, Getränke in der richtigen Menge und Mischung zu verabreichen (Kap. 5, I 582 L.).

Die Kunst des Arztes besteht in einer genauen Anpassung der richtigen Ernährung für den Gesunden wie für den Kranken in jedem Einzelfall. Dabei ist aber eine absolute Genauigkeit nicht erzielbar. Man müsse denjenigen Arzt loben, der nur kleine Fehler macht, wobei Behandlungsfehler für den Laien bei leichten Krankheiten weniger erkennbar sind als bei schweren Erkrankungen (Kap. 9, I 588 L.). Aus der Unmöglichkeit, eine absolute Genauigkeit zu finden, dürfe man aber nicht auf eine unwissenschaftliche Vorgehensweise der Medizin schließen.

Ich behaupte nun, man darf die alte Heilkunst nicht verwerfen als angeblich gar nicht bestehend oder als nicht richtig forschend, wenn sie nicht in jeder Hinsicht eine (absolute) Genauigkeit erreicht. Vielmehr meine ich, man muss, weil sie aus (zunächst) großer Unwissenheit heraus dem Allergenauesten durch rationales Vorgehen nahe kommen kann, die Errungenschaften (der Medizin) bewundern als gut und richtig erfunden, nicht aus bloßem Zufall (Kap. 12, I 596 L.).

Diese apologetische Tendenz durchzieht die ganze Schrift, verbunden mit scharfer, bisweilen maliziöser Kritik an einer Medizin, die die Krankheit und Gesundheit auf die Grundqualitäten Warm, Kalt, Feucht, Trocken zurückführt.

Was soll man da sagen? Hat man einem infolge von Kälte Erkrankten durch Zufuhr von Wärme geholfen oder umgekehrt? Ich jedenfalls glaube, wer so fragt, gerät in eine große Verlegenheit (Kap. 13, I 600 L.).

Der Autor empfiehlt dagegen den Entzug von krank machenden Speisen und die Zufuhr von geeigneter Nahrung in sachgerechter Zubereitung. Stets hängt «das ganze Leben» von der Wirkung der Lebensmittel ab, wobei auch die Kategorien: bitter, salzig, sauer, unvermischt, stark oder schwach wirkend eine Rolle spielen. Dagegen:

Kälte und Wärme üben, wie ich meine, von allen Kräften am wenigsten eine Herrschaft über den Körper aus (Kap. 16, I 606 L.).

So fiebern die Menschen auch nicht wegen des Warmen, sondern der dem Warmen beigemischten salzigen, sauren und bitteren Verbindungen (Kap. 17). Der Autor exemplifiziert dies an der Alltagserscheinung eines Schnupfens:

Wer von uns einen Schnupfen bekommt und ein Fließen aus der Nase erfolgt, bei dem ist der Fluss schärfer als das, was sonst täglich aus der

Nase fließt. Und dieser Fluss bringt die Nase zum Schwellen und ruft dann erst Wärme und Hitze hervor, wenn man die Hand daran hält (Kap. 18, I 614 L.).

Der Autor will zeigen, dass Wärme und Kälte sekundäre Phänomene sind, die sich aus anderen Anlässen erst ergeben. Immer wieder insistiert der Autor darauf, dass Krankheiten durch Kochen, Verwandeln, Verdünnen und Verdicken wirksamer Stoffe entstehen.

Wenn der Autor betont, dass innerhalb seines Konzeptes der Arzt «über die Natur» (des menschlichen Körpers) im Ganzen Bescheid wissen müsse, so ist damit nicht die umfassende Kenntnis der gesamten Natur gemeint, wie sie Platon im *Phaidros* als Signum der Medizin des Hippokrates bezeichnet. So herrscht inzwischen in der Forschung auch Einigkeit darin, dass die Schrift *Über die alte Heilkunst* nicht als Schlüssel für die Lösung der ‹hippokratischen Frage› dienen kann.

Und so heißt es denn auch, der Arzt müsse, wenn er seine Pflichten erfüllen wolle, vor allem sich um ein Wissen darüber bemühen, wie der Mensch sich gegenüber Essen und Trinken und damit in seiner ganzen Lebensweise verhält. Der Autor illustriert dies am Beispiel des Käses. Der Käse bereitet dem einen ungetrübten Genuss, dem anderen schädliche Beschwerden. Also muss man die unterschiedliche Konstitution des Menschen berücksichtigen (Kap. 20, I 622 L.).

Auch muss man die menschlichen Organe kennen, ob sie schwammig und locker sind (wie Milz und Lunge) und so die umgebende Feuchtigkeit aufsaugen können, dann aber hart werden. Auch über die Ursache von Blähungen sowie die von ihnen hervorgerufenen Geräusche sollte man Bescheid wissen (Kap. 22, I 626 L.). Schließlich heißt es, es gibt noch unzählige andere Faktoren, die man in ihrer Verschiedenheit kennen muss: kleine und große Köpfe, dünne, dicke, lange und kurze Hälse, längliche und runde Bäuche, Breite oder Enge des Brustkorbs, Eigenart der Rippen.

Überblickt man die ganze Schrift, so gewinnt man den Eindruck, dass es sich um eine zeitnahe Gegenschrift zu der Schrift *Über die Diät* handelt. Beide Autoren argumentieren im gleichen Stil (mit häufigem

«Ich»), beide stimmen auch in diätetischen Grundfragen überein, so in dem Postulat, man müsse die Wirkungsweise von Speisen und Getränken kennen. Beide nehmen in ihren theoretischen Aussagen Konzepte aus der intellektuellen Diskussion der Zeit auf, ohne dass es möglich wäre, durch philologische Quellenanalyse (die es in reichem Maße gibt) konkrete Entlehnungen zu benennen.

Beide können in ihrer Kritik gegen andere Ärzte durchaus etwas maliziös sein, so wenn der Autor der Schrift *Über die alte Heilkunst* bemerkt, dass manches, was «Sophisten und Ärzte» über die Natur gesagt oder geschrieben haben, weniger zur Heilkunst als zur Schreibkunst gehöre (Kap. 20, I 620 L.).

Für die Vermittlung medizinischen Wissens stehen Schreiben und Reden gleichgewichtig nebeneinander, wie der erste Satz der Schrift zeigt («reden oder schreiben»). Die uns vorliegende Schrift war aber wohl ursprünglich ein Lehrvortrag, und zwar vor einem größeren Hörerkreis.

Vor allem aber scheint es mir notwendig, wenn man über diese Kunst (die Heilkunst) redet, den Laien gegenüber verständlich zu reden. Denn es kommt ihm (dem Arzt) zu, über nichts anderes zu forschen und zu reden als über die Leiden, von denen sie (die Menschen) heimgesucht werden. Für sie als Laien ist es nicht leicht ihre eigenen Leiden zu erkennen, wie sie entstehen und vergehen und durch welche Ursachen sie sich verschlimmern und wieder schwächer werden. Was aber von einem Anderen gefunden und vorgetragen wird, das ist sehr wohl zu begreifen. Denn es ist nichts anderes als wenn ein jeder beim Zuhören an das erinnert wird, was ihm selbst zugestoßen ist (Kap. 2, I 572 L.).

Die Schrift *Über die alte Heilkunst* steht so in einem Diskussionszusammenhang, zu dem auch die Schrift *Über die Diät* und noch manche andere hippokratische Schrift gehört und der gegen Ende des 5. Jahrhunderts v. Chr. lebhaft ausgetragen wurde.[14]

d) Über die Kunst

In den gleichen Kontext gehört auch die Schrift *Über die Kunst*.[15] Mit «Kunst» ist natürlich durchweg das ärztliche Können gemeint. Der Autor dieser Schrift ist wahrscheinlich nicht selber Arzt, aber er will die Medizin als eine rationale Wissenschaft gegen Kritiker verteidigen. Er ist ein typischer Vertreter eines «Iatrosophisten» (wie man ihn später genannt hätte). Sein innerhalb des *Corpus Hippocraticum* ganz eigener Stil ist rhetorisch ausgefeilt und verrät die Nähe zur Sophistik. Diese Nähe zur Sophistik ist auch daran erkennbar, dass der Autor sich in der Lage sieht, auch über andere ‹Künste› ähnlich zu reden (Kap. 9, VI 19 L.). Denn um eine Rede handelt es sich auch hier, wie mehrfach mitgeteilt wird. Der Autor verfügt indessen über einige Grundkenntnisse der Medizin. Er weiß, dass der menschliche Körper Hohlräume, Muskeln, Leber, Lunge, Adern und Sehnen hat (Kap. 10, VI 16–18 L.), und er weiß, dass diese Gegebenheiten miteinander in Beziehung zu setzen sind, um bei seinen Hörern (oder Lesern) den Eindruck von Kompetenz zu vermitteln. Das Entscheidende ist, dass diese ‹Apologie der Heilkunst› zeigt, wie ungesichert die Medizin als Wissenschaft in der Gesellschaft der Zeit noch war. In dieser apologetischen Tendenz stimmt der Autor mit demjenigen der Schrift *Über die alte Heilkunst* überein. Die zunächst noch ganz allgemein geführte Argumentation will zeigen, dass jede «Techne», wenn sie einmal da ist, wirklich existiert und nicht nur aus leeren Begriffen besteht. Man könne generell nicht etwas Existierendes als nicht existierend ansehen (Kap. 2, VI 2–4 L.). Dann gibt der Autor eine eigene Definition vom Wesen der ärztlichen Kunst. Sie besteht erstens in der Kunst, die Kranken von ihren Leiden gänzlich zu heilen, zweitens darin, die Heftigkeit der Leiden und damit der Krankheiten zu lindern, und drittens in der Einsicht, sich bei unheilbar Kranken von der Behandlung fernzuhalten in der Erkenntnis, dass die ärztliche Kunst nicht alles vermag. Dabei handelt es sich um eine sicher öffentlich umstrittene Maxime, die in den hippokratischen Schriften mehrfach auftaucht (S. 412). Die Vorwürfe, die gegen eine rationale Medizin vorgebracht werden, hat der Autor sicher nicht aus der Luft gegriffen, sondern aus einer öffentlichen Diskussion seiner Zeit. Es sind dies: Erstens, die Medizin ist nicht in der Lage, alle Kranken gesund zu machen, zweitens, viele Menschen, die eine Krankheit überstehen, werden nur durch Zufall gesund, drittens, auch ohne Arzt sind schon viele Kranke gesund geworden (Kap. 4-5, VI 6-8 L.). Der Versuch des Autors, die Medizin als Wissenschaft von diesen Vorwürfen zu befreien, besteht nicht darin, den Inhalt der Vorwürfe zu bestreiten. So wird das Faktum von Todesfällen trotz medizinischer Behandlung sowie das gelegentliche Genesen ohne Arzt durchaus zugegeben. Aber es handelt sich dabei, so argumentiert der Verfasser, um Faktoren, die außerhalb der medizinischen Kunst liegen. Das Bestehen eines Zufalls wird daher nicht geleugnet. Wer aber die Wirkung der Medizin erfahren habe, wird für die Genesung nicht den Zufall verantwortlich machen, sondern die fachgerechte Medizin, auch wenn er die einzelnen Maßnahmen nicht durchschaut. Misserfolge können sich aber auch dann einstellen, wenn Kranke die Anweisungen der Ärzte nicht befolgen, sondern zum Beispiel unvernünftig viel essen, während ihnen eine strenge Diät verordnet war (Kap. 7, VI 10 L.). Wiederholt wird die Unvernunft des Patienten hervorgehoben, dem dann – und nicht dem Arzt – ein Misserfolg zugeschrieben werden muss. Für eine überzeugende Apologie der Heilkunst ist dem Autor die Unterscheidung von sichtbaren und unsichtbaren Krankheiten wichtig (Kap. 9-12, VI 16-26 L.). Sofortige Behandlung ist nur bei äußerlich sichtbaren Krankheiten möglich. Bei inneren Krankheiten muss zunächst eine Diagnose erarbeitet werden, die einen gewissen Zeitaufwand erfordert, wobei oft die Aussagen des Patienten nicht gerade zuverlässig sind. Er kann auch in der Zwischenzeit schon sterben, vor allem wenn der Arzt zu spät hinzugezogen wurde. In jedem Fall kann bei inneren Krankheiten der Arzt eine Diagnose nur aus den Begleiterscheinungen der Krankheit stellen, aus der Veränderung der Stimme des Patienten, aus seiner Farbe, Atmung, seinem Geruch, aus Schweiß und Urin. Zeigen sich in direkter Diagnose die Anzeichen der Krankheit nicht, so kann der Arzt durch bestimmte Maßnahmen zu einer Diagnose gelangen, so durch die Verordnung von besonders scharfen Speisen und Getränken, um durch eine dann eintretende Schleimabsonderung eine Krankheit zu diagnostizieren, oder durch die Verordnung von Bergsteigen oder Dauerlauf etwas über die Atmung des Kranken erfahren – Vorläufer eines heute geläufigen Belastungstests.[16] Die Schrift ist ein Plädoyer für die Taten der Ärzte, die beweiskräftiger sind als Worte, die man aber auch nicht verachten soll.

Es mag erstaunen, dass die Medizin am Ende des 5. Jahrhunderts v. Chr. noch um öffentliche Anerkennung ringen muss. Aber angesichts der rechtlich ungesicherten Stellung des Arztes, des Auftretens von Scharlatanen, der Kontroversen über Verankerung der Medizin in kosmische Grundprinzipien und schließlich wohl auch des gegenüber unserer Zeit viel häufigeren letalen Ausgangs von Krankheiten war der Boden für eine derartige Apologie der Heilkunst bereitet. Dabei hat der Autor trotz allen sophistischen Wortgeklingels ein seriöses Bild von Rang und Wesen einer wissenschaftlichen Medizin entwickelt – ein Bild, das in öffentlich ausgetragene Diskussionen hineinwirken sollte.

7. Diät und Gesundheitsvorsorge

Das griechische Wort Diaita (δίαιτα) ist weiter gefasst als unser Begriff «Diät». Es umfasst Diätetik als Lehre von der Diät, aber nicht nur im Sinne von Diätvorschriften, sondern auch als Regelung der Lebensweise des kranken und gesunden Menschen. Diätanweisungen hat es sicher in jeder Phase medizinischen Denkens und Handelns gegeben, aber zunächst ganz punktuell. Auch Hippokrates selbst hat sich mit Fragen der Diät befasst; auch im *Eid* wird die Diätetik an hervorragender Stelle genannt (Nr. 3). Aber die beiden umfangreichen Schriften des *Corpus Hippocraticum*, die Fragen der Diät im Zusammenhang und systematisch behandeln, die vier Bücher *Über die Diät* und die zwei Bücher *Über die Diät bei akuten Krankheiten*, dazu die kürzere Schrift *Über die gesunde Lebensweise* stammen nicht von Hippokrates selbst.

Der Autor der Schrift *Über die Diät* ist ein Arzt, der bei oder von Hippokrates gelernt hat, doch sind bei aller Nähe zu hippokratischen

Grundsätzen Stil (er spricht viel von sich in der ersten Person) und Argumentation anders als in der ältesten Schicht des Corpus, die wir Hippokrates selbst zuschreiben können. Der Autor dieser Schrift blickt auch schon auf zahlreiche Schriften zur Diätetik, erhebt aber den Anspruch, als Erster das Gesamtgebiet der Diätetik geschlossen und systematisch darzustellen. In kollegialer Geste will er die Meinungen seiner Vorgänger nicht widerlegen, sondern anerkennend verwerten.

Wenn meiner Meinung nach einer von denen, die früher über die menschliche, zur Gesundheit führende Diätetik in richtiger Erkenntnis alles in allen Stücken beschrieben hätte, soweit es durch menschliche Einsicht erfasst werden kann, so würde ich mich damit begnügen, nachdem Andere sich darum bemüht haben, das als richtig Erkannte zu gebrauchen, soweit jede Einzelheit brauchbar zu sein schiene. Nun haben aber schon viele darüber geschrieben, keiner hat jedoch richtig erkannt, was man hätte schreiben sollen. Die einen haben dies, andere anderes herausgefunden, das Ganze aber keiner der Früheren. Keiner von ihnen verdient nun getadelt zu werden, wenn sie nicht (alles) herausgefunden haben. Vielmehr muss man alle loben, weil sie wenigstens versucht haben, die Dinge zu erforschen (*Über die Diät* I 1, VI 466 L.).

Man spürt sogleich den etwas umständlichen Stil, aber auch die kollegiale Noblesse, mit der dieser Arzt sich an eine, wie es scheint, größere Öffentlichkeit wendet. In der Tat muss es schon im 5. Jahrhundert v. Chr. eine lebhafte, in Schriften ausgetragene Diskussion über Fragen der richtigen Lebensweise im Verhältnis von Ernährung und Bewegung gegeben haben. Ein signifikantes Beispiel dafür ist der berüchtigte und auch berühmte Turnlehrer und Verfasser eines Buches über Diätetik, der wohl in Athen wirkende Herodikos von Selymbria (in Thrakien), von dem es in den *Epidemien* heißt, er habe Fieberkranke durch die Verordnung von Dauerläufen regelrecht getötet (VI 3, 18, V 302 L.). Das ist übertrieben, aber es entspricht der wohl auch in einer Schrift verbreiteten Lehre des Herodikos, «dass die Krankheiten von der Lebensweise her kommen und dass eine Lebensweise naturgemäß sei, wenn Anstrengungen und auch ein gewisses Maß an Schmerzen hinzukommen».[1] Und durchaus kritisch vermerkt Platon im *Staat*

(406 A–C), dass Herodikos der Erste war, der die Gymnastik in die Heilkunst hineingemischt habe und dass diese «erzieherische Heilart» den «Asklepiaden» fremd gewesen sei.

Gleich zu Beginn seiner Darlegungen bekennt sich der Autor der Schrift *Über die Diät* zu dem fundamentalen Grundsatz der hippokratischen Medizin: Man müsse auch in Fragen der Diät «die ganze menschliche Natur kennen» (I 2, VI 468 L.). Zugleich wird aber auch hervorgehoben, was derjenige, der eine Schrift über die Diät abfassen will, kennen muss: die Wirkungsweise von Speisen und Getränken, das Wechselspiel von Ernährung und Anstrengung, die Beachtung dieser Faktoren im Hinblick auf Konstitution, Alter, Jahreszeiten, klimatische Bedingungen und Veränderungen, Auf- und Untergang der Gestirne. Damit sind die wesentlichen Faktoren benannt, die für die Medizin des Hippokrates selbst, wie sie in der ältesten Schicht des Corpus zum Ausdruck kommt, bestimmend sind. Der Autor nimmt zusätzlich für sich in Anspruch, eine «Prodiagnose» (προδιάγνωσις) entwickelt zu haben. Sie besteht darin, eine sich anbahnende Krankheit früh zu erkennen und sie durch geeignete diätetische Maßnahmen zu bekämpfen, bevor sie akut ausbricht. Denn die (meisten) Krankheiten treten nicht plötzlich auf, sondern erst allmählich in einem Vorstadium, bevor sie akut werden.

In der Erfüllung der Forderung, vom Ganzen der menschlichen Natur auszugehen, geht der Autor so sehr ins Prinzipielle, dass man vom «philosophischen Teil» seiner Abhandlung gesprochen und Entlehnungen aus Heraklit (535–475), Empedokles, Anaxagoras (ca. 510–428) und Demokrit angenommen hat.[2] Mag hier manches unsicher bleiben, so ist doch so viel erkennbar, dass der Autor in spürbarer Nähe zu den Anschauungen der frühen Philosophen das Ganze des Menschen aus seiner Entstehung aus kosmischen Grundkräften herleitet, stärker als es Hippokrates selber getan hat.

Der Autor geht davon aus, dass alle Lebewesen aus Feuer und Wasser und damit aus Feuchtem und Warmem zusammengesetzt sind. Ferner wird dem Warmem (Feuer) das Trockene, dem Feuchten (Wasser) das Kalte zugeordnet. In der wechselseitigen Dominanz dieser Grundkräfte vollzieht sich das, was man später Stoffwechsel (Metabolismus; in den hippokratischen Schriften nicht belegt) genannt hat, also die Aufnahme, den Transport und die chemische Umwandlung von Stoffen im Organismus. Dabei vertritt das Feuchte die aufgenommene Nahrung, das Warme die Umwandlung im Körper, also die «Kochung» (πέψις) und Verdauung. In Übereinstimmung mit den Theorien der frühgriechischen Philosophen betont der Autor, dass diese Grundkräfte ewig sind und nicht, wie die Menschen «naiv glauben, Entstehen und Vergehen sich so verhalte, dass das Eine vom Hades zum Licht hin wachse und so entstehe, das Andere aber vom Licht zum Hades hin abnehme und so vergehe» (I 4, VI 474 L.). Die Menschen würden ihren Augen mehr vertrauen als der Vernunft. Von Entstehen und Vergehen will der Autor nur im Hinblick auf die «Vielen» reden, in Wirklichkeit seien diese Prozesse ein ständiges Mischen und Trennen, Zunehmen und Abnehmen von miteinander identischen Prozessen, wie der Autor in Übereinstimmung mit ähnlichen Lehren der frühen griechischen Denker (vor allem Heraklits) ausführt. Das Entscheidende ist ein ständiger Wechsel im Menschen – Stoffwechsel in der Erhaltung von Stoff und Kraft – und in der Natur: Tag und Nacht, Licht und Dunkel. So sehr der Autor seine Arztkollegen vornehm behandelt, so sieht er doch mit wiederholtem Hervorheben seines «Ich» auf die große Menge der Laien herab, oft in der pauschalen Formulierung: «Die Menschen».

Schwer verständlich sind die Ausführungen des Autors über die Seele. Wenn es heißt, «die Seele schlüpft in den Menschen» (I 7, VI 480 L.), so ist mit dem Begriff «Seele» (ψυχή) die letztlich auf Homer zurückgehende Auffassung vom Lebensatem verbunden, zumal die Seele auch in dieser hippokratischen Schrift als materiell, als eine Verbindung von Feuer und Wasser, angesehen wird. Diese beiden Elemente wirken nicht vereinzelt, sondern sind vereinigt in einem höheren Dritten, der Seele. Sie erfährt im Menschen eine allmähliche Durchbildung, und zwar nur im Menschen, sonst in keinem anderen Lebewesen.

Erneut heißt es ganz prinzipiell: «Die Menschen verstehen es nicht, aus dem Sichtbaren das Unsichtbare zu erkennen» (I 11, VI 486 L.) und:

Ich werde deutlich machen, dass die praktischen Tätigkeiten des Menschen den Vorgängen (im Menschen) gleichen, den sichtbaren und den unsichtbaren. Denn so ist die Deutungskunst beschaffen. Mit Hilfe der sichtbaren Dinge erkennt sie die unsichtbaren und mit Hilfe der unsichtbaren die sichtbaren, und durch das Gegenwärtige das Zukünftige, durch das Tote das Lebende, durch das Unverständliche das Verständliche. Wer das weiß, erkennt immer richtig, wer das nicht weiß, nur manchmal (I 12, VI 488 L.).

Diese prinzipiellen methodischen Bemerkungen, die der Autor den diätetischen Einzelanweisungen voranstellt, haben eine enorme Prägekraft. Goethe hat sie aus einer zweisprachigen (griechisch-lateinischen) Ausgabe übersetzt und diese Übersetzung der Kapitel I 11 und 12 im Ganzen ist dann in die *Maximen und Reflexionen* (86–97) eingegangen.[3]

Als Beispiele für Schlussfolgerungen vom Sichtbaren auf das Unsichtbare führt der Autor zahlreiche Beispiele gewerblicher Tätigkeiten an: Zimmerleute, Maurer, Köche, Ledergerber, Goldarbeiter, Töpfer, Bildhauer, Musiker, Schreiber machen das Gleiche, was im menschlichen Körper vor sich geht. Sie trennen, fügen Teile zu einem Ganzen zusammen, machen Feuchtes trocken und Trockenes feucht; sie reiben, waschen, bürsten, schmelzen und kühlen. Mit Formulierungen wie: «sie ahmen die Natur des Menschen nach» (I 16, VI 490 L.) und: «sie ahmen die menschliche Lebensweise nach» (I 17, VI 492 L.) will der Autor zeigen, dass die Vorgänge des menschlichen Arbeitens und Herstellens die Struktur der natürlichen Vorgänge (im Körper) abbilden. Er kommt damit nahe an die lapidare Formulierung des Aristoteles: «Die Kunst ahmt die Natur nach» (*Meteorologie* IV 3, 381 b 6), wobei mit «Kunst» das praktische Können auf allen Gebieten gemeint ist.

Auf einer etwas anderen Ebene liegen die Beispiele für menschliches Handeln, wenn keine gewerbliche Produktion vorliegt (Kap. 24 und 25, VI 496–498 L.). Mit einer impliziten Kritik dem Urteil der (meisten) Menschen gegenüber führt der Autor aus, dass schon Kinder dazu verleitet werden, gegen das Gesetz zu verstoßen, zu betrügen, zu stehlen und zu rauben, wobei der, der dies tut, als «tüchtiger» Mensch angesehen wird, den alle bewundern. Ebenso auf dem Markt. Da betrügen die Leute beim Einkauf wie beim Verkauf, und bewundert wird der, der am meisten betrügt. Wenn sie spielen und dabei ganz rasend werden, laufen, ringen sie und stehlen und betrügen dabei. Schließlich wird die Schauspielkunst angeführt. Schauspieler täuschen die Zuschauer, indem sie etwas anderes reden, als sie denken. Dieselben betreten die Bühne und verlassen sie wieder; sie sind die gleichen und nicht die gleichen. Auch kann der Mensch anders reden als handeln, ganz unterschiedliche Meinungen haben und bleibt doch derselbe (I 24, VI 496 L.). Diese Ausführungen gehen weit über die Diätetik hinaus. Dabei ist ein ethischer Aspekt vernehmbar, der in den (heraklitischen) Grundgedanken einbezogen ist, dass der Mensch bald als er selbst, bald als ein anderer erscheint, aber doch in der gleichen menschlichen Natur wurzelt.

Ähnlich gehen auch die Darlegungen über die seelische und körperliche Entwicklung des Menschen (I 25–31) über die Diätetik hinaus, legen aber den Grund für sinnvolle diätetische Maßnahmen. Was die menschliche Psyche angeht, so sieht der Autor sie in der Jugend wachsen, weil dann auch der Körper wächst und der Stoffwechsel rasch vor sich geht, sich im Alter aber langsamer vollzieht. In einer regelrechten Embryologie wird ausgeführt, in welcher Weise und in welcher Zeit der Embryo wächst (zwischen 40 Tagen und vier Monaten) und wann er zur Geburt reif ist (zwischen sieben und neun Monaten). Ganz nahe an der Diätetik ist dann die kühne These, durch eine entsprechende Ernährungsweise könne je nach Wunsch im Voraus entschieden werden, ob ein männliches oder ein weibliches Wesen geboren wird (I 27, VI 500 L.). Ausgangspunkt sind wiederum die beiden Grundelemente Feuer und Wasser. Männer stehen mehr auf der Seite des Feuers; sie nehmen eher warme und trockene Speisen zu sich, Frauen mehr feuchte und weiche Nahrung, jeweils entsprechend der Lebensweise und der körperlichen Konstitution. Will man das Geschlecht des Nachwuchses beeinflussen, so muss man die Ernährungsweise ändern. Will man ein männliches Wesen zur Welt bringen, so muss auch die Frau kräftige, schwere, trockene (also männliche) Nahrung essen. Soll es aber ein weibliches Wesen werden, so muss auch der Mann

weiche, feuchte breiartige Nahrung zu sich nehmen. Die theoretische
Grundlage dieser These ist die vom Autor dieser Schrift nicht erfun-
dene Pangenesislehre, wonach beide Geschlechter zur Samenbildung
beitragen.[4] Neu und originell ist wohl der Bezug dieser Lehre zur
Diätetik mit der Annahme der Möglichkeit einer Beeinflussung der
Geschlechtsbildung durch eine entsprechende Ernährungsweise. Da-
durch können beim Mann wie bei der Frau sowohl weibliche als auch
männliche Samen entstehen, aus deren Vereinigung je drei verschiedene Typen von Frauen und Männern hervorgehen. Sondern beide,
Mann und Frau, durch die Ernährungsweise ‹männlich› gewordene
Samen ab, so entstehen «psychisch glänzende und körperlich starke
Männer». Sondert der Mann männlichen und die Frau weiblichen
Samen ab, so entstehen zwar weniger «glänzende», aber doch noch
ganz normale Männer. Sondert der Mann weiblichen und die Frau
männlichen Samen ab und der männliche Samen setzt sich durch, so
entstehen noch Männer, aber «weibische Männer». Ganz entsprechend gibt es drei Frauentypen. Aus beiderseitigem weiblichen Samen
entstehen Frauen «von höchster Weiblichkeit und Schönheit». Wenn
aber von der Frau weiblicher und vom Mann männlicher Samen ab-
gesondert wird, der weibliche Samen aber die Oberhand gewinnt, entstehen mutigere, aber doch auch noch schöne Frauen. Sondern der
Mann weibliche Samen ab, die Frau männliche Samen und der weibliche Samen gewinnt die Oberhand, entstehen wagemutige «Mann-
weiber». Auch an die Entstehung von Zwillingen hat der Autor gedacht
(I 31–32, VI 506–510 L.). Er erklärt dieses Phänomen aus einer gelegentlich auftretenden Doppelung der Gebärmutter. Wenn in beide Teile
der Gebärmutter Samen in ausreichender Stärke gelangen, werden je
nach der Prävalenz des männlichen oder des weiblichen Samens zwei
Jungen oder zwei Mädchen gezeugt und bei ausgeglichenem Verhältnis
von männlichen und weiblichen Samen ein Junge und ein Mädchen. Bei
allen Verhältnissen sind sich die so Geborenen einander ähnlich, weil
sie zur gleichen Zeit und an derselben Stelle das Licht der Welt erblicken.

Etwas abstrakt und schematisch wirkt dann die kurze Darlegung
über die jeweils unterschiedliche Mischung des Warmen und des
Feuchten in den verschiedenen Altersstufen (Kindheit, Jugend, Reife,

DIÄT UND GESUNDHEITSVORSORGE 115

Alter), ohne dass der Bezug zur Diätetik jedes Mal sichtbar würde (I 33, VI 512 L.). Ebenso schematisch sind die Ausführungen über «die Vernunft und Unvernunft der Seele» (περὶ δὲ φρονήσιος ψυχῆς ὀνομαζομένης καὶ ἀφροσύνης, I 35, VI 512–522 L.), die sich – materiell gedacht – ebenfalls aus dem Mischverhältnis von Warmem und Feuchtem ausbildet. Hier aber kommt der diätetische Aspekt zum Tragen, und zwar aufgrund der Annahme, man könne über die eigene Natur hinaus durch eine entsprechende Nahrung und Lebensweise (Spaziergänge morgens und nach dem Essen, gymnastische Übungen, aber nicht Ringen und Frottieren) «vernünftiger und gedächtnisstärker» werden. Entsprechend kann durch die entgegengesetzte Lebensweise die Psyche schwächer und unvernünftiger werden.

Sehr viel näher an der Diätetik und wohl auch an der Empirie ist die lange Liste der Lebensmittel in ihrer Beschaffenheit und Wirkung (II 3–20, VI 534–576 L.). Im Einzelnen werden aufgeführt: Gerste, Gerstenbrei, Reibekuchen aus Gerste, Gerstengrütze, verschiedene Brotsorten, Hafer, Bohnen, Hirsegraupen, Salbeifrucht, Gurken, Rindfleisch, Ziegenfleisch, Schweinefleisch, Lammfleisch, Kalbfleisch, Eselfleisch, Pferdefleisch, Hundefleisch, Wildschweinfleisch, Hirschfleisch, Hasenfleisch, Fuchsfleisch, Igelfleisch, Geflügel, Fische, Eier, Wein, Wasser, Most, Essig, Honig, Knoblauch, Zwiebel, Porree, Rettich, Koriander, Anis, Sellerie, Raute, Spargel, Salbei, Brennnesseln, Sauerampfer, Rübensaft, Kürbis, Bohnenkraut, wilde Kräuter, verschiedene Säfte, Obst (Maulbeeren, Äpfel, Kirschen, wilde Früchte), Gurken, Melonen, Feigen, Mandeln, Nüsse, Kastanien, Fett am Fleisch, Salz, ferner die jeweiligen Zustände der Speisen, ob roh oder gekocht, geröstet oder gebraten, ob süß, scharf, salzig, bitter, herb, ölig, ob frisch zubereitete Speisen.

Erneut wird das Bemühen erkennbar, den ganzen Bereich der Diätetik möglichst vollständig zu erfassen, verbunden wiederum mit einer Kritik an denen, die über dieses Thema nur ganz allgemein reden.

> Alle die, die versucht haben, nur allgemein über die Wirkung des Süßen oder des Fetten oder des Salzigen oder etwas Derartigen zu reden, haben keine richtige Kenntnis (II 3, VI 534 L.).

In der eindrucksvollen Liste der Lebensmittel durchdringen sich Empirie und reine Analogieschlüsse auf der Basis der Grundfaktoren Feuer und Wasser.[5] Man erhält zudem einen Einblick in die Möglichkeiten eines griechischen Speiseplanes in der theoretischen Vollständigkeit, die der Autor allenthalben anstrebt.

Sinnvollerweise werden anschließend einige Themen behandelt, die in irgendeiner Relation zur Ernährung und damit zu den Grundelementen Feuer und Wasser stehen, so die Wirkung von warmen und kalten Bädern, Schwitzen, Erbrechen, Schlaf («Nach dem Essen nicht zu schlafen, schadet»), Anstrengungen, Spaziergänge (besonders am Morgen zu empfehlen), Langläufe, Ringkämpfe, Einwirkungen von Öl und Sand, Ermüdungszustände bei gewohnten und ungewohnten Anstrengungen. Bei all diesen Erscheinungen werden die Symptome und die möglichen therapeutischen Maßnahmen dargestellt, auch hier stets auf der Basis der Grundelemente von Feuer (warm und trocken) und Wasser (kalt und feucht).

Das dritte Buch ist der Erhaltung der Gesundheit des (noch) nicht kranken Menschen gewidmet. Mit Recht stellt der Autor fest, dass es eine absolute Gesundheit nicht gibt. Denn die in der Nahrung enthaltenen Kräfte und Säfte können nie im vollkommenen Gleichgewicht zum Verbrauch dieser Kräfte durch Betätigungen aller Art stehen. Erneut wird hervorgehoben, dass die Konstitution des Menschen, die Altersstufen, die Lage des Wohnortes und der Wechsel der Jahreszeiten eine Unschärfe im Spektrum dessen bedeuten, was man noch gesund nennen kann. Vor allem aber führt der Autor jetzt seine anfangs als eigene Entdeckung genannte Früherkennung (Prodiagnose) von sich erst anbahnenden Krankheiten aus. Er unterscheidet neun verschiedene Symptomsyndrome, die zu Krankheitsbildern werden, falls man nicht sofort therapiert. Jedes Mal werden Symptome, deren Ursache und deren Behandlung genannt. Als Symptome werden aufgeführt: fehlende Schleimabsonderung aus der Nase, Schläfrigkeit (auch am Tag), allgemeine Ermattung, Kopfschmerzen, schlechte Verdauung, Blähungen, Erbrechen, Blässe im Gesicht, Frösteln und Gähnen. Die Ursache ist jedes Mal eine Disharmonie zwischen Ernährung und Anstrengung. Zu den therapeutischen Maßnahmen gehören: Spaziergänge, Schwitzbäder, Gymnastik, Fasten, Reduzierung der Nahrung, aber auch des Geschlechtsverkehres. Gelegentlich wird das (damals nicht übliche) Trinken ungemischten Weines verordnet. In einem Fall wird sogar empfohlen, dass man sich betrinken soll.

Jedenfalls hat der Autor den ganzen Bereich der Früherkennung systematisch durchdacht und an Fallbeispielen exemplifiziert.

Abgerundet wird seine Systematik durch die Analyse von Träumen in Relation zu Krankheit und Gesundheit (Buch IV).[6] Träume galten traditionell als gottgesandt. Da Träume der Deutung bedürfen, entwickelten sich schon früh mantische Traumdeuter. Böse Träume konnten nach traditioneller Ansicht in ihrer Auswirkung durch Gebete und kultische Handlungen beeinflusst werden. Die frühen griechischen Philosophen haben das Phänomen Traum physiologisch und theoretisch (Lösung von Körper und Seele im Traum) untersucht. Manches davon mag in dieses IV. Buch *Über die Diät* eingegangen sein. Das Entscheidende ist aber auch hier nicht die Herkunft, sondern die wissenschaftliche Auswertung der Träume für Krankheit und Gesundheit in einer Zeit, in der es noch genug unseriöse Traumdeuter gab.

Der Autor nennt verschiedene Arten von Träumen, die auf krankhafte Störungen weisen, Erinnerungsträume (bei richtiger Wiedergabe ist der Traum gesund), Träume von unwahren und abnormen Ereignissen, Träume von Gestirnen, Erde und Meer, von Verstorbenen (erscheinen sie im Traum in unsauberer Kleidung, weist dies auf Krankheit), Träume von sich selbst, von Flucht, Feinden, Ungeheuern und Schreckgestalten. Jedenfalls ist es die Leistung des Autors, die Träume in der ihm eigenen Systematik als Faktoren für die Früherkennung von Krankheiten erfasst und ausgewertet zu haben.

Insgesamt hat der Autor in hippokratischem Geist ein umfassendes Werk über alle Aspekte der Diätetik und damit der als Ziel formulierten gesunden Lebensweise geschaffen. Er holt weit aus und gibt seinen Ausführungen eine philosophische Grundlage, indem er eklektizistisch Anschauungen der frühen Philosophen aufgreift. In großer Spannweite entwickelt er auf dieser philosophischen Grundlage eine Diätetik, die bis in die kleinsten Einzelheiten der Lebensmittelchemie hereinreicht, die aber immer wieder mit den Grundgesetzen der Natur verknüpft werden. So kann er mit nicht geringem Stolz als Resümee formulieren:

> Wer die hier aufgeschriebenen Lehren beherzigt, wird sein Leben lang gesund bleiben. Und von mir ist diese Diätetik gefunden worden, soweit sie zu finden einem Menschen möglich ist, mit Hilfe der Götter (IV 8, VI 662 L.).

Die kurze Schrift *Über die gesunde Lebensführung* (περὶ διαίτης ὑγιεινῆς) besteht nur aus praktischen Regelungen für die passende Ernährung des gesunden Menschen, gegliedert in Vorschriften für Essen und Trinken in den verschiedenen Jahreszeiten, Konstitutionen, Lebensaltern, für Magere, Beleibte, Männer, Frauen und Kinder. Ein theoretischer Hintergrund fehlt ganz. Am Schluss steht die allgemeine Regel:

> Jeder vernünftige Mensch soll bedenken, dass für die Menschen das Wertvollste die Gesundheit ist und deshalb muss man aus eigener Kenntnis heraus bei den Krankheiten sich zu helfen wissen (IV 9, VI 86 L.).[7]

Anders sind die beiden Bücher *Über die Diät bei akuten Krankheiten* (περὶ διαίτης ὀξέων), die wahrscheinlich zwei verschiedenen Verfassern zuzuordnen sind. Der Verfasser des ersten Buches gibt sich als Anhänger der koischen Ärztegilde zu erkennen, denn er polemisiert eingangs gegen «knidische Lehrsätze», die sich auf die Darstellung der Krankheitssymptome beschränkten und nur wenige Heilmittel nennen würden (I 1–3, II 224–240 L.). Der Autor möchte die Aufmerksamkeit wieder auf den ganzen Bereich der ärztlichen Kunst gerichtet wissen (I 4, II 228 L.) und sich den akuten, mit anhaltendem oder intermittierendem Fieber verbundenen Krankheiten widmen, die «sehr vielen Menschen den Tod bringen» (I 5, II 232 L.). Also will er auch die (damals allgemein hohe) Sterblichkeitsrate senken, wiederum in Abgrenzung gegen «nicht Ärzte» (μὴ ἰητροί), denen die Laien und die Leute aus dem Volk unverständigerweise mehr zu vertrauen geneigt sind als den wirklichen Ärzten (I 5–6, II 232–238 L.). Denn es sei ja leicht, die Namen von Medikamenten auswendig zu lernen, die man bei derartigen Krankheiten (Brustfellentzündung, Lungenentzündung, Gehirnhautentzündung, Brennfieber) anzuwenden pflegt. So entstünde der Eindruck, die besseren und die schlechteren Ärzte würden in der gleichen Weise vorgehen. Die ganze Schrift ist in einem lehrhaften Ton gehalten, durchzogen von Kritik an anderen, vor allem an angemaßten Ärzten. Dabei sind es nur ganz wenige therapeutische Mittel, die der Autor gegen die akuten Krankheiten empfiehlt. Im Wesentlichen ist es Gerste in verschiedener Konsistenz (als Saft, Schleim oder Brei), daneben Wein, Wasser, Honigwasser und Essigwasser. Die Differenzierung als die eigentliche Leistung des Arztes besteht in der Analyse der Vorbedingungen einer Schleimdiät oder der Darmentleerung, in der Warnung vor plötzlicher Diätänderung, in der Anwendung zur rechten Zeit und in der richtigen Dosierung mit dem Ziel einer geregelten Verdauung, in einer Linderung von Husten und Auswurf, Entkräftung und Übelkeit, unter Beachtung der Konstitution und der Lebensweise des Kranken, insbesondere ob er das Baden gewohnt ist und verträgt. Hier gehen die Empfehlungen ins Alltägliche:

Der Weg zur Badewanne soll kurz sein, sowohl zum Einsteigen als auch zum Aussteigen. Der Badende soll sich anständig verhalten, schweigsam sein und sich nicht selber behandeln, sondern Andere sollen die Güsse verabreichen und das Abreiben vornehmen. Es soll auch viel lauwarmes Wasser bereitstehen und das Nachgießen soll schnell vor sich gehen. Anstelle des Striegels soll man einen Schwamm benutzen und den Körper in nicht allzu trockenem Zustand salben (I 65, II 364–368 L.).

Insgesamt lernt man in dieser Schrift einen Arzt kennen, der sich in der Nachfolge des Hippokrates weiß, ungewöhnlich stark gegen «Nichtärzte», aber auch gegen Laien ganz allgemein polemisiert, und zwar ohne die Noblesse, die dem Autor der Schrift *Über die Diät* eigen ist.

Das zweite Buch dieser Schrift besteht aus einer umfangreichen Sammlung von Notizen in ganz nüchterner Reihung ohne allgemeine Reflexionen über Ziel und Stellung des Arztes, wie man sie im ersten Buch findet. In der etwas schematisch wirkenden Einteilung von Symptom, Verlauf und Therapie werden zahlreiche Krankheiten beschrieben, so verschiedene Arten von Brennfieber, von Halsentzündungen, ferner Durchfall, Schwindel, Brechreiz, Hämorrhoiden, Ruhr, Augenleiden. Auch von Prodiagnose ist die Rede, so aus dem Urin und Stuhl sowie aus zitterigen Händen, rauer Zunge, Nasenbluten und Ohnmachtsanfällen. Ferner werden Ernährungsratschläge gegeben (Knoblauch, Gerste, Käse, verschiedene Fleischsorten) und die Folgen von zu starker Ernährung und Ernährungsentzug werden bedacht. In der Sache stimmen die Ausführungen mit denen des ersten Buches weitgehend überein, nur fällt auf, dass die Gerste (in verschiedener Konsistenz) als Nahrungsempfehlung eine weit geringere Rolle spielt als im ersten Buch. So spricht manches dafür, dass es sich um eine ursprünglich selbständige Notizensammlung handelt.

Überblickt man auch nur diejenigen Schriften, in deren Titel das Wort «Diät» vorkommt, so wird deutlich, dass die Diätetik als ein systematisch fundiertes Teilgebiet der Medizin noch nicht bei Hippokrates selbst, aber in der Generation seiner Schüler voll ausgebildet ist. Aber ohne Hippokrates wäre das nicht möglich gewesen. Denn nur die ganzheitliche Konzeption der Medizin durch Hippokrates hat den Grund dafür gelegt, dass die Diätetik weit umfassender konzipiert werden konnte, als es unseren Vorstellungen von Diät entspricht. Indem sie die ganze Lebensführung einbezieht, wächst ihr eine Bedeutung zu, die mit Recht das philosophische Interesse Platons erregen konnte mit der Frage: Wie soll man leben?

Doch auch ohne die philosophische Radikalität dieser Frage reicht die Prägekraft der hippokratischen Diätanweisungen bis in gegenwärtige Empfehlungen zu einem gesunden Leben «mit dem bewährten Hippokrates-Programm».[8]

8. Gynäkologie

Das *Corpus Hippocraticum* enthält mehrere Schriften unterschiedlichen Umfanges zur Gynäkologie. Im Einzelnen: *Über die Frauenkrankheiten, Über die Krankheiten von Jungfrauen, Über unfruchtbare Frauen, Über die Natur der Frau, Über die Zerstückelung des Embryos,*

Über den Samen, Über die Natur des Kindes. Diese Schriften machen mehr als ein Fünftel des gesamten Corpus aus, was auf die große Bedeutung weist, die in den hippokratischen Schriften allen medizinischen Vorgängen beigemessen wird, die mit der Frau zusammenhängen.

Akribische philologische und medizinhistorische Analysen sind zu dem Ergebnis gelangt, dass diese (oder die meisten dieser) Schriften knidischen Ursprungs sind (also aus der Ärzteschule von Knidos stammen) und dass in ihnen je nach Stil, Terminologie und medizinischem Wissensstand drei chronologische Schichten (A, B, C) zu unterscheiden sind.[1] Diese Schriften – so wird ferner argumentiert – könnten als «einheitlich konzipiertes Teilcorpus» in das *Corpus Hippocraticum* integriert worden sein.[2] Für das Verständnis der Sachfragen spielen diese Unterscheidungen eine geringe Rolle. Deutlich ist, dass die gynäkologischen Schriften in ihrem Ethos, in Stil und Argumentation den echt hippokratischen Schriften ebenbürtig an die Seite gestellt werden können.

In Anbetracht der Tatsachen, dass es nur männliche Ärzte gab, dass in der Antike die soziologische Stellung der Frau eine andere war als die des Mannes und dass im griechischen Haus die Frauen räumlich getrennt von den Männern lebten, stehen Diagnose und Therapie von Frauenkrankheiten vor einer besonderen Herausforderung. In der Tragödie *Hippolytos* des Euripides sagt die Amme zu Phaidra:

> Wenn du krank bist an einem Leiden, das ein Geheimnis bleiben soll, so sind diese Frauen hier, die der Krankheit abhelfen. Doch wenn dein Leiden den Männern mitzuteilen ist, so muss die Sache den Ärzten gemeldet werden (293–296).

Entsprechend heißt es in der (hippokratischen) Schrift *Über die Frauenkrankheiten*:

> Sie (die Frauen) schämen sich nämlich, darüber zu sprechen, auch wenn sie wissen, woran sie leiden. Infolge ihrer Unerfahrenheit und Unkenntnis meinen sie, dass so etwas zu sagen, unanständig sei. Zugleich begehen auch die Ärzte Fehler, indem sie nicht genau nach der Ursache der Krankheit fragen, sondern (die Frauen) so behandeln, als wären es Krankheiten der Männer.... Die Behandlung der Krankheiten der Frauen ist nämlich von der der Krankheiten bei Männern verschieden (I 62, VIII 62 L.).

Angesichts dieser Gegebenheiten und der besonderen Schwierigkeiten etwa einer Vaginaluntersuchung ohne Ultraschall, nur durch Betasten der Organe ist es eindrucksvoll, mit welcher Akribie und Objektivität die weiblichen Organe, ihre Funktion und ihre Erkrankungen beschrieben werden.

Das ganze umfangreiche erste Buch *Über die Frauenkrankheiten* handelt über die Gebärmutter (Uterus) und die Menstruation (monatliche Reinigung, «Periode»). Grundlage ist die hippokratische Säfte- und Wärmelehre. Die Frau hat, so heißt es, wärmeres Blut, lockere Adern und führt das zu viel angesammelte Blut entsprechend ab. Gerät dieses Prinzip ins Stocken, wenn etwa bei kinderlosen Frauen der Monatsfluss verhalten wird oder wenn kein regelmäßiger Geschlechtsverkehr stattfindet, können Krankheiten entstehen. Ihre Ursache liegt in einer Drehung oder Krümmung der Gebärmutter mit der Folge, dass die Menstruation ausbleibt. Dann können Unruhe, Frost, Fieber, Erbrechen und Darmblutungen auftreten. Ebenso werden präzise die Folgen beschrieben, wenn die Menstruation vorübergehend (zwei bis drei Monate) ausbleibt, wenn sie zu stark oder zu schwach ausfällt. Dann kann der Monatsfluss eitrig werden und es können Entzündungen auftreten. In solchen und ähnlichen Fällen ist eine angemessene ärztliche Behandlung unerlässlich, sonst würden, falls die Beschwerden mehr als sieben Monate anhalten, Tod oder dauerhafte Lähmung eintreten (I 4, VIII 18 L.). Genau wird auch der Monatsfluss in seinem Ablauf beschrieben. Er ist an den mittleren Tagen am dicksten und stärksten, am Anfang und am Ende geringer. Die Menge des abgehenden Blutes beträgt ca. einen halben Liter (umgerechnet). Sehr anschaulich wird verdeutlicht, dass das Blut ähnlich dem eines Opfertiers abgeht und schnell trocknet.

Sehr interessant ist die Schilderung eines plötzlichen Erstickungsgefühles bei vorwiegend älteren Frauen, die keinen Geschlechtsverkehr mehr haben. Dann dreht sich die leichter gewordene Gebärmutter, befällt die Leber und erschwert so das Durchatmen in die Leibeshöhle. Es entsteht ein Gefühl der Erstickung.

GYNÄKOLOGIE 123

Das Weiße der Augen verschiebt sich nach oben und (die Frau) wird kalt. Manche nehmen auch schon eine bläuliche Farbe an. Und sie (die Frau) knirscht mit den Zähnen und Schaum fließt um den Mund. Sie gleichen denen, die von der Herakleischen Krankheit (= Epilepsie)[3] befallen werden (I 7, VIII 32 L.).

Was hier beschrieben wird, gleicht dem, was man einen hysterischen Anfall nennt. Das geht auch aus dem Sprachgebrauch hervor. Die Gebärmutter heißt: «Hystere» (ἡ ὑστέρη), wörtlich: «die Unterste» (das unterste Organ),[4] woraus sich der Begriff der «Hysterie» entwickelt hat. «Die Geschichte der Hysterie nimmt hier ihren Ausgangspunkt».[5]

Insgesamt argumentiert der Autor dieser Schrift auf der Basis der Zweisäftelehre (Galle, Schleim), wie sie uns in der ältesten Schicht der hippokratischen Schriften entgegentritt. So wird ausdrücklich unterschieden zwischen einem gallereichen oder einem schleimhaltigen Monatsfluss (I 8–9, VIII 34–40 L.). Entsprechend unterschiedlich werden die Symptome, Auswirkungen und Therapiemaßnahmen analysiert, die sich bei einem Ausbleiben des Monatsflusses einstellen und durchzuführen sind. Denn dann wird je nach Typ zu viel Galle oder zu viel Schleim im Körper verbleiben. Im ersteren Fall stellen sich Ohnmacht, Appetitlosigkeit, Angst, Schlaflosigkeit, Mutlosigkeit, häufiges Aufstoßen ein. Als Mittel der Selbstheilung werden Herbeiführen von Erbrechen und Darmentleerung empfohlen. Bei Ausbleiben des schleimhaltigen Monatsflusses stellen sich Appetitlosigkeit, Magenschmerzen und Kopfschmerzen ein. Als Gegenmittel werden Bäder, Brechmittel, Abführmittel und eine gewisse Nahrungseinschränkung empfohlen (I 11, VIII 44 L.). Die Argumentation auf dieser Basis ist (neben anderen Indizien) ein Zeichen dafür, dass wir es hier mit einem der ältesten Texte des *Corpus Hippocraticum* überhaupt zu tun haben. Umso bemerkenswerter ist die differenzierte Ausführlichkeit in der Beschreibung der zahlreichen gynäkologischen Details.

So wird ausführlich der Vorgang der Geburt für den (fast normalen) Fall geschildert, dass der Embryo zwar richtig (senkrecht) liegt, aber nicht leicht abgehen kann.

Man soll ein hohes und festes Bett nehmen, darüber ein Laken ausbreiten und die Frau mit dem Rücken darauflegen. Dann soll man Brust, Achselhöhle und Arme mit einer Binde oder mit einem breiten und weichen Riemen (zusammenbinden) und diesen Gurt am Bett befestigen. Die Beine sollen gebeugt sein und an den Fesseln (am Bett) festgemacht werden. ... die Frau soll sich mit den Händen am Bett festhalten, das Bett soll man an der Kopfseite hoch richten, so dass es zur Fußseite hin abschüssig ist. Dabei soll man darauf achten, dass (die Frau) nicht vornüber fällt. Dann soll man Reisigbündel unter (die Frau) legen, die Frau aufrichten, aber so, dass die Füße den Boden nicht berühren können, sondern in den Reisigbündeln steckenbleiben. Nun soll je ein Mann auf beiden Seiten das Bett an je einem Fuß hochheben, so dass das Bett senkrecht und gleichmäßig herabfällt, aber kein Durcheinander entsteht. Zugleich mit den Wehen soll man Erschütterungen herbeiführen. Und wenn die Frau von dem Embryo befreit ist, soll man damit sofort aufhören. ... So wird es also gemacht, wenn die Geburt in gerader Richtung und naturgemäß vor sich geht. ... die Arzthelferin soll den Gebärmuttermund mit weichen Mitteln öffnen und dies vorsichtig tun. Die Nabelschnur soll sie mit dem Embryo zugleich herausziehen (I 68, VIII 142–144 L.).

Ebenso wird der Fehlgeburt mit all ihren Problemen und Gefährdungen große Aufmerksamkeit geschenkt (I 67–70, VIII 140–148 L.). In keiner der hippokratischen Schriften werden so viele (ca. 200) Rezepte genannt: Schwängerungsmittel, Mittel zur Beschleunigung der Geburt, zum Austreiben der Nachgeburt, zur Lochialreinigung (Reinigung von nachgeburtlichen Blutungen), Ausspülen von Galle und Schleim aus der Gebärmutter. Die Rezepte bestehen aus Kräutern, Essenzen der verschiedensten Art unter Angabe der genauen Dosierung, Honig, Eiern, Anis, Wein, Wasser, Mehl, Mandeln, Kümmel, Salben, pflanzlichen und tierischen Fetten, Verordnung von Bädern. Das Ziel ist die Reinigung des kranken Organs und darüber hinaus eine innere Reinigung des ganzen Körpers. Erstrebt wird eine Aufrechterhaltung oder Wiederherstellung der Gebärfähigkeit der Frau, und zwar nicht nur im Hinblick auf die Nachkommenschaft, sondern auch im Interesse der Gesundheit der Frau überhaupt, denn, so heißt es gleich zu Beginn der Schrift: Kinderlose Frauen erkranken eher als diejenigen, die Kinder geboren haben (I 1, VIII 10 L.). Entsprechend gibt es Anweisungen für die ärztliche Behandlung bei Kinderlosigkeit

(I 11, VIII 43 L.) und den Hinweis darauf, dass für den Geschlechtsverkehr die günstigste Zeit am Ende der Periode sei (I 17, VIII 56 L.). Auch wird die Bemerkung, dass die Erstgebärenden es schwerer haben als diejenigen, die durch mehrere Geburten Erfahrungen haben (I 72, VIII 152 L.), als ein Hinweis darauf zu verstehen sein, dass die Frauen sich nach der Geburt eines ersten Kindes nicht entmutigen lassen sollen, wobei Geschlechtsverkehr generell als krankheitsvorbeugend angesehen wird, ohne dass nach Häufigkeit oder Altersstufen differenziert wäre. Zugrunde liegt dem ganzen Geschehen, dass ein männlicher Samen sich mit der von der Frau ausgehenden Samenflüssigkeit vermischt, sich «verschwistert» (ἠδέλφισται, I 24, VIII 64 L.). Dann tritt eine Schwangerschaft ein. Bei dieser Theorie ist die Frau dem Mann biologisch gleichwertig. Und in der Tat fehlt in dieser Schrift jede auch nur andeutende Bemerkung, wonach die Frau dem Mann gegenüber eine dienende oder untergeordnete Rolle spielte, wie es den soziologischen Verhältnissen der Zeit entsprochen hätte. Das ist das Signum der griechischen, vor allem hippokratischen Medizin.

Diese hier betrachtete Schrift ist nur in nachträglicher Einteilung das erste Buch eines größeren Werkes. Sie steht vielmehr für sich da, weist zudem keinen klaren Aufbau auf. Ob sich dabei knidisches mit koischem Gedankengut mischt und überhaupt mehrere Verfasser (oder «Schichten») anzunehmen sind, muss Hypothese bleiben. Sicher ist, dass die Kapitel 92–109 mit der Aufzählung von Mitteln gegen Krankheiten (Husten, Schnupfen, Gicht), die mit dem Vorgang der Geburt nichts zu tun haben, einen späteren Zusatz darstellen. Auch das zweite Buch (in der nachträglichen Zusammenstellung des Werkes *Über die Frauenkrankheiten*) ist nahezu ganz auf die mit der Gebärmutter verbundenen Probleme bezogen. Es ist klar gegliedert in erstens Ausflüsse aus der Gebärmutter (II 1–13, VIII 234–266 L.), zweitens Veränderungen der Lage der Gebärmutter (II 14–45, VIII 266–330 L.), drittens Erkrankungen der Gebärmutter (II 46–103, VIII 330–406 L.). Ausdrücklich wird mitgeteilt, dass bei den zahlreichen diagnostischen Befunden und den Therapieanweisungen die Konstitution der Frauen, Altersstufen, Jahreszeiten, Winde und Örtlichkeiten in Betracht zu ziehen sind. Damit sind die Grundpositionen hippokratischer Medizin genannt, zu denen der Autor dieser Schrift sich bekennt. So werden denn auch gleich die Grundqualitäten Kalt, Warm, Feucht, Trocken als zu beachtende Faktoren erwähnt (II 2, VIII 238 L.). Bei der Diagnose der krankhaft verfärbten Ausflüsse aus der Gebärmutter beeindruckt die Genauigkeit, die doch wohl nur durch ausgedehnte Autopsie zu gewinnen ist. So sieht ein weißlich verfärbter Ausfluss wie Urin vom Esels- (II 7, VIII 250 L.) oder wie Schafsurin (II 9, VIII 254 L.), ein gelblich verfärbter wie ein rohes Ei (II 10, VIII 258 L.) oder wie Saft von gebratenem Fleisch (II 12, VIII 262 L.) aus.

Beobachtet wird ferner, welche anderen Organe bei einer krankhaften Veränderung der Gebärmutter in Mitleidenschaft gezogen werden. Von besonderem Interesse ist dabei die Erwähnung des «Krebses». So heißt es für den Fall, dass die Gebärmutter sich in kurzer Zeit stark zusammenzieht und dann austrocknet:

> In den Brüsten bilden sich harte Knoten, teils größer, teils kleiner. Sie eitern nicht, werden aber ständig härter. Dann entwickeln sich daraus verborgene Karzinome (καρκίνοι κρυπτοί, II 24, VIII 282 L.).

Das Wort Karzinom (καρκίνος) heißt: «Krebs» (auch im rein zoologischen Sinn), der hier ein erstes Mal als medizinisches Phänomen genannt und als Mammakarzinom diagnostiziert ist. Weiter heißt es, dass mit der Bildung des Karzinoms bei den betroffenen Frauen sich ein bitterer Mundgeschmack einstellt. Ferner:

> Ihr Verstand ist getrübt, die Augen sind trocken und sie können nicht scharf sehen. Und von den Brüsten bis zu den Hüften ziehen sich Schmerzen hin bis zu den Schlagadern (Arterien) hin und unter die Schulterblätter. Es befällt sie Durst, die Brüste sind schlaff, sie sind am ganzen Körper ausgezehrt ... die Atmung ist schwach, sie riechen nichts (II 24, VIII 282 L.).

Es kommt alles auf eine frühzeitige Behandlung an, nur dann kann die Patientin gesund werden. Ist die Krankheit weit fortgeschritten, führt sie zum Tode.

Ganz drastisch werden die Auswirkungen auf den psycho-physischen Habitus der Frau beschrieben, deren Gebärmutter entzündet ist. Es treten Brechreiz auf, Schmerzen im Unterleib und an den Lenden, Bewusstseinsschwund und Kältegefühl am ganzen Körper, ein aufgedunsener Leib, so dass es scheint, die Frau sei schwanger, der Nabel steht vor, die Füße schwellen an. Der Monatsfluss kommt nur tropfenweise.

Bei der Aufzählung der zahlreichen Rezepte fällt auf, dass ganz seltene und ausgefallene Mittel für die verschiedenen Erkrankungen der Gebärmutter empfohlen werden: Brennnesselsamen, unreife Winterfeigen, Mohnkopfhülsen, Knoblauchschalen und vieles andere. In einem Fall (II 76, VIII 366 L.) wird sogar der gebratene Kopf eines Hasen und das Innere von drei Mäusen (außer Leber und Nieren), auf einem steinernen Mörser zerrieben, verordnet.

Das dritte Buch ist einem einzigen Thema gewidmet: der Unfruchtbarkeit (Sterilität) der Frau. Es gehört in den gleichen Diskussionszusammenhang wie die vorangehenden Bücher der Schrift. Der Autor weist ausdrücklich auf seine Erörterungen in den vorangegangenen Büchern zurück (III 1, VIII 406 L.), ist also mit deren Autor identisch oder gehört zumindest derselben ‹Schicht› an. Entsprechend gründet er seine Darlegungen in humoralpathologischer Hinsicht auf die ältere Zweisäftelehre (Galle, Schleim, III 14, VIII 436 L.), die auch im ersten Buch zugrunde liegt. Es handelt sich demnach auch hier um einen relativ frühen Traktat (noch aus dem 5. Jahrhundert v. Chr.), ob knidischen Ursprungs, mag offenbleiben.

Dieses Buch weist eine klare Gliederung auf. Zuerst werden die Ursachen der Unfruchtbarkeit dargelegt (III 1, VIII 410 L.), gefolgt von der Aufzählung diagnostischer Tests zur Erkennung der Unfruchtbarkeit, Empfängnisfähigkeit, Schwangerschaft und vorgeburtlichen Bestimmung des Geschlechts (III 2–4, VIII 214–422 L.). Der größere Teil des Buches ist den Behandlungsverfahren gewidmet, teils allgemein (III 5–9, VIII 418–428 L.), teils unter besonderen Begleitumständen (III 10–29, VIII 428–456 L.). Am Schluss stehen Behandlungsanweisungen nach Fehlgeburten (III 30–37, VIII 456–462 L.).

Obwohl alle Aspekte der Sterilität behandelt werden, gibt es zwei Abschnitte, die eigentlich nicht die Unfruchtbarkeit betreffen. Es ist einmal die Empfehlung, die beste Zeit für den Geschlechtsverkehr mit dem Ziel einer Schwangerschaft sei der Frühling. Dabei soll der Mann beim Geschlechtsverkehr nicht betrunken sein, wenn auch etwas unvermischter Rotwein gestattet ist. Er soll kräftige Speisen zu sich nehmen, warme Bäder meiden und überhaupt gut bei Kräften sein (III 6, VIII 422 L.). Die Frau soll nüchtern sein und den Geschlechtsverkehr meiden, sobald sie gemerkt hat, dass sie den Samen des Mannes aufgenommen hat (III 8, VIII 424 L.). Die verschiedenen Schwangerschaftstests würden wir wohl heute nicht mehr anwenden. Ob man aus tiefer liegenden Augen, Blässe der weißen Stellen im Auge, Sommersprossen, Abneigung gegen Wein, geringerem Appetit, Schmerzen an der Herzkammer und Speichelfluss gleich auf eine Schwangerschaft schließen kann (III 3, VIII 416 L.), mag dahingestellt sein. Ebenso zweifelhaft dürfte ein Test sein, der darin besteht, dass man eine gereinigte Knoblauchzwiebel zerschabt, auf die Gebärmutter legt, um am nächsten Tag zu sehen, ob die Frau einen Mundgeruch hat, was ein Zeichen für Schwangerschaft sei.

Auch wird man kaum glauben können, dass starke Sommersprossen im Gesicht auf einen weiblichen, glatte Gesichtsfarbe auf einen männlichen Embryo deutet oder: Wenn die Brustwarzen nach oben gerichtet sind, männlicher Nachwuchs zu erwarten ist, während sich weiblicher Nachwuchs durch nach unten gerichtete Brustwarzen ankündigen soll. Ganz absonderlich ist der folgende Test: Man soll Muttermilch mit Mehl verrühren, daraus eine Semmel formen und diese dann aufbacken. Bleibt sie fest, ist die Frau mit einem Jungen schwanger, wird sie porös, kündigt sich ein Mädchen an (III 4, VIII 416 L.).

Wichtiger aber als diese Einzelheiten ist die Tatsache, dass überhaupt derartige Tests erdacht, erprobt und praktiziert werden, die Medizin also kein Tabu darin sieht.

Das zeigt sich auch an den zahlreichen Behandlungsverfahren bei Unfruchtbarkeit der Frau (Kap. 10–37, VIII 428–462 L.). Darin wird erneut erkennbar, dass der Arzt mit professioneller Sachlichkeit sich dem Körper der Frau zuwendet. So wird mitgeteilt, dass man aus gegebenem Anlass mit mehreren Bleistäben unterschiedlicher Dicke fünf Tage lang die Gebärmutter erweitert, dass man nach einem Bad die Gebärmutter ausspülen soll, wie man Eiter an der Gebärmutter behandeln soll und vieles andere mehr. Der Grad der Differenzierung ist hoch. So kennt der Arzt, der dieses Buch geschrieben hat, die sogenannte Molenschwangerschaft (ovum abortivum), die darin besteht, dass die Placenta (das embryonale Gewebe) sich entwickelt, aber nicht der Embryo. Der Zustand wird genau beschrieben (III 21, VIII 446 L.). Schließlich gibt es Anweisungen zur Behandlung der Frau bei und nach Fehlgeburten (III 30–37, VIII 456–462 L.) bis hin zur Herausnahme des in der Gebärmutter abgestorbenen Embryos. Hier wird als Instrument eine Knochenzange (im *Corpus Hippocraticum* nur hier) erwähnt, mit der man den abgestorbenen Embryo stückweise herausholen soll (III 37, VIII 462 L.).

Mitten in dieser langen Reihe von Rezepten für die Behebung von Krankheiten vor allem der Gebärmutter steht ein kurzer Absatz (Kap. 79, VIII 368 L.), in dem unabhängig von jeder Krankheit drei rein kosmetische Mittel empfohlen werden, so für ein glänzendes Gesicht, wozu man die Leber eines Ochsen mit Olivenöl bestreichen, unvermischten Wein dazugeben und diese ‹Salbe› dann auf das Gesicht auftragen soll, ferner werden ähnliche Rezepte für das Entfernen oder Glätten von Runzeln genannt.

Angesichts der Fülle der Behandlungsmethoden und der einzelnen Therapievorschläge ist dem Arzt sehr wohl bewusst, dass über allen Einzelheiten eine höhere Norm steht.

Versuche, ein gemäß der Natur handelnder Arzt (φυσικός) zu sein, indem du auf die körperliche Verfassung und den Kräftezustand (der Frau) achtest. Denn dabei gibt es keinen festen Maßstab, sondern versuche, daraus deine Schlüsse zu ziehen, ob du Reinigungen des ganzen Körpers oder nur des Kopfes als Heilmittel, Bedampfungen der Gebärmutter oder Einlagen anwendest. Das sind Standardmittel für dich. Die Behandlung dieser (Frauen) ist im Einzelnen jeweils differenziert (III 18, VIII 444 L.).

Die kurze Schrift *Über die Krankheiten von Jungfrauen* besteht nur aus einer knappen Skizze, in der der Autor nach einem Plädoyer für eine ganzheitliche Medizin allerlei Ohnmachten und Schreckbilder beschreibt, von denen junge Frauen befallen werden. Er nennt dies «die sogenannte heilige Krankheit», weil die jungen Frauen feindliche Dämonen Tag und Nacht zu erblicken meinen. Also ist damit nicht die Epilepsie gemeint, die sonst als «heilige Krankheit» gilt. Diese als Schreckbilder auftretenden Visionen können zum Selbstmord führen. Es hätten sich schon viele erhängt, vor allem Frauen, «denn die weibliche Natur ist ängstlicher und schwächer».

Jungfrauen, die, wenn die Zeit der Ehe gekommen ist, noch keinen Mann haben, leiden an diesen Zuständen besonders. Erklärt wird dieser Befund durch die Annahme, dass Blut sich im Bereich der Gebärmutter vermehrt ansammelt, weil die Gebärmutter nicht geöffnet ist. Dieses Blut drängt dann gewaltsam in die Gegend des Herzens und des Zwerchfells. Dadurch wird das Herz gleichsam betäubt mit der Folge einer Erstarrung, die zu einer Störung des Verstandes führt, zu Raserei, Selbstmordgedanken und Schreckbildern. Es wird die Anamnese eines Mädchens mitgeteilt, das furchtbare Worte gesprochen hat, fortzueilen verlangte, um sich in einen Brunnen zu stürzen oder sich gleich zu erhängen. Kommen diese Frauen wieder zu Verstand, so weihen sie ihre prächtigsten Kleider der Artemis,[6] und zwar auf den Rat von Sehern, von denen sie sich betrügen lassen, wie mit ärztlicher Sachlichkeit mitgeteilt wird.

Als Mittel gegen diese Zustände wird Geschlechtsverkehr empfohlen, insbesondere auch mit dem Ziel der Schwangerschaft, dann werden die Frauen wieder gesund.

Der Titel der Schrift *Über die Natur der Frau* weckt Erwartungen, die nicht erfüllt werden. Es handelt sich um eine unsystematische Kompilation von Diagnosen und Therapien der Gebärmutter. Der ganze zweite Teil der Schrift besteht aus einer Zusammenstellung von unzähligen Rezepten der verschiedensten Art (Pflanzen, Spülungen, Pessare, Umschläge, Bäder), die erneut den großen Bedarf und das enorme Engagement der Ärzte bei der Behandlung von Frauenkrankheiten dokumentieren.

Das zeigt sich erneut an den beiden kleinen, jedoch zu einem Traktat zusammengehörigen Schriften *Über das Siebenmonatskind* und *Über das Achtmonatskind*. Ihr Verfasser verbindet Theorie und Praxis auf etwas seltsame Weise. Er ist ein scharfer Beobachter und hat auch viele Frauen befragt, die – wie er berichtet – alle das Gleiche sagen: Unter den Siebenmonatskindern, Achtmonatskindern, Neunmonatskindern und Zehnmonatskindern würden nur die Achtmonatskinder nicht am Leben bleiben. Etwas widersprüchlich sagt der Autor, dass man einerseits den Frauen nicht misstrauen darf, die aber andererseits vor keinem Faktum und durch kein Argument ihre Meinung ändern würden (Kap. 4, VIII 440–442 L.). Präzise teilt der Autor mit, dass Siebenmonatskinder nach 182,5 Tagen geboren werden. Kräftig entwickelte Embryonen zerreißen dann die Häute der Gebärmutter und erzwingen die Geburt. Die Sterberate ist hoch, auch viele Frauen sterben daran. Der Arzt ist sich seiner Verantwortung bewusst. Ausdrücklich hebt er hervor, dass Empfängnis, Fehlgeburt und Geburt über alle Menschen insgesamt entscheiden (Kap. 9, VII 446 L.). Die spürbare Praxisnähe wird nun aber mit einer Zahlensymbolik pythagoreischen Ursprungs verbunden, und zwar vor allem mit der Siebenzahl. Die Siebenzahl war als symbolische Zahl im griechischen Kultus und Mythos verwurzelt; sie war bei den Pythagoreern von zentraler Bedeutung[7] und erst der nüchtern die Natur beobachtende Aristoteles widerlegt das Prinzip der Siebenzahl als ein angeblich die Natur gestaltendes Prinzip durch unumstößliche Fakten.[8] Etwas abstrakt führt unser Autor aus, man müsse paarweise drei und vier Tage zusammenrechnen und in Gruppen zusammenführen. Dann aber misst er der Zahl 40 eine besondere Bedeutung zu. So würden die Fehlgeburten in einem Zeitraum von 40 Tagen auftreten und ein gleicher Zeitraum innerhalb des achten Monats der Schwangerschaft über eine Erkrankung des Embryos in der Gebärmutter entscheiden. Überhaupt würden sich viele Vorgänge im Körper gemäß einer Siebenzahl abspielen. Als Beispiel wird angeführt, dass das Kind mit sieben Jahren die ersten Zähne verliert (Kap. 9, VII 452 L.). Vielleicht kann man den Autor dieser Schrift im Umkreis der Ärzteschule in Kroton suchen, wo Pythagoras und seine unmittelbaren Schüler wirkten. Die Achtmonatskinder, so heißt es, bleiben generell nicht am Leben, weil dabei kurz nacheinander zwei Leidenszustände auftreten, die Veränderungen in der Gebärmutter selber und die komplizierte Geburt. Lebensbedrohende Gefahren bestehen auch in der Verschlingung der Nabelschnur mit dem Embryo, nach der Geburt durch falsche Ernährung, durch ein unnatürlich starkes Anschwellen des Körpers, das die Neugeborenen dicker und größer erscheinen lässt.

Die Schrift *Über die Überschwängerung* (superfetatio) behandelt das mit diesem Begriff bezeichnete Phänomen eines zweiten Begattungsaktes innerhalb des gleichen Menstruationszyklus nur kurz (im ersten Kapitel) und geht in diesem Zusammenhang kaum auf das doch naheliegende Phänomen der Zwillinge ein, die nur einmal kurz erwähnt werden und von denen es heißt, dass sie am gleichen Tag geboren werden (Kap. 14, VIII 484 L.). Eine Überschwängerung bzw. Überfruchtung wird dadurch erklärt, dass der Gebärmuttermund nach der ersten Befruchtung sich nicht ganz geschlossen hat. Befindet sich die erste Frucht in der Mitte der Gebärmutter, drängt sie die zweite Frucht heraus und es kommt zu einer Fehlgeburt. Im Übrigen werden zahlreiche Phänomene beschrieben, die mit Geburt und Geburtshilfe zusammenhängen, so Komplikationen aller Art, Blutungen während der Wehen, Schwangerschaftsmerkmale, Schmerzen aller Art, aber auch die Empfehlungen gegeben, während der Schwangerschaft Geschlechtsverkehr zu meiden oder dem Gelüste der Frau, während der Schwangerschaft schwere Nahrung zu sich zu nehmen, zu widerstehen.

In der ebenfalls kurzen Schrift *Über die Zerstückelung des Embryos* wird die Extraktion eines toten Embryos in anrührender, geradezu erschütternder Weise beschrieben. Man soll, offenbar als Anweisung an den Arzt oder Geburtshelfer, ein Tuch über die Frau legen, das auch den Kopf verhüllt, damit sie nicht erschreckt, wenn sie sehen müsste, «was du da tust». Sollte der Embryo in Querlage geraten sein und den Arm herausstrecken, so soll man diesen vorsichtig herausziehen, abtrennen, den Embryo selbst mit dem Finger nach innen zurückdrängen, gegebenenfalls mit einem kleinen Messer (μαχαίριον) zerteilen und schließlich extrahieren. Die Frau selbst soll mit gekreuzigten Beinen ruhig liegen bleiben, was angesichts des Fehlens einer Narkose oder anästhetischer Mittel keine geringe Zumutung ist, weshalb ihr besonders zubereitete Getränke (süßer Weißwein mit Honig vermischt) verabreicht werden sollen (Kap. 1, VIII 512 L.). Nicht minder anstrengend für die betroffene Frau ist ein Vorgang des Schüttelns, der dazu dient, den Embryo wieder in die richtige Lage mit dem Kopf nach unten zu bringen, damit eine natürliche Geburt erfolgen kann. Die Frau wird mit dem Rücken nach unten gelegt, mit Tüchern bedeckt, an Beinen und Armen mit Leinwandtüchern umwickelt. Sie muss mit dem Kopf nach unten liegen, die Beine hochhalten, die von nicht weniger als vier Frauen so gepackt werden, dass der ganze Körper geschüttelt wird, und zwar mindestens zehn Mal (Kap. 4, VIII 514–516 L.). Ereignet sich bei der Geburt ein Gebärmuttervorfall, so soll die Haut der Gebärmutter senkrecht und quer eingeschnitten und anschließend mit Pech bestrichen werden; in Wein getauchte Schwämme sollen aufgelegt werden. Auch hier soll die Frau mit hoch gelagerten Beinen liegen und sich ruhig verhalten.

Die Schriften *Über die Zeugung* und *Über die Natur des Kindes* bilden einen Zusammenhang und gehen auf einen Verfasser zurück.[9] Sie sind wahrscheinlich gegen Ende des 5. Jahrhunderts und Anfang des 4. Jahrhunderts entstanden. Ob sie knidischen Ursprungs sind, muss offenbleiben, ist eher unwahrscheinlich. Die Schrift *Über die Zeugung* beginnt lapidar mit dem Satz: «Das Gesetz beherrscht alles» (VII 470 L.).[10] Es ist dies das Grundmotto der Schrift, denn der Autor stellt die Analyse der Entwicklung des Samens bis hin zur Geburt unter ein allgemeines Naturgesetz, nach dem sich auch alles tierische und pflanzliche Leben entwickelt. Dabei ist er in erkennbarer Weise von einzelnen Theorien frühgriechischer Philosophen (besonders von Demokrit) beeinflusst. Zugleich aber ist die Schrift mit der Einbettung des einzelnen Phänomens in den großen naturgesetzlichen Zusammenhang von echt hippokratischem Geist erfüllt.

Gleich zu Beginn der Abhandlung bekennt sich der Autor zu der ihm wohl durch Demokrit vermittelten Pangenesislehre, wonach der Samen vom ganzen Körper gebildet wird.

> Der Samen, so sage ich, wird vom ganzen Körper ausgeschieden, sowohl von den festen als auch von den weichen Teilen, und von der gesamten Feuchtigkeit, die sich im Körper befindet (Kap. 3, VII 474 L.).

Diese Pangenesislehre kombiniert der Autor aber zugleich mit der von Alkmaion von Kroton (also aus pythagoreischem Umkreis) stammenden enkephalo-myelogenen Samenentstehungstheorie, wonach der Samen vom Gehirn ausgeht und von da über das Rückenmark, an den Nieren vorbei in Blutgefäßen bis zu den Hoden fließt (Kap. 1, VII 470–472).[11] Durch Erwärmung des Spermas in den Blutgefäßen entsteht eine Art Kitzel und dann ein Samenerguss, der sich auch im Traum ereignen kann. Umgekehrt werden drei Fälle aufgeführt, in denen der natürliche Samenerguss nicht oder kaum stattfindet, so bei den Eunuchen, denen bei der Entmannung der Samengang verschlossen wurde, bei Menschen, die beim Ohr zum Aderlass gebracht worden sind und die infolge des Einschnittes am Ohr Samensubstanz verlieren, und schließlich bei Kindern, bei denen die Gefäße, durch die das Sperma fließt, noch zu dünn sind (Kap. 2, VII 472–474 L.). Bei seiner Theorie, dass der Samen vom ganzen Körper abgeht, steht der Autor auf der Basis einer Säftelehre, die vier Erscheinungsformen des Feuchten kennt: Blut, Galle, Wasser und Schleim (Kap. 3, VII 474 L.). Diese Einteilung findet sich auch in anderen hippokratischen Schriften (z. B. *Über die Krankheiten* IV 2, VII 542–544 L.), differiert aber von der Viersäftelehre in der Schrift *Über die Natur des Menschen* mit der Unterteilung der Galle in helle und schwarze Galle und des als «Saft» nicht berücksichtigten Wassers (vgl. S. 94), weshalb unser Autor nicht mit dem der Schrift *Über die Natur des Menschen* identisch sein kann.[12]

In die minutiöse Analyse der physiologischen Vorgänge beim Geschlechtsverkehr bezieht der Autor die doch eher psychischen Momente in objektiver Schilderung ein. So wird ausgeführt, dass die Frau während des gesamten Geschlechtsaktes von Beginn bis zur Ejakulation des männlichen Samens eine Art Kitzel und ein Lustgefühl hat, das länger anhält als beim Mann, insgesamt aber schwächer ist als die kürzere, aber heftigere Erregung des Mannes. Entsprechend der durchweg im ganzen *Corpus Hippocraticum* zugrunde liegenden «Zweisamenlehre» wird angenommen, dass auch die Frau Samen produziert, der sich mit dem männlichen Samen in der Gebärmutter vermischt. Ferner wird angenommen, dass je nach Stärke des Samens, der bei dem Mann bei jedem Geschlechtsakt unterschiedlich sein kann, männliche oder weibliche Nachkommen entstehen. Auf die gleiche Weise wird auch die kräftige oder zarte Konstitution des Kindes erklärt. Auch der außereheliche Geschlechtsverkehr wird in Betracht gezogen. Frauen, die im Umgang mit ihren Ehemännern nur Mädchen geboren haben, können Knaben zur Welt bringen, wenn sie mit einem anderen Mann zusammen sind – je nach Stärke des Samens (Kap. 7, VII 478 L.). Schließlich wird auf der gleichen physiologischen Grundlage erklärt, dass Kinder von missgebildeten Eltern auch gesunde Kinder haben können, weil sie die gleichen Grundsäfte in sich haben wie gesunde Menschen.

Die bedeutende Schrift *Über die Natur des Kindes* ist wahrscheinlich die Fortsetzung des Traktats *Über den Samen* des gleichen Autors.[13] Sie schildert in allen Einzelheiten den Weg von der Empfängnis bis zur Geburt mit großer Anschaulichkeit in einer sinnvollen Verbindung von Theorie, Autopsie und Analogie.[14] Es geht um nichts Geringeres als um die Entstehung von Leben überhaupt. Der Autor beschreibt den Vorgang so: Sobald der männliche Samen in die Gebärmutter eingedrungen ist, gerät die Frau in Unruhe und Bewegung. Die Samen von beiden (nach der zugrunde liegenden Theorie) vermischen sich zu einem Gebilde, das sich zusammenzieht. Da die Frau atmet, wird diesem werdenden Embryo Luft zugeführt, und zwar warme Luft, weil sich der Samen in einer warmen Körpergegend (Uterus) befindet. Alles, was erhitzt wird, gibt Luft ab und zieht andere, kalte Luft an sich. So ist es auch beim Samen, der bei diesem Vorgang von der Luft aufgeblasen, mit einer Haut (Hülle) umgeben wird und eine kugelförmige Gestalt annimmt, die einen Durchgang für die Luft hat (Kap. 12, VII 486–488 L.). Mag der Autor bei dieser Schilderung von kosmologischen und meteorologischen Lehren der frühen griechischen Philosophen (besonders Diogenes von Apollonia) beeinflusst sein,[15] so verdeutlicht er doch den beschriebenen Vorgang durch eine im Alltag nachprüfbare Analogie. Brennendes, noch grünes Holz lässt die im Holz befindliche warme Luft an der Schnittstelle entweichen und zieht wieder kalte Luft an sich. Ähnliche Vorgänge können bei Erhitzung von Obst und Hülsenfrüchten beobachtet werden, wobei das Entweichen der warmen Luft ein knackendes Geräusch verursacht. Für den Autor sind diese Vorgänge ganz evident: «Diesen Vorgang sehen wir ständig ... wozu noch lange Reden» (Kap. 12, VII 486–488 L.). Die so gegebene Erklärung des Lebens aus der angeborenen bzw. mitgeborenen Wärme ist so stark Allgemeingut geworden, dass noch Aristoteles sie in modifizierter Form aufnehmen konnte, um darin dann seinen Begriff von der Seele zu integrieren.[16]

Wie sehr der Autor auf Veranschaulichung drängt, geht auch aus der Bemerkung hervor, er habe selber einen Samen gesehen, der sechs Tage im Uterus der Frau geblieben und dann herausgefallen sei. Dabei handelt es sich um eine Abtreibung, die hier ein einziges Mal im *Corpus Hippocraticum* beschrieben wird. «Ich will es erzählen» (Kap. 13, VII 490–492 L.):

> Bei einer Frau aus meinem Bekanntenkreis war eine hochgeschätzte Künstlerin,[17] die mit Männern verkehrte, aber nicht schwanger werden durfte, um nicht in Unehre zu geraten. Die Künstlerin hatte aber gehört, was sich Frauen untereinander erzählen, wenn eine Frau (den Samen) im Uterus gerade empfangen hat, aber der Samen nicht herausfließt, sondern drinnen bleibt. Nachdem sie das gehört hatte, merkte sie es und achtete jedes Mal darauf. Als sie aber eines Tages merkte, dass der Samen (bei ihr selbst) nicht herausfloss, sagte sie es ihrer Herrin und das Gerede drang zu mir. Als ich es gehört hatte, verordnete ich ihr, (mit den Fersen im Sprung) gegen das Gesäß zu schlagen. Und nachdem sie nun schon siebenmal so gesprungen war, da floss der Samen auf den Boden und es entstand ein Geräusch. Und als sie es sah und betrachtete, da wunderte sie sich (Kap. 13, VII 490 L.).

Wir erfahren hier, dass der Autor dieser Schrift wirklich Arzt war und eine Abtreibung verordnete, die medizinisch eigentlich gar nicht notwendig, in der Praxis aber durchaus üblich war.[18] Der Autor selber ist an dem Phänomen der Abtreibung überhaupt nicht interessiert. Sie ist für ihn nur ein Mittel zur Veranschaulichung der Struktur eines sechs Tage alten Samens, den er als ein rohes Ei ohne Schale charakterisiert. Schritt für Schritt wird dann die weitere Entwicklung des Samens zum Embryo dargelegt, so die sich vollziehende Gliederung des werdenden Kindes, die Knochenbildung, die Bildung von Haar, Haarwuchs oder

Kahlköpfigkeit (bei krankhafter Beeinträchtigung des Schleimflusses), Farbe der Haare, die ersten Bewegungen und die Milchbildung, immer wieder veranschaulicht durch Vorgänge in der Natur, gipfelnd in einem großen Exkurs über Werden und Wachsen der Pflanzen aus dem Erdreich (Kap. 22–26, VII 514–528 L.).[19] Die Analogie ist evident: Der Samen gelangt in die Erde, er wird feucht, entwickelt Keimkraft, bricht aus der Erde heraus, wird zur Pflanze, bildet Blätter, Zweige und Früchte. Der pflanzliche Samen entspricht dem menschlichen, die Erde der Mutter, das Emporwachsen aus der Erde der Geburt, die Bildung von Schösslingen der Zeugung von Kindern. Der Exkurs gewinnt aber ein gewisses Eigenleben, so dass man in ihm «das älteste Dokument griechischer Pflanzenkunde»[20] gesehen hat. In der Tat will der Autor durch diese Analogie den ganzen Prozess des Werdens überhaupt deutlich machen und dabei die Vorgänge in der Pflanzenwelt als ein argumentatives Mittel ansehen, vom Sichtbaren zum Unsichtbaren vorzudringen, wie es lapidar bei Anaxagoras heißt: «Einblick in das Nichtoffenbare (ermöglicht) das Erscheinende» (Frgm. 21 a).[21]

Im zweiten Teil der Schrift wird der Vorgang der Geburt genau geschildert (Kap. 28–31, VII 528–542 L.). Auch hier bedient sich der Autor einer Analogie aus dem Bereich des Sichtbaren, wenn er als Experiment 20 Eier zwei Hennen zum Ausbrüten gibt und jeden Tag die Entwicklung betrachtet, «soweit man das Werden eines Vogels mit dem Werden eines Menschen vergleichen darf.... Man wird, wenn man es noch nicht gesehen hat, sich wundern, dass sich im Vogelei ein Nabel befindet» (Kap. 29, VII 530 L.).

Die Schilderung der Geburt beginnt mit der Ankündigung der Niederkunft durch Bewegungen (Zappeln mit Händen und Füßen) des werdenden Kindes, Senkung des Kopfes nach unten, wobei der Geburtstermin sich nach dem Vorrat von Nahrung (Säften) im Uterus richtet, aber spätestens im zehnten Monat erfolgen muss. Dass das Kind aus Nahrungsmangel gleichsam herausbricht, wird wiederum mit dem Ausbrüten eines Vogels verglichen. Gründe für eine leichte oder schwere Geburt werden erwogen, der Vorgang der Geburt dann genau geschildert:

Wenn der Embryo sich auf den Kopf stellt, tritt zuerst der Kopf nach außen, dann nach und nach die anderen Glieder, zuletzt die Nabelschnur. An der Nabelschnur aber hängt die Hülle (die den Embryo im Mutterleib umschließt). Danach fließt eine blutartige Flüssigkeit aus dem Kopf und dem übrigen Körper, abgeschieden infolge der Gewalt und der Hitze (im Körper der Frau). Dies macht den Weg frei für die (nachgeburtliche) Reinigung, die nach Abfluss des Blutwassers eintritt (Kap. 30, VII 538 L.).

Schließlich wird die Entstehung von Zwillingen dadurch erklärt, dass die Gebärmutter mehrere Höhlungen hat, so dass der Samen sich zuweilen teilt, in zwei Höhlungen gelangt und von der Gebärmutter aufgenommen wird. Für die näheren Umstände (Geburt von Zwillingen am gleichen Tag) verweist der Autor wiederum auf den analogen Vorgang bei Tieren (Vögel, Hund, Schwein). Für die Tatsache, dass auch Paare von Mädchen und Knaben als Zwillinge entstehen, führt der Autor die unterschiedliche Dicke der Samenteile an. Es mag sein, dass das ganze Kapitel über die Zwillinge von Demokrit beeinflusst ist,[22] was der Autor jedoch nicht ausdrücklich zu erkennen gibt.

Insgesamt lernt man einen Autor kennen, der Theorie und Beobachtung sinnvoll verbindet, zuweilen in einem etwas lehrhaften Ton («einleuchtend für jeden, der darüber Bescheid wissen will», «ich will zur Klärung einen zweiten Beweis anführen», «ich behaupte», «ich wiederhole», «ich will meine Ausführungen nicht halbvollendet lassen» usw.).[23]

Überblickt man die hippokratischen Schriften zur Gynäkologie im Ganzen, so ist in ihnen durchweg die außerordentliche Intensität spürbar, mit der die Ärzte als Verfasser dieser Schriften sich dem Thema Frau zuwenden. Wohl gibt es auch eine ägyptische Gynäkologie, so in dem Papyrus Kahun (ca. 1850 v. Chr.) und verstreut in anderen Papyri.[24] Wie in der gesamten ägyptischen Medizin dominiert hier die große Anzahl von Rezepten und es mag wohl sein, dass einiges davon in die hippokratischen Schriften eingegangen ist. Aber die Differenz ist nicht zu übersehen. Helfende Götter an der Seite der Gebärenden, Zaubersprüche und Bitten an Götter um ein Kind kennzeichnen die ägyptische Gynäkologie. Erkrankungen des Uterus und Probleme bei der Geburt kommen vor, daneben aber auch zahlreiche Krankheiten der Frau wie Schmerzen am After, an den Füßen und Zahnschmerzen, wie sie eigentlich gar nicht frauenspezifisch sind. Der Schritt zur hippokratischen Gynäkologie ist der gleiche wie bei der Medizin insgesamt. Die hippokratische Gynäkologie ist eine rationale Wissenschaft, in der zwar auch die Fülle der therapeutischen Mittel gelegentlich wie eine aufzählende Reihung wirkt, im Ganzen aber alles Praktische theoretisch und damit systematisch fundiert ist. Den theoretischen Rahmen bieten die Konzepte der Philosophen des 5. Jahrhunderts v. Chr., wie sie vor allem von Alkmaion von Kroton und von Demokrit entworfen sind, die über die Grundkategorien (Warm, Feucht usw.) hinaus bis zu präzisen Vorstellungen zur Anatomie des Menschen und zu Fragen der Samenbildung, Vererbung und Geschlechtsdifferenzierung reichen.[25] In der Verschmelzung dieser Konzepte mit den Anforderungen der ärztlichen Praxis ist die nur durch Autopsie zu gewinnende Kenntnis nicht nur der somatischen, sondern auch der psychischen Befindlichkeit der Frau und damit die Hinwendung zu ihr kennzeichnend.

Von besonderer Bedeutung ist die (unzutreffende) Auffassung, dass für den Akt der Zeugung nicht nur der Mann, sondern auch die Frau Samen produziert. Es gibt also einen männlichen und einen weiblichen Samen, und mit dieser ‹sexuellen Bipotenz› wird die Frau grundsätzlich als dem Mann biologisch gleichwertig angesehen. Die Differenzierung ergibt sich aus einer unterschiedlichen Struktur des Samens. Der männliche Samen ist härter und stärker, der der Frau weicher und feuchter, wobei das Überwiegen des männlichen oder des weiblichen Samens geschlechtsbildend ist.

Erst mit der Lehre des Aristoteles, wonach es nur einen männlichen Samen gibt, während der weibliche Uterus das nur aufnehmende Organ ist, wird die Geschlechterdifferenzierung mit einer Wertung verbunden. Männlich und Weiblich sind jetzt Gegensätze, die sich wie Form und Materie, wie Aktivität und Passivität zueinander verhalten, wobei der Befund, dass die Frau keinen Samen hervorbringt, als «Unfähigkeit» (ἀδυναμία) bezeichnet wird.[26] Das «Unvermögen» besteht darin, die aufgenommene Nahrung zu einem Samen zu verkochen.

Das Ersatzprodukt ist das Menstruationsblut. Das Männliche wird als das Überlegenere und das Bessere angesehen.[27]

Von derartigen Wertungen sind die hippokratischen Schriften frei. Gewiss, die Medizin liegt in den Händen männlicher Ärzte, aber es ist verfehlt, in Behandlungsmethoden wie der Einleitung einer Geburt durch Festbinden der Frau an eine Leiter eine «sadistische Praktik», eine «brutale Vorgehensweise» zu sehen[28] oder daraus gar auf einen frauenfeindlichen Charakter der hippokratischen Medizin zu schließen.[29] Nur aus der Sicht unserer schmerzfreien Apparatemedizin können so manche praktische Eingriffe der hippokratischen Ärzte als brutal erscheinen. Das Ziel ist immer die Gesundheit der Frau. Wohl stehen dabei die Fragen der Geburt und der Nachkommenschaft im Vordergrund, aber es geht nicht darum, die in der Gesellschaft der Zeit vorgegebene Rolle der Frau als Gebärerin medizinisch zu ermöglichen oder aufrechtzuerhalten, sondern es geht um die Frau als Mensch und um ihre Gesundheit. Deshalb werden auch Fragen des außerehelichen Geschlechtsverkehres und Krankheiten vorbeugender Geschlechtsverkehr generell einbezogen. Eine Einzelheit mag die ärztliche Fürsorge für die Frau symbolisieren: die Anweisung, der Frau in einer schwierigen Situation ein Tuch über den Kopf zu legen, damit sie nicht erschrickt. Das ist hippokratische Gynäkologie.

9. Innere Krankheiten

Innere Krankheiten werden in vielen Schriften des *Corpus Hippocraticum* genannt und beschrieben, insbesondere in der Schrift *Über die inneren Krankheiten*, die schon im Titel auf diesen Bereich der Medizin weist. Im weiteren Sinne gehören dann auch die Schriften *Über die Krankheiten* und *Über die Leiden* dazu. Namentlich das zweite und dritte Buch *Über die Krankheiten* weisen einige, zum Teil wörtliche Übereinstimmungen mit der Schrift *Über die inneren Krankheiten* auf. Diese Schrift gilt in der Forschung als «knidisch», weil eine etwas schematische Aufzählung von Krankheiten mit Teilungen und Unterteilungen nach äußeren Merkmalen als bezeichnend für die Ärzteschule in Knidos angesehen wird. Für die Zugehörigkeit zur knidischen Ärzteschule spricht auch, dass allein in dieser Schrift achtzehn Mal die «knidische Seidelbastbeere» unter den empfohlenen Heilmitteln genannt wird. Doch ist eine Abgrenzung knidischen Gedankengutes mit so vielen Unsicherheiten und Unwägbarkeiten belastet, dass man ihr kein allzu großes Gewicht beimessen sollte, zumal all diese Schriften in hippokratischem Geist abgefasst sind und mit Recht im *Corpus Hippocraticum* stehen.

Unter den verschiedenen Formen der Darstellung medizinischer Sachverhalte erweist sich die Schrift *Über die inneren Krankheiten* als eine Art Nachschlagewerk mit einer stereotypen Aufzählung innerer Krankheiten, jeweils gegliedert in Ursachen, Symptome und Therapie. Dabei handelt es sich in den meisten Fällen um Erkrankungen der menschlichen Organe,[1] unter denen Erkrankungen der Lunge, Leber, Niere und Milz differenziert behandelt werden, jedoch ohne eine grundsätzliche Beschreibung dieser Organe. Vielmehr beginnt die Schrift ohne jede Einleitung sogleich mit der Erwähnung der Verletzung (Ruptur) der Lungenarterie und der kleineren Lungengefäße, als deren Ursachen Überanstrengung beim Laufen, Fallen oder bei Schlägen sowie Fieber und gewaltsam herbeigeführtes Erbrechen angeführt werden. Als Symptome werden trockener Husten, blutiger Auswurf, Frost und Fieber, vor allem bei Beginn der Krankheit, sowie Schmerzen in der Brust, im Rücken und in der Bauchgegend genannt. Dem Kranken werden Ruhe, möglichst zuhause, milde Speisen (Fisch, Geflügel ohne Salz), süßer Rotwein und kleinere Spaziergänge empfohlen, falls kein Fieber vorliegt. Bei Fieber soll der Kranke eine Mehl- oder Hirsesuppe essen und gegebenenfalls ein Abführmittel (knidische Seidelbastbeeren) bekommen und viel trinken. Nach Abklingen soll der Patient alles tun, um wieder zu Kräften zu kommen, Spaziergänge unternehmen, aber nicht scharf gegen den Wind laufen, und sich vor Schreien und heftigen Gemütsbewegungen hüten, wodurch eine erneute Verletzung der Lungenarterie mit möglicher Todesfolge eintreten könnte. Von bemerkenswerter Rücksicht auf den Patienten zeugt die aufwendig zuzubereitende Ersatznahrung, falls der Kranke sich vor dem (normalen) Essen ekelt. Dann sollen Kichererbsen, entschalt und nach dreitägiger, täglich erneuerter Bewässerung am vierten Tag fein gemahlen und durchgesiebt, dargereicht werden, ferner zerkleinerter Leinsamen in Ziegenmilch gekocht. Wenn der Patient aber sagt, er könne keine gekochte Milch vertragen, so solle er (rohe) Kuhmilch, zu einem Drittel mit Honig vermischt, trinken. Ausdrücklich heißt es: «Die Krankheit bedarf vieler Pflege, denn sie ist schwer» (Kap. 1, VII 172 L.).

Eine zweite Form einer Lungenerkrankung besteht darin, dass die Lungenarterie oder die kleineren Lungengefäße nur zerdehnt, aber nicht verletzt werden (Kap. 2, VII 172–174 L.). Gleichwohl gilt diese Krankheit als heftiger im Vergleich zu der zuvor genannten. Denn der Kranke ist von starkem Husten, Frost und Fieber geplagt, und zwar zehn Tage lang, in denen er weißen, schaumigen und zuweilen blutigen Auswurf von sich gibt, um am elften Tag dicken Eiter auszuwerfen. Als Therapie werden die gleichen Mittel (Kräuter und Säfte) empfohlen wie beim zuvor genannten Krankheitsbild. Wiederum wird eingeschärft, dass der Gesundete saure, salzige und fette Speisen und zu große Anstrengungen zu meiden hat. Wird er rückfällig, droht die Krankheit chronisch zu werden. In den folgenden Kapiteln (3–6, VII 174–182 L.) werden verschiedene Formen der Lungenentzündung besprochen, wobei der Autor zwischen partiellen Entzündungen und einer Entzündung der ganzen Lunge unterscheidet.[2] Bei der partiellen Lungenentzündung handelt es sich um Blut oder salzigen Schleim in der Lunge, um Krampfadern in der Lunge infolge Überanstrengung und starken Auftretens schwarzen Gallensaftes, ferner um Blähungen in der Lunge. Immer wieder werden die Symptome beschrieben, wobei Veränderungen des Auswurfs nach Art und Konsistenz den Krankheitsverlauf gliedern. Für die Form der Entzündung, die die ganze Lunge betrifft, führt der Autor mehrere Ursachen an: Magenverstimmung infolge von Weingenuss und von Fischen mit hohem Fettgehalt (Aal) oder generell, wenn Schleim mit Blut vermischt in die Lunge fließt. Starkes Husten, dicker und weißer Auswurf sind die Symptome,[3] die hier besonders drastisch beschrieben werden:

Der Kranke hustet stark, hat flüssigen und reichlichen, oft aber auch dicken und weißen Auswurf, wie bei Heiserkeit. Ein stechender Schmerz drückt ihn in Richtung auf die Brust, den Rücken und zu den Seiten hin. Er erleidet saures Aufstoßen, in der Brust und in der Lungengegend kollert es wie sonst im Magen. Er erbricht sauren Schleim und das Erbrochene wühlt, wenn man es auf den Boden gießt, die Erde auf, wie wenn man Essig ausgießt, und es macht die Zähne blutig. Es befallen ihn Frost, Fieber und starker Durst. Wenn er etwas Fettes essen will, verursacht dies ein Kollern in den Eingeweiden, ruft Erbrechen hervor, und den ganzen Körper befällt ein Krampf. Nachdem er erbrochen hat, scheint es ihm kurze Zeit besser zu gehen. Wenn es dann später am Tag geworden ist, befällt ihn ein Rauschen, Schneiden und Kollern im Magen (Kap. 6, VII 180 L.).

Der Text legt nahe, dass es sich hier um Symptome einer bestehenden, nicht einer noch bevorstehenden Lungenentzündung handelt. Wiederum werden zahlreiche Rezepturen aus Kräutern und Säften empfohlen, ausdrücklich auch Ruhe und eine Decke für den Patienten. Die Langwierigkeit und Schwere der Lungenentzündung wird hervorgehoben. «Der Patient bedarf so vieler Pflege wie möglich ... die Krankheit ist schwer» (Kap. 6, VII 182 L.).

Schließlich kennt der Autor noch die Lungenembolie, die auf einer Anschwellung der Lunge mit Blut beruht, das sich in der Lunge staut. Ursache dieser Krankheit, die wiederum als schwer und lebensgefährlich bezeichnet wird, ist ein Erysipel (ἀπὸ ἐρυσιπέλατος) (Kap. 6, VII 182 L.). Der Autor verwendet hier einen bis heute gebräuchlichen medizinischen Terminus (wörtlich: gerötete Haut), der auch sonst im *Corpus Hippocraticum* mehrfach auftaucht und eine bakterielle Infektion der (sich rotfärbenden) oberen Hautschichten und der Lymphwege bezeichnet. Mit Fieber und Schüttelfrost sind auch nach heutiger Kenntnis zutreffende Symptome bezeichnet. Dass deren Beschreibung auf wirklicher Beobachtung beruht, zeigen Details wie: Der Kranke «öffnet die Nasenlöcher wie ein Rennpferd und streckt die Zunge heraus wie ein Hund» (Kap. 7, VII 184 L.). Im Ganzen bleibt festzuhalten, dass der Autor mit großer Intensität die Erkrankungen der Lunge, deren Ursachen und Therapie mit jeweiliger Angabe der Schwere der Krankheit zutreffend beschrieben hat, soweit dies ohne Kenntnis von Bakteriologie, Antibiotika und anderer moderner Errungenschaften möglich ist.⁴ Nach Ausführungen über Wunden und Geschwüre bei Brüchen im Bereich der Brust und des Rückens (Kap. 8–9) und der Charakterisierung von drei verschiedenen Arten der Schwindsucht wendet sich der Autor den Krankheiten der Niere zu (Kap. 14–19, VII 202–214 L.). Er kennt vier verschiedene Nierenkrankheiten: Erstens Nephrolithiasis (Nierenstein), zweitens traumatische Hämaturie, drittens Nephritis acuta, viertens Nephritis chronica.⁵ Alle vier Krankheiten werden an Unregelmäßigkeiten des Urin diagnostiziert. Wenn bei der ersten Krankheit der Abgang von sandartigem Gries (ψάμμος) diagnostiziert wird, muss sich der Autor gegen die Meinung «vieler Ärzte» abgrenzen, die in ihrem Unverständnis für die Krankheit einen Blasenstein als Ursache angeben, während es sich doch um mehrere kleine Nierensteine handelt, die sich bilden, wenn die Niere Schleim aufnimmt und nicht wieder abstößt, so dass sich Ablagerungen bilden, die zu kleinen Steinen werden (Kap. 14, VII 202 L.). Man gewinnt durch eine solche Bemerkung Einblick in eine zu jener Zeit geführte medizinische Diskussion mit kontroversem Ergebnis in diffizilen Einzelfragen. Es werden harntreibende Mittel empfohlen und bei einer Schwellung der Niere, erkennbar an einer Vorwölbung, ein Schnitt, um Eiter herauszulassen. Geschieht dies nicht, «so stirbt die Krankheit mit dem Menschen». Derartige quasipoetische Ausdrücke finden sich immer wieder in nahezu allen Teilen des *Corpus Hippocraticum*.

Die zweite Nierenkrankheit besteht in einem Zerreißen der die Niere durchziehenden kleinen Adern infolge von Überanstrengung, wodurch Blut in die Niere fließt mit der Gefahr von Eiterbildung. An der dann geschwollenen Stelle muss ein tiefer Schnitt auf die Niere zu erfolgen, eine offenbar riskante Prozedur, denn der Autor fügt in direkter Anrede an seinen Arztkollegen hinzu: «Wenn es dir gelingt, wirst du den Patienten sofort gesund machen, wenn du aber einen Fehler machst, besteht die Gefahr, dass der Wunde ein Tampon appliziert werden muss» (Kap. 15, VII 204 L.). Hier, wie bei allen in dieser Schrift analysierten Krankheiten, werden jeweils die Schwere der Krankheit und die Überlebenschancen mitgeteilt.

Die dritte Nierenkrankheit wird mit einem sehr plastischen Vergleich beschrieben: «Der Urin geht ab, wie der Saft von gebratenem Rindfleisch» (Kap. 16, VII 204 L.). Verantwortlich dafür wird «die schwarze Galle» gemacht, wobei hier offenbar nicht an den selbständigen Saft schwarze Galle gedacht ist, sondern an eine dunkle Verfärbung des Saftes Galle, entsprechend der älteren Stufe der Säftelehre. Das zeigt sich auch gleich bei der vierten Nierenkrankheit, als deren Ursache «Galle und Schleim» angegeben wird (Kap. 17, VII 204 L.). Auch hier besteht die als sehr schwer angesehene und lange anhaltende Krankheit in einer Vereiterung der Niere mit einer dunklen oder helleren Verfärbung des Eiters je nach Vorherrschen der Galle oder des Schleims. Wiederum ist unmittelbare Beobachtung die Grundlage, so in der Bemerkung, dass der Kranke weniger Schmerzen hat, wenn er auf dem Bauch liegt, oder in dem Experiment, wonach sich ein dicker Bodensatz bildet, wenn man den Urin auch nur kurze Zeit aufbewahrt und stehen lässt. Minutiös wird die Therapie angegeben, die auf einer genauen Relation von Nahrung und Bewegung beruht und sich auf zunächst zehn Tage erstreckt. Man soll die gewöhnliche Nahrung zu sich nehmen, dazu gehacktes Schweinefleisch, aber zehn Tage lang jeweils ein Zehntel weglassen. Entsprechend soll die Dauer der täglichen Spaziergänge ansteigen: am ersten Tag (umgerechnet) 1,8 Kilometer, an den folgenden Tagen je 1,8 Kilometer mehr, bis er am zehnten Tag bei 18 Kilometer angelangt ist, mit genauer Einteilung: morgens sieben Kilometer, vor der (abendlichen) Hauptmahlzeit noch einmal sieben Kilometer und nach dem Essen vier Kilometer.

Schließlich wird noch die Nierenentzündung behandelt (Kap. 18, VII 210–214 L.), in die offenbar jede der zuvor beschriebenen Nierenkrankheiten münden kann. Die Schmerzen werden als quälend bezeichnet und in ihrem Lauf durch den Körper genau beschrieben: Sie beginnen an der Hüftpfanne, gehen dann nach unten bis zu den äußeren Fußknöcheln und zum Zwischenraum an der großen Fußzehe, um dann wieder nach oben bis zum Kopf zu steigen. Die Schmerzen können sich als ein permanentes Brennen im Bein oder auch im Kopf festsetzen, was zu Taubheit und Blindheit führen kann.[6]

Bevor der Autor sich den Krankheiten des nächsten Organs zuwendet, schiebt er gleichsam exkursartig Ausführungen über Faktoren ein, die bei den Krankheiten aller Organe eine Rolle spielen, zunächst über den Schleim und seine Erscheinungsformen (dick, dünn, alt, jung), sodann über die «Wassersucht» (ὕδερος), die in einer abnormen Ansammlung von Körperflüssigkeit in Lunge, Leber und Milz besteht (Kap. 20–26, VII 214–236 L.). Als Nächstes werden die Leberleiden behandelt (Kap. 27–29, VII 237–244 L.), nach dem gleichen Schema wie bei der Analyse der anderen inneren Erkrankungen. Der Autor unterscheidet zwischen drei verschiedenen Arten von Leberkrankheiten, die nicht prägnant benannt, sondern in ihrem Verlauf beschrieben werden. Wiederum ist die schwarze Galle verantwortlich; im Einzelnen werden wieder viele Therapiemittel empfohlen, Kräuter, Säfte, Essig, Salz, aber auch Schwitzkuren. Alle Leberkrankheiten werden als schwer und langwierig bezeichnet, besonders die zuletzt genannte, mit der offenbar die Leberzirrhose gemeint ist. Der Autor nennt sie «Hepatitis» und fügt hinzu, dass die Gallen(blase) – Galle wird in der Leber gebildet[7] – durchreißt (διαρρήγνυται) (Kap. 29, VII 242 L.), wodurch die Leber mit Schleim und Blut gefüllt wird mit der Folge, dass der Kranke geistesgestört wird, Unzusammenhängendes redet, knurrt wie ein Hund. Seine Nägel sind purpurrot, er kann nicht mehr richtig sehen, die Kopfhaare stehen aufrecht und er hat heftiges Fieber. Die Krankheit gilt als irreversibel, die meisten sterben nach elf Tagen.[8]

Sodann kommt die Milz in den Blick (Kap. 30–34, VII 244–256 L.), die auch sonst an vielen Stellen des *Corpus Hippocraticum* erwähnt wird. Der Autor unterscheidet fünf verschiedene Milzkrankheiten je nachdem, ob sich die Milz verkleinert oder vergrößert, ob sie sich mit Blut, Schleim oder Galle füllt. Sie ist ein schwammiges Gebilde mit lockerer Struktur und neigt dazu, Feuchtigkeit in ihrer Nähe aufzusaugen. Deshalb wird sie auch «Quelle für das Wasser» genannt (*Über die Krankheiten* IV 33, VII 544 L.). Später, vor allem bei Galen, wird die Milz auch als Quelle der schwarzen Galle in Anspruch genommen, diagnostiziert an einer schwarzen Verfärbung der Haut in der Zwerchfellgegend.[9] Mit der «schwarzen Galle» (μέλαινα χολή) ist dann auch die «Melancholie» (μελαγχολία, wörtlich: «Schwarzgalligkeit») gegeben und damit ein gewisser, vom Normalen abweichender psychischer Habitus, der in Verbindung mit dem Wort «Milz» (σπλῆν, «splen») auf verschlungenen Wegen zu dem englischen «spleen» geführt hat.[10] Nach der Erörterung der von der Milz ausgehenden Krankheiten bricht der Autor von *Über die inneren Krankheiten* die Erörterung der Organe ab, ohne auf das sonst an zahlreichen Stellen des *Corpus Hippocraticum* genannte Herz zu sprechen zu kommen.[11] Stattdessen beschreibt er drei verschiedene innere Krankheiten, wiederum nach dem Schema: Ursache, Symptome, Therapie. Zuerst wird die Gelbsucht (Ikteros) erörtert, von der der Autor vier verschiedene Arten unterscheidet (Kap. 35–38, VII 252–260 L.). Jedesmal wird auch wieder die Schwere und die Dauer der Krankheit vermerkt. Drei der vier Gelbsuchtarten sind jahreszeitlich bedingt (Sommer oder Winter), eine, die auf Völlerei und Trunksucht zurückgeführt wird, tritt zu jeder Jahreszeit auf. Die Hauptursache besteht darin, dass sich der Gallensaft unter der Haut festsetzt, die dann eine gelbliche Farbe annimmt. Neben der anschaulichen Schilderung der Symptomatik (gelbe Haut wie die einer Granatapfelschale) beeindruckt wieder die ausgeklügelte Therapie wie das Absudwasser von feinen Fenchelwurzeln oder ein Getränk, das aus Wein und etwas Honig besteht, worin vier Spanische Fliegen ohne Kopf und Flügel zerrieben werden sollen. Sodann werden Ursache, Symptome und Therapie von Typhus (τῦφος, wörtlich: «Rauch», «Nebel») erörtert (Kap. 39–43, VII 260–274 L.), auch hier unter Angabe der dafür prädisponierten Jahreszeit und des die Krankheit bedingenden abnormen Auftretens der Säfte (Schleim setzt sich im Brustkorb fest; verfaulter Gallensaft gelangt in die Adern). Die Symptome: hohes Fieber, Schwellungen, Darmverstopfung entsprechen den auch heute bei Typhus beobachteten Erscheinungen, während die Ursache (Infektion von Salmonellen) natürlich unbekannt war.

Es folgt die Darstellung von drei Arten der Krankheit «Eileos» (wörtlich: «Verschlingung»), womit der heute «Ileus» genannte Darmverschluss gemeint ist. Es scheint aber die hier beschriebene Krankheit im engeren Sinne durch unangemessene Nahrungsaufnahme bedingt zu sein, insgesamt jedoch ein breiteres Erscheinungsbild aufzuweisen.

Schwere und Gefährlichkeit dieser Krankheit werden hervorgehoben.
Schließlich werden «die sogenannten dicken Krankheiten» erörtert
(Kap. 47–50, VII 280–292 L.), von denen drei Arten unterschieden
werden. Gemeint sind die Symptome der Krankheit «Plethora» (wörtlich: «Fülle»), die mit einer Volumenvermehrung einer Körperflüssigkeit einhergeht, hier eines Gemischs von Schleim und Galle mit der
Folge von heftigen Schmerzen, Hautrötungen, dickem Urin, Haarausfall und dem Gefühl des Kranken, «als ob etwas auf seiner Haut herumkröche». Auch «unzüchtige Träume» können dabei sein. Differenziert werden die verschiedenen Arten dieser Krankheit auch danach,
ob Galle(nsaft) sich in der Leber festsetzt, ob Schleim im Körper faulig
geworden ist, ob sich weißer Schleim in der Leibeshöhle zusammenzieht. Wieder beeindrucken präzise Schilderungen von Symptomen, so
das Aufschrecken von Traumbildern oder dass das Aufstoßen des
Kranken nach Rettich riecht oder dass der Kranke den Erdgeruch nicht
verträgt, der sich nach einem Regen einstellt.

Dann wird noch eine Krankheit erörtert, die der Autor «Ischias»
(ἰσχιάς) nennt (Kap. 51, VII 292–298 L.). Natürlich kennt er den
«Nervus ischiadicus» nicht, meint aber ein Hüftleiden, als dessen Ursache eine Austrocknung der in den Gelenken befindlichen Feuchtigkeit angegeben wird, wie sie durch einen zu langen Aufenthalt in starker Sommerhitze eintreten könne. Auftreten von Galle und Schleim
in unausgewogenem Verhältnis wird zusätzlich für diese Krankheit
verantwortlich gemacht. Verordnet werden – wie immer – verschiedene Pflanzen und Säfte, wenn diese jedoch nicht helfen, dann soll
man – sicher sehr schmerzhaft – brennen, die knochenreichen Teile
mit Dochten, die Weichteile mit Glüheisen. Ganz am Schluss wird
eine Krankheit beschrieben, die der Autor «Tetanus» (τετανός) nennt
(Kap. 52, VII 298–302 L.). Gemeint ist – wie heute mit der Krankheit
gleichen Namens – ein Wundstarrkrampf, der wiederum sehr plastisch beschrieben wird: Versteifung von Kinnlade, Rücken, Schenkel,
Rückgrat. Bei einem lebensbedrohlichen Verlauf der Krankheit «kommen zuweilen das Getränk und die Speisen, die der Kranke vorher zu
sich genommen hat, aus der Nase heraus». Es werden je nach Gefährlichkeit verschiedene Arten von Tetanus unterschieden.

Überblickt man die Schrift im Ganzen, so fällt zunächst auf, dass sie ihre innere Gliederung aus dem Schematismus: Ursache, Symptome, Therapie erhält, während die äußere Gliederung nicht schlüssig ist. Es werden die Krankheiten der Organe erörtert, aber es fehlen die Krankheiten des Herzens. Der Aufbau ist nicht stringent. Zwischen der Beschreibung der Lungen- und Nierenkrankheiten werden drei verschiedene Arten von Schwindsucht gestellt, und die an die Behandlung der Organe angehängten Beschreibungen von Gelbsucht, Typhus, Ileus, Ischias, Hüftgelenkentzündungen und Tetanus wirken additiv, wenn diese Krankheiten auch durch das Band der Säftelehre zusammengehalten werden. Während die Fülle der Therapiemaßnahmen mit den häufig wiederkehrenden Mitteln und Anweisungen unoriginell wirkt, zeugt die plastische Schilderung der Symptome von unmittelbarer und intensiver Beobachtung. Insgesamt ist es ein erfahrener (möglicherweise aus Knidos stammender) Arzt, der diese Schrift in den Jahren um die Wende vom 5. zum 4. Jahrhundert v. Chr. verfasst haben dürfte.

Die vier Bücher *Über die Krankheiten* bilden kein einheitliches Werk, sondern eine nachträgliche Zusammenstellung von vier Traktaten vier verschiedener Autoren mit zahlreichen inhaltlichen Überschneidungen bei durchaus unterschiedlichen Grundannahmen. So argumentieren die Autoren der drei ersten Bücher auf der Grundlage einer Zweisäftelehre (Galle und Schleim), während der Verfasser des vierten Buches von einer Viersäftelehre ausgeht. Die Traktate I, II und IV dürften wiederum um die Wende vom 5. zum 4. Jahrhundert v. Chr. entstanden sein, während das dritte Buch etwas später, wohl um die Mitte des 4. Jahrhunderts v. Chr. anzusetzen ist. Man sieht erneut, wie vor allem in der Zeit um 400 die verschiedensten Ärzte ihre Erfahrungen und Auffassungen schriftlich darlegen und damit in eine öffentliche Diskussion eintreten. Alle diese Schriften weisen Besonderheiten auf, die unser Bild von der Darstellung der inneren Krankheiten in den hippokratischen Schriften bereichern.

Der Traktat, den wir als erstes Buch der Schrift *Über die Krankheiten* lesen, ist deutlich zweigeteilt.[12] Der erste Teil (Kap. 1–10) enthält eine allgemeine Krankheitslehre mit einer etwas schematisch wirkenden Einteilung von Falsch und Richtig im Verhalten des Arztes. Auf der Grundannahme von Galle und Schleim, woraus «alle Krankheiten entstehen» (Kap. 2), wird katalogartig aufgezählt, welche Krankheiten zwangsläufig zum Tode führen, welche nicht zum Tode führen, welche langfristig und welche kurzfristig verlaufen. Sodann werden typische ‹Kunstfehler› aufgeführt und der richtigen Verfahrensweise gegenübergestellt. Als Kunstfehler gelten: die Verwechslung einer Krankheit mit einer anderen, einer leichten mit einer schweren Krankheit; die unzutreffende Voraussage, eine Krankheit würde tödlich enden und umgekehrt; das Nichterkennen einer sich anbahnenden schweren Krankheit; das Verabreichen einer falschen Arznei; eine heilbare Krankheit für unheilbar zu halten und umgekehrt; eine eitrige Wunde chirurgisch behandeln zu wollen; Brüche und Verrenkungen nicht zu erkennen; das Einführen einer Röhre in die Blase nicht sachgerecht auszuführen, weil man nicht erkennt, dass ein Blasenstein vorliegt; beim Schneiden und Brennen zu tief in den Körper einzudringen; Körperteile, die man trocknen soll, feucht zu machen und umgekehrt; kräftige Nahrung für eine Abmagerung zu verabreichen. Diese lange, ziemlich erschöpfende Liste von möglichen Kunstfehlern gibt nicht nur einen Einblick in die vielfältige Tätigkeit des Arztes, sondern zeigt zugleich die Aktualität der Probleme des durch keine förmliche Approbation legitimierten hippokratischen Arztes.

Sehr differenziert ist die Liste von teils positiven, teils negativen Nebeneffekten bei korrekter Behandlung durch den Arzt (Kap. 8, VI 154–156 L.). So kann ein abführendes Arzneimittel eine «Purgation» des Körpers bewirken, oder – im negativen Fall – hat ein Mittel, das Erbrechen herbeiführt, das Zerreißen einer Ader in der Brust zur Folge. Der Autor nimmt hier den Arzt in Schutz, dem man bei einer zwangsläufigen Verschlimmerung die Schuld zuweisen wollte. Auch hier zeigt sich die noch ungesicherte Stellung des Arztes, der in solchen Fällen einer Apologie bedarf.

Ohne erkennbaren Übergang werden im zweiten Teil der Schrift auf der Basis der Zweisäftelehre verschiedene innere Krankheiten, insbesondere Lungenkrankheiten ohne ein stringentes Ordnungsprinzip behandelt. Im Vordergrund stehen dabei Empyeme (Ansammlung von

Eiter in Hohlorganen) und Geschwüre in einer lokalistischen, ganz auf die kranken Stellen im Körper konzentrierten Betrachtungsweise, jedoch immer bezogen auf die Zweisäftelehre. Die beiden Säfte Galle und Schleim werden auch verantwortlich gemacht für Erscheinungen wie Fieber, Frost und Schweiß (Kap. 23–25, VI 188–192 L.). So wird Fieber zurückgeführt auf die Erhitzung von Galle und/oder Schleim von innen durch Speisen und Getränke, von außen durch Anstrengungen oder Verwundungen und durch klimatisch bedingte Hitze.

Die Gliederung der Schrift in einen allgemeinen, die Grundlagen erörternden und einen speziellen, diese Grundlagen anwendenden Teil legt nahe, dass diese Schrift «die Funktion eines Lehrbuches für einen bestimmten Ärztekreis erfüllen sollte».[13]

Das zweite Buch der Sammlung *Über die Krankheiten* hat lexikalischen Charakter, ohne explizite Einleitung und Schluss. Zahlreiche innere Krankheiten, deren Name jeweils am Beginn eines jeden Kapitels genannt wird, werden hinsichtlich ihrer Pathogenese und Therapie erörtert. Die Schrift besteht aus zwei Teilen. Im ersten Teil (Kap. 1–11) geht es um Krankheiten nur des Kopfes und um Krankheiten, die vom Kopf ausgehen, und deren Ursachen und Symptome beschrieben werden. Im zweiten Teil (Kap. 12–75) steht dagegen die Therapie ganz im Vordergrund, und zwar in der Reihenfolge der behandelten Krankheiten vom Kopf an abwärts, wobei sich bei der Schilderung der Kopfkrankheiten Überschneidungen mit dem ersten Teil ergeben.[14] Der beide Teile übergreifende Gesichtspunkt ist die Auffassung von den Flüssen, die vom Kopf ausgehend verschiedene Körperteile befallen und so Krankheiten auslösen. Unter diesem Aspekt werden im ersten Teil Krankheiten behandelt wie Kopfschmerz, Ohrenerkrankungen, Mund- und Halserkrankungen, Angina, Meningitis, dann aber auch Phänomene wie Gelbsucht, Fieber, Brustfellentzündungen, Lungenentzündungen, weitere Lungenkrankheiten, Magenkrankheiten. Dabei werden auch Krankheiten genannt, die primär psychischer Natur sind, so eine Krankheit, die «Phrontis» (φροντίς) heißt und sich in Angstzuständen äußert, vielleicht eine Art Hypochondrie.

Phrontis ist eine schwere Krankheit. Man meint, in den Eingeweiden sei ein Stachel und steche. Und Ängste befallen ihn (den Kranken). Er meidet das Licht und die Menschen, er sucht die Dunkelheit und Furcht beschleicht ihn. Das Zwerchfell schwillt außen an und er empfindet Schmerz, wenn man ihn berührt. Er fürchtet sich und sieht Schreckbilder, hat schreckliche Träume und sieht bisweilen (im Traum) Verstorbene (Kap. 72, VII 108–110 L.).

Dem Kranken wird Ruhe verordnet und die «Reinigung» der Kopfhöhle durch allerlei purgative Mittel. Derartige «Reinigungen» spielen in der gesamten hippokratischen Medizin eine große Rolle.

Das dritte Buch der Schriftengruppe *Über die Krankheiten* enthält ohne theoretische Fundierung und ohne Exkurse die Beschreibung von 16 Krankheiten nach Symptom, Verlauf, Prognose und Behandlung.[15] Neben vielen Krankheiten, die auch in anderen Schriften des *Corpus Hippocraticum* behandelt werden, kann die Beschreibung des Schlaganfalls (Kap. 3, VII 120 L.) besonderes Interesse finden. Mit den Worten: «Die sogenannten vom Schlag Getroffenen» weist der Autor auf eine gängige Ausdrucksweise für eine Krankheit, deren Symptome Kopfschmerzen, Verlust des Sehvermögens, Verfall in ein Koma, Bewusstlosigkeit, Hämmern der Schläfen, Verlust der Herrschaft über den Körper sind.

Das vierte Buch schließt an die Schrift *Über den Samen* und *Über die Natur des Kindes* an. Vermutlich gehen alle drei Schriften auf den gleichen Verfasser zurück. Denn es liegt die gleiche Viersäftelehre mit den Säften: Galle, Schleim, Blut und Wasser (Gewebewasser) zugrunde. Diese Säfte, deren Ausgeglichenheit im Körper Gesundheit bedeutet, sind schon im Samen konzentriert vorhanden und werden gleichsam vererbt. Durch Essen und Trinken zieht der Körper eben diese Säfte in sein Adersystem. Das wird durch einen anschaulichen Vergleich illustriert. «Die Erde», so heißt es (Kap. 3, VII 544 L.), «birgt in sich mannigfaltige und unzählige Kräfte». Die Pflanzen ziehen aus ihr diejenigen Säfte, die sie für ihr Wachstum brauchen. Ist es mehr Flüssigkeit als zuträglich, erkrankt das Gewächs. Zieht ein Gewächs aus der Erde keine Flüssigkeit, kann es nicht keimen. Entsprechend zieht der Mensch aus den Speisen und Getränken die jeweils zuträglichen Säfte und scheidet sie auch wieder aus. Die Analyse von 16 verschiedenen Krankheiten steht in dieser Schrift ganz im Zeichen der Einwirkung makrokosmischer Kräfte und der Säfte. Unter diesem Aspekt werden nicht nur die Krankheiten beschrieben, sondern auch allgemeine Phänomene wie die Disposition der einzelnen Organe zu Krankheiten, die normale und unnormale Verweildauer der Speisen und Getränke im Körper, der Einfluss von Ruhe und Bewegung auf den Säftehaushalt im Körper (Säfteüberfüllung bei körperlicher Untätigkeit), makrokosmische Gegebenheiten (Hitze, Kälte) als Störfaktoren im Gleichgewicht der Säfte. Mit der Erörterung von Fieber, von Krankheiten der Milz und der Blase werden Themen aufgegriffen, die auch in anderen Büchern der Schriftengruppe *Über die Krankheiten* behandelt werden. Neu und interessant ist eine umfangreiche, im *Corpus Hippocraticum* singuläre Erörterung über Würmer (Kap. 23, VII 594–600 L.).[16] Der Autor unterscheidet runde und platte Würmer. Die runden Würmer können sich vermehren, die platten nicht. Die platten Würmer entstehen, so sieht es der Autor, schon im Embryo, während dieser sich noch in der Gebärmutter befindet. Gleich nach der Geburt würden die Frauen den kleinen Kindern Abführmittel geben, damit der Kot aus den Eingeweiden herausgeht. Mit dem ersten Kot seien schon viele Würmer abgegangen, während andere sich im Magen festsetzen. Die Würmer wachsen im menschlichen Körper, haben zunächst die Größe eines Gurkenkernes, können aber stärker anwachsen und dann nach Verabreichung eines Abführmittels geballt als ganzer Klumpen wie eine Kugel abgehen. Der Wurm kann, wenn er nicht ausgeschieden wird, Schmerzen durch einen Druck auf die Leber verursachen, starken Speichel im Mund, der dann auch herausfließt, Sprachlosigkeit und gelegentlich Rückenschmerzen.

Mit der Schrift *Über die Leiden* tritt ein Autor an die Öffentlichkeit, der neben der Beschreibung zahlreicher Krankheiten auch wieder grundsätzlich über das Verhältnis Arzt – Patient reflektiert.

> Jeder vernünftige Mensch soll bedenken, dass für die Menschen das Wertvollste die Gesundheit ist und deshalb muss man sich aus eigener Kenntnis bei den Krankheiten zu helfen wissen.[17] Er soll die Anweisun-

gen der Ärzte und die Anwendungen am eigenen Körper verstehen und sie beurteilen können. Im einzelnen soll der Laie davon so viel verstehen, als man von ihm erwarten kann. ... Was dagegen die Dinge betrifft, die die Ärzte verstehen, verordnen und anwenden, so muss der Laie bei deren Worten und Anwendungen imstande sein, mit einem gewissen Verständnis mitzuwirken (Kap. 1, VI 208 L.).

Der Autor steht wieder auf der Basis der Zweisäftelehre von Galle und Schleim und er erwartet vom Laien, dass er diese Grundvoraussetzung aller Krankheiten versteht. Sodann werden zahlreiche, auch aus anderen Schriften bekannte Krankheiten erörtert, wieder in der Reihenfolge vom Kopf an abwärts (Brustfellentzündung, Fieber, Darmstörungen, Gelenkentzündungen sowie Diät, Wirkung von Speisen und Getränken), stets verstanden als Auswirkungen der Grundsäfte Galle und Schleim. Der Katalog der zuträglichen und unzuträglichen Speisen geht sehr ins Einzelne: Gemüse, Knoblauch, Sellerie, Koriander, Kürbis, Rüben, Kohl, Sesam, Weintrauben, Käse, Melone, Brot, Honig werden in die Untersuchung einbezogen.[18]

Der Autor ist offenbar selber Arzt. Er kennt die medizinische Fachterminologie seiner Zeit, ist aber im Hinblick auf den Laien als Adressaten auch mit den Stilmitteln der zeitgenössischen Rhetorik (Stilfiguren, Ringkomposition) vertraut.[19] Insgesamt ist seine Schrift ein weiterer Beitrag zu der Diskussion um Grundfragen der Medizin und ihrer Vermittlung, wie sie in mehreren, auf die Wende vom 5. zum 4. Jahrhundert v. Chr. zu datierenden hippokratischen Schriften zum Ausdruck kommt.

Überblickt man die Schriften des *Corpus Hippocraticum* zum Themenbereich der inneren Krankheiten, so zeigt sich in ihnen eine umfassende Kenntnis der menschlichen Organe und ihrer anatomischen Zuordnung, eine präzise Symptomatik der organischen Krankheiten und eine breit gefächerte Therapie.[20] Das ist umso staunenswerter, als es weder eine Sektion noch eine Anatomie gab.

10. Chirurgie und Orthopädie

Zur Chirurgie finden sich im *Corpus Hippocraticum* die folgenden Schriften: *Über die Wunden, Über die Kopfverletzungen, Über die Einrenkung der Gelenke, Über Knochenbrüche, Über die Hebelkraft.* Ergänzend sind auch zu berücksichtigen die Schriften *Über die Hämorrhoiden* und *Über die Fisteln.*

Die Chirurgie war ursprünglich kein selbständiges Teilgebiet der Medizin und stand an Bedeutung hinter der zentralen Humoralpathologie zurück. Das war ja die große Errungenschaft: Krankheit ist Störung des Säftehaushaltes, Medizin die Wiederherstellung des Gleichgewichts der Säfte und Kräfte im Menschen. Die Chirurgie dagegen musste an die alte, vorwissenschaftliche Praktik der Wundbehandlung anknüpfen, die als Teil der Chirurgie angesehen wird. Chirurgie ist im wörtlichen Sinne diejenige ärztliche Tätigkeit, die allein mit den Händen verrichtet wird. Dabei ist der Chirurg zunächst kein Spezialist; sein Wirken gehört zu den Aufgaben eines jeden Arztes. Viele Tätigkeiten des heutigen Chirurgen waren jedoch noch nicht möglich. Angesichts des Fehlens jeder Form von Anästhesie und von klinischer Hygiene war an Organoperationen nicht zu denken. So beschränkt sich die hippokratische Chirurgie im Wesentlichen auf die Heilung von Wunden und Knochenbrüchen. Innerhalb dieser Beschränkung hat sie aber ein erstaunliches Niveau erreicht. Die entsprechenden Schriften werden auf die Wende vom 5. zum 4. Jahrhundert v. Chr. datiert, gehören also in die Zeit, in der die Mehrzahl der hippokratischen Schriften entstanden sind. Erkennbar ist, dass sich um diese Zeit mit der Chirurgie eine gewisse Spezialisierung anbahnt.[1]

Der Autor der Schrift *Über die Wunden* beginnt ohne eine allgemeine Einleitung mit der Empfehlung, Wunden nicht anzufeuchten, sondern auszutrocknen, und zwar möglichst ohne Verband. Mag man darin die Ahnung von einer Asepsis sehen, eine Beseitigung von im Trockenen nicht wachsenden Keimen, so liegt aber zugleich ein Rekurs auf die Säftelehre vor, denn «das Trockene steht dem Gesunden näher und das Feuchte dem Ungesunden» (Kap. 1, VI 400 L.). Entsprechend wird empfohlen, für den Ausfluss von Blut und Eiter zu sorgen, aber auch eine Einschränkung der Nahrungsaufnahme vorzunehmen, damit der Wunde nicht erneut Feuchtigkeit zugeführt wird. Auch das Auflegen eines ziemlich trockenen Schwammes ist zuträglich, der die Feuchtigkeit in der Gegend der Wunde aufzunehmen vermag, während vom Bestreichen der Wunde mit Olivenöl abgeraten wird. Auch dass die Wunden in der warmen Jahreszeit erträglicher sind, hängt mit der dann herrschenden Trockenheit zusammen. Ähnliches gilt für Schwellungen und Höhlungen, die sich neben einer Wunde bilden, wobei in ähnlicher Weise für eine Reduzierung der Feuchtigkeit gesorgt werden soll, bei Bedarf durch einen Schnitt an geeigneter Stelle (Kap. 10, VI 408 L.). Wie oft in den hippokratischen Schriften, werden im zweiten Teil zahlreiche Mittel zur Wundtherapie genannt, Kräuter der verschiedensten Art, Fette und Öle, trockene Salzkörner, fetthaltige Wolle und orchomenisches (also aus Orchomenos in Böotien stammendes) Streupulver, gekochte Wurzeln der Steineiche und viele andere mehr. Von operativen Tätigkeiten ist in dieser Schrift kaum die Rede, allenfalls von Einschneiden oder Einstechen der Krampfader am Bein oder vom Öffnen einer Ader (Kap. 25–26, VI 430 L.).

Näher an den chirurgischen Bereich führt die Schrift *Über die Kopfverletzungen*. Sie beginnt mit der lapidaren Feststellung: «Die Köpfe der Menschen sind einander durchaus nicht ähnlich» (Kap. 1, III 182 L.). Die verschiedenen Kopfformen leitet der Autor aus der unterschiedlichen Anordnung der Kopfnähte ab, je nachdem, ob sie entsprechend der Buchstaben T, Ξ oder X verlaufen. In anatomischer Betrachtungsweise wird der Hauptknochen als doppelschichtig beschrieben, wobei der ganze Knochen mit Ausnahme des obersten Teiles unter der Hirnhaut und des hintersten Teiles am Nacken eine schwammähnliche Konsistenz aufweist. Unter der dünnsten Stelle des Kopfknochens befindet sich das Gehirn. Die physiognomischen Angaben dienen der Einordnung der Stärke und Gefährlichkeit von Verletzungen. Denn die Dicke und Konsistenz des Knochens an der Stelle, an der der Kopf verletzt ist, entscheidet über Länge der Krankheit und eventuell sogar das Überleben des Betroffenen. Als Ursache der Kopfverletzung werden durchweg Wurfgegenstände angegeben, unter denen zwischen leichten und schweren, spitzen und stumpfen unterschieden wird. Man denkt an sportliche Wettkämpfe, aber auch an kriegerische Auseinandersetzungen der verschiedensten Art.

Ferner werden mehrere Arten der Verletzung des Schädelknochens unterschieden. Es kann ein bloßer Knochenriss sein, aber auch ein Bruch mit der Folge einer Splitterung des umgebenden Knochenteils. Manche Brüche sind so fein, dass sie gar nicht sichtbar sind, andere weiter und breiter, kürzer oder länger, gerade oder krumm, tief oder flach. Es kommt auch vor, dass der Knochenbruch an einer anderen Stelle eintritt als da, wo die Wunde sich zeigt. Ein solcher Unglücksfall gilt als nahezu unheilbar. Berücksichtigt wird auch, dass es zu einer Knochenzersplitterung kommen kann. Eine Durchsägung (Trepanation) des Schädels, die immerhin erwogen wird, sei aber nur in Ausnahmefällen ratsam.

Nach diesem allgemeinen Überblick über die Arten der Schädelverletzung werden sehr konkrete Anweisungen zur fachgerechten Diagnose gegeben (Kap. 10, III 212 L.). Man muss, so heißt es, zuerst die Stelle untersuchen, an der die Wunde eingetreten ist, ebenso die die Wunde umgebenden Haare. Der Betroffene muss befragt und die entsprechende Stelle betastet werden. Geklärt werden muss, ob es sich um eine unbeabsichtigte oder eine vorsätzlich herbeigeführte Verletzung handelt, ferner aus welcher Höhe oder Entfernung der die Verletzung verursachende Gegenstand geworfen wurde. Denn von all diesen Faktoren hängt die Schwere der Verletzung ab. Besonders schwer ist die Verletzung, wenn die Schädelnähte betroffen sind. Dann kann eine Schädeldurchsägung notwendig werden, wobei man aber die Nähte selbst nicht durchsägen soll.

Sehr differenziert sind die Ausführungen über die Therapie der Kopfverletzungen (Kap. 13–14, III 228–242 L.). Sie betreffen zunächst die Behandlung der Wunde: keine Umschläge auf die Wunde, Kopfverband nur, wenn die Wunde an der Stirn oder im Bereich des Auges oder der Augenbrauen aufgetreten ist, Einschnitt nur unter bestimmten Voraussetzungen, auf die Wunde einen Tampon legen, Schaben des Knochens, notfalls Schädeldurchsägung. Schließlich werden Komplikationen erörtert, die bei Schädelverletzungen auftreten können: Der die Wunde umgebende Knochen kann durch falsche Behandlung der Wunde in Mitleidenschaft gezogen werden, ein blutleer gewordener Knochenteil kann sich von selbst loslösen, eine Entfernung von Knochensplittern kann gefährlich werden. Auffallend ist, dass auch an Verletzungen bei Kindern gedacht ist, deren Knochen dünner und weicher sind. Hier ist besondere Sorgfalt nötig, besonders wenn man den Knochen mit einem Bohrer anbohrt, wobei zu berücksichtigen ist, dass die Knochen bei Kindern dünner sind und mehr an der Oberfläche liegen (Kap. 18, III 250 L.). Unterlässt man einen notwendigen operativen Eingriff, würde der Patient Fieber bekommen, die Wunde würde sich verfärben, Wundsekrete abfließen, Vereiterung und Brandblasen wären die Folge, sogar Brandblasen auf der Zunge. Der Patient würde sterben.

In dem abschließenden Kapitel (21, III 256 L.) über das Sägen des Schädels spürt man das Risiko, das mit dieser schwierigen Prozedur verbunden ist. Offenbar ist an eine Trepanation gedacht, an ein Anbohren des Schädels mittels eines Bohrers (Trepan). Es handelt sich um einen hohen Zylinder aus Eisen mit einer Krone aus Sägezähnen, die von innen mittels eines Nagels verschiebbar ist. Verschiedene Gefahren werden aufgeführt: Man dürfe nicht bis auf die Hirnhaut durchbohren, der Bohrer (bzw. die Säge) muss häufig herausgenommen werden, da er sich stark erhitzt; besondere Vorsicht ist geboten, wenn sich unter dem Knochen bereits Eiter angesammelt hat.[2] Über die ungeheuren Schmerzen, denen der Patient angesichts des völligen Fehlens von Betäubungsmitteln ausgesetzt ist, erfährt man nichts.

Diese Schrift ist durch kühle Sachlichkeit geprägt. Der Autor beschreibt auf hohem Niveau in differenzierter Analyse alle Phänomene, die mit der Kopfverletzung zusammenhängen. Seine anatomischen Kenntnisse des Schädels sind beachtlich,[3] seine Anweisungen zur Behandlung der Kopfverletzungen lassen Verantwortung erkennen. Man hat den Eindruck, dass hier doch schon ein gewisser Grad an Spezialisierung vorliegt, gehen doch Diagnose und Behandlungsmethoden über das hinaus, womit es der allgemeine Arzt in der täglichen Praxis zu tun hat.

Die Schrift *Über die Einrenkung der Gelenke* gehört im hippokratischen Sinn zur Chirurgie, weil die Behandlung zwar nicht durch Operation, jedoch allein mit den Händen ausgeführt wird, gelegentlich unter Zuhilfenahme von Instrumenten (Pfahl, Leiter, Brett). Der Autor ist ein erfahrener Arzt, der einen stupenden Überblick über alle Arten von Einrenkungen verletzter Gelenke gibt, angeordnet in der Reihenfolge vom Kopf bis zum Fuß. Eine Einleitung fehlt, der Autor beginnt sofort mit der Feststellung, er habe noch nie eine Verrenkung nach vorn gesehen, und die Ärzte, die dies meinen, würden sich täuschen. Er führt mitten in eine Fachdiskussion hinein, in der er selbstbewusst Stellung bezieht. Sein Anspruch ist, man müsse alle Arten von Ausrenkungen und deren Behandlung kennen. Diesen Anspruch löst er überzeugend ein.

Zunächst (Kap. 2–7, IV 80–94 L.) werden verschiedene Einrenkungsmethoden vorgeführt: Selbsthilfe bei Schulterverrenkungen, Einrenken mit (kräftigen) Händen, Einlegen von Bällen in den Hohlraum der Schulter oder in der Achselhöhle mit Befestigung durch einen Riemen, sogar Anhängen eines leichten Kindes hinten, um einen Streckeffekt zu erzielen. Der Autor empfiehlt als Ort für diese Art der Einrenkungen die Turnhalle (Palaistra, wörtlich: «Ringschule»), also ist nicht an eine spezifische orthopädische Praxis gedacht. Komplizierter sind Einrenkungen mit Hilfe zusätzlicher Geräte. Für die Einrenkung eines Armes wird ein mit einer weichen Binde umwundener Pfahl, hineingezwängt in die Gegend zwischen den Rippen und dem Kopf des Oberarmknochens, empfohlen. Da dabei aber die Gefahr besteht, dass der Körper zur Seite abrutscht, ist die Verwendung einer Leiter die sicherere Methode. Am sichersten ist die Verwendung eines Brettes, über das ein Balken quer befestigt wird, auf den der Patient seinen verrenkten Arm legt. Für frische Verrenkungen kann auch der «thessalische Stuhl» helfen, ein Stuhl mit einer hohen Lehne, über den die verrenkte Stelle von hinten gezogen wird.

Sehr differenziert weist der Autor dieser Schrift darauf hin, dass man nicht für alle Patienten die gleiche Behandlungsmethode anwenden darf, weil es hinsichtlich der Körperkonstitution verschiedene «Naturen» gibt und ferner selbst bei gleichen Körperstrukturen einzelne Gelenke, die Gelenkpfannen und Sehnen auch durch Verschleiß jeweils in einem anderen Zustand sind und daher eine speziell auf den jeweiligen Körper und seine Verfassung abgestimmte Behandlung erfolgen muss. So ergibt sich, dass ein Gelenk bei gutem Zustand seltener ausfällt, dann aber schwerer einzurenken ist, während ein mageres, von wenig Fleisch umgebenes Gelenk häufiger ausfällt, dann aber leichter einzurenken ist. Der Autor beruft sich als Beweis dafür auf Beobachtungen beim Vieh, vor allem bei Rindern (Kap. 8, IV 94–98 L.) und fügt geradezu entschuldigend hinzu: «wenn man dies in einer medizinischen Schrift anführen darf». Bei den Rindern, so hat man beobachtet, fallen gegen Ende des Winters die Schenkelknochen aus der Gelenkpfanne. Sie sind dann am magersten, weil die Rinder im Unterschied zu dem anderen Vieh das kurze Gras nicht abfressen können, sondern nur das im Sommer hochgewachsene, denn der vorspringende Teil der Lippe ist bei den Rindern dick und stumpf und daher nicht in der Lage, das kurze Gras aufzunehmen und unter den ebenfalls stumpfen Oberkiefer zu schieben, was einhufige Tiere mit ihrer doppelten Zahnreihe können.[4] Dieser Befund dient als Analogie für die Verhältnisse beim Menschen: Ist der Körper mager und trocken, kommt es häufiger zu Gelenkausfällen. Die Analogie ist bemerkenswert und zeugt von detaillierten zoologischen Studien. Aber der Arzt, der diese Schrift verfasst hat, kennt auch das Sezieren der menschlichen Leiche, wovon sonst in den hippokratischen Schriften nicht die Rede ist. Er führt aus, dass eine bestimmte Art der Verrenkung des Lendenwirbels mit den herkömmlichen Mitteln nicht zu beheben ist.

> So ist es denn nicht möglich, in einem solchen Fall durch Rütteln oder irgendein anderes Verfahren den Wirbel einzurenken, man müsste den Menschen dann aufschneiden, die Hand in die Leibeshöhle einführen und von innen her nach außen stoßen. Das kann man zwar bei einer Leiche machen, bei einem Lebenden aber keineswegs (Kap. 46, IV 198 L.).

Unter den Therapiemaßnahmen bei der Nachbehandlung wird auch die Massage genannt, die der Arzt selber vornehmen muss.

Der Arzt muss in vielem bewandert sein, besonders auch in Handhabung der Massage (Kap. 9, IV 100 L.).

Bedacht wird auch, was geschieht, wenn nicht therapiert wird, wenn etwa die Einrenkung einer Schulter unterbleibt, während der betreffende Mensch noch im Wachstum ist. Dann werde der Arm kürzer, so wie es bei den «Wieselarmigen» von Geburt an ist, die eine Verrenkung im Mutterleib erfahren haben. Sie können den Oberarm nicht dicht ans Ohr halten. Wiederholt wird auch auf falsche Behandlung durch Ärzte hingewiesen. So hält der Autor Verbände beim Bruch der Nase für problematisch:

> Ein oder zwei Tage ist der Arzt darauf stolz und es freut sich auch der Verbundene. Bald darauf aber wird der Verbundene dessen überdrüssig, denn das Tragen (des Verbandes) wird ihm lästig. Dem Arzt aber genügt es, gezeigt zu haben, dass er es versteht, eine Nase gewandt zu verbinden (Kap. 35, IV 160 L.).

Bei der Analyse der Verrenkungen vom Kopf bis zum Fuß überrascht die detaillierte Ausführlichkeit. Allein der Verrenkung des Schlüsselbeins werden vier Kapitel (bei Littré acht Seiten) gewidmet. Bis in die kleinsten Einzelheiten werden dann Verrenkungen, gelegentlich auch Brüche mit allen Begleitumständen und Nebenwirkungen bei Ellenbogen, Handgelenk, Finger, Kiefer, Nase, Ohrmuschel, Wirbelsäule, Rippen, Brustkorb, Oberschenkel, Kniegelenk, Unterschenkel, Zehen, Fersen beschrieben. Besonderes Interesse hat die Beschreibung und mögliche Behandlung des Klumpfußes von Geburt an gefunden (Kap. 62, IV 262-264 L.).[5] Der Arzt versteht sich bei der Heilung, auch bei Teilverrenkung oder Missbildung durch eine schlechte Gewohnheitshaltung, als Wiederhersteller der Natur nach der sanften Methode (Redression ohne Messer oder Glüheisen), durch Anlegen von Verbänden, dann aber vor allem durch geeignetes Schuhwerk. Der Arzt müsse dabei vorgehen «wie ein Wachsbildner» und so erhält man hier Einblick in eine antike Schuhwerkstatt beim Fertigen von orthopädischen Schuhen der verschiedensten Art, die wir nur unvollkommen verifizieren können. So ist die Rede von Halbschuhen, die man «Lehmtreter» nennt, von Schuhen mit einer Bleisohle, aber auch mit einer harten Ledersohle, ferner von kleinen Schuhen, die man auf einen Verband aufbindet und die Form wie die «Schuhe aus Chios» aufweisen. Es gab also – auch unabhängig von Fußmissbildungen – eine gewisse Schuhmode.

Wenn der Arzt mitteilt, dass man Geduld haben müsse, dass erst «mit Hilfe der Zeit» eine Heilung zu erwarten sei, so blickt er selber auf eine lange Erfahrung und eine kontinuierliche Observation zurück, auch wenn er etwa mitteilt, was er am 20. oder gar am 80. Tag nach einem Eingriff gesehen hat (Kap. 69, IV 284 L.). Auch von Amputation ist die Rede, die solche Schmerzen verursacht, dass der Patient in Ohnmacht fällt und wiederholte Ohnmachtsanfälle «bei vielen sogleich den Tod herbeigeführt haben» (Kap. 69, IV 69, 284 L.). Auch sonst werden Gefahren bei Rückfälligkeit erwähnt, wobei in bestimmten Fällen Fieber, Schmerzen, Übelkeit und Erbrechen auftreten können.

Auf der anderen Seite haben manche Behandlungen mit Hilfe von Geräten den Effekt eines Schauspiels. Beim Einrenken eines aus dem Gelenk geglittenen Oberschenkels soll der Patient mit dem Kopf nach unten auf einem Querbalken aufgehängt werden, wobei das kranke Bein gestreckt wird und die Arme ausgestreckt festgebunden werden. Weiter heißt es:

> Sobald er aufgehängt ist, muss ein erfahrener, nicht schwacher Mann den Unterarm des Patienten zwischen dessen Beine hindurchzwängen und ihn dann zwischen dem Fleisch (des Oberschenkels innen) und dem ausgetretenen Kopf des Oberschenkelknochens einführen und dann die andere Hand (des Patienten) mit der durchgestreckten Hand (des Helfers) erfassen, sich selbst zunächst neben den Körper des Aufgehängten hinstellen und sich plötzlich an ihm aufhängen, so dass er lotrecht neben ihm schwebt (Kap. 70, IV 290 L.).

Der Anblick muss so unfreiwillig komisch gewirkt haben, dass der Arzt als Autor dieser Schrift selber den spielerischen Charakter dieser Prozedur erwähnt «für den, der daran seine Freude hat» (Kap. 70, IV 288 L.).

Ganz unvermittelt heißt es: «Warum schreibe ich das alles?» (Kap. 46, IV 198 L.). Er schreibt es für Ärzte, die gerade im Bereich der Orthopädie sich beim Anblick von Verrenkungen täuschen können (Kap. 58, IV 252 L.), zu nachlässig (Kap. 37, IV 166 L.) oder zu grob (Kap. 22, IV 192 L.) sind. Das ist wohl die Sorge, dass bei der mitunter groben Tätigkeit des Orthopäden die ärztliche Feinfühligkeit verloren zu gehen droht. Deshalb betont der Autor die Notwendigkeit, verletzten Kindern besondere Fürsorge zukommen zu lassen (Kap. 55, IV 242 L.) und sich auch unheilbar gewordener Zustände anzunehmen, «damit man den Patienten nicht unnötig peinigt» (Kap. 58, IV 252 L.). So gilt auch für diesen Bereich der Medizin:

> Den größten Wert muss man in der ganzen (ärztlichen) Kunst darauf legen, den Kranken gesund zu machen. Wenn es möglich ist, ihn auf vielerlei Art gesund zu machen, soll man die am wenigsten beschwerliche (Art) wählen. Denn das ist anständiger und kunstgerechter, jedenfalls für den, der nicht auf gemeinen Betrug aus ist (Kap. 78, IV 312 L.).

Das Ethos dieses Arztes zeigt sich auch darin, dass er ehrlich bekennt, sich bei einer Behandlung auch einmal geirrt zu haben. Er habe einmal versucht, einen Patienten auf den Rücken zu legen, einen nicht aufgeblasenen Schlauch unter den Höcker (wohl der Wirbelsäule) zu schieben und den Schlauch dann mit Hilfe eines Rohres aufzublasen. Das Ganze ging schief, der Patient rutschte ab.

> Ich habe das absichtlich niedergeschrieben, denn gut sind auch die Erfahrungen, die in der Erprobung sich als falsch erweisen und warum die Sache misslang (Kap. 47, IV 212 L.).

Insgesamt handelt es sich um eine der bedeutendsten und auch umfangreichsten Schriften des *Corpus Hippocraticum*. Der Autor steht als erfahrener Arzt mit anderen, wiederholt erwähnten Ärzten in Verbindung. Man kann ihn sich gut unter den Ärzten auf Kos im Umkreis des Hippokrates vorstellen.

Mit der erheblich kürzeren Schrift *Über Knochenbrüche* zeigt sich ein Autor ebenfalls als erfahrener Arzt, der weitgehend die gleichen

Brüche und Verrenkungen behandelt wie der Autor der Schrift *Über die Einrenkung der Gelenke*. Wie dieser beginnt auch er ohne jede allgemeine Einleitung sogleich mit dem Thema der Knochenfrakturen. Auch findet sich eine ähnliche, allerdings noch weiter gehende Kritik an anderen Ärzten. Wenn es heißt, es gehöre nicht viel dazu, einen gebrochenen Arm zu behandeln, und das sei Sache eines jeden Arztes (Kap. 1, III 414 L.), so wird man noch einmal daran erinnert, dass es zunächst keine speziellen Fachärzte für Chirurgie gab. Aber wenn der Autor bemerkt, er sehe sich veranlasst, ausführlicher darüber zu schreiben, so ist das ein Zeichen dafür, dass der normale Hausarzt doch überfordert gewesen und allzu leicht der Versuchung erlegen sein könnte, durch eindrucksvoll aussehende Verbände sich bei den unkundigen Patienten einen guten Ruf zu erwerben, der aber in der Sache ganz unberechtigt war. So ist diese Schrift voll von Kritik anderen Ärzten gegenüber, mit Warnungen vor falscher Behandlung und deren Folgen. Sie ist wie eine Nahtstelle, an der sichtbar wird, wie sich doch ein gewisses Spezialistentum zaghaft herauszubilden beginnt. Ein deutliches Zeichen dafür ist der Hinweis darauf, dass in einer großen Stadt Holzblöcke bereit stehen, die in Länge, Breite und Dicke für jede Behandlung von Knochenbrüchen und Gelenkeinrenkungen geeignet sind (Kap. 13, III 466 L.). Damit ist zugleich angedeutet, dass derartige Einrichtungen auf dem Lande nicht zur Verfügung stehen, der ‹Landarzt›, noch dazu als ‹Wanderarzt› sich selber behelfen muss und in der Regel den Patienten in dessen Wohnung aufsucht und behandelt. Dazu passt, dass die Kritik an Ärzten, die über die ganze Schrift hin sich bemerkbar macht, offenbar diesen Typ des Arztes betrifft, der mit noch wenig Erfahrung und ohne apparative Ausrüstung behandelt.

So heißt es denn auch: «Ich hätte über dieses Thema (Anlegen von Verbänden) nicht so viel geschrieben, wenn ich nicht wüsste, dass dieser (zuvor beschriebene) Verband nachteilig ist» (Kap. 25, III 500 L.). Zugleich wendet sich der Arzt aber auch gegen Ärzte, die zu stark von Theorien ausgehen:

Die (Ärzte), die keine vorgefasste Meinung haben, machen in der Regel keine Fehler. ... Die ‹gelehrten› Ärzte aber sind es, die Fehler machen (Kap. 1, III 412–414 L.).

Man spürt, dass der Autor als erfahrener Praktiker mit seiner Kritik jungen Ärzten gegenübersteht, die in theoretischer Argumentation die Grundelemente des Kosmos aufbieten, bevor sie einen Verband anlegen. Sicher sind darunter auch Ärzte zu verstehen, die gerade ein theoretisches Studium – vielleicht auf Kos – hinter sich haben. Sie haben wohl gelernt, dass der Arm in einer natürlichen Stellung verbunden werden muss. Aber was ist eine natürliche Stellung? Der Autor erklärt aus praktischer Erfahrung, dass die natürliche Stellung des Armes beim Speerwerfen, Schleudern, Steinwurf oder Ausruhen jeweils eine andere ist. Wichtig ist nicht, theoretische Überlegungen darüber anzustellen, sondern darauf zu achten, wie der Verletzte selbst den Arm hinhält.

Diese Fehler hätte ein ‹gelehrter› Arzt wohl nicht gemacht, wenn er den Verletzten selbst den Arm hätte hinhalten lassen (Kap. 2, III 422 L.).

So ist denn das richtige Anlegen eines Verbandes mit detaillierten Anweisungen das Hauptthema der ganzen Schrift. Dazu kommen Ausführungen über die richtige Wundversorgung, auch hier mit Hinweisen auf mögliche Kunstfehler, sowie Maßnahmen über das Strecken verletzter Glieder. Insgesamt ist die Schrift durchzogen von Mahnungen und Warnungen in Bezug auf das ärztliche Vorgehen. Man blickt auch hier in eine lebendige Auseinandersetzung zwischen Ärzten verschiedener Prägung. Eindeutig steht die Praxis über der Theorie. In diesem Sinne ist die Schrift an junge Ärzte gerichtet, nicht an eine breitere Öffentlichkeit.

Ergänzend tritt die wohl jüngere Schrift *Über die Hebelkraft* hinzu. Der Hebel als Streckinstrument bei Knochenbrüchen wird aber nur beiläufig genannt (in Kap. 22, 33 und 38). Der Autor wiederholt weitgehend die Ausführungen der Schriften *Über die Einrenkung der Gelenke* und *Über Knochenbrüche*. Interessant ist die vorangestellte

Übersicht über die Anatomie der Knochen (Kap. 1). Finger, Zehen, Schenkel, Wirbelsäule, Lenden, Nackengelenk, Muskeln, Sehnen, Knorpel, Rippen, Brustbein, Schulter, Nase, Ohr werden in ihrer natürlichen Beschaffenheit kurz beschrieben.

Im weiteren Sinn gehören auch die beiden, vom gleichen Verfasser stammenden Schriften *Über die Hämorrhoiden* und *Über die Fisteln* zum Bereich der Chirurgie, weil auch hier mit Schneiden und Brennen gearbeitet wird. Der wohl dem 4. Jahrhundert v. Chr. angehörende Autor ist ein ausgewiesener Proktologe und der hohe Grad der Spezialisierung erweist ihn wohl schon als ‹Facharzt›. Er geht von den beiden Grundsäften Galle und Schleim aus, die sich im Falle der Erkrankung als Hämorrhoiden an den im Mastdarm befindlichen Adern absetzen, eine Erhitzung herbeiführen mit der Folge von Schwellungen, so dass die Köpfe der Blutadern hervortreten. Es werden mehrere Therapieverfahren vorgeschlagen, je nach Lage der Hämorrhoiden. Äußerst schmerzlich ist das Brennen mit Glüheisen von der Dicke einer Sonde, das weißglühend in den Mastdarm eingeführt wird, nachdem man diesen vorher mit den Händen herausgedreht hat. Die Hämorrhoiden seien leicht zu erkennen, da sie im Innern des Mastdarms wie Weinbeerenkerne herausragen. Der Patient muss durch Helfer an Kopf und Armen festgehalten werden. Dass er dann vor Schmerz schreit, ist durchaus willkommen, weil dadurch der Mastdarm noch weiter nach außen gedrängt wird. Ein weiteres Therapieverfahren ist das Abschneiden der Spitzen der Hämorrhoiden mit anschließenden in Olivenöl getränkten Kompressen, die dann aufgelegt werden. Sehr eindrücklich wird die Form der Krankheit beschrieben, die sich darin äußert, dass Knoten der Hämorrhoiden an einer angeschwollenen Blutader sitzen und nach außen herausragen. Dann muss man mit dem Finger in den After eindringen, was der Autor als «leicht» bezeichnet, nicht schwerer, als wenn man beim Schlachten eines Schafes den Finger zwischen der Haut und dem Fleisch nach innen schiebt. Dabei spielt ein psychologisches Moment eine Rolle. Man soll mit dem Zeigefinger mitten in einer Unterredung eindringen, so dass der Patient davon zunächst möglichst gar nichts merkt (Kap. 4, VI 440 L.). In wieder anderen Fällen, wenn Schneiden oder Brennen nichts nützt, kann man ein Rohr einschieben, in das ein erhitztes Glüheisen gesteckt wird, um die Adern, an denen sich Hämorrhoiden gebildet haben, auszutrocknen. Auch mit Zäpfchen kann die Krankheit bekämpft werden. Die komplizierte Anfertigung des Zäpfchens wird genau beschrieben: Die Rückenschale eines Tintenfisches, Bleiwurz, Asphalt, Alaun, Kupferblüte, Galläpfel, Grünspan, darüber gekochter Honig geschüttet, sind die Ingredienzien, aus denen ein möglichst langes Zäpfchen geformt werden soll (Kap. 8, VI 442 L.). Differenziert wird auch zwischen der Behandlung von Männern und Frauen. Bei Frauen soll man es nach einer sanfteren Methode mit Spülungen in einer wiederum komplizierten Zusammensetzung versuchen.

Man lernt in dieser Schrift einen routinierten Arzt kennen, der nicht gegen andere Ärzte polemisiert, sondern ganz sachlich die verschiedenen Behandlungsarten einer doch bis in die Gegenwart weitgehend tabuisierten Krankheit erläutert.

Den gleichen Stil und die gleiche Argumentation lässt die Schrift *Über die Fisteln* erkennen. Gemeint sind ausschließlich Fisteln am Mastdarm, also etwa das, was man heute Morbus Crohn nennt, der allerdings als Entzündung im gesamten Verdauungstrakt auftreten kann. Als Ursache für die Bildung von Fisteln werden neben Quetschungen Anstrengungen genannt, die beim Reiten, aber auch bei (dem offenbar auch verbreiteten) Rudern auftreten. Wie in der Schrift *Über die Hämorrhoiden* werden verschiedene Therapiemethoden genannt, darunter auch Schneiden, was für den Fall empfohlen wird, dass die Fistel den Darm noch nicht nachhaltig beschädigt hat. Ist ein operatives Vorgehen nicht möglich, so sind Spülungen mit Kräutersäften der verschiedensten Art in genau angegebener Rezeptur vorgesehen. Wiederum beeindruckt die radikale Sachlichkeit, mit der der Arzt die heikelsten Konstellationen beschreibt, etwa wenn infolge einer Darmfistel sich die Blase erhitzt und Schleim an sich zieht mit der Folge einer Harnstrenge. Auch an Kinder ist gedacht. Wenn ein von Darmfisteln befallenes Kind Stuhlgang hat, soll es auf den Füßen einer Frau stehen und sich an deren Knie anlehnen (Kap. 9, VI 456 L.). Bei aller Sachlichkeit der Beschreibung der Krankheiten scheint in allen hippokratischen Schriften immer wieder das ärztliche Ethos durch.

11. Zahlen, Fieber, Tod

Die schwierige Schrift *Über die Siebenzahl* besteht aus zwei Teilen. Im ersten Teil entwirft der Autor ein Weltbild, wonach sowohl der Kosmos im Ganzen wie der Mensch im Einzelnen nach der Siebenzahl strukturiert ist. Der zweite Teil enthält immerhin die ausführlichste Darstellung des Fiebers im *Corpus Hippocraticum*. Ob beide Teile vom gleichen Verfasser stammen, ist ebenso umstritten wie bei anderen zweigeteilten Schriften im *Corpus Hippocraticum*. Keineswegs ist der erste Teil nur die Einleitung zum zweiten Teil mit der Fieberlehre, in der die Zahl Sieben als Einteilungsprinzip nur am Rande vorkommt.

Was den geistigen Hintergrund des Verfassers betrifft, so ist die Annahme am wahrscheinlichsten, dass er in der Tradition der Zahlensymbolik der Pythagoreer steht. Allerdings ist unter den Zeugnissen für die Siebenzahl bei den älteren Pythagoreern nur ein im Hinblick auf die Echtheit starken Zweifeln unterliegendes Fragment des Philolaos (5. Jahrhundert v. Chr.) überliefert, die Siebenzahl «ist Führer und Herrscher aller Dinge» (Frgm. B 10, Diels/Kranz). Aber es kann kein Zweifel sein, dass die Siebenzahl im Kult der Orphiker und Pythagoreer (und darüber hinaus) fest verwurzelt war.[1] Das zeigt sich auch an der Kritik der pythagoreischen Zahlenlehre in der *Metaphysik* des Aristoteles (XIV 6, 1092 b 26–1093 b 4), in der teilweise die gleichen Beispiele (Siebenzahl der Vokale, sieben Pleiaden) vorkommen wie in der Schrift *Über die Siebenzahl*. Wenn der Autor im Kreise der Pythagoreer zu suchen ist, würde man ihn mit der Ärzteschule in Kroton (in Unteritalien) in Verbindung bringen, die das Zentrum der pythagoreischen Lehren bildet. Aber auch das ist unsicher. So wird der Autor auch der knidischen Ärzteschule zugerechnet, verbunden mit der Annahme, die Knidier stünden mit persischen Ärzten in Verbindung und so würde der Autor die Weisheit des Iran vermitteln, was doch eher unwahrscheinlich ist.[2]

Ganz problematisch ist die Überlieferung des Textes. Nur ein Teil (im Wesentlichen die Kapitel 1 bis 4) ist in griechischen Handschriften erhalten. Hinzu kommen relativ ausführliche Exzerpte bei Galen in dessen Schrift *Über die Ursachen der Leiden* und eine in mehreren, untereinander nicht vollständig übereinstimmenden Handschriften einer lateinischen Übersetzung des 6. Jahrhunderts n. Chr.[3]

Der erste Teil beginnt mit der prinzipiellen Maxime, dass der Kosmos nach der Siebenzahl geordnet ist (Kap. 1, VIII 634 L.). Der Autor hat aber sogleich auch den medizinischen Aspekt im Blick: Sieben Tage dauert es bis zum Festwerden des menschlichen Embryos, sieben Tage bis zur «Entscheidung» (Krisis) der Krankheiten hinsichtlich ihres Ausgangs. Die sodann entwickelte Kosmologie (Weltentstehungslehre) wird konsequent nach der Siebenzahl geordnet, sowohl hinsichtlich der Teile als auch der Funktionen. Dabei werden durchweg die einzelnen Teile in Verbindung gesetzt mit den medizinisch relevanten Grundqualitäten. So wird (1.) der Kosmos in seiner ewigen Dauer als Quelle von Wärme (im Sommer) und Kälte (im Winter) angesehen. Die Gestirne (2.) haben die Funktion der Strahlung und Reflektierung des Lichts; die Sonne (3.) spendet Wärme; der Mond (4.) hat je nach Zunahme und Abnahme die Funktion, Flüssigkeiten zuzuführen oder zu entziehen; die Luft (5.) bringt durch Verdichtung Regen, Blitz, Donner, Schnee und Hagel mit sich. Das Meer, Flüsse, Seen und Quellen (6.) bilden die Grundlage für Niederschläge und damit für Feuchtigkeit; die Erde (7.) ist «allnährend» und besteht aus der Verdichtung des Wassers als Grundlage für Lebewesen und Pflanzen. Dieser erste Aufriss der Dominanz der Siebenzahl wirkt wie eine kosmische Überhöhung der hippokratischen Konzeption von der Einbettung des Menschen in die Grundkräfte und -qualitäten und damit in ein Ganzes der Natur. Ganz ähnliche Einteilungen von Erde, Luft, Mond, Sternen, Sonne und Wasser finden sich in der Schrift *Über die Diät* (I 10; IV 4–5). Die ganze Konzeption ist also der hippokratischen Medizin nicht fremd.

Ganz für sich und nicht eingefügt in ein Schema von sieben Teilen stehen die Ausführungen über die Erde (Kap. 2, VIII 634–635 L.). In Übereinstimmung mit der allgemeinen griechischen Auffassung wird die Erde als unverrückbar in der Mitte des Alls angesehen. Aber anders als in den Entwürfen der frühen griechischen Philosophen wird sie nicht als Scheibe oder Säulenstumpf gedeutet, unter der sich nichts befindet, sondern als Kugel, unter der sich Luft ansammelt. Mit der Erwähnung der sieben Planeten ist der Autor aber wieder ganz bei seinem Thema. Ebenfalls gibt es sieben Winde (Kap. 3, VIII 635 L.), die periodisch zu bestimmten Jahreszeiten wehen. Mit der Aufzählung der Winde beginnend mit dem Apeliotes (Ostwind) und dann entgegen dem Uhrzeigersinn mit dem Boreas (Nordostwind), Arktos (Nordwind), Zephyros (Westwind), Lips (Südwestwind), Notos (Südwind) und Euros (Südostwind) ist schon so etwas wie die Skizzierung einer Windrose erreicht, wie sie systematisch zuerst Aristoteles angelegt hat (*Meteorologie* II 363 a 27) und wie sie im Hellenismus beliebt war.

Auch werden sieben Jahreszeiten unterschieden, gegliedert hinsichtlich der Saat- und Pflanzzeit. Zu den traditionellen vier Jahreszeiten Frühling, Sommer, Herbst und Winter werden noch hinzugefügt: Spätherbst, Zeiten für die Aussaat und für das Pflanzen (Kap. 4, VIII 635-636 L.), um auf die Siebenzahl zu kommen.

Die Einteilung des Lebens in sieben Altersstufen (Kap. 5)[4] steht in einer alten Tradition, die literarisch zuerst in einer Elegie des Solon (ca. 640-580 v. Chr.) greifbar ist (Frgm. 19 Diehl = 27 West). Dabei stimmen die ersten vier der sieben Stufen (Zahnwechsel mit sieben Jahren, Pubertät mit 14 Jahren, Bartwuchs mit 21 Jahren, vollendetes Wachstum des ganzen Körpers mit 28 Jahren) mit der Einteilung Solons überein, während die folgenden drei Einschnitte (Zeit zum Heiraten mit 35 Jahren, abgeschlossene Ausprägung des Charakters mit 42 Jahren, reife Entwicklung von Verstand und Rede mit 49 Jahren, beginnender Rückgang der körperlichen Kraft mit 56 Jahren) anders gestaltet sind. Insgesamt sieht man, dass einige Zäsuren (Zahnen, Bartwuchs, Mannbarkeit) natürlichen Verhältnissen entsprechen, während andere unter der Prämisse stehen, sich der Siebenzahl einzufügen.

Unabhängig von der Siebenzahl sieht der Autor dieser Schrift eine präzise Analogie zwischen Makrokosmos und Mikrokosmos (Kap. 6), mit der Begründung, dass alle Teile der Welt untereinander übereinstimmen müssen. So entspricht das Gestein der Erde dem Knochengerüst des Menschen; die lockeren Teile der Erde dem Fleisch um das

Knochengerüst; das Wasser der Flüsse den menschlichen Adern und dem in den Adern befindlichen Blut; die Sümpfe der Blase und dem Mastdarm; das Meer den Eingeweiden des Menschen; die Luft draußen der Luft im Menschen; der Mond dem Sitz des Verstandes. Die warmen Sonnenstrahlen haben ihre Entsprechung in der Wärme im Menschen; die die ganze Welt umgebende Frosthülle steht in Analogie zum Zusammenziehen der Haut bei Kälte und Frieren.

Zur Siebenzahl kehrt der Autor zurück in der Einteilung der menschlichen Gestalt nach dem hebdomadischen Prinzip. So wird der Mensch im Ganzen in sieben Teile gegliedert: (1.) Kopf, (2.) Hände, (3.) die inneren Eingeweide mit der Scheidewand des Zwerchfells, (4.) und (5.) die beiden Schamteile, (6.) der Enddarm, (7.) die Beine für die Fortbewegung. Diese auf den ersten Blick willkürliche und rein theoretisch anmutende Einteilung hat aber doch ihren praktischen Sinn, weil mit ihr konkret auf die wichtigsten Körperfunktionen gedeutet ist: (1.) Denken und Wahrnehmen, (2.) Arbeiten, (3.) Nahrungsaufnahme, (4.) Entleerung der Blase, (5.) Stuhlgang, (6.) Samenerguss, (7.) Fortbewegung (Kap. 7, VIII 638 L.).

Aber auch Einzelteile werden nach dem gleichen Schema eingeteilt. So sind die Funktionen des Kopfes siebenfach gegliedert: (1.) Das Einatmen (kalter Luft) durch Mund und Nase, (2.) das Ausströmen der warmen Luft vom ganzen Körper her, (3.) das Erkennungsvermögen des Auges, (4.) das Hörvermögen des Ohres, (5.) der Geruchsinn der Nase, (6.) das Einnehmen von Getränken und Speisen durch Luft- und (in geringen Mengen) Speiseröhre, (7.) der Geschmackssinn der Zunge (Kap. 8, VIII 638 L.).

Bei diesen und anderen Einteilungen ist angesichts der Lückenhaftigkeit der Tradition schwer abzuschätzen, was dabei Erfindung des Autors oder vorgegebenes Traditionsgut ist. Auffällig ist bei mehreren Themen eine inhaltliche Nähe zum Autor der Schrift *Über die Diät*, der ausdrücklich sieben Organe für die Entstehung der Sinneswahrnehmung unterscheidet, das Ohr für Geräusche, das Auge für das Sehen, die Nase für Gerüche, die Zunge für den Geschmack, den Mund für die Sprache, den Körper für das Fühlen, die Luftdurchgänge nach außen und innen für die Wahrnehmung von Kälte und Wärme. Auch die Bemerkung, dass die Sprache über sieben Vokale verfügt, ist beiden Schriften gemeinsam (hier Kap. 9 und *Über die Diät* I 23, also im gleichen Zusammenhang wie die Einteilung der sieben Organe). Aber auch in der Schrift *Über die Siebenmonatskinder* findet sich eine ähnliche Strukturierung nach der Siebenzahl, und zwar auch in einer über das konkrete Thema der Schrift hinausgehenden allgemeinen Zahlensymbolik (S. 131).

Aber auch die Seele wird siebenfach gegliedert (Kap. 10, VIII 640 L.). Sie wird – wie durchweg im *Corpus Hippocraticum* – materiell verstanden, als Inbegriff der Elemente und Qualitäten im Körper. So ist es (1.) die Wärme, die in sieben Tagen die Form des Embryo ausbildet, (2.) die Kälte der Luft, die auf die sonst zerstörerische Wärme einwirkt, (3.) die über den ganzen Körper verbreitete Feuchtigkeit, (4.) das Blut als das «Erdige», das der ständigen Nahrungszufuhr bedarf, (5.) bittere Säfte, die schmerzhafte Krankheiten verursachen, die in der Regel sieben Tage dauern, (6.) süße Nahrung, die in das Blut übergeht, (7.) das Salzige, das das Wohlbefinden mindert.

Diese sieben Teile gelten dem Autor als naturgegeben. Mit der Bemerkung, die Menschen bleiben gesund, wenn sie vernünftig leben, werden aber krank, wenn sie ein ungeordnetes Leben führen, gibt der Autor die hippokratische Grundanschauung von der Ausgeglichenheit der Säfte als Garant für die Gesundheit wieder. Es kommt aber in diesem Fall ein ethischer Aspekt hinzu, wonach die Menschen bei richtigem Handeln ein Leben lang Kraft haben und überhaupt lange genug leben, während sie bei einer ungeordneten Lebensweise (bei «Gastmählern mit ihren gesundheitsschädigenden Speisen») durch eigene Schuld krank werden und sterben. All das müsse man der Vernunft gemäß betrachten.

Zwischen diesen durchaus auch diätetisch orientierten Bemerkungen steht – an unpassender Stelle – eine siebenfache Einteilung der Erde (Kap. 11, VIII 639 L.), die durch ihre enge Hellenozentrik und ihre etwas krampfhafte Analogiebildung auffällt. Danach entspricht (1.) der Peloponnes Kopf und Gesicht des Menschen. Er sei «der Wohnort hochgemuter Seelen». Der Isthmos (2.) entspricht dem Mark im Hals, Ionien (3.) dem Zwerchfell, der Hellespont (4.) dem Schenkel, der Bosporus (5.) den Füßen, Ägypten (6.) dem oberen Bauch und das Schwarze Meer mit dem umgebenen Land (7.) dem unteren Bauch. Es kann kein Zweifel sein, dass damit die Grenze einer plausiblen Analogiebildung überschritten ist, wie denn auch dieser Abschnitt mit seiner eigensinnigen Auswahl in der Forschung als grober Unsinn bezeichnet worden ist. Im Grunde handelt es sich entgegen der Ankündigung (*terra autem omnis*) gar nicht um eine mit Blick auf Vollständigkeit entworfene Erdkarte, sondern um die Herstellung einer Analogie zwischen einzelnen Körperteilen und Gegenden. Der Ausgangspunkt ist der Mensch und nicht die Erde. Grundsätzlich steht auch, was dies betrifft, der Autor in der Tradition der frühgriechischen Kosmologie, war es doch Anaximander (ca. 610–547 v. Chr.), der als Erster eine Erdkarte entworfen hatte (Frgm. A 6, Diels/Kranz).

Den Übergang zum zweiten Teil der Schrift mit der Analyse der einzelnen Fieberarten verbindet der Autor mit einer kritischen Bemerkung über die Unwissenheit der Ärzte, die die Analogie zwischen Mensch und Kosmos nicht sehen (Kap. 16, VIII 639 L.). Dieser zweite Teil der Schrift enthält eine sehr ausführliche und sachbezogene Analyse der Erscheinungsformen und der Therapien des Fiebers. Darin tritt die Siebenzahl als Einteilungsprinzip zurück, wohl aber wird die Analogie zwischen Mensch und Kosmos weiterhin betont. Und in der Tat lassen sich die Erscheinungsformen des Fiebers mit seiner evident unterschiedlichen Dauer nicht hebdomatisch (in einem Siebenersystem) erfassen.

Am Anfang stehen generelle Bemerkungen über das Fieber (Kap. 24, VIII 647–649 L.). Ganz im Sinne der hippokratischen Grundanschauung wird zunächst die Gesundheit definiert als das harmonische Verhältnis der beiden Grundkräfte Warm und Kalt, deren Ungleichgewicht durch das Überwiegen des einen über das andere Fieber verursacht. Überwiegt das Warme im Verhältnis zum Kalten kommt es zu Fieber, aber auch, wenn das Kalte überwiegt, weil dann das gleichsam angegriffene Warme reaktiv in Fieber übergeht. In der griechischen Sprache ist das noch sinnfälliger, weil das Wort für Fieber πυρετός (Pyretos) in der ersten Silbe das Wort «Feuer» enthält und demnach wörtlich «brennende Hitze» bedeutet.

Bei den Übergängen von Kalt in Warm oder umgekehrt entstehen Schweißausbrüche am ganzen Körper, makrokosmisch illustriert an den Wechselwinden, die vom Warmen ins Kalte und umgekehrt übergehen. Als Therapie werden Abführmittel empfohlen, vor allem aber reichliches Trinken. Dabei wird das Fieber als eine den ganzen Körper betreffende Entzündung verstanden, weshalb der Autor sich ausdrücklich gegen andere Ärzte wendet, die mit «Lungenentzündung», «Leberentzündung» und anderen lokalen Entzündungen falsche Benennungen verwendeten. Der Autor unterscheidet nur zwei Arten von Fieber entsprechend der beiden Grundsäfte Schleim und Galle. Schleimfieber geht in kaltes, lang anhaltendes Fieber über, galliges Fieber ist heiß, von kurzer Dauer, aber gefährlich (Kap. 25, VIII 649–650 L.). Wieder wird eine makrokosmische Analogie verwendet: Im Sommer verbrennen die Pflanzen bei beständiger Sonneneinstrahlung, nicht dagegen bei Wolken und mäßigen Regengüssen. Dann taucht auch noch einmal die Siebenzahl als Ordnungszahl für das Senken des Fiebers auf, nämlich am 7. Tag, oder bei längerer Dauer (bis zu 9 Wochen) am 14., 21., 35., 49., 56. oder 63. Tag, also jeweils in hebdomadischer Einteilung. Bei noch längerer Dauer entsteht ein chronischer Fieberzustand (Kap. 26, VIII 650–651 L.). Durchweg werden auch diesmal makrokosmische Erscheinungen zum Vergleich herangezogen: Auf- und Untergang der Gestirne haben feste Zeiten, die mit dem Übergang von Warm zu Kalt durch Regengüsse, Schneefälle und Gewitter markiert sind. Es zeigt sich auch hier deutlich eine Verbindung zwischen den beiden Teilen der Schrift und damit wohl auch ein Verweis auf den gleichen Verfasser für beide Teile.

Der dabei verwendete Schematismus unter Verwendung der Siebenzahl stimmt, wie der Autor sehr wohl weiß, nicht immer mit der Realität überein. So wendet er sich ausführlich Entstehung, Verlauf und Behandlung des Viertagesfiebers zu (Kap. 28–30, VIII 652–654 L.), das er ausdrücklich von den anderen Fieberarten unterscheidet. Einige Eigenarten des Viertagesfiebers, die der Autor mit auffälliger Bestimmtheit mitteilt, sind wohl Ergebnis langfristiger Beobachtung, so die Feststellung, dass das Viertagesfieber bei ein und demselben Menschen nur einmal vorkommt, und zwar vorzugsweise bei jungen Menschen, dass es mit starkem Schüttelfrost verbunden ist, wogegen Aderlass empfohlen wird (Kap. 28–29, VIII 652–653 L.), weil bei Schüttelfrost das Unterhautgewebe in Mitleidenschaft gezogen wird. Zudem müsse man häufiges Niesen herbeiführen, Arme und Beine einsalben, Wolldecken und Wärmflaschen verwenden. Durch Flötenspiel und andere Musik soll der Kranke beruhigt werden, bis er einschläft (Kap 30, VIII 654 L.). Gerade derartige psychologische Momente sind für den hippokratischen Arzt generell bezeichnend.

Für die Behandlung länger anhaltender Fieberzustände werden die verschiedensten Behandlungen empfohlen: Diät (abgekochte kalte Kräutersäfte, reichlich frisches Wasser, Fleisch nur von jungen Lämmern, Fisch, kein Kohl, der blähen könnte, keine stark riechenden Speisen). Nach dem Bad soll man den Patienten mit erwärmendem Öl salben und mit einer Mischung aus Öl und Honig frottieren (Kap. 31, VIII 654–656 L.). Wie man sieht, geht es nicht nur um starre Regeln auf der Basis der Grundqualitäten Warm und Kalt, sondern um das Wohl des Patienten in seinem subjektiven Befinden. Dazu gehören auch Empfehlungen wie die richtige Lage des Bettes, des Zimmers (nicht der Sonnenseite zugewandt, nicht im oberen Stockwerk), Ruhe, weiche und saubere Decken und Kleidung (Kap. 34–35, VIII 657–658 L.).

Mit großer Ausführlichkeit werden die Anzeichen für bestimmte Fieberarten beschrieben. Man muss die Färbungen des Körpers beachten, besonders auf der Zunge und an den Augen, Färbungen auf der Haut und im Urin. Durch all diese Anzeichen gelangt man «zum Unsichtbaren der Säfte» (Kap. 41, VIII 669 L.). Man bekommt «einen Einblick in das Innere» (Kap. 43, VIII 661 L.), so wie man durch ein Glas hindurch die darin befindliche Flüssigkeit sehen kann. Es ist dies die (soweit aus der lateinischen Übersetzung: *spectionem eorum quae in eo sunt* erkennbar) medizinische Anwendung des berühmten Dictums des Anaxagoras (ca. 500–428): «Einblick in das Nicht-Offenbare gestatten die (sichtbaren) Erscheinungen» (ὄψις ἀδήλων τὰ φαινόμενα, Frgm. 21 a Diels/Kranz), das als Forschungsmethode einer ganzen Reihe hippokratischer Schriften zugrunde liegt.[5]

Im folgenden, umfangreichen Schlussteil der Schrift (Kap. 44–52,

VIII 661–672 L.) wird diese Methode in ihrer praktischen Anwendung gezeigt. So bieten Phänomene wie Urin, Stuhl, Erbrochenes in Farbe und Konsistenz Anzeichen für Fiebererkrankungen und deren Stärke. Auch Farbe und Dichte der Nägel gehören dazu, jeweils dargelegt als Aufforderung an Ärzte, diese Anzeichen zu beachten («Man betrachte auch die Nägel ...»).

Auch die Träume werden einbezogen. Der Autor erklärt den Traum als einen Vorgang, der sich ergibt, wenn die Seele im Schlaf erleidet, was die dem Körper innewohnende Wärme unter dem Einfluss der in der Nahrung aufgenommenen Feuchtigkeit erfährt. Erinnert sich der Mensch beim Aufstehen daran, dass der Traum der Wirklichkeit entspricht, so deutet dies auf Gesundheit «von Seele und Körper». Träumt er aber von Schrecklichem, Unbekanntem und Ungewohntem, so gerät «die Seele außer sich», was auf Krankheiten deutet, wobei der Abstand von der Wirklichkeit im Traum den Grad der Erkrankung anzeigen kann. Auch in der Einbeziehung der Träume in die medizinische Diagnostik steht der Autor ganz in der hippokratischen Tradition, bei weitgehender Übereinstimmung mit der Traumdiagnostik, wie sie sich im 4. Buch der Schrift *Über die Diät* findet.

Zu den weiteren diagnostischen Anzeichen für Krankheiten gehören: Gesichtsteile werden schmaler, die Hände, Augenwinkel und Augenbrauen verhalten sich unnatürlich ruhig, die Stimme wird schwächer, die Atmung schwächer, die Zunge ist mit weißem Speichel belegt, Auftreten von Nasenbluten.

Ganz ähnlich werden die Symptome beschrieben, die den bevorstehenden Tod anzeigen. Dazu gehören: Krankheitsrückfall, Verfärbung der Augen, dunkler, blutiger Urin, verdickte, rissige und gelbliche Zunge, der rechte Hoden ist kalt und nach innen gezogen, gekrümmte und bläulich gewordene Nägel, dunkle Verfärbung von Händen und Füßen, kalte und herabhängende Lippen, gequälter Gesichtsausdruck, glanzloser Blick, Verlangen nach Dunkelheit, Abwenden von Menschen, Wirkungslosigkeit einer schmerzstillenden Salbe, Austritt von Speise und Trank durch die Nase, aufgeblähter Leib, mühsames Atemholen. Wenn wir nicht alle diese Erscheinungen als Anzeichen eines alsbaldigen Todes ansehen, so liegt dies daran, dass der modernen

Medizin ganz andere Möglichkeiten der Lebensverlängerung zur Verfügung stehen. Der Autor gibt schließlich eine Begriffsbestimmung des Todes (definitio mortis). Sie besteht darin, dass die Wärme im Körper die Feuchtigkeit ganz verbrennt, Lunge und Herz ihre Feuchtigkeit verbraucht haben und der Patient alles Warme ausatmet, sowohl durch die Haut als auch durch die Atemwege. Und der Autor hat auch in diesem Fall die kosmische Dimension im Blick, wie die Schlussbemerkung zeigt:

> So ist es mit dem, was wir Leben nennen. Wenn die Seele das Zelt des Körpers verlässt, gibt das sterbliche Einzelwesen das Kalte und das Warme zugleich mit Galle, Schleim und Fleisch (der Natur) zurück.[6]

Der Autor kündigt dann an, zu der (nicht erhaltenen) Behandlung der akuten Krankheiten im Einzelnen überzugehen,[7] und beschließt seinen Traktat mit den (nur in der lateinischen Fassung erhaltenen) Worten:

> Ich habe keinen Grund, dem zu widersprechen, was andere Ärzte vor mir richtig herausgefunden haben, denn ich glaube, es ist besser, das Frühere richtig zu erkennen, als Neues und Falsches zu behaupten (Kap. 53, VIII 673 L.).

Diese Schlussbemerkung entspricht im Inhalt und im Ton weitgehend den programmatischen Eingangsworten der Schrift *Über die Diät* und zeigt erneut die Nähe beider Schriften.

Die Datierung – und damit die ideengeschichtliche Einordnung – der ganzen Schrift ist schwierig und bis heute umstritten. Sie hängt auch mit der Frage zusammen, ob die beiden Teile der Schrift zusammengehören oder ursprünglich von verschiedenen Verfassern stammen. Es ist im Grunde die gleiche Situation wie bei der Schrift *Über die Umwelt*. Die beiden Hälften der Schrift können jeweils getrennt rezipiert werden, lassen sich aber doch zu einem Ganzen zusammenfügen. Da das Besondere des ersten Teiles die durchgehende Einteilung aller kosmischen Kräfte und Lebensbereiche durch die Siebenzahl ist und darin das eigentlich Neue liegt, werden die meisten chronologischen Ansätze ausschließlich oder überwiegend aus diesem ersten, hebdomadischen Teil gewonnen. Der frühe Ansatz von Roscher auf das 6./5. Jahrhundert v. Chr. (also noch vor Hippokrates) für den ersten Teil wird heute mit Recht nicht mehr vertreten. Er beruht weitgehend auf der Auslegung der ‹Erdkarte› (Kap. 11) und der Voraussetzung, dass die dort nicht genannten Teile (der griechische Westen) dem Autor unbekannt gewesen seien. So hielt Roscher den ganzen ersten Teil (aber nur diesen) für ein «Bruchstück ältester griechischer Prosaliteratur» (Roscher 1906, 53). Eine Reihe von Forschern (Diels, Boll, Kranz, West) plädiert (jetzt wieder stärker unter Berücksichtigung des zweiten Teiles der Schrift) für eine Datierung ins 4. Jahrhundert v. Chr., und zwar zumeist in dessen Mitte, in die Zeit also, in die man allgemein die Schrift *Über die Diät* setzt, deren Nähe in beiden Teilen der Schrift zu spüren ist.[8] Neuerdings hat Jaap Mansfeld in minutiöser Analyse vor allem des ersten Teiles der Schrift hellenistisches Vokabular und Einfluss des Stoikers Poseidonios (ca. 135–51 v. Chr.) zu ermitteln gesucht und die Schrift mit beiden Teilen auf das 1. Jahrhundert v. Chr. (ca. 60–30) datiert.[9] Das würde bedeuten, dass diese Schrift einem schon bestehenden, von den Alexandrinern angelegten *Corpus Hippocraticum* noch angehängt wäre, wie es sonst nur bei den Briefen und Reden der Fall ist. Es spricht für die relative Konsistenz der griechischen Wissenschaftssprache, dass ein und derselbe Text in einer Spanne von 450 Jahren datiert werden kann, was wohl kaum in einer anderen Sprache möglich wäre.

Eine Schwierigkeit für eine präzise Datierung besteht vor allem darin, dass der Autor der Schrift in beiden Teilen die verschiedensten Quellen unterschiedlicher Zeit und Herkunft von der frühgriechischen Philosophie bis zu den medizinischen Theorien seiner Zeit benutzt hat, wobei auch Einteilungen nach dem Prinzip der Siebenzahl im medizinischen Kontext der verschiedensten Zeiten vorkommen.[10] So wird man die beiden Möglichkeiten der Datierung – um die Mitte des 4. Jahrhunderts und des 1. Jahrhunderts v. Chr. – weiterhin gegeneinander abzuwägen haben. Doch wie auch immer man die Schrift datiert: Der Autor ist Arzt, setzt sich mit anderen Ärzten auseinander und argumentiert im Horizont der medizinischen, auch hippokratischen Schriften des 4. Jahrhunderts v. Chr.

12. Die Einrichtung einer Praxis und die ärztliche Standesethik

Die Einrichtung einer Praxis gehörte nicht zu den vordringlichsten Aufgaben des hippokratischen Arztes. Für den Wanderarzt kam dies ohnehin nicht in Frage, aber auch der in einer Polis für längere Zeit stationäre Arzt hat in aller Regel die Behandlung eines Patienten in dessen Haus vorgenommen, wie es ganz selbstverständlich auch im *Eid* zum Ausdruck kommt. Die Einrichtung eines eigenen Behandlungsraumes wurde am ehesten für chirurgische Eingriffe notwendig, die bestimmte Instrumente und andere Vorrichtungen verlangten, die nicht in das häusliche Privatzimmer gebracht werden konnten. So ist denn die Schrift *In der Praxis des Arztes* (III 272–336 L.), die allgemein auf die Wende vom 5. zum 4. Jahrhundert v. Chr. datiert wird, ausdrücklich für die Chirurgie einschließlich der Wundbehandlung vorgesehen. Aber auch hier finden sich nur ganz knappe Hinweise zur technischen Einrichtung, während die ethischen Aspekte dominieren. Wie sich Arzt, Assistent und Patient bei einer Behandlung verhalten sollen, steht im Vordergrund. Dabei spielt schon die Frage des Lichtes eine Rolle. In seinem Bestreben nach systematischer Vollständigkeit differenziert der Autor zwischen natürlichem Licht, «das nicht in unserer Macht steht», und künstlichem Licht, «das in unserer Macht steht». Immerhin besteht die Möglichkeit, mit Öllampen in Form von Laternen einen Grad an Helligkeit zu erzeugen, der für eine Behandlung ausreicht.[1] Denn der zu behandelnde Körperteil muss dem hellstmöglichen Licht ausgesetzt sein, was nur dann gegeben ist, wenn die Lichtquelle dem Patienten gegenüber sich befindet, und zwar so, dass nicht nur der Arzt, sondern auch der Patient alles sehen kann, nicht aber ein Unbefugter, wie ohnehin die Teile, «die man verbergen muss und die zu sehen unanständig ist», verdeckt werden sollen. Ganz genau wird beschrieben, wie der Arzt zu erscheinen habe, fest und gleichmäßig auf beiden Füßen stehend. Behandeln soll er aber, indem er mit einem Fuß vortritt, aber nicht mit dem, der auf der Seite der behandelnden Hand ist. Also ist auch an Linkshänder gedacht. Wie stark sich in dieser Schrift ethische und ästhetische Aspekte durchdringen, wird auch daran deutlich, dass unter den peniblen Vorschriften für das Auftreten des Arztes sogar an die Länge der Fingernägel gedacht ist, die die Fingerspitzen weder überragen noch hinter ihnen zurückstehen dürfen (Kap. 4). Ferner sollen die Handgriffe des Arztes so eingeübt sein, dass sie mit jeder Hand einzeln, aber auch mit beiden Händen ausgeführt werden können. Auch die Instrumente sollen passend bereitliegen, ein Assistent, der sie dem Arzt reicht, soll schon vorher bereitstehen und sie dem behandelnden Arzt reichen, im Übrigen aber schweigen.

Sodann ist ausführlich (Kap. 7–25) von Verbänden die Rede, wie sie anzulegen sind, wobei in der Anweisung, sie seien «gut und schön» anzulegen, wiederum ein ästhetisches Moment sichtbar wird. Alle nur denkbaren Aspekte für das Anlegen eines Verbandes werden berücksichtigt, so die Beschaffenheit des Verbandsmaterials, die Wirkung von Verbänden, die Massage bei Verbandwechsel, die Komplikationen, die sich beim Anlegen eines Verbandes ergeben können, wie Schwellungen, Muskelschwund, Druckwirkung.

Insgesamt ist in dieser Schrift von der regelrechten Einrichtung einer Praxis nur mit wenigen Worten die Rede. Ganz im Vordergrund stehen die peniblen Anweisungen für das Auftreten und die Tätigkeit des Arztes, wobei mit den Anweisungen zur Platzierung der Instrumente und zur Tätigkeit eines Assistenten deutlich an eine Praxis, nicht an einen Hausbesuch, gedacht ist. Dabei fällt besonders der ethisch-ästhetische Anspruch auf, der in den Vorschriften, alles müsse nicht nur passend, sondern auch schön sein, besonders zum Ausdruck kommt.

Es ist dies der erste von mehreren Traktaten im *Corpus Hippocraticum*, die man deontologische Schriften nennt, weil ihr gemeinsames Thema die fachlichen, aber auch charakterlichen Anforderungen darstellen, die an den Arzt zu richten sind. Die wohl erst gegen Ende des 4. Jahrhunderts v. Chr. entstandene Schrift *Über den Arzt* (IX 204– 221 L.) ist dafür bezeichnend.[2] Ihr Autor verlangt vom Arzt nicht nur ein gutes Aussehen und einen guten Ernährungszustand, sondern auch die vernünftige Gestaltung seines Lebens. Die Einhaltung des

Gebotes der ärztlichen Verschwiegenheit reicht dazu nicht, das ganze Leben des Arztes soll wohlgeordnet sein. Der Arzt soll freundlich sein, nicht anmaßend oder misanthrop, aber auch nicht bei jeder Kleinigkeit anfangen zu lachen (was ja bis heute manche Menschen zu tun pflegen), und vor allem soll er gerecht sein. Wir sind mit dieser Schrift schon am Ende des 4. Jahrhunderts, in dem sich mit Platon und Aristoteles eine philosophische Ethik ausgebildet hat. Und in der Tat spürt man die Nähe zur aristotelischen Ethik in der Bestimmung der Tugend als Mitte zwischen zwei Extremen, auch in der Bestimmung der «Gewandtheit» als Mitte zwischen Steifheit und Possenreißerei (Aristoteles, *Nikomachische Ethik* II 7, 1108 a 4). Vom Arzt wird aber auch Selbstbeherrschung verlangt, wenn er es zu jeder Stunde auch mit Frauen und Mädchen zu tun hat, wie es ja auch schon im *Eid* gefordert wird.

Es geht in dieser Schrift auch wieder um die Einrichtung einer ärztlichen Praxis. Zunächst muss ein geeigneter Platz gefunden werden, auch wieder im Hinblick auf die Lichtverhältnisse. Dann geht es um die Herrichtung der Stühle, die für den Arzt und den Patienten gleich hoch sein sollen, um im Patienten kein Gefühl der Unterlegenheit aufkommen zu lassen. Die Instrumente sollen handlich und praktisch sein, dem Patienten soll sauberes Trinkwasser gereicht werden. Neben Anweisungen für Verbände und Wundbehandlung ist aber auch von der chirurgischen Tätigkeit die Rede, von Schneiden und Brennen. Der angesichts des Fehlens von Betäubungsmitteln schmerzhafte Eingriff soll möglichst kurz sein. Pausen sollen eingelegt werden, wenn mehrere Schnitte erforderlich sind. Die Operationsmesser sollen nicht in allen Fällen die gleichen sein, sondern an Breite und Spitze differenziert je nach der zu operierenden Körperstelle.

Überaus interessant und singulär im *Corpus Hippocraticum* ist die Empfehlung, der chirurgisch tätige Arzt solle als Truppenarzt «mit ins Feld ziehen und fremden Heeren folgen» (Kap. 14, IX 220 L.). Was ist mit den «fremden Heeren» (ξενικὰς στρατιάς) gemeint? Der Autor dieser Schrift ist ja kein Athener, also kann wohl Theben oder Sparta nicht gemeint sein, vielleicht makedonische Truppen. Jedenfalls darf der Verwundete nicht liegengelassen werden, sondern an Ort und

Stelle sollen seine Kriegsverletzungen auch chirurgisch (Entfernen von Geschossen) behandelt werden.

Die Schrift *Über das anständige Verhalten* (IX 226–244 L.) beginnt mit geradezu philosophischen Überlegungen über verschiedene Arten des Wissens, über uneigennütziges Wissen und über ein Wissen, das zu gewerbsmäßigem Betrug genutzt wird (Kap. 2). Das lebhafte Plädoyer für das wahre, uneigennützige, ungekünstelte Wissen ist zunächst ganz allgemein gehalten und erst am Schluss auf den Arzt bezogen. Dabei wird der Besitz des richtigen Wissens in Korrespondenz gesetzt zu ernstem und gesammeltem Wesen, zur Entschiedenheit bei Kontroversen, zugleich zu einem Verhalten, das umgänglich, gemäßigt und schweigsam bei Aufregungen, genügsam im Essen, höflich im Benehmen, geduldig im Erwarten des rechten Augenblicks ist. Für all diese Tugenden aber ist die natürliche Anlage (Physis, φύσις) das Wichtigste, wörtlich: das Führendste (ἡγενονικώτατον, Kap. 4, IX 230 L.). Ohne eine solche Anlage nützt bloßes angelerntes Wissen nichts und führt nur zur Einbildung. Das wird nun auf den Arzt übertragen. Er verfügt über all diese Eigenschaften aufgrund seiner Naturanlage, die ihn befähigt, das wahre Wissen sich anzueignen. Dieses wahre Wissen ist mehr als ein erlerntes Fachwissen, es betrifft den ganzen Menschen und steht auf einer Stufe mit der Philosophie, mit Weisheit.

> Daher muss man die Philosophie in die Medizin und die Medizin in die Philosophie einfügen. Denn ein Arzt, der zugleich Philosoph ist, kommt einem Gott gleich. Der Unterschied zwischen beiden Bereichen ist nicht erheblich. Denn alle Eigenschaften, die zur Philosophie gehören, sind auch in der Medizin (als ärztlicher Wissenschaft) enthalten: Freisein von Habsucht, Rücksichtnahme, Schamhaftigkeit, bescheidene Kleidung, Würde, Urteilsfähigkeit, Ruhe, Entschiedenheit, Lauterkeit, Reden in Sprüchen, Kenntnis dessen, was für das Leben nützlich und notwendig ist, Abkehr von Unredlichkeit, Freisein von Aberglauben, göttliche Erhabenheit (Kap. 5, IX 232–234 L.).

Dieser Abschnitt weist – wie die ganze Schrift – einige sprachliche Besonderheiten auf. Mehrere Wörter kommen innerhalb des ganzen *Corpus Hippocraticum* nur hier vor. Dazu gehört auch das Wort «gottgleich» (ἰσόθεος), das hier dem Arzt zugesprochen wird. Es ist aber ein in anderem Kontext durchaus gebräuchliches Wort. Aischylos lässt in seiner 472 v. Chr. aufgeführten Tragödie *Perser* die alten Männer, die den Chor bilden, ihren Herrscher Dareios so bezeichnen. Der orientalische Herrscher als «gottgleich» – das ist für Aischylos Folie und Gegensatz zur griechischen Demokratie. Und Hippokrates selber hätte sicher dem Arzt ein solches Prädikat nicht zugesprochen, wenn auch die einzelnen Eigenschaften, die in dieser Schrift den Arzt charakterisieren, ganz in hippokratischem Geist formuliert sind.

Der Autor dieser Schrift verlangt vom Arzt, dass er sich in geradezu philosophischer Dimension über die Rahmenbedingungen seines Handelns im Klaren ist. Eine besondere Rolle spielt dabei der Begriff der Natur. Die Naturanlage ist die Grundlage ärztlichen Handelns. Die Natur heilt manche Krankheiten unter den Händen der Ärzte von selbst; der Arzt selber steht in Übereinstimmung mit der Natur. «In Übereinstimmung mit der Natur leben» – das war die ethische Maxime der Stoa, die sich als Philosophenschule um 300 v. Chr. in Athen etablierte. Und so hat man denn nicht zu Unrecht diese Schrift von derartigen stoischen Gedanken beeinflusst gesehen (auch der Begriff «das Führendste» ist ein stoischer Terminus) und daher auf den Anfang des 3. Jahrhunderts v. Chr. datiert.[3]

Die Fundierung ärztlichen Handelns in der Philosophie hält den Autor der Schrift aber nicht davon ab, an das Praktische und Spezielle zu denken. So verlangt er vom Arzt ein sorgfältiges Üben im Betasten, Einreiben und Gießen, in der geschickten Haltung der Hände, in der Vorbereitung und im Anlegen von Verbänden. Besonders interessant und im *Corpus Hippocraticum* singulär sind die Anweisungen an Ärzte, dem ‹Wanderarzt› für die Reise die passenden, einfacheren Instrumente bereitzulegen (Kap. 8, IX 236 L.). Dann ist aber auch vom Krankenbesuch die Rede, auf den der Arzt vorbereitet sein soll. Der Kranke soll häufig besucht werden, um Veränderungen im Zustand des Patienten zu bemerken. Er muss auch durchschauen, dass der Kranke gelegentlich die verordnete Medizin nicht einnimmt und auch sonst den Arzt zu täuschen versucht. Auch von einem Assistenten ist die Rede, der in der Zeit der Abwesenheit des Arztes darauf zu

achten hat, dass der Patient die verordneten Mittel einnimmt und dass
diese auch wirken. Auf keinen Fall darf man diese Aufgabe einem
Laien überlassen, denn durch mangelnde Sorgfalt eingetretene Verschlimmerungen würde man dem Arzt zur Last legen.

Diese Schrift ist, wenngleich mindestens zwei Generationen nach
dem Tode des Hippokrates verfasst, von hippokratischem Geist erfüllt.
Die Einbettung ärztlichen Handelns in größere, philosophische Zusammenhänge und die Anweisungen über das Verhalten des Arztes in und
außerhalb seiner Tätigkeit stehen im Einklang mit hippokratischen
Grundsätzen, auch wenn sie in einer anderen Zeit neu formuliert sind.

In den gleichen Themenkreis gehört die Schrift *Vorschriften* (IX
250–273 L.). Sie beginnt, wie die Schrift *Über das anständige Verhalten*, mit philosophischen Überlegungen, mit dem als richtig bezeichneten Ausgehen von der einzelnen sinnlichen Erfahrung, und zwar
von wirklichen Vorgängen, die durch Abstraktion auf die Ebene des
Verstandes gelangen, während das, was nur durch den Verstand zustande kommt, keinen praktischen Nutzen bringe. Man hat in diesen
Überlegungen nicht zu Unrecht den Einfluss epikurischen Gedankenguts gesehen[4] – analog dem stoischen Begriffsmaterial in der Schrift
Über das anständige Verhalten. Im weiteren Verlauf bringt die Schrift
in eher additiver Gedankenfolge Vorschriften und Ratschläge für den
Arzt, verbunden mit Polemik gegen Pfuscher, die «in der Tiefe des
Unwissens» eigentlich gar keine Ärzte sind, sondern ein Schandfleck
für die Menschen, und deren Erfolg nur vom Zufall abhängt (Kap. 7).

Zu den Vorschriften für den Arzt gehört, dass man nicht gleich am
Anfang der Behandlung vom Honorar reden soll und überhaupt keine
«unmenschlich» hohe Honorarforderung stellen soll.

> Ich rate, keine unmenschlich hohe Forderung zu stellen, sondern Rücksicht zu nehmen auf Vermögen und Einkommen des Patienten. Unter
> Umständen behandle man umsonst, indem man lieber eine dankbare
> Erinnerung als augenblickliche Freude (am Honorar) auf sich nimmt.
> Bietet sich aber die Gelegenheit, einen Fremden, der in Not ist, unentgeltlich zu behandeln, so soll man solchen Menschen ganz besonders beistehen. Denn wo eine (allgemeine) Menschenliebe ist, da ist auch Liebe zur
> (ärztlichen) Kunst (Kap. 6, IX 258 L.).

Dieser zentrale Satz wird in unpräziser Auslegung gelegentlich in Umkehrung der Glieder verstanden: Wo es ärztliche Kunst gibt, ist auch allgemeine Menschenliebe, eben weil der Arzt im Dienste der Menschheit wirkt. Aber es heißt: Wo Menschenliebe (Philanthropie) ist, da ist auch die ärztliche Kunst. Das heißt: Die Medizin als praktische Wissenschaft steht (und gedeiht) in einem Kontext allgemeiner Philanthropie. Dabei ist zu bedenken, dass «Philanthropie» (ein Wort, das im 4. Jahrhundert v. Chr. aufkommt) wörtlich das Zusammensein, das Gefühl der Zusammengehörigkeit aller Menschen bedeutet. In einem solchen umfassenden Humanum findet die Medizin im Sinne der ärztlichen Kunst ihren Platz.

Im Übrigen bietet diese Schrift mit einem durchaus ethischen Akzent Ratschläge für Ärzte: Sie sollen untereinander nicht streiten; wohl aber kann ein Arzt gegebenenfalls andere Ärzte hinzuziehen (Kap. 8), Instrumente sollen nicht auffällig zur Schau gestellt werden (Kap. 11), nützlich ist die praktische Ausübung, nicht das theoretische Verbreiten von Ansichten (Kap. 13). Ausdrücklich wendet sich der Autor gegen öffentliche Vorträge von Ärzten (wie sie ja im *Corpus Hippocraticum* enthalten sind), die mit einem Aufwand von Mühe und Gelehrsamkeit ihren Reiz nur für sich selber haben, aber keinen praktischen Nutzen bringen (Kap. 12).

Auf der anderen Seite werden auch Patienten kritisiert. Sie wechseln zuweilen ohne Grund den Arzt (Kap. 5) und nehmen manchmal die verordnete Medizin nicht vorschriftsmäßig ein, andere geben sich bei schwerer Krankheit zu früh auf (Kap. 9).

Thematisch eng mit der Schrift *Vorschriften* verwandt ist die kurze Schrift *Nomos* (*Gesetz*) (IV 638–643 L.). Denn auch hier wird der natürlichen Anlage eine zentrale Bedeutung beigemessen. Das wird durch Gleichnisse anschaulich illustriert: Die natürliche Anlage entspricht dem Ackerboden, die medizinischen Grundlehren dem Samen, die Schulung in den Grundlehren der Medizin dem sich entwickelnden Samenkorn. Die Arbeit des Lernenden ist vergleichbar mit der Arbeit auf dem Feld. Die Zeit bringt alles zum richtigen Augenblick zur Reife. Es ist ein umfassender Vergleich des Lernens mit den Vorgängen in der Natur. Zugleich sieht sich der Autor dieser Schrift veranlasst, sich gegen unfähige «Ärzte» zur Wehr zu setzen, die das Ansehen der ärztlichen Kunst in Misskredit bringen. Dass es viele Ärzte dem Namen nach gibt, die aber keine sind, wird anschaulich verglichen mit Statisten in der Tragödie, die wie agierende Schauspieler aussehen, es aber nicht sind.

Etwas unvermittelt endet die Schrift mit einem Hinweis auf die Mysterien, die nur geweihten Personen offenbart werden dürfen. Geschieht es vorher, so ist es ein Verstoß gegen das göttliche Gesetz. Das mag ein Nachklang der Bestimmung im *Eid* sein, wonach die Lehre nur den Vereidigten mitgeteilt werden darf. Doch steht der Satz über die Mysterien im *Nomos* ganz isoliert für sich.

Wann diese Schrift entstanden ist, lässt sich schwer ermitteln. Die Datierung auf das 4. Jahrhundert v. Chr. mag plausibel sein.[5] Insgesamt erhalten wir durch diese Gruppe von Schriften einen Einblick in zumeist auf der Schwelle zum Hellenismus geführte Diskussionen, in denen entsprechend einer verfeinerten Lebenskultur die ethischen Postulate an den Arzt auf den ästhetischen Bereich ausgedehnt werden, auf die Dezenz seines Auftretens, die auch ästhetisch anspruchsvollen Bestimmungen über die Einrichtung einer Praxis bis hin zur Schönheit von angelegten Verbänden. Es bleibt aber, wie zur Zeit des Hippokrates selber, das Bedürfnis der Abgrenzung der wirklichen von angemaßten Ärzten, und es gibt noch Wanderärzte, auch im Hinblick auf den militärischen Einsatz.

13. Aphorismen

Medizinisches und darüber hinaus philosophisches Wissen ist so strukturiert, dass es sich dazu eignet, in konzentrierter Form als Gnome (Merksatz), Aphorismus (wörtlich: «Abgrenzung») oder Sprichwort zusammengefasst zu werden. Aristoteles, der eine Sammlung von Sprichwörtern angelegt hat, hielt Sprichwörter für die Überbleibsel einer Philosophie aus einer früheren Weltepoche vor der Sintflut.

Der erste Denker, der seine Philosophie in der Form von Aphorismen präsentiert hat, ist Heraklit (535–475). Jedenfalls wirken fast alle der 126 erhaltenen Fragmente wie isolierte Sprüche, so etwa: «Das widereinander Strebende zusammengehend; aus dem auseinander Gehenden die schönste Fügung» (Frgm. B 8). Dabei beruht der Eindruck des Aphoristischen nicht auf dem fragmentarischen Charakter der Überlieferung. Vielmehr sind es wirklich für sich stehende Sentenzen, die additiv in einer Abfolge angeordnet waren, die wir nicht mehr herstellen können. Der Aphorismus in seiner isolierten Stellung und gedrängten Kürze läuft in die Gefahr, rätselhaft zu wirken. Und eben deshalb ist Heraklit schon in der Antike selber «der Dunkle» genannt worden.

Nimmt man die hippokratischen Schriften in den Blick, so erstaunt die Fülle der Aphorismen, die sich teils verstreut durch das ganze Werk, besonders durch die *Epidemien*, ziehen, teils in Sammelwerken zusammengestellt sind. Unter ihnen gibt es durchaus auch dunkle, schwer zu entschlüsselnde Aphorismen. Ein Beispiel dafür findet sich in den *Epidemien* VI 5 (V 316 L.), wo es heißt (in wörtlicher Übersetzung): «Ein Herumwandern der Seele ist Sorge für die Menschen» (ψυχῆς περίπατος φροντὶς ἀνθρώποισιν). Kapferer übersetzt: «Ein Umherwandeln der Seele ist das Nachdenken bei den Menschen.» Fridolf Kudlien[1] dagegen sieht darin eine rein ärztliche Empfehlung: «Für die Seele ist ein Spaziergang ein Sichkümmern (eine Beschäftigung) für die Menschen.» Also: Es tut dem Menschen gut, gelegentlich einen Spaziergang im Sinne einer gymnastischen Übung zu unternehmen. Doch entzieht sich der Spruch einem eindeutigen Verständnis. Die meisten anderen Aphorismen, die sich in den verschiedenen hippokratischen Schriften finden, sind eindeutig, so: «Man muss das Vergangene sammeln, das Gegenwärtige erkennen, das Zukünftige vorhersagen» (*Epid.* I 11, II 634 L.).

Neben den zahlreichen Aphorismen, die sich in einer ganzen Reihe von hippokratischen Schriften finden, gibt es mehrere Traktate, die nur aus Aphorismen bestehen, gekennzeichnet durch «Brachylogie des Ausdrucks, asyndetische Fügung und Fehlen oder zumeist geringe Bedeutung einer Makrostruktur des Textes».[2]

An erster Stelle steht die Schrift *Aphorismen* selbst, die lange Zeit als das berühmteste Werk des Hippokrates galt, mit 425 (nachträglich) thematisch in sieben Abschnitte gegliederten Aphorismen. Anzunehmen ist, dass das Werk erst allmählich gewachsen ist und erst nach und nach den jetzigen Umfang gewonnen hat. Hinzu kommt das thematisch in fünf Abschnitte gegliederte erste Buch der Schrift *Vorhersagungen*. Darin finden sich 170 Aphorismen, von denen einige als Fragen formuliert sind und sich insofern von den meisten anderen Aphorismen unterscheiden. Schließlich gibt es noch die *Koischen Prognosen*, eine Schrift, die schon im Titel auf Kos weist und 640 Aphorismen enthält. Es handelt sich dabei um ein Sammelwerk, vielleicht Archivmaterial aus Kos, wohl gegen Ende des 4. Jahrhunderts v. Chr. in der jetzigen Form fertiggestellt. Hinzu kommt noch, dass in der Schrift *Über die Diät bei akuten Krankheiten* uns nicht erhaltene *Knidische Gnomen* erwähnt werden, die wohl parallel zu den koischen Aphorismen entstanden sind. Nehmen wir alles zusammen, so sind es über 1000 Aphorismen aus dem medizinischen Bereich im *Corpus Hippocraticum*, ein Phänomen, das der Erklärung bedarf.

Das Werk *Aphorismen* selber zeigt am Anfang und am Ende eine Wendung ins Allgemeine, die zeigen mag, dass als Leser nicht nur der Arzt gedacht ist. Berühmt geworden ist der erste Aphorismus:

> Das Leben ist kurz, die Kunst aber ist lang, die Gelegenheit geht schnell vorbei, die Erfahrung ist unsicher, die Entscheidung schwierig. Der Arzt muss nicht nur selber bereit sein, das Erforderliche zu tun, sondern auch der Kranke, die Menschen um ihn und die äußeren Umstände (I 1, IV 458 L.).

Die Rezeption dieses Aphorismus beschränkt sich weitgehend auf die ersten Worte, wodurch der medizinische Zusammenhang verloren geht.[3] Schon dass mit «Kunst» die ärztliche Kunst und mit «Gelegenheit» (Kairos) der Zeitpunkt des ärztlichen Eingriffs gemeint ist, kommt dabei nicht mehr zum Ausdruck. Das beginnt mit Seneca, der diesen Aphorismus als «Klage» über die Kürze des Lebens referiert. Seine Übersetzung beschränkt sich entsprechend der Thematik seiner Schrift *Über die Kürze des Lebens* auf die Eingangsworte: vita brevis, ars longa (*De brev. vit.* 1). Seneca selber schließt sich einer solchen Klage nicht an und betont, dass das Leben lang genug ist, wenn es nur vernünftig genutzt und nicht unsinnig verschwendet wird. Aber die

Formel: vita brevis, ars longa ist nun einmal geprägt und führt ihr Eigenleben, auch in der bildenden Kunst, zumal im christlichen Bereich, aber auch in ganz profanem Kontext. So heißt ein 1968 erschienenes Album der (inzwischen aufgelösten) englischen Rockband *The Nice* «Ars longa, vita brevis». Dieser Anfang des hippokratischen Aphorismus ist denn auch in das bekannte Sammelwerk von Georg Büchmann *Geflügelte Worte* (1. Aufl. 1864, 25. Aufl. 1912) eingegangen. In der deutschen Übersetzung hat Goethe zunächst die Glieder des Satzes vertauscht, wenn er Wagner im *Urfaust* (205–6) sagen lässt: «Ach Gott, die Kunst ist lang und kurz ist unser Leben», um kurz darauf die ursprüngliche Reihenfolge Mephistopheles in den Mund zu legen: «Doch nur vor einem ist mir bang: Die Zeit ist kurz, die Kunst ist lang.»

Der (ursprüngliche)[4] Schluss der *Aphorismen* ist von ähnlich allgemeiner Art:

> Was Arzneien nicht heilen, heilt das Eisen. Was das Eisen nicht heilt, heilt das Feuer, was das Feuer nicht heilt, das muss für unheilbar gelten (413, VII 87 L.).

Das ist kein Ratschlag für Ärzte, sondern eine allgemeine Weisheit, die in lateinischer Übersetzung den *Räubern* des Regimentsmedicus Schiller vorangestellt ist:

> Quae medicamenta non sanant, ferrum sanat,
> quae ferrum non sanat, ignis sanat,
> quae vero ignis non sanat, insanabilia reputari oportet.

Die zahlreichen so eingerahmten Aphorismen sind von ganz unterschiedlicher Art. Einige von ihnen sind Alltagsweisheiten, so:

> Bei Hunger darf man sich nicht anstrengen (II 16, IV 474 L.).

> Schlafen und Wachen, beides im Unmaß, ist eine Krankheit (VII 72, IV 602 L.).

Andere Aphorismen sind eher etwas skurril, so:

> Eine Frau, die mit beiden Händen geschickt ist, gibt es nicht (VII 43, IV 588 L.).

> Eunuchen bekommen keine Fußgicht und werden auch nicht kahlköpfig (VI 28, IV 570 L.).

> Lispler bekommen am ehesten einen langwierigen Durchfall (VI 32, IV 570 L.).

> Erhängte, die vom Strang gelöst, aber noch nicht tot sind, erholen sich nicht mehr, wenn ihnen Schaum vor dem Mund steht (II 43, IV 482 L.).

Die Frage nach dem Erfahrungshintergrund bleibt offen. Im Übrigen ist die Mehrzahl der Aphorismen auf konkrete Krankheiten bezogen. Nur im ersten Abschnitt finden sich therapeutische Hinweise. In den meisten Fällen wird ein Krankheitsbild kurz skizziert und dann mitgeteilt, was daraus folgt, nach dem Schema: Wenn die Krankheit X vorliegt, folgt daraus Y, also mit einem durchaus prognostischen Aspekt. Dabei werden neben allgemeinen Themen wie Schlaf, Ermüdung, Einfluss von Witterung, Jahreszeiten, Lebensalter, Hitze und Kälte einzelne Krankheiten aufgeführt: Fieber, Muskelkrampf, Rippenfellentzündung, Schwindsucht, Starrkrampf, gynäkologische Krankheiten, Entzündungen aller Art, Ödeme, Geschwüre, Erbrechen, Lungenentzündung, Krankheiten der Niere und der Leber. Die kürzesten Aphorismen bestehen nur aus drei Wörtern (VII 76 und 77, IV 604 L.), die längsten aus ca. zwölf, die meisten aus ein bis drei Zeilen.

Das erste Buch der *Vorhersagungen* enthält keine allgemeinen Aussagen, sondern ist streng auf den Krankheitsbefund der Patienten bezogen. Der (oder die) Verfasser verfügen über eine beträchtliche ärztliche Erfahrung. So werden mehrfach Patienten mit Namen und Wohnort genannt, darunter auch aus Kos.

> Geistesstörung und Zittern, Bewusstseinstrübung, Umhertasten der Hände deutet stark auf eine Hirnentzündung, wie bei Didymarchos auf Kos (34, V 518 L.).

Die Beschreibung der Symptome ist von erstaunlicher Präzision und zeugt von intensiver, langfristiger Beobachtung. Die meisten Aphorismen sind das Ergebnis wiederholter Beobachtung mehrerer Patienten für ein und dieselbe Krankheit. Einige Beispiele:

Träume der an Hirnentzündung Erkrankten geben wirkliche Erlebnisse wieder (5, V 512 L.).

Zittern der Zunge ist ein Zeichen beginnender Bewusstseinsstörung (20, V 516 L.).

Wenn sich nach einem Fieberfrost Erschöpfung einstellt, ist der Kranke nicht völlig bei Sinnen (35, V 518 L.).

Grobes Antworten aus dem Munde eines gesitteten Menschen im Fieber ist ein schlechtes Zeichen (44, V 522 L.).

Frauen, die nach der Niederkunft weißen Ausfluss haben, der unter Einsetzen von Fieber stockt, sind in Lebensgefahr (80, V 530 L.).

Einige Aphorismen enthalten eine Frage:

Bröckelige feuchte Darmabgänge bei Erkaltung des Körpers ohne völlige Fieberfreiheit sind von übler Bedeutung. Kommen Schüttelfröste hinzu, die die Harnblase und die Gedärme angreifen, so wird die Krankheit qualvoll. Ob bei einer dabei auftretenden Schlafsucht Krämpfe auftreten? Es würde mich nicht wundern (80, V 530 L.).

Ob bei Kranken mit Übelkeit ohne Erbrechen und mit Lendenschmerzen schwarze Darmabgänge zu erwarten sind, wenn sie in heftige Geistesverwirrung geraten? (85, V 532 L.).

In solchen Fällen ist selbst der erfahrene Arzt auf Vermutungen angewiesen und gibt dem Wanderarzt die Empfehlung, auf die weitere Entwicklung der Krankheit eines Patienten zu achten.

Die *Koischen Prognosen* kann man am ehesten als ein Archiv ansehen, das der inzwischen etablierten Ärzteschule auf Kos als eine Art Lexikon gedient hat. Es ist eine Kompilation von anderen Aphorismen, die nun in großer Zahl gesammelt sind. Diese nach Themengruppen geordnete Sammlung enthält 640 Aphorismen, von denen 153 wörtlich aus dem ersten Buch des *Prorrhetikon* übernommen sind. Einige Abschnitte sind aus den *Aphorismen* und aus den *Epidemien* entlehnt, so dass das Ganze sich als eine unselbständige, aber ziemlich vollständige Sammlung an Aphorismen im Sinne ärztlicher Lehrsätze gibt.

Zusammenfassend lässt sich feststellen: Nur die Schrift *Aphorismen* enthält einige allgemeine Sentenzen, während die große Mehrheit aller Aphorismen sich streng wie Momentaufnahmen auf einzelne Krankheitsbilder und deren wahrscheinliche Folgen bezieht. Eine Sammlung solcher Aphorismen bietet dem Arzt, der zu einem ihm unbekannten Patienten kommt, eine Hilfe für die Anamnese. Er kann eine solche Sammlung in Form einer Papyrusrolle bequemer mit sich führen als umfangreiche Traktate über einzelne Krankheiten. Er erhält so ein transportables Kompendium für zahlreiche Krankheitssymptome und kann sich vor allem dann, wenn er dem Kranken zum ersten Mal gegenübertritt, sofort über die Implikationen einer symptomatischen Momentaufnahme eine schnelle Information beschaffen. Welche Therapie er dann anwendet, bleibt ihm überlassen. Die Aphorismen enthalten keine Therapievorschläge. Darüber hinaus hat sich im Laufe der Zeit das Bedürfnis ergeben, möglichst viele Aphorismen zu sammeln und als Archiv zu thesaurieren.

Weitergewirkt hat vor allem die Schrift *Aphorismen* selber. Namentlich der erste Satz von der Kürze des Lebens und der Länge der Kunst wird wieder und wieder zitiert, bei Plutarch (1. Jahrhundert n. Chr.), Philon von Alexandria (1. Jahrhundert n. Chr.), Klemens von Alexandria (2. Jahrhundert n. Chr.), Johannes Stobaios (5. Jahrhundert n. Chr.), Olympiodor (5. Jahrhundert n. Chr.), Michael von Ephesos (12. Jahrhundert n. Chr.), Theodoros Metochites (14. Jahrhundert n. Chr.).[5] In dem spätantiken Lexikon der *Suda* (um 970 n. Chr. aus älteren Quellen zusammengestellt) heißt es: «Das Buch der Aphorismen übersteigt menschliches Fassungsvermögen.»

Galen hat die *Aphorismen* ausführlich kommentiert, sie sind ins Arabische und Hebräische übersetzt, mehrfach ins Lateinische. Es

Abb. 6: *Hippokrates liest ein Buch. Illustration eines Manuskripts einer lateinischen Übersetzung der Aphorismen*

sind allein zehn verschiedene lateinische Übersetzungen überliefert, deren erste von Nicolaus Leonicenus stammt und 1530 in Paris gedruckt wurde.[6] In einer Handschrift des späten 15. Jahrhunderts findet sich gleich zu Beginn eine Illustration, die Hippokrates bei der Lektüre der *Aphorismen* zeigt.[7] Entsprechend ist die starke Verbreitung der *Aphorismen*. Vor allem im 17. und frühen 18. Jahrhundert gab es zahlreiche Taschenausgaben, schön gedruckt und gebunden, so dass der Arzt sie wie eine medizinische Bibel mit sich tragen konnte und sollte. Auch gab es schon früh nach dem Vorbild der hippokratischen *Aphorismen* gestaltete medizinische Aphorismensammlungen, unter denen das *Regimen sanitatis Salernitanum* des aus Mailand stammenden, in der über Jahrhunderte (12.–14. Jahrhundert) bedeutsamen Ärzteschule von Salerno wirkenden Johannes de Mediolano (13. Jahrhundert) ein bedeutsames Beispiel ist. Bis in das 18. Jahrhundert verstand man unter Aphorismen weithin medizinische Lehrsätze. Doch begann bereits mit dem 17. Jahrhundert eine Loslösung des Aphorismus von seinem medizinischen Inhalt. Die Brücke dazu bot der verallgemeinerungsfähige erste hippokratische Aphorismus von der Kürze des Lebens und der Länge der Kunst. Den Anfang machten die englischen und französischen Moralisten des 17. Jahrhunderts, insbesondere Francis Bacon (1561–1626), François de La Rochefoucauld (1613–1680) und Jean de La Bruyère (1645–1696). Sie haben, ausgehend von den Erfahrungen der adligen Hofkultur, die Analyse menschlichen Verhaltens in zumeist moralisierenden Sentenzen zusammengefasst. Die Schrift Rochefoucaulds *Réflexions ou sentences et maximes morales* ist dafür das herausragende Beispiel.

Von ihnen ist der Göttinger Physiker Georg Christoph Lichtenberg (1742–1799) beeinflusst, der als der erste deutsche Aphoristiker gilt. In seinen *Sudelbüchern* hat er trotz seiner pietistischen Grundhaltung seine 908 Aphorismen in der Welt des Alltags angesiedelt. Am bekanntesten ist wohl der Aphorismus:

Wenn ein Buch und ein Kopf zusammenstoßen und es klingt hohl, ist das allemal im Buch?

Oder:

Er teilte des Sonntags Segen und oft schon des Montags Prügel aus.

Wie bei Hippokrates ist der Aphorismus oft eine antithetisch zugespitzte Sentenz auf kleinstem Raum. Das trifft auch zu auf Goethes *Maximen und Reflexionen*, die der Gattung der Aphorismen nahestehen.

Im weiteren Verlauf wird der Aphorismus immer mehr Ausdruck einer ganz bestimmten Denkhaltung, wie dies in Schopenhauers *Aphorismen zur Lebensweisheit* und generell bei Nietzsche besonders ausgeprägt ist. Diese Denkhaltung zeichnet sich durch «die logische Schulung des Wissenschaftlers und die Formgewandtheit des Schriftstellers»[8] aus und insofern steht der Aphorismus zwischen Wissenschaft und Kunst.

Die enorm angewachsene aphoristische Literatur bis in unsere Gegenwart ist kaum noch zu überblicken. Ein Taschenbuch aus dem Jahre 1978 zählt allein 77 Aphoristiker,[9] deren Zahl ständig wächst. In einem Buch *Der Aphorismus in Westfalen* (2013) werden über 80 Aphorismen allein von westfälischen Autoren vorgestellt.[10] Im Jahre 2010 führt ein Buch über *Neue deutsche Aphorismen* 103 gegenwärtig tätige Aphoristiker mit 1315 Aphorismen auf.[11] Im Jahre 2000 hat sich ein Förderverein des Aphorismus-Archivs in Hattingen an der Ruhr konstituiert. Alle zwei Jahre werden in Hattingen internationale Fachtagungen zum Thema: Aphorismus veranstaltet.[12] Offenbar gibt es ein weit verbreitetes Bedürfnis, Fragen des Lebens in der kurzen Form des Aphorismus zum Ausdruck zu bringen. Dabei ist es nicht leicht, dem Aphorismus gegen andere literarische Kurzformen wie Sentenzen, Sprichwörter, Epigramme sein besonderes Profil zu geben. Konstitutiv ist, dass der Aphorismus in der Regel aus zwei Gliedern besteht, die antithetisch aufeinander bezogen sind und sprachlich geschliffen einen gewissen Überraschungseffekt bewirken.

«Der Aphorismus ist eine kleine, gut überschaubare und in sich geschlossene Einheit, die ganz auf sich selbst gestellt und nicht aus einem größeren Zusammenhang herausgerissen ist. Er bildet ein sprachliches Feld für sich allein, das aus seinen eigenen und besonderen Kräften lebt.»[13] Inzwischen gibt es sogar nonverbale Aphorismen in Form von Zeichnungen.[14] Dass Anfang und Grundlegung dazu in den hippokratischen *Aphorismen* liegen, sollte nicht vergessen werden.

14. Briefe, Reden und ein Dekret

Am Ende des *Corpus Hippocraticum* stehen 24 *Briefe*. Dass sie allesamt nicht von Hippokrates stammen, also unecht sind, steht seit langem fest. Briefe sind generell in der antiken Literatur eine weitgehend fiktive Gattung. In der römischen Kaiserzeit waren sie Gegenstand rhetorischer Übungen. Aber es gibt auch echte Briefe. Die *Lehrbriefe* Epikurs (um 341–270) gelten den meisten Interpreten als echt; bei dem berühmten *Siebenten Brief* Platons ist die Echtheit umstritten, aber wird doch vielfach vertreten. Die *Briefe* von und an Hippokrates sind kein einheitliches Ganzes. Sie lassen sich in drei Gruppen gliedern und wahren streng eine in sich stimmige Fiktion in der Schilderung der historischen Umstände und der Briefpartner. Die erste und die zweite Gruppe haben den Charakter von Briefromanen und erzählen so eine ganze Geschichte in Fortsetzung. Wann diese *Briefe* entstanden sind, lässt sich schwer eindeutig feststellen. Die vorgeschlagenen Datierungen schwanken zwischen dem 1. Jahrhundert v. Chr. und dem 2. Jahrhundert n. Chr.[1]

Die ersten neun Briefe beziehen sich in lebhafter Schilderung auf eine Seuche im persischen Heer.[2] Der persische König Artaxerxes I., Sohn und Nachfolger des ermordeten Xerxes, hatte in seiner Regentzeit (465–424) in zähen Kämpfen neben Erfolgen auch Niederlagen hinnehmen müssen. Jetzt, im ersten Brief, kämpft sein Heer vergeblich gegen einen ganz anderen Feind, gegen die Pest. Artaxerxes schreibt an seinen Statthalter Petos[3] mit der Bitte um Hilfe. Die Pest wüte wie ein Untier, es herrsche Unruhe und Erregung im Heer. Petos erwidert (im 2. Brief), infektiöse Epidemien klängen nicht von selbst ab, sondern bedürften medizinischer Behandlung. Er empfiehlt Hippokrates, über dessen Herkunft und ärztliches Können er seinem König berichtet. Der Briefschreiber hat sich in der biographischen Tradition über Hippokrates informiert und teilt mit, dass Hippokrates in 18. Generation von Asklepios abstamme und die ärztliche Kunst aus kleinen Anfängen zu großer Vollkommenheit entwickelt habe. Ihn müsse man holen und mit Gold und Silber reichlich entlohnen. Der König weist daraufhin seinen Statthalter am Hellespont an, Hippokrates zu gewinnen und ihm alle Schätze anzubieten, die er haben möchte (3. Brief). Hellespont (= Dardanellen) war die Kos am nächsten gelegene persische Satrapie; hier hatte Xerxes seinerzeit sein Heer im Krieg gegen Griechenland übergesetzt. Also schreibt der Statthalter an Hippokrates (4. Brief), Hippokrates möge kommen und würde dann neben den reichlichen Gold- und Silberschätzen bei den Persern hoch geehrt sein. Hippokrates lehnt dies ab, er habe genug zum Leben und brauche diese Schätze nicht. Auch könne er die Perser als Feinde Griechenlands nicht von Krankheiten befreien (5. und 6. Brief). Das teilt der Statthalter dem König mit (7. Brief). Daraufhin verlangt Artaxerxes verärgert in einem Brief an die Koer die Auslieferung des Hippokrates, sonst würde er die Stadt verwüsten und die Insel ins Meer versenken (8. Brief). Dieses Ansinnen lehnen die Koer nach einem entsprechenden Volksbeschluss ab (9. Brief). Sie würden nichts tun, was des Asklepios (und anderer Heroen) unwürdig sei, auch wenn sie durch die Perser zugrunde gerichtet würden. Kos gehörte damals (seit ca. 450) zum Attischen Seebund und wurde auch von den Persern nicht eingenommen.[4]

Überblickt man diese erste Gruppe von Briefen, so wird deutlich, dass Hippokrates als die überragende Gestalt des idealen Arztes in einer Zeit präsent gehalten wird, in der die Medizin nach Hippokrates bedeutend weiterentwickelt wurde. Dass Hippokrates die persischen Gold- und Silbergeschenke von sich weist, entspricht griechischem Denken und hippokratischem Ethos. Dass er sich aber weigert, den Persern ärztliche Hilfe zu leisten, steht ganz im Gegensatz zu den Grundsätzen hippokratischer und darüber hinaus überhaupt griechischer medizinischer Maximen. Demokedes ist dafür ein schon vorhippokratisches Zeugnis (S. 20). Überhaupt war es ja die spezifisch medizinische Ethik, die die alte, auf dem archaischen Talionsgedanken beruhende Tradition, wonach man Freunden helfen und Feinden schaden sollte,[5] überwunden hat.

Interessanter noch ist die zweite Gruppe von Briefen (10.–21. Brief).[6] Hier geht es um Demokrit, den Begründer der Atomistik, der mit Hippokrates ungefähr gleichaltrig war. Ob der Verfasser dieser Briefgruppe mit demjenigen der ersten Briefgruppe identisch ist, lässt sich schwer beurteilen. Jedenfalls kannte er die erste Briefgruppe.[7]

Wieder wird Hippokrates um Hilfe gebeten (10. Brief). Rat und Volk von Abdera (in Thrakien) sehen ihre Stadt in großer Gefahr, weil ihr berühmter Bürger, der Philosoph Demokrit, ständig lacht, über alles, über Kleinigkeiten und bedeutende Anlässe. Auch grübelt er einsam über die seltsamsten Dinge, so dass die Abderiten darin nicht nur eine Geisteskrankheit Demokrits, sondern eine Gefahr für die ganze Stadt sehen. Hippokrates solle schnell kommen und erlösende Mittel (Wurzeln und Kräuter) mitbringen.

Der Brief ist (in der Fiktion des Briefromans) durch einen Boten nach Kos überbracht worden, dem Hippokrates sein Antwortschreiben (11. Brief) offenbar gleich mitgibt. Darin erklärt er seine Bereitschaft zu kommen, verzichtet aber auf jedes Honorar.

> Beklagenswert ist das menschliche Leben, weil die unerträgliche Geldgier es durch und durch wie ein eisiger Hauch durchdringt. Mögen doch lieber alle Ärzte dagegen zusammenstehen in dem Willen, eine Krankheit völlig zu heilen (11. Brief, IX 328 L.).

Die Abgesandten aus Abdera haben dem Kurier noch einen zweiten (hier nicht mitgeteilten) Brief eines alten Freundes mitgegeben, bei dem Hippokrates anlässlich seines Besuches in Abdera wohnen solle. Darauf antwortet Hippokrates dankend (12. Brief) und fügt hinzu, dass er aus Bemerkungen des Einladungsbriefes den Eindruck gewonnen habe, Demokrit sei gar nicht krank, sondern die Symptome der Zerstreutheit, der Teilnahmslosigkeit am öffentlichen Leben, sein beständiges Lachen, schließlich seine schlechte Hautfarbe deuteten auf höchste wissenschaftliche Konzentration, wie dies gerade bei Melancholikern vorkomme, die Hippokrates hier als schweigsame, menschenscheue Einzelgänger charakterisiert. Zur Vorbereitung der Reise nach Abdera trifft Hippokrates praktische Vorkehrungen. Er richtet (Brief 13) an seinen Freund Dionysios die Bitte, nach Kos zu kommen, in seinem Hause zu wohnen und auf seine Frau aufzupassen, «damit sie während der Abwesenheit des Mannes nicht an andere Männer denkt» ... «die Frau braucht immer einen Warner, denn in ihr liegt von Natur das Ungezügelte» (IX 336 L.). Im folgenden (14.) Brief bittet Hippokrates seinen Freund Damagetos in Rhodos, offenbar ein Reeder, bei dem Hippokrates kürzlich zu Gast war, er möge ihm ein Schiff für die Reise nach Abdera zur Verfügung stellen, und zwar ein schnelles, nicht mit Rudern, sondern mit Segeln ausgestattet. Der nächste (15.) Brief richtet sich wieder (wie der 12.) an seinen Gastfreund Philopoimen. Diesem berichtet Hippokrates von einem Traum, in dem ihm Asklepios die Hand ausgestreckt habe, aber auf seine Bitte, ihm bei der Behandlung Demokrits beizustehen, gesagt habe: Du brauchst mich gar nicht. Hippokrates deutete den Traum dahingehend, dass Demokrit gar keines Arztes bedürfe. Im Traum habe Hippokrates zwei allegorische Gestalten gesehen, die Wahrheit und die Einbildung. Die Wahrheit sei, dass Demokrit gar nicht krank ist, die Einbildung weise auf die gegenteilige Annahme der Abderiten. Sicherheitshalber aber will Hippokrates Heilkräuter nach Abdera mitbringen. So schreibt er an den besten ihm bekannten Kräutersammler (Brief 16), er möge ihm möglichst harte und scharfe Kräuter sammeln, wie sie sich im Gebirge und auf hohen Gipfeln finden, wo der Boden härter ist. Aber auch andere Kräuter, Blätter, Blüten und Wurzeln solle er schicken, immer in der Hoffnung, sie gar nicht anwenden zu müssen.

Schließlich ist Hippokrates in Abdera und trifft Demokrit. Er berichtet davon (im 17. Brief) seinem Freund Damagetos, dem Reeder aus Rhodos. Hippokrates, so schreibt er, sei in Abdera von einer riesigen Menschenmenge empfangen worden, die in ihm den Retter der ganzen Stadt gesehen habe. Dann die Begegnung. Demokrit allein, barfuß, unter einer Platane sitzend. Neben ihm lagen aufgehäuft tote Tiere, die er seziert hat. Gelegentlich stand er auf, ging umher, dann machte er vornübergebeugt Notizen. Die umstehenden Abderiten sehen ihre Vermutung, Demokrit sei geistesgestört, bestätigt. Hippokrates aber trifft Demokrit, als dieser gerade eine Schrift über die Geistesstörung verfasst. Und die Tiere hat er seziert zur Erforschung der Lage und Beschaffenheit der Galle, weil sie im Übermaß die Ursache für den Unverstand der Menschen sei. Dann kommt es zu einem intensiven Gespräch zwischen Demokrit und Hippokrates. Demokrit begründet sein Lachen als Lachen über die Torheit des Menschen mit Worten, die uns wohl auch heute berühren:

Der Mensch ist angefüllt mit Torheit und leer an richtigen Taten. Er ist kindisch in all seinen Plänen, ganz nutzlos leidet er unendliche Mühen, in der Maßlosigkeit seiner Begierde durchwandert er die Grenzen der Erde. Silber und Gold schmelzt er und er hört nicht auf in diesem Besitzstreben, immer nach dem Mehr schreiend, bis er selber kleiner wird. Er schämt sich nicht einmal, sich glücklich zu nennen, weil er die Schlünde der Erde durchgräbt ... Die Menschen suchen nach Silber und Gold, spähen nach Spuren im Sand und nach Goldstaub, sammeln Staub von hier und dort und schneiden die Adern der Erde auf, machen aus der mütterlichen Erde Klumpen, um Gold zu gewinnen. Und diese eine und dieselbe Erde, die sie bewundern, treten sie mit Füßen. Es ist lächerlich: in die verborgene Erde sind sie verliebt, die sichtbare aber misshandeln sie ... Sie beeilen sich, Frauen zu nehmen, die sie nach kurzer Zeit davonjagen, sie verlieben sich und hassen danach, sie zeugen mit Leidenschaft Kinder und verstoßen sie, wenn sie herangewachsen sind ... Haben sie kein Vermögen, so ersehnen sie es, haben sie es, machen sie es unsichtbar ... Sie haben Streit mit Brüdern, Eltern, Mitbürgern über einen solchen Besitz ... Sie bringen sich gegenseitig um, sie sehen über die Not ihrer Freunde und Städte hinweg ... Sie trachten nach dem, was nicht leicht zu haben ist. Wenn sie auf dem Festland wohnen, verlangen sie nach dem Meer, und wenn sie auf Inseln sind, streben sie zum Festland. Sie verdrehen alles nach ihrer eigenen Begierde (IX 360 L.).

Das Lachen des Demokrit ist also ein Lachen über den Unverstand der Menschen und keine Krankheit. Hippokrates stimmt zu; das Lachen sei ein angemessenes Mittel, das mühselige Treiben der Menschen zu verachten. Aber es gibt doch, so argumentiert Hippokrates, auch die Forderungen des praktischen Lebens, ökonomische Aufgaben und Teilhabe am öffentlichen Leben. Es zeigt sich, dass das Bekenntnis Demokrits und die Einwände des Hippokrates Ausformungen der in der philosophischen Tradition spätestens seit Aristoteles etablierten Lebensformen des theoretischen und des praktischen Lebens (vita contemplativa, vita activa) darstellen.

Demokrit leuchten die Einwände des Hippokrates überhaupt nicht ein, weil er das rechte Maß zwischen Gemütsruhe und Unruhe nicht überschaue. Da aber auch die Menschen ganz allgemein das rechte Maß nicht fänden, halte Demokrit sein Lachen für gerechtfertigt. Erneut beklagt er an vielen Beispielen die Unvernunft der Menschen, um schließlich zu dem Resümee zu gelangen:

> Der ganze Mensch ist von Geburt aus eine Krankheit. Als kleines Kind ist er unnütz und der Hilfe bedürftig; wächst er heran, ist er frech, unvernünftig und in der Hand von Erziehern, in der Vollkraft tollkühn, im Alter bedauernswert (IX 372–374 L.).

Nach weiteren Tiraden erklärt Hippokrates sich überzeugt und Demokrit für den weisesten Menschen. Bei der Lektüre vergisst man leicht, dass die philosophischen Abhandlungen und direkten Gespräche zwischen Demokrit und Hippokrates Mitteilungen und damit Teil eines ca. 20 Seiten umfassenden Briefes des Hippokrates (Nr. 17) an den Freund Damagetos darstellen.

Im folgenden, sehr viel kürzeren 18. Brief kündigt Demokrit an, dem inzwischen offenbar wieder abgereisten Hippokrates die erwähnte Abhandlung über die Geisteskrankheiten schicken zu wollen. Jetzt belehrt er Hippokrates sogar in ärztlichen Fragen:

> Der Arzt soll die Leiden nicht nur nach dem Augenschein beurteilen, sondern nach dem Tatbestand und nach den Lebensperioden, ferner ob das Leiden erst anfängt oder in der Mitte steht oder aufhört, dabei die Verschiedenheiten, Jahreszeit und Alter beachten und so das Leiden behandeln und damit den ganzen Körper (IX 382 L.).

Die Abhandlung liegt in dem folgenden Brief 19 vor, aber sie stammt nicht (in der Fiktion des Briefschreibers) von Demokrit, sondern von Hippokrates. Denn es heißt ausdrücklich, «wie ich in der Schrift *Über die heilige Krankheit* gesagt habe», und: «wie ich im 5. Buch der *Epidemien* berichtet habe». Man hat darin die Antwort auf eine verlorene Darstellung Demokrits gesehen, was wahrscheinlicher ist als die Annahme, der Verfasser des Briefes unterstelle, dass Demokrit die zitierten Hippokrates-Schriften als sein geistiges Eigentum betrachte. Die Beschreibung der Geistesstörung in diesem Brief hält sich dann auch weitgehend an die in der Schrift *Über die heilige Krankheit* entwickelten medizinischen Grundsätze, vor allem in der Konzeption, wonach eine Geistesstörung durch ein unausgewogenes Verhältnis der beiden Grundsäfte Schleim und Galle entsteht.

Bei dem langen und schwierigen Brief 19 A fehlt jede Angabe über Verfasser und Adressaten.[8] Der Brief beginnt mit einer Polemik gegen frühere Ärzte, die sich in ihren Schriften über vieles ausschweigen würden. Diese Polemik erinnert an den Anfang der Schrift *Über die Diät* (S. 109), die der Briefschreiber vielleicht im Blick hatte. Der Brief ist dann eine langatmige Schilderung einer Geistesstörung, die als Epidemie auftritt und in Miasmen in der Luft eingeatmet wird, zum Gehirn dringt und dort eine Schädigung hervorruft.

Der 20. Brief von Hippokrates an Demokrit enthält allgemeine Bemerkungen über den Rang der Heilkunst. Hippokrates berichtet, dass die Heilkunst in keinem guten Ruf steht. Wird ein Patient gesund, so sieht man darin ein göttliches Einwirken, wenn jedoch ein Kranker stirbt, so macht man die Heilkunst dafür verantwortlich, die demnach insgesamt mehr Tadel als Anerkennung bekomme. Erneut berichtet Hippokrates, er sei gerufen worden, den angeblich geistesgestörten Demokrit zu heilen, und zwar unter Anwendung von Nieswurz. Obwohl er Demokrit gesund und bei vollem Verstand angetroffen und ihn als «den besten Erklärer der Welt und des Kosmos» erkannt habe, wolle er ihm doch seine Abhandlung über den Nieswurz schicken.

Der 21. Brief enthält diese Abhandlung. Nieswurz (Helleborus) wird als Purgationsmittel häufig im *Corpus Hippocraticum* erwähnt und in seiner Eigenart gekennzeichnet, so dass dieser Brief auf hippokratischer Anschauung basiert. Die Wurzel (Radix Hellebori) wird pulverisiert und, in einer Flüssigkeit aufgelöst, eingenommen. «Nieswurz» heißt das Mittel im Deutschen, weil es bei der Einnahme einen Niesreiz auslöst. Der Hippokrates des Briefes beruft sich mehrfach auf Schriften des Corpus (*Über die Diät bei akuten Krankheiten, Die Stellen am Menschen, Vorhersagungen*) und erörtert vor allem die Wirkung dieses Purgiertrunkes unter besonderer Berücksichtigung seiner Gefährlichkeit und den daher zu beachtenden Vorsichtsmaßnahmen.

Der 22. Brief fällt aus dem Rahmen der Korrespondenz zwischen

Demokrit und Hippokrates. Es handelt sich um einen Brief des Hippokrates an seinen Sohn Thessalos, dem er das Studium der Geometrie und der Arithmetik empfiehlt, und zwar gerade auch im Hinblick auf die Medizin. Denn Thessalos war natürlich auch Arzt. Die Geometrie mit ihren verschiedenen Formen sei nützlich für die Beschreibung der Lage von Knochen, das Einrenken von Gelenken und überhaupt für alle medizinischen Maßnahmen, die mit den Knochen zusammenhängen. Die Kenntnis der Arithmetik hilft bei der Berechnung von Krankheitsperioden und Krisenzeiten. Dieser und die beiden folgenden Briefe gehören nicht zu dem Ensemble der Korrespondenz zwischen Demokrit und Hippokrates aus Anlass der Begegnung in Abdera.

Zwar ist der 23. Brief wieder von Demokrit an Hippokrates gerichtet, aber kaum dazu angetan, Hippokrates zu belehren. Für sich genommen ist der Brief ein interessantes Dokument, das sich als Beitrag über die Bedeutung der Medizin als Element der allgemeinen Bildung verstehen lässt. Denn die Medizin wird als «Schwester und Hausgenossin» eines allgemeinen Wissens angesehen. In diesem Sinne werden einzelne Körperteile ‹vom Scheitel bis zur Sohle› kurz charakterisiert, so das Gehirn als «Herr und Wächter des Verstandes», die Augen als «Ursache des Sehens», der Mund zur «Artikulation der Worte», die Ohren als «Aufnahmeorgane der Worte». Zahlreiche weitere Körperteile werden in ihrer Funktion beschrieben, schließlich sogar das Schamglied in seiner Funktion für den Geschlechtsverkehr. Von all diesen Dingen soll auch der Laie etwas verstehen.

Im letzten (24.) Brief gibt Hippokrates Anweisungen für ein gesundes Leben an einen König Demetrios.[9] Dem König wird eine einfache Lebensweise empfohlen und er soll rechtzeitig auf am Körper auftretende Symptome achten, die auf eine Krankheit deuten könnten.

Aus der Gesamtheit der *Briefe* ragen diejenigen hervor, die die Begegnung zwischen Demokrit und Hippokrates und die sich anschließende Korrespondenz zwischen beiden zum Gegenstand haben (Briefe 10–21). Diese Briefe sind auch literarisch anspruchsvoll stilisiert und in ihren allgemeinen Aussagen über den Menschen und seine

Relation zu Krankheiten von bemerkenswerter Tiefe. Neben den Verabredungen über die Reise des Hippokrates nach Abdera zu Demokrit (Briefe 10-16) stehen in den Briefen 11-17 zwei miteinander in Verbindung stehende Themen im Vordergrund: das Lachen und die angebliche Geistesstörung des Demokrit. Das Lachen ist wohl zuerst in der Anekdotik des frühen Hellenismus, ausgehend von einer (verlorenen) Schrift Demokrits *Über das Lachen*, zum Thema geworden. Der erste erhaltene Beleg dafür findet sich in der im Jahre 55 v. Chr. abgefassten Schrift Ciceros *De oratore* (*Über den Redner*, II 235), wo Demokrit als Spezialist für die physiologischen Vorgänge beim Lachen (Lunge, Mund, Augen, Gesicht) genannt wird. Dass Demokrit selber der Lachende ist, belegt zuerst Horaz in einem seiner *Briefe* (II 1, 194, ca. 20 v. Chr.). Einige Jahrzehnte später bemerkt Seneca in seiner Schrift *Über den Zorn* (*De ira* II 10, 5), Demokrit sei nie in der Öffentlichkeit ohne Lachen aufgetreten. Hier ist der lachende Demokrit schon sprichwörtlich geworden und hat so weiter gewirkt, auch in der Malerei von der Renaissance an.[10]

Das zweite in den Briefen dominante Motiv ist das der angeblichen Geistesstörung, von der Demokrit befallen sein soll. Sie wird zunächst als Melancholie (als Überwiegen des Saftes der schwarzen Galle) gedeutet und der Melancholiker als derjenige beschrieben, der sich von der Menge entfernt, schweigsam ist, das menschliche Getriebe verachtet im Verlangen nach ungestörter Ruhe. Der hier mit «ungestörter Ruhe» wiedergegebene Begriff «Ataraxia» (ἀταραξία) ist in der Philosophie der Stoa zu einem zentralen Terminus im Sinne der Unerschütterlichkeit des klugen Menschen geworden, und so hat man nicht zu Unrecht in der Charakterisierung des Demokrit stoischen Einfluss vermutet. Ausgangspunkt für die Konzeption der Seelenruhe ist indes Demokrit selber, und zwar seine nur in wenigen Fragmenten greifbare Schrift *Über die Wohlgemutheit* (Περὶ εὐθυμίας). Hinzu kommt die zuerst bei Theophrast (371-287) in seiner (verlorenen) Schrift *Über die Melancholie* greifbare Umdeutung der Melancholie von einer reinen Krankheit zu einer Verfassung höchster wissenschaftlicher und künstlerischer Befähigung.[11]

Dieser Bedeutungswandel vollzieht sich immanent noch einmal in den Briefen selber von der zunächst vermuteten Geistesgestörtheit durch die Abderiten zu dem Befund des Hippokrates, Demokrit sei der weiseste aller Menschen (Brief 17).

Den vermuteten kynischen Einfluss[12] auf den Inhalt der Briefe sollte man nicht überschätzen. Vor allem fehlt in den Briefen die Hauptlehre der Kyniker von der völligen Bedürfnislosigkeit. So sind die Briefe im Ganzen ein achtbares Zeugnis für eine nicht allzu aufdringliche Wertschätzung des Hippokrates in einer geschickten Verbindung von Aussagen im *Corpus Hippocraticum* selber, Theorien des frühen Hellenismus und Anekdoten vor allem über Demokrit.

Der Verfasser ist kein Rhetor, der in der Gattung der Briefe glänzen möchte, sondern offenbar selber Arzt, worauf auch sein Pflichtbewusstsein und sein Bekenntnis zur Bedeutung der Medizin für alle Menschen weist. Was die Datierung betrifft, so ist das 1. Jahrhundert v. Chr. das frühestmögliche Datum.

Schließlich sind in das *Corpus Hippocraticum* noch ein Dekret und zwei Reden eingefügt. Das *Dekret* ist ein Beschluss von Rat und Volk der Athener zu Ehren des Hippokrates, abgefasst ganz im Stil überlieferter Ehrendekrete. Darin wird Hippokrates Dank abgestattet, weil er der Pest, «die vom Barbarenland herüber nach Hellas kam», Herr wurde, Schüler in einzelne Gegenden sandte, die seine Heilverfahren anwendeten, und weil er seine zahlreichen Schriften veröffentlichte. Der Autor des fiktiven *Dekrets* kennt also schon eine erste Sammlung hippokratischer Schriften, die wohl noch nicht mit unserem *Corpus Hippocraticum* identisch ist.

Dass das *Dekret* unecht ist, unterliegt keinem Zweifel. Falls mit der erwähnten Pest die Seuche gemeint ist, die Athen im Jahre 430 befallen hat und die im Urteil der Zeitgenossen und in der gleichzeitigen Geschichtsschreibung (Thukydides) als ein ganz markantes Ereignis wahrgenommen und gewertet wurde, hat der Verfasser des *Dekrets* sie anekdotisch aufgewertet als eine ganz Griechenland heimsuchende Seuche, um das Verdienst des Hippokrates in noch hellerem Licht erscheinen zu lassen. Möglich ist auch, dass eine ganz andere Pest gemeint ist, von der wir sonst nichts wissen, die allerdings in der *Gesandtschaftsrede* des Thessalos ebenfalls erwähnt ist. Das *Dekret* enthält den Beschluss, Hippokrates von Staats wegen in die Eleusinischen Mysterien einzuweihen, ihn bei den Großen Panathenäen mit Gold und Bekränzung zu ehren und allen jungen Männern von Kos zu gestatten, den Ephebendienst (eine Art Grundwehrdienst) in Athen zu absolvieren und umgekehrt. Eine solche Maßnahme gibt nur einen Sinn, solange Kos mit Athen verbündet war. Im Peloponnesischen Krieg gehörte Kos zum Attischen Seebund. Ferner soll Hippokrates das attische Bürgerrecht bekommen und die lebenslängliche Speisung im Prytaneion (dem Amtssitz der zu den höchsten Beamten gehörenden Prytanen). Es war dies in Athen eine besondere Ehrung für verdiente Bürger. Sokrates hatte sie – ironisch – in seinem Prozess für sich beantragt.

Abgefasst ist dieses *Dekret* in einer Zeit, als die Medizin ein allgemeines kulturelles Phänomen und Ausdruck griechischen Geistes war,[13] also wohl kaum vor dem 3. Jahrhundert v. Chr.

Die beiden ebenfalls im *Corpus Hippocraticum* überlieferten Reden sind sehr ungleich. In der kurzen *Altarrede* (Epibomios) spricht Hippokrates sehr selbstbewusst: «Ich bin Hippokrates, der Arzt aus Kos» zu den Thessalern. Er gibt sich als Schutzflehender, bekränzt am Altar, ein Ort wird nicht mitgeteilt. Aber er spricht zu allen Thessalern und berichtet, dass sein Name bereits überall hin gedrungen ist. Als Schutzflehender tritt er auf, weil Athen seine Macht missbraucht und Kos unterjocht habe.[14] Die Thessaler werden aufgerufen, ihn bei der Befreiung seiner Heimat zu unterstützen.

Sehr viel umfangreicher ist eine angebliche *Gesandtschaftsrede* des Thessalos, des Sohnes des Hippokrates. Hier handelt es sich nun wirklich um eine rhetorische Übung. Zu ihr gehört die als understatement gemeinte Versicherung des Verfassers, seine Redegabe sei gering (IX 428 L.). Aber es stimmt hier wirklich. Es ist eine langatmige Aufzählung von Wohltaten, die die Koer und Hippokrates mit seinem Sohn den Athenern erwiesen haben. Hippokrates habe sogar mit ihm, seinem Sohn, an der Sizilischen Expedition (415–413) im Peloponnesischen Krieg als begleitender Arzt teilgenommen. Da die Rede Einzelheiten aus der Geschichte von Kos enthält, hat man in ihr Exzerpte aus einem verlorenen Werk über Kos (τὰ Κωικά) eines sonst kaum bekannten Makareus gesehen, der im letzten Viertel des 3. Jahrhunderts v. Chr. Priester in Delphi und an der koischen Tradition interessiert war.[15] Die Rede ist wohl das schwächste Stück im *Corpus Hippocraticum*.

IV.
ASKLEPIOS UND DIE ASKLEPIOSMEDIZIN

Name und Gestalt des Asklepios (römisch: Aesculapius) hat zu allen Zeiten eine große Faszination ausgeübt. Auch hat die Forschung sich neuerdings wieder intensiv dieser schwer zu fassenden Gestalt angenommen.[1] Schon der in mehreren Varianten überlieferte Geburtsmythos ist ungewöhnlich. In der ursprünglichen, auf Hesiod zurückgehenden Fassung lautet er: Apollon hatte sich in die schöne Koronis verliebt, die Tochter des Lapithen Phlegyas. Die Lapithen waren ein in Thessalien beheimateter räuberischer Volksstamm, der in ständigen Kämpfen schließlich den Kentauren unterlag (S. 15). Koronis wurde von Apollon schwanger, ließ sich aber noch während der Schwangerschaft mit Ischys, Sohn des Lapithenfürsten Elatos, ein. Ob sie ihn förmlich heiratete, ist unklar. Apollon war natürlich empört, als er von diesem Verhältnis erfuhr, unterrichtet von seinen schwarzen Raben, die ihm die Nachricht nach Delphi brachten. Apollon tötet beide, Koronis und Ischys, sei es (das wird verschieden überliefert) durch seinen Blitzstrahl, sei es durch Pfeile, die er zusammen mit der Göttin Artemis abschießt, so auf Vasenbildern. Als Koronis schon auf dem Scheiterhaufen lag, rettete Apollon das noch ungeborene Kind «durch den ersten Kaiserschnitt der Medizingeschichte».[2] So kam Asklepios auf die Welt. Apollon lässt Asklepios dann von dem weisen Kentauren Cheiron aufziehen, also von einem Angehörigen des Volksstammes, für den die Lapithen Feinde waren. Es gibt Varianten des Mythos. So ist es bei Pindar (*Pyth.* 3, 25–29) die Allwissenheit des Apollon, der die Raben als Informationsträger nicht nötig hat, und manches andere.[3] Deutlich ist, dass dieser Mythos auf Thessalien in Nordgriechenland weist, wo denn auch Asklepios in der Stadt Trikka nach dem Zeugnis Homers gelebt und als Fürst und Arzt gewirkt hat.

Neben diesem Mythos gibt es noch ganz andere Geburtsmythen, so in Messenien, Lakonien und Arkadien, die alle zum Ziel haben, Asklepios für sich zu reklamieren.[4] Durchgesetzt hat sich aber weitgehend die thessalische Fassung. Aber auch der Mythos vom Tode des Asklepios ist ganz ungewöhnlich. Asklepios habe seine Grenzen als Arzt überschritten und sei dafür durch den Blitzstrahl des Zeus getötet worden.

In seinem Leben hat er nicht ausschließlich, aber doch überwiegend als allseits bewunderter Arzt gewirkt, und zwar im kulturellen Gedächtnis der Griechen als Heros auf einer Stufe stehend mit Achill, Prometheus und andere mythischen Helden. Dass seine beiden Söhne, Machaon und Podaleirios, ebenfalls Ärzte wurden, galt als selbstverständlich. Im Laufe der Zeit hat dann die spätere mythographische Literatur die Taten ausgeweitet. So soll er andere Heroen wie Herakles geheilt und eine ganze Reihe von Toten zum Leben erweckt haben.[5] Für die Wiedererweckung des Glaukos, Sohn des Minos, soll er die Schlange als heiliges Tier erhalten haben. Auch andere Wundertaten wurden ihm retrospektiv zugeschrieben, so dass Asklepios von Anfang an als Ahnherr der späteren Heilungswunder in den Asklepiosheiligtümern gelten konnte. Als Gott ist er aber zunächst noch nicht angesehen worden, sondern als ein Heros mit Geburt und Tod.

Entsprechend gab es auch zunächst nur einen Heroenkult. Er ist von seinem Grab in Trikka ausgegangen, wo denn auch das erste Asklepieion errichtet worden war. Darauf weisen auch einige literarische Zeugnisse, die allerdings erst aus dem 3. Jahrhundert v. Chr. stammen.[6] Hier ist Asklepios als Heilheros verehrt worden, und zwar im 6. Jahrhundert v. Chr., als durch Homer (und andere Quellen) seine außerordentlichen ärztlichen Fähigkeiten allgemein bekannt wurden und die griechische Polis in ihrer Struktur so gefestigt war, dass Kulte dieser Art auch eine öffentliche Angelegenheit sein konnten. Etwa zur gleichen Zeit dürfte der homerische *Hymnos auf Asklepios* entstanden sein:

> Auf den Heiler der Krankheiten, Asklepios stimme ich mein Lied an,
> den Sohn Apolls, den die hehre Koronis gebar,
> die Tochter des Königs Phlegyas auf Dotions Feldern.

Große Freude bist du für die Menschen, Besänftiger schlimmer
Schmerzen.
Und nun sei so gegrüßt. Ich bete zu dir im Gesang.
(Homer, *Hymnen* 16, 1–5 = T 31 Edelstein).

Asklepios ist also zunächst nicht als Gott, sondern als Heilheros verehrt worden. Eine göttliche Komponente hatte er von Anfang an als Sohn Apolls, also als Halbgott, wie etwa auch Prometheus, der ebenfalls kultisch verehrt wurde und auch von Zeus (hier für den Feuerraub) bestraft werden konnte. Wunderheilungen sind für die frühe Zeit nicht belegt und noch nicht anzunehmen. Ebenso gab es zunächst noch keinen Gegensatz zwischen Asklepios und der sich etablierenden rationalen Medizin. Und so ist denn Hippokrates auch immer als Asklepiade angesehen worden. An einigen Stellen ist der Asklepioskult an die Stelle eines älteren Apollonkultes getreten, so auch auf Kos.[7]

Von besonderer Bedeutung ist die Einrichtung des Asklepioskultes in Epidauros, die zu Beginn des 5. Jahrhunderts v. Chr., möglicherweise schon früher, erfolgte.[8] Auch hier ging ein Apollonkult voraus. Jetzt bekommt Asklepios auch einen neuen Geburtsmythos, der Ausdruck des Anspruchs auf Priorität seitens Epidauros gegenüber Asklepios ist. Demnach sei Phlegyas, der Lapithe, auf die Peloponnes gekommen, um die Gegend für einen geplanten Raubzug auszukundschaften. Seine Tochter Koronis, die von Apollon schon schwanger war, habe ihn dabei begleitet. Sie kamen nach Epidauros, wo Koronis den Knaben Asklepios gebar. Er wurde ausgesetzt, eine weidende Ziege nahm sich seiner an, der Hund eines Hirten beschützte das Kind. Als der Hirte bemerkte, dass Hund und Ziege sich von der Herde entfernt hatten, begab Phlegyas sich auf die Suche, fand das Kind bei den beiden Tieren, das er zunächst töten wollte. Dann aber bemerkte er einen hellen Lichtglanz um das Kind und erkannte so dessen göttlichen Charakter.[9] Es ist dies eine von mehreren Kultlegenden, in diesem Falle, um Asklepios für Epidauros zu reklamieren.

Inzwischen ist Asklepios zum Gott avanciert; jedenfalls wird er in Epidauros als Gott verehrt. Die ersten Darstellungen, auf denen er mit

Abb. 7: Asklepios, römische Kopie
nach Vorbild des 4. Jahrhunderts,
Neapel, Museo Archeologico
Nazionale

Abb. 8: Asklepios,
Trihemidrachmon von Epidauros,
350–330 v. Chr.

Stab und Schlange erscheint, stammen aus dem 4. Jahrhundert v. Chr. Es ist vor allem eine ca. 2,50 Meter hohe Statue des Asklepios, der sich auf den Stab stützt, um den sich eine Schlange windet, gewiss eine römische Kopie, aber nach einem Vorbild des 4. Jahrhunderts v. Chr., das nicht erhalten ist. Aus der gleichen Zeit (ca. 350 v. Chr.) stammt eine Münze (3 ½ Drachmen), auf der Asklepios abgebildet ist, auf einem Stuhl sitzend, in der rechten Hand die Schlange haltend, mit dem linken Arm sich auf einen Stab stützend.[10] Die Schlange ist als Symbol des Asklepios gutartig, im Unterschied zur Schlange als Inkarnation erdgebundener Gottheiten. Man hat sie als ungiftige Baumschlange (Coluber longissima) identifiziert, denn sie kommt ja während des Heilungsvorganges mit den Kranken in Berührung.

Das Asklepiosheiligtum in Epidauros gewann rasch an Bedeutung. Von ihm gingen zahlreiche Tochtergründungen aus, von denen die Filiale in Athen als ein frühes Zeugnis der Kultübertragung besonderes Interesse beanspruchen kann. Die Kultübertragung ging so vor sich, dass ein Schiff von Epidauros mit dem Kultbild oder der Kultstatue des Asklepios zunächst im Hafen Zea in Piraeus landete. Die weiteren Einzelheiten sind auf einem Urkundenrelief an einer Stele (freistehender Pfeiler) mit reichem Bildschmuck festgehalten.[11] Danach ist es aufgrund eines Orakels einem Bürger aus Acharnai bei Athen namens Telemachos zugefallen, Asklepios (also sein Kultbild) vom Hafen abzuholen und in ein neu zu errichtendes Heiligtum am Südabhang der Akropolis zu überführen. Daher spricht man von der «Telemachos-Stele». Diese Überführung fand während der Feier der Großen Mysterien des Jahres 420/19 statt, also zur Lebenszeit des Hippokrates. Das Datum ist auch sonst bemerkenswert. Im Peloponnesischen Krieg war gerade der Frieden des Nikias geschlossen worden, der sich bald als brüchig erweisen sollte, aber ein Innehalten bedeutete, in dem das Verlangen entstand, diesen Gott des Heilens jetzt auch in Athen zu haben. Sicher hat es in dieser Zeit des ‹faulen Friedens› gerade auch in Athen viele Kranke und Verwundete gegeben, wohl auch Menschen, die der psychischen Therapie bedurften, auch Gefangene, die jetzt ausgetauscht wurden und naturgemäß geschwächt waren. Und wie zu allen Zeiten gab es eine Sehnsucht wohl auch Verzweifelter nach einer Alternative zur rationalen Schulmedizin. Jedenfalls wollte man jetzt den Gott der Heilkunst, Asklepios, in der eigenen Polis haben. Seine Therapie wurde dann als Ergänzung, nicht als der Schulmedizin gegenüber ausschließlicher Weg empfunden.

Mit der offiziellen Anerkennung des Asklepioskultes wurde dann ein stattliches, im 4. Jahrhundert v. Chr. noch einmal erweitertes Heiligtum errichtet, dessen eindrucksvolle Reste auch heute noch besichtigt werden können. Neben Altar und Tempel wurde eine Säulenhalle (Portikus) errichtet, in der die Heilungssuchenden sich niederlegten. Es gab auch eine kleine Quelle, in der die Kranken rituelle Waschungen vornahmen.

Über den Vorgang des Heilens im Asklepiosheiligtum zu Athen gibt es einen Bericht, der auch deshalb besonderes Interesse beansprucht, weil es sich um die früheste erhaltene Quelle für den Heilungsprozess dieser Art handelt. Der Bericht steht in der 388 v. Chr. im Dionysostheater zu Athen aufgeführten Komödie *Plutos* des Aristophanes. Plutos, der personifizierte Reichtum, ist blind und verteilt daher seine Mittel unterschiedslos an rechtschaffene Menschen und an Gauner, denn er sieht nicht, wen er mit Geld und Besitz beglückt. Eine gerechte Verteilung kann nur gelingen, wenn man Plutos von seiner Blindheit heilt, ihn also wieder sehend macht, damit er dann nur anständige Leute beglückt. Die Heilung von der Blindheit erfolgt durch Asklepios in seinem Heiligtum und der Sklave Karion berichtet den Vorgang:

> Wir führten ihn zuerst ans Meer und wuschen ihn. ... Dann gingen wir zurück zum Heiligtum des Gottes.[12] Nachdem wir am Altar unsere Opfer, Brot und Kuchen geweiht hatten für die Flamme des Hephaistos, legten wir den Plutos ins Bett, wie es üblich ist. Wir machten uns ein Strohlager daneben. ... Der Tempeldiener löschte die Lichter und trug uns auf, zu schlafen und ganz ruhig zu sein, auch wenn einer (von uns) ein Geräusch vernehmen sollte. Wir alle lagen nun in guter Ordnung. Ich aber konnte nicht schlafen. Eine Schüssel von Weizenbrei stach mir in die Nase, die etwas oberhalb des Kopfes einer alten Frau stand. Dahin zu kriechen begehrte ich geradezu dämonisch. Als ich dann die Augen aufschlug, sah ich den Priester, wie er die Kuchen und Feigen vom heiligen Tisch wegschnappt. Dann ging er um alle Altäre im Kreis, ob irgendwo noch ein Opferkuchen übrig geblieben sei. Das sammelte er dann in seinen Sack. Und da machte ich mich, in dem Glauben die Sache sei ganz heilig, zu der Schüssel mit dem Weizenbrei auf. ... Als die Alte mein Geräusch bemerkte, erhob sie sich und griff nach dem Topf. Da aber zischte ich und biss, als wäre ich die heilige Schlange. Sie aber zog rasch die Hand zurück, hüllte sich wieder in die Decke und blieb ganz still. Vor Angst stank sie noch schärfer als ein Wiesel. Und ich verschlang den Weizenbrei. Als ich dann satt war, legte ich mich zur Ruhe. ... (Der Gott) ging ringsherum von Bett zu Bett, untersuchte und musterte die Kranken ... zuerst nahm er sich Neokleides vor, rieb Salbe und Knoblauch zusammen in den Mörser, mischte Feigensaft und Meerzwiebel zusammen. Damit bestrich er ihm die Augenlider, umgestülpt, denn so beißt es mehr (654–722 = 420 Edelstein).

Anschließend wird berichtet, wie der Gott den blinden Plutos wieder sehend macht. Er betastet den Kopf, wischt ihm mit einem reinen Tuch die Lider ab. Aus dem Hintergrund erscheinen zwei Schlangen und lecken ihm die Lider und plötzlich steht Plutos aufrecht und kann wieder sehen.

Diese Schilderung ist mit der Lizenz der Komödie karikierend und übertrieben. Aber es bleibt ein Kern: Heilsuchende bringen Opfer dar, legen sich in einen Tempelschlaf (Inkubation) und es erscheint ihnen (im Traum) der Gott, der sie mit Medikamenten (Salben), aber auch mit Hilfe der heiligen Schlange behandelt, und zwar so, dass die Heilung den Charakter einer Wunderheilung annimmt. Das Zeugnis der Komödie ist aber auch deshalb interessant, weil alle anderen Schilderungen von Heilungen durch Asklepios, soweit sie überliefert sind, aus späterer Zeit stammen.

Das Hauptzentrum des Asklepioskultes blieb aber weiterhin Epidauros. Von hier aus gingen zahlreiche Filialgründungen aus, aber auch unabhängig von Epidauros entstanden viele Asklepiosheiligtümer. Insgesamt hat man auf dem griechischen Festland 159 Kultorte für Asklepios ermittelt, dazu noch 192 Orte im griechischen Kolonialgebiet. Dazu kommen noch ca. 400 Kultorte im nichtgriechischen Gebiet vor allem in der römischen Kaiserzeit. Asklepios wurde damit im Laufe der Zeit zu dem mit Abstand am meisten verbreiteten griechischen Gott.[13]

Das Asklepiosheiligtum auf der Insel Kos ist keine Filialgründung von Epidauros, sondern entstand nach dem Synoikismos mehrerer Orte zu der neu gegründeten Polis Kos (366/5) an der Stelle eines kleinen Haines des Apollon-Kyparissios. Es gab ja eine Kultverbindung zwischen Apollon und Asklepios schon vom Geburtsmythos her. Es ist möglich, dass es vorher auf der Insel kleinere Kultorte des Asklepios gegeben hat, zumal die Ärzte vor und um Hippokrates sich als «Asklepiaden» bezeichnet haben, aber es fehlt eine eindeutige Bezeugung. Auf der anderen Seite ist damit zu rechnen, dass das große Asklepieion bald nach dem Synoikismos, nicht erst im 3. Jahrhundert v. Chr., errichtet wurde,[14] vielleicht auch im Gedenken an den erst einige Jahre vorher verstorbenen Hippokrates, der immer als Bürger von Kos angesehen wurde, mag er auch die meiste Zeit seines Lebens nicht auf der Insel verbracht haben. Jedenfalls entwickelte sich das Asklepieion, entdeckt von dem deutschen Archäologen Rudolf Herzog,[15] rasch zum Hauptheiligtum der Insel. Es wurde mehrfach, auch in römischer Zeit, erweitert, so dass der heutige Besucher die Reste eines eindrucksvollen Ensembles mit der großen Terrassenmauer, Freitreppe, kleinem und großem Tempel, Altar für Opfer und Gebete, Thermen, Brunnen, Badeanlagen besichtigen und einordnen kann.

Einen lebendigen Eindruck von der Kultpraxis im Asklepiosheiligtum in Kos vermittelt der Dichter Herondas (oder Herodas) im vierten seiner 1891 auf Papyrus entdeckten *Mimiamben*. Herondas, der um die Mitte des 3. Jahrhunderts v. Chr. in Kos gelebt hat, schildert in diesem Gedicht mit dem Titel *Weihende und opfernde Frauen*, wie zwei einfache Frauen in früher Morgenstunde am Heiligtum des Asklepios Opfer darbringen (T 482 Edelstein). Das Gedicht beginnt mit einer Anrufung an Asklepios, «der du Herrscher von Trikka bist und das liebliche Kos und Epidauros zu deiner Wohnstatt gemacht hast». Dann wird die Darbringung der Opfer geschildert, für die sich der Tempeldiener bedankt, der die Mahnung hinzufügt, die Opfernden sollen auch noch geweihtes Brot in den Mund der Schlange legen und einen Hahn tranchieren, wobei die Knochen (mit dem umgebenden Fleisch) dem Tempeldiener gehören. Die Opferung des Hahnes war ein symbolischer Akt. Platon berichtet, die letzten Worte des Sokrates an seine in der Sterbestunde anwesenden Freunde seien gewesen: «Wir schulden dem Asklepios noch einen Hahn. Bringt das in Ordnung und vergesst es nicht» (*Phaidon* 118 A).

Das Zentrum des Asklepioskultes für die ganze griechische Welt blieb aber Epidauros. Hier hatte sich im Laufe der Zeit durch ständige Erweiterungen der Bauten ein regelrechter Kurbetrieb entwickelt. Dazu gehörte auch das Anfang des 3. Jahrhunderts v. Chr. errichtete, fast unversehrt erhaltene Theater mit der kreisrunden Orchestra, mit den in Sektoren geteilten Sitzreihen für die Zuschauer, der gut erkennbaren Parodos (Zugang) für die Schauspieler und vor allem der wunderbaren Akustik, die zu testen kaum ein Tourist unterlassen kann. Aufführungen von Tragödien waren hier keine religiöse oder politische Angelegenheit mehr, sondern dienten (wie heute) dem Unterhaltungsbedürfnis der oft von weither angereisten Heilungssuchenden. Die riesige Anlage des Asklepieion erstreckte sich südwestlich der Polis Epidauros in einem Ruhe ausstrahlenden Bergtal. Durch die Grabungen von 1881–1927 kam «eine der größten und prächtigsten Heiligtumsanlagen ganz Griechenlands zum Vorschein».[16] Der Reiseschriftsteller Pausanias hebt hervor, dass die Kultstatue des Asklepios in seinem Tempel ganz aus Elfenbein und Gold gemacht, aber nur halb so groß sei, wie die des olympischen Zeus in Athen. Weiter heißt es: «Er sitzt auf einem Thron, einen Stab haltend, und die andere Hand hält er über den Kopf der Schlange. ... Dem Tempel gegenüber ist der Ort, wo die den Gott um Hilfe Bittenden schlafen» (II 27).

Das 3. Jahrhundert v. Chr. war eine Blütezeit für das Asklepieion in Epidauros. Jetzt, im Hellenismus, als die Menschen globaler dachten und lebten als in der klassischen Poliskultur, kamen sie von überall her, um in Epidauros Heilung zu suchen. In dieser Zeit setzt auch die inschriftliche Überlieferung ein. Eine Gestalt besonderer Art ist dabei der Dichter Isyllos von Epidauros.[17] Seine Gedichte von mäßiger Qualität in verschiedenen Versmaßen und in dorischem Dialekt finden sich auf einer im Tempelbezirk des Asklepios 1885 gefundenen Marmorsäule, die etwa 280 v. Chr. aufgestellt wurde. Diese Gedichte enthalten den epidaurischen Geburtsmythos des Asklepios und Anweisungen für eine Prozession ausgewählter Bürger «in langen Haaren und weißen Kleidern» zu den Tempeln von Apollon und von Asklepios, ein offenbar von Isyllos begründetes Ritual.

Nördlich und nordwestlich gegenüber des Asklepiostempels lag eine lange, zum Teil zweistöckige Halle, in der die Heilungssuchenden sich zum Schlaf niederlegten, um im Traum geheilt zu werden. Pausanias berichtet (II 27), dass innerhalb des heiligen Bezirks viele Stelen standen, von denen zu seiner Zeit noch sechs erhalten seien. Weiter heißt es bei Pausanias: «Auf ihnen sind die Namen von Männern und Frauen verzeichnet, die von Asklepios geheilt wurden, und dazu die Krankheit, an der jeder litt, und wie er geheilt wurde.» Diese Inschriftenplatten sind auch heute noch erhalten.[18] Es handelt sich um 66 Berichte von Wunderheilungen (Iamata). Stets wird der Name des Patienten mitgeteilt, gelegentlich, aber nicht durchgehend, auch sein Herkunftsort. So erfährt man, dass Heilsuchende aus Epidauros selbst, aber auch aus Athen, Lampsakos, Lakonien, Thasos, Chios, Epirus, Theben, Herakleia, Messene, Troizen, teilweise also von weit her, gekommen sind, um Heilung zu suchen. Hier einige Beispiele:

> Ein Mann, der die Finger der Hand nicht rühren konnte bis auf einen, kam zu dem Gott als Bittflehender. Als er die Weihetafeln in dem Heiligtum betrachtete, war er ungläubig gegen die Heilungen und machte sich lustig über die Inschriften. Als er sich zum Schlaf niederlegte, sah er eine Erscheinung: Er träumte, dass er unterhalb des Tempels Würfel spielte. Als er mit dem Würfel werfen wollte, sei ihm der Gott erschienen. Er sei ihm auf die Hand gesprungen und habe ihm die Finger gestreckt. Als er weggegangen sei, da schien es ihm (im Traum), er habe seine Hand gekrümmt und jeden Finger einzeln ausgestreckt. Nachdem er alle Finger gerade gestreckt habe, da habe ihn der Gott gefragt, ob er noch ungläubig sein wolle gegen die Inschriften auf den Weihetafeln im Heiligtum. Da habe er «Nein» gesagt. «Weil du vorher ungläubig gegen sie warst, die doch nicht unglaubhaft waren, so soll, das habe der Gott gesagt, dein Name Der Ungläubige sein.» (A 3).

Wie man sieht, kann der Gott nicht nur heilen, sondern auch strafen.

> Euhippos trug eine Lanzenspitze sechs Jahre im Kiefer. Als er im Heilraum schlief, nahm ihm (im Traum) der Gott die Lanzenspitze heraus und gab sie ihm in die Hände (A 12).

> Ein Mann mit einem Geschwür im Bauch. Dieser sah im Heilraum einen Traum. Er träumte, der Gott befehle den Gehilfen in seinem Gefolge, ihn zu ergreifen und festzuhalten, um ihm den Bauch aufzuschneiden. Da sei er geflohen, sie hätten ihn aber ergriffen und an einen Türring gebunden. Hierauf habe Asklepios den Bauch aufgeschlitzt, das Geschwür herausgeschnitten, und (den Bauch) wieder zugenäht. Dann sei er von den Fesseln gelöst und daraufhin kam er gesund heraus. Der Fußboden im Heilraum war aber voll von Blut (B 27).

Diese beiden (und noch weitere) Heilungswunder berichten von chirurgischen Maßnahmen und auch von «Gehilfen» des Asklepios. Wie soll man sich das vorstellen? Steht eine wirkliche Operation im Hintergrund oder träumt der Kranke, dass eine Operation an ihm vorgenommen wurde? Dabei ist zu bedenken, dass die hippokratische Medizin Operationen dieser Art noch nicht kannte, die erst durch den Arzt Erasistratos in der ersten Hälfte des 3. Jahrhunderts v. Chr. belegt sind, und «nicht daran zu denken (sei), dass solche Kuren zur Zeit der Iamata schon in Epidauros bekannt gewesen wären».[19] Dann wären derartige Berichte nicht «Niederschläge einer fortgeschrittenen Chirurgie, sondern Phantasieprodukte, die aus volkstümlichen Anschauungen ... herausgewachsen sind».[20] Da man in Epidauros aber auch ärztliche Instrumente gefunden hat, ist eine Beurteilung schwer.

> Ein Mädchen stumm. Als sie im Heiligtum herumlief, sah sie eine Schlange von einem der Bäume herabkriechen. Voller Furcht schrie sie sofort nach ihrer Mutter und ihrem Vater. Dann ging sie gesund weg (C 44).

> N. N. seit langem stumm. Sie schlief im Heilraum und hatte einen Traum. Sie träumte, sie bitte um Sprache. Da habe der Gott ihre Zunge berührt. Als sie erwachte, kam sie gesund aus dem Heilraum heraus (C 51).

Sprachstörungen dieser Art und ihre Behebung lassen sich noch am ehesten erklären. Es handelt sich dann um «die Affektheilung neurogener Funktionsstörungen»,[21] wie sie auch in der modernen Medizin vorkommt.

Insgesamt übten die auf den Stelen aufgezeichneten Heilungsgeschichten eine enorme Suggestivkraft auf den ankommenden Heilsuchenden aus. Gleichwohl ist nicht damit zu rechnen, dass der Kranke sofort Einlass in die Inkubationshalle bekam und durch einen einmaligen nächtlichen Heilschlaf am nächsten Morgen gesund herauskam. Abgesehen davon, dass sicher eine leider unbekannte Zahl von Patienten nicht geheilt werden konnte, mussten in den meisten Fällen Wartezeiten und gegebenenfalls eine längere Behandlungszeit in Kauf genommen werden, sogar bis zu vier Monaten.

> Demosthenes war gelähmt an den Beinen. Er kam in das Heiligtum und ging dann auf Stöcke gestützt herum. Als er sich (im Heilraum) zum

Schlaf niedergelegt hatte, träumte er, der Gott verordne ihm, vier Monate im Heiligtum zu bleiben, weil er in dieser Zeit gesund werden würde. Als er dann innerhalb der vier Monate am letzten Tag auf zwei Stöcken das Heiligtum betrat, kam er gesund wieder heraus (C 64).

Es bestand also die in Epidauros vorgenommene Heilung nicht nur aus einer einmaligen Traumvision. Vielmehr schlossen sich vor allem Wasserkuren an, gab es doch in Epidauros, wie bei allen Asklepiosheiligtümern, eine Quelle und Wasseranlagen, ein Brunnenhaus, ein Wasserreservoir,[22] um die Kranken durch Wasserkuren zu heilen, unseren Thermalbädern vergleichbar. Vielleicht gab es auch Besucher, die nur an derartigen Wasserkuren interessiert waren, ohne vorher in einer Inkubation Träume erfahren zu haben.

Hier gab es wohl auch eine Kooperation mit Ärzten, wie vor allem Funde von ärztlichen Instrumenten in Epidauros zeigen. Dabei ist zu bedenken, dass die im Heiligtum tätigen Priester, die in Epidauros (wie in Athen) jährlich gewählt wurden, «allenfalls rudimentäre medizinische Kenntnisse» besaßen und «nur in ganz wenigen Ausnahmefällen dem ärztlichen Berufstand» angehörten.[23] Gleichwohl blieb der Traum das spirituelle Zentrum des Kultes. Ist tatsächlich geträumt worden oder sind die Heilsuchenden in einen Trancezustand versetzt worden, in dem ihnen dann Heilrezepte mitgeteilt wurden? Die affektiven Zustände der Patienten mögen durcheinandergehen, doch ist der Traum wohl wirklich eingetreten, für den es von vornherein eine entsprechende Erwartungshaltung gab. Eine solche Erwartungshaltung ist vor allem dann ausgeprägt, wenn es sich um psychosomatische Krankheitsursachen handelt und eine Besserung durch einen Heilschlaf am ehesten erwartet werden kann. Eine Verbindung von Traum und Krankheit kennt auch die hippokratische Medizin. Danach hängt «ein furchterregendes Traumbild» damit zusammen, dass das Gehirn in Wallung gebracht wird, weil eine große Menge Blut in das Gehirn eindringt (*Über die heilige Krankheit* 15, VI 390 L.). Und im vierten Buch der hippokratischen Schrift *Über die Diät* heißt es ausdrücklich, dass die Psyche krankhafte Zustände des Körpers durch Träume anzeigt (2, IV 642 L.). Der Traum ist also auch eine Gegebenheit der hippokratischen Medizin, nur ohne die religiöse Komponente.

Die Fülle von Informationen, die man über die Vorgänge im Asklepiosheiligtum von Epidauros nicht nur aus den Inschriften über die Wunderheilungen, sondern auch aus historischen Quellen erhält, zeigt eindrucksvoll, dass diese insgesamt prächtige Anlage das Zentrum des Asklepioskultes überhaupt war. Auf ein unbekanntes Asklepieion beziehen sich einige Wundergeschichten, die im Kontrast zu den epidaurischen Berichten poetisch geformt sind, und zwar von dem Epigrammatiker Poseidipp (3. Jahrhundert v. Chr.). Im Jahre 2001 ist ein Papyrus veröffentlicht worden, der neben Epigrammen Poseidipps zu anderen Themen auch 32 Verse *Iamatica* (*Sammlung von Heilungsgeschichten*) enthält.[24] Sie beziehen sich auf ein namentlich nicht genanntes Asklepieion und erwähnen Wunderheilungen der verschiedensten Art. In jedem Fall wird der Name und meist auch die Herkunft des Heilsuchenden genannt. So heißt es, ein Fußkranker namens Anticharis konnte allein durch ein Opfer (wohl das übliche Voropfer) für Asklepios «dem Bett entfliehen, an das er lange Zeit gebunden war». Auch wird ein Heilungssuchender aus Kos namens Soses genannt, der von mehreren Krankheiten sechs Jahre lang geplagt war, darunter auch von der Epilepsie, und in einer einzigen Nacht von allen Leiden befreit wurde, wofür er Asklepios eine silberne Schale weihte. Ebenfalls sechs Jahre lang trug ein Mann namens Archytas ein Stück Bronze im Schenkel (wohl eine Kriegsverletzung) mit der Folge, dass er an einer eitrigen Wunde laborierte, die aber während eines Traumes verschwand. Ein Kreter, der an Taubheit litt, wurde unmittelbar nach seinen Gebeten an Asklepios (also wohl noch vor einem Heilungsprozess) wieder so hellhörig, dass er sogar gesprochene Worte durch eine Lehmziegelmauer hören konnte. Schließlich ist von einem Achtzigjährigen die Rede, der 25 Jahre lang blind war, dann spontan geheilt wurde, aber nach zwei Tagen starb.

Der Unterschied zu den nüchternen Heilungsberichten aus Epidauros und den Epigrammen des Poseidipp besteht darin, dass die oben erwähnten Verse in Sprache und Metrum (elegisches Distichon) poetisch geformt, aber auch in einer durchgehenden Sinngebung gehalten sind. So ist auffallend der durchweg betonte Gegensatz von langem Leiden und kurzer Heilung. Über den achtzigjährigen Blinden heißt es: «Er wurde gesund; nachdem er aber die Sonne nur zweimal erblickt hatte, sah er den mächtigen Hades.» So erscheint der Heilschlaf als Vorbote des endgültigen Schlafes und lässt die schnelle Heilung als begrenzt erscheinen gegenüber der mächtigeren Instanz des Todes. Diese poetische Sinngebung lässt jedoch nicht die Annahme zu, es handle sich um fiktive Fälle von Heilungen. Sie sind vielmehr schon durch die Angabe des Namens real und werden poetisch überhöht. Ob es sich um Heilungen in Epidauros handelt, muss offenbleiben.

Leider sind wir über die anderen Heiligtümer, insbesondere dasjenige von Kos nicht so gut unterrichtet. Zwar sind auch hier dank der archäologischen Ausgrabungen die Anlagen in ihren Dimensionen mit Altären, Tempeln, Hallen usw. bekannt, jedoch nicht, wie die Asklepiosmedizin im Einzelnen beschaffen war. Wir werden davon ausgehen können, dass in allen Filialgründungen von Epidauros auch Wunderheilungen stattfanden, wie es ja auch für Athen bezeugt ist. In Kos war es aber offenbar anders. Pausanias berichtet (III 23) von einer Expedition, die von Epidauros ausging, den spezifischen Epidauroskult auch in Kos, wohl im Sinne einer Filialgründung, einzuführen. Aber die Expedition misslang, weil die als Kultsymbol mitgeführte Schlange unterwegs aus dem Schiff sprang und im Meer unterging. So hat man in der «Gründung des koischen Asklepieions ein bewusstes Abrücken von dem Wunderbetrieb in Epidauros»[25] gesehen. Bedenkt man, dass etwa zur gleichen Zeit auf Kos als Haupt der nun doch inzwischen etablierten Ärzteschule der bedeutende Arzt Praxagoras in der Verfeinerung der hippokratischen Humoralpathologie und als Anatom, Diätetiker und Pharmakologe gewirkt hat, so rücken rationale Schulmedizin und Asklepioskult zumindest auf Kos wieder näher zueinander. Nicht zu Unrecht ist Hippokrates auch späterhin immer als Asklepiade angesehen worden. Dabei aber darf der zweifellos vorhandene grundlegende Unterschied zwischen der hippokratischen Medizin und der Asklepiosmedizin nicht überbetont werden. Es handelt sich um zwei nebeneinander bestehende und auch untereinander anerkannte Formen der Medizin, die auch im Hinblick auf die unterschiedlichen Leiden von den Patienten in Anspruch genommen worden sind.[26]

Asklepios und sein Kult lebten weiter, sowohl im republikanischen als auch im kaiserzeitlichen Rom. Die Kultübertragung nach Rom ist besonders gut dokumentiert.[27] Der Historiker Livius berichtet (X 47, 7), dass im dritten Samnitischen Krieg (Rom gegen den Stamm der Samniten in Samnium südlich der Apenninen) im Jahre 293 v. Chr. in Rom eine Seuche ausbrach, der man nicht Herr wurde. Daher wurden die (orakelähnlichen) Sibyllinischen Bücher befragt, die dazu rieten, Asklepios (jetzt: Aesculapius) von Epidauros nach Rom zu holen. Die Konsuln waren aber so sehr mit dem Krieg beschäftigt, dass die Überführung des Asklepios erst etwas später erfolgen konnte.

Die Überführung selber hat Ovid in seinen *Metamorphosen* (XV 626–744) farbenreich geschildert. Auch hier ist zunächst von der Seuche die Rede, der gegenüber menschliche Kunst versagte. Daher befragte man das Orakel in Delphi. Apollon antwortete: «Rufe nach meinem Sohn!» (also Asklepios). Darauf erfolgte ein Senatsbeschluss, man solle ein Schiff nach Epidauros senden, um Asklepios abzuholen. Asklepios verwandelt sich dann in eine Schlange (vertar in hunc, 661) – das ist die vom Thema des ovidischen Werkes geforderte Metamorphose –, und so nahm der Gott in Form einer Schlange auf dem Schiff seinen Weg nach Rom. Als das Schiff in den Tiber einfuhr, verließ die Schlange auf der Höhe der Tiberinsel das Schiff, schwamm zur Insel, auf der dann das Heiligtum des Aesculapius errichtet wurde. Eine Münze aus dem 2. Jahrhundert n. Chr. zeigt, wie Aesculapius als Schlange Rom erreicht und vom Flussgott Tiber begrüßt wird.[28]

Das Heiligtum in Epidauros selbst ist übrigens von den Soldaten Sullas (1. Hälfte des 1. Jahrhunderts v. Chr.) geplündert worden und kam dank eines Sponsors im 2. Jahrhundert n. Chr. wieder auf die alte Höhe.[29] Etwa zur gleichen Zeit ist das seinerzeit von Epidauros aus gegründete bedeutende Asklepiosheiligtum in Pergamon durch Hadrian prächtig ausgestattet worden. «Der Kurort war für alle Ansprüche der verwöhnten Asianer eingerichtet, Ärzte stellen sich neben dem Tross der Tempeldiener den Besuchern zur Verfügung, denen der Gott im Traum nicht nur heilkräftige Mittel gegen ihre Leiden offenbarte, sondern auch Rat in allen möglichen Lebensfragen.»[30]

Abb. 9: Aeskulap kommt als Schlange auf die Tiberinsel und wird vom Tiber begrüßt, Bibliothèque Nationale de France, Cabinet des Médailles, Paris

Aber auch im medizinischen Alltag der römischen Kaiserzeit war Aesculapius präsent.[31] Die medizinische Versorgung ruhte auf den verschiedensten Voraussetzungen. Neben Ärzten als reinen Praktikern spielten unterschiedliche kulturgeschichtliche Entwicklungen eine Rolle, von denen die von Asklepios ausgehende Tradition nur eine war. Aber Asklepios/Aesculapius war präsent, nicht nur in den Heiligtümern, auch in einer «Koexistenz verschiedener medizinischer Kulturen».[32]

Dass Asklepios in die römischen Provinzen, nach Kleinasien, Syrien, den arabischen Bereich und dann in das lateinische Mittelalter eingedrungen ist, kann nicht überraschen.[33] Das Gleiche gilt für das Christentum in zahlreichen Varianten, in Diskussionen über Heilungen durch Christus und Asklepios mit dem Ziel, die Überlegenheit des Christentums zu erweisen, aber auch in Formen der Assimilation, wenn etwa auf einem Relief Christus bei der Bergpredigt einen Bart trägt, wie er den Darstellungen des Asklepios entspricht.[34] Beide sind Gottessöhne, beide sind Heilsbringer und vollbringen Wunder. Im Ein-

Abb. 10: *Das Logo der World Health Organization (WHO)*

zelnen gibt es auffällige Parallelen zwischen Heilungen des Asklepios und Wunderheilungen durch Jesus. Wenn Jesus (*Johannes-Evangelium* Kap. 9) aus Kot und Speichel einen Brei formt und ihn auf die Augen eines Blinden schmiert, der dann wieder sehen kann, so erinnert das sehr deutlich an die zahlreichen Blindenheilungen, wie sie in den Berichten über ganz ähnliche Heilungen in Epidauros, aber auch schon im aristophanischen *Plutos* geschildert werden. Nur ist die Intention eine ganz andere. Für Jesus geht es nicht allein um die Wiederherstellung der Gesundheit, sondern um die Heilserwartung des kommenden Heilands und um die Befreiung von Sünden, wie sie in Krankheiten zum Ausdruck kommen können, während bei Asklepios der eschatologische Hintergrund fehlt. Eben deshalb wird in den ersten Jahrhunderten n. Chr. die Auseinandersetzung zwischen Christentum und Asklepioskult so lebhaft geführt.[35]

Asklepios und seine Attribute bleiben bis in die Gegenwart lebendig als Symbol auch für die rationale Medizin. Zahlreiche neue Asklepiosstatuen sind entstanden und schmücken vor allem Kliniken und medizinische Verwaltungsgebäude. Und die Attribute Schlange und Stab[36] sind zum Signum nicht nur unserer Apotheken, sondern auch der

World Health Organization geworden. Analog zur Ausbreitung der antiken Asklepiosheiligtümer vollzieht sich die Entwicklung der in Hamburg gegründeten Asklepios-Kliniken mit inzwischen rund 150 Filialgründungen von Kliniken und anderen Gesundheitseinrichtungen mit dem Schwerpunkt auf Palliativmedizin und Rehabilitation.

V.
STATIONEN DER REZEPTION

Wenn Hippokrates der erste praktizierende Arzt ist, der die Medizin in den Rang einer eigenständigen Wissenschaft erhoben und darüber in Schriften Rechenschaft abgelegt hat, dann hat er eine Tradition begründet, die sogleich Nachfolge finden konnte, und zwar in den Schriften des *Corpus Hippocraticum* mit lebhaften Auseinandersetzungen über die kardinalen Fragen von Gesundheit und Krankheit, über die Verankerung dieser Probleme in Grundelementen und Prinzipien oder in der bloßen Empirie, über die Einflüsse der Umwelt oder über rein endogene Faktoren. Von den dadurch ausgelösten Diskussionen gibt bereits eine Reihe von Schriften des *Corpus Hippocraticum* ein anschauliches Bild.

Hippokrates im Hellenismus

Der erste namentlich bekannte Arzt nach Hippokrates und außerhalb des *Corpus Hippocraticum,* der medizinische Schriften verfasst hat, ist Diokles von Karystos (auf der Insel Euboea), der um die Mitte des 4. Jahrhunderts v. Chr. weitgehend in Athen gewirkt hat.[1] Die Athener nannten ihn «den jüngeren Hippokrates»,[2] was die Berühmtheit des Hippokrates voraussetzt, die etwa zur gleichen Zeit Platon bezeugt (S. 27). Dennoch handelt es sich bei Diokles nur sehr bedingt um eine Rezeptionsstufe des Hippokrates. Zwar geht auch Diokles von den vier Grundqualitäten Warm, Kalt, Feucht, Trocken aus, denen er noch das Pneuma hinzufügt, dass er aber auch eine diesen Elementen analoge Säftelehre vertreten hat, ist eher unwahrscheinlich. Vielmehr gibt sich Diokles als Empiriker, der eher auf Erfahrung setzt als auf eine

Kausalforschung nach letzten Prinzipien. Insofern stimmt er mit dem Autor der hippokratischen Schrift *Über die alte Heilkunst* überein. Und die methodischen Bemerkungen über Fragen der Diätetik berühren sich zu einem guten Teil mit den entsprechenden Darstellungen in der hippokratischen Schrift *Über die Diät*.[3] Überhaupt scheint die diätetische Gesundheitslehre im Zentrum der Medizin des Diokles gestanden zu haben, entsprechend der Bedeutung und Etablierung dieses Komplexes in einer schon verfeinerten Lebens- und Ernährungsweise dieser Zeit. So enthält der Lehrbrief *Gesundheitslehre* an einen gewissen Pleistarchos nicht nur den methodologischen Grundsatz vom Primat der Erfahrung, sondern auch einen Nahrungsmittelkatalog, wie er sich ähnlich im zweiten Buch der hippokratischen Schrift *Über die Diät* findet (S. 115).

Wenn Diokles «der zweite Hippokrates» genannt wurde, so muss auch er insgesamt eine bedeutende und weithin anerkannte Erscheinung gewesen sein.

Näher an Hippokrates ist der etwas jüngere Praxagoras,[4] der in Kos wirkte, zu der dort inzwischen weiter entwickelten Ärzteschule in der Tradition des Hippokrates gehörte und vielleicht auch mit dem jetzt prächtig ausgestalteten Asklepieion kooperierte, das übrigens nie zu einem Wallfahrtsort im Stile des epidaurischen Asklepiosheiligtums geworden war. So steht denn Praxagoras grundsätzlich auch auf dem Boden der hippokratischen Säftelehre, die er allerdings zu der Annahme von elf Säften erweiterte, wobei dem Blut eine Sonderstellung zukommt.[5] Er nahm verschiedene Arten des Phlegmas (Schleim) an, je nachdem es scharf, salzig, bitter oder natronartig schmeckt. Mit Hippokrates verbindet ihn die Auffassung, dass auch für den gesunden Menschen medizinische Überlegungen relevant sind, was auf den Bereich der Diätetik führt. So wird berichtet, Praxagoras habe dargelegt, dass Brot, das nicht genug Sauerteig und Salz enthalte und nicht richtig geknetet und im Ofen gebacken sei, Krankheiten erregen könne.[6] Wie Hippokrates hat sich Praxagoras auch mit der Epilepsie beschäftigt, als deren Ursache er eine Erkrankung des Herzens ansah.

Ganz seine Entdeckung ist die Unterscheidung von Venen und Arterien, wobei er die Arterien mit Pneuma gefüllt ansah. Entsprechend neu ist auch eine eigene Pulstheorie, wonach die Arterien als (angeblich) unabhängig vom Herzen anders schlagen als das Herz. Insgesamt steht Praxagoras vor allem mit der Erweiterung der Humoralpathologie in der Tradition der koischen Ärzteschule, in die er bedeutende Neuerungen eingebracht hat. Dazu gehört auch ein starkes Interesse an der Anatomie mit einer genauen Untersuchung von Gehirn und Rückenmark, während ihm zugeschriebene Darmoperationen nicht zweifelsfrei bezeugt sind. Im Unterschied zu Diokles hatte Praxagoras entsprechend der Situation der koischen Ärzteschule auch eine Reihe von Schülern, deren bedeutendste die ungefähr gleichaltrigen Herophilos und Erasistratos waren. Beide haben einen Teil ihrer medizinischen Ausbildung bei Praxagoras in Kos genossen, beide haben dann aber den letzten und wohl größten Teil ihres Lebens in Alexandria verbracht.[7] So bedeutend beide sind, sie können nur bedingt als Rezeptionsstufe des Hippokrates in Anspruch genommen werden. Denn die Säftelehre tritt bei ihnen in den Hintergrund zugunsten einer Solidarpathologie mit der Annahme vieler kleiner Festteile im Körper.

Ihr Schwerpunkt liegt auf der Anatomie und vor allem in der Entdeckung der Nerven durch Herophilos. Die den ganzen Körper durchziehenden Nerven würden das Pneuma, in dem Herophilos den eigentlichen Seelenstoff sah, durch den ganzen Körper transportieren und so die Bewegung und letztlich auch die Erkenntnisleistungen steuern. Erasistratos hat diese Entdeckungen weiter ausgebaut. Er unterschied zwischen verschiedenen Herzlappen sowie zwischen sensiblen und motorischen Nerven.[8] Beide haben Sektionen nicht nur an Tieren, sondern erstmals auch an menschlichen Leichen durchgeführt. Die Öffnung einer Leiche war bei den Griechen ein religiöses Tabu, über das sich diese beiden Ärzte mit dem Argument hinwegsetzten, die Kenntnis des Inneren eines menschlichen Körpers sei für eine sachgerechte ärztliche Behandlung unerlässlich. Diesen Schritt hatten Hippokrates und die von ihm ausgehende Tradition noch nicht gewagt. Selbst Aristoteles hat Sektionen nur am Tier durchgeführt.[9]

Von nicht geringer Bedeutung ist es, dass die anatomischen Forschungen in der erst von Alexander im Jahre 331 v. Chr. gegründeten und von Anfang an kosmopolitisch orientierten Stadt Alexandria unter den ptolemäischen Königen gedeihen konnten, in der die alten griechischen Tabus keinen Nährboden mehr hatten. Ob allerdings Herophilos und Erasistratos so weit gingen, auch Vivisektionen an Körpern von zum Tode verurteilten Verbrechern vorzunehmen, ist doch zweifelhaft.[10] Das Entscheidende ist, dass die beiden Ärzte in Alexandria wirkten, wo dann auch im Kontext mit der Errichtung der alexandrinischen Bibliothek das Interesse an Hippokrates und den hippokratischen Schriften erwuchs mit dem Ergebnis einer ersten, mit unserem *Corpus Hippocraticum* noch nicht voll identischen Sammlung, zusammengestellt wahrscheinlich auf der Grundlage von Schulbibliotheken in Kos und Knidos. Damit begannen auch die Hippokratesexegese und die Hippokrateslegende.[11]

Zu den Zeugnissen hellenistischer Medizin gehört auch die im *Corpus Hippocraticum* überlieferte Schrift *Über das Herz*, deren Autor Diokles und seinen Schülern nahesteht. Die genaue Untersuchung der Herzbeutel, Herzhöhlen und Herzklappen setzt eine praktische Anatomie voraus, wie sie erst für die hellenistischen Ärzte charakteristisch ist. So wird denn die Entnahme des Herzens aus dem menschlichen Leichnam ausdrücklich erwähnt (Kap. 10, IX 88 L.). In der alten Streitfrage, ob das Herz oder das Gehirn das Zentralorgan sei, steht der Verfasser dieser Schrift auf der schon von Empedokles und Diogenes von Apollonia vertretenen Seite des Herzens – das Gehirn hat dann nur die Funktion, das einströmende warme Pneuma zu kühlen –, während die älteren hippokratischen Schriften das Gehirn als Zentralorgan ansehen. Aber das Herz gewinnt diese Stellung wieder bei den meisten hellenistischen Medizinern, selbst später noch bei Galen, für den das Herz Sitz der Seele war.

Hippokrates in Rom und im römischen Imperium

Die Medizin ist – wie auch alle anderen Wissenschaften – nur zögernd in Rom heimisch geworden. Ein markantes Datum ist 293 v. Chr., als die Pest in Rom wütete und man griechische Ärzte zur Hilfe holen musste. Mit der allmählichen Einbürgerung der griechischen Medizin in Rom wurde auch Hippokrates bekannt. Erste, relativ kurze Erwähnungen des Hippokrates sind für das 1. Jahrhundert v. Chr. belegt. So lässt Cicero in seinem 55 v. Chr. veröffentlichten, als Dialog angelegten Werk *De oratore* den Politiker Crassus (fiktiv im Jahre 91 v. Chr.) Hippokrates als einen ganzheitlichen, noch nicht spezialisierten Repräsentanten der Medizin rühmen (III 132). Kurz darauf hat Varro in seiner Schrift *De re rustica* (*Über die Landwirtschaft*, publiziert 37 v. Chr.) Hippokrates als den Arzt gepriesen, der «in der großen Pest nicht nur ein Land, sondern viele Städte durch seine Wissenschaft gerettet hat» (I 18, 5). Weiterhin nennt er ihn «den Vater der ganzen Medizin» (VII, praef. 2).

Auch für das 1. Jahrhundert n. Chr. ist die unmittelbare Bezeugung einer Hippokratesrezeption relativ spärlich. So hat Aulus Cornelius Celsus in seiner umfassenden Enzyklopädie (zwischen 25 und 35 n. Chr. publiziert), von der nur der Teil über die Medizin (*De medicina*) erhalten ist, gleich im Vorwort Hippokrates als denjenigen bezeichnet, der «als erster von allen der Erinnerung würdig» sei (primus ex omnibus memoria dignus, praef. 8), und in seinem Werk wiederholt auf Hippokrates Bezug genommen.[12] Kurz darauf hat Scribonius Largus, vielleicht Schüler des Celsus, in seinem Werk *Compositiones*, einer Kompilation von 271 Rezepten, ebenfalls im Vorwort auf Hippokrates Bezug genommen, und zwar ausdrücklich auch auf den *Eid*.

Ganz allgemein rühmt Plinius der Ältere (23–79) Hippokrates als «Begründer der Medizin» (princeps medicinae, VII 171) und ähnlich sieht Seneca (ca. 1–65) in Hippokrates «den größten Arzt und Begründer eben dieser Wissenschaft» (maximus ille medicorum et huius scientiae conditor, *Epistulae* 95, 20).

Diese und ähnliche Rezeptionssplitter sind Zeichen einer allgemeinen Idealisierung des Hippokrates. Die Grundlage für diese Idealisierung dürfte das etwa um die gleiche Zeit in Alexandria veröffentlichte *Corpus Hippocraticum* in der uns vorliegenden Form gewesen sein, als dessen Herausgeber der alexandrinische Arzt Artemidoros Kapiton und der Pharmakologe Dioskurides Pedanius genannt werden.[13] Dazu passt, dass der Arzt und Grammatiker Erotian in seinem (nur in verstümmelter und überarbeiteter Form erhaltenen) umfangreichen

Glossar hippokratischer Wörter, das dem Leibarzt Kaiser Neros (37–68) gewidmet ist, zum ersten Mal eine auf das *Corpus Hippocraticum* bezogene Echtheitskritik vornimmt. Erotian hielt das zweite Buch der hippokratischen Schrift *Vorhersagungen* (*Prorrhetikon*) für unecht.

All diese Bekundungen der Bedeutung des Hippokrates werden aber in den Schatten gestellt durch die für die ganze weitere Rezeption entscheidende Stellung und Bedeutung, die Hippokrates im Werk Galens einnimmt. Es lohnt sich, zunächst einen Blick auf das Leben dieses bedeutenden Mannes zu werfen.[14]

Galen ist im Jahre 129 n. Chr. in dem zum Imperium Romanum gehörenden Pergamon geboren und im Angesicht des dortigen prächtigen Asklepiosheiligtums aufgewachsen, das gerade in der Zeit seiner Jugend an Anziehungskraft, an kultischer und religionspolitischer Bedeutung gewann. So wurde der Kultbezirk ausgebaut, ein neuer Tempel des Zeus Olympios als eines panhellenischen Gottes gebaut, wohl auch zur Integration des Ostens in das Römische Reich, entsprechend den Intentionen des Kaisers Hadrian, in dessen Auftrag ein ehemaliger Konsul namens Rufinus agierte. Der Vater Galens sorgte für einen breit angelegten philosophischen Unterricht, in dem Galen die verschiedenen philosophischen Strömungen seiner Zeit kennenlernte. Erst danach schloss sich ein ebenso breit konzipiertes Medizinstudium an, zunächst in Pergamon, später in Smyrna und Alexandria. Die Verbindung von Philosophie und Medizin blieb für das Werk Galens bestimmend, zumal die einzelnen medizinischen Strömungen wie Pneumatiker, Methodiker und Dogmatiker ihrerseits auf zuweilen uneingestandenen philosophischen Prämissen beruhten. Als Galen 19 Jahre alt war, starb sein Vater, der ein beträchtliches Vermögen hinterließ, das Galen ein sorgenfreies Leben ermöglichte. Seine Studien setzte er in Smyrna fort, wo sich ebenfalls ein prächtiger Asklepiostempel befand, in dessen Nähe bedeutende Ärzte wirkten. Hier hat er nach eigenen Angaben die Eigenart der einzelnen Körpersäfte und der inneren Organe näher studiert. Schließlich vollendete er seine Studien in Alexandria, dem damaligen Zentrum der medizinischen Wissenschaft. Dort war die Anatomie der Schwerpunkt seiner Ausbildung. Im Jahre 157 n. Chr. kehrte Galen im Alter von 28 Jahren nach Pergamon zurück. Er erhielt die Stellung eines Gladiatorenarztes, wofür seine gründliche Kenntnis der Anatomie von Vorteil war. Die wegen ihrer Grausamkeit berüchtigten Gladiatorenspiele, die sich in der Kaiserzeit bis zum griechischen Osten ausgedehnt hatten und für die in Pergamon ein großes Amphitheater zur Verfügung stand, verursachten natürlich regelmäßig schwere Verwundungen, für deren Behandlung ein eigens dafür ausgebildeter Gladiatorenarzt vorgesehen war.[15] Die damals schon durchaus umstrittenen Gladiatorenkämpfe hat Galen als Teil des Kaiserkultes grundsätzlich akzeptiert. Seine Tätigkeit als Gladiatorenarzt versah er vier Jahr lang, bis zum Jahr 161 n. Chr. Dann begab er sich nach Rom, zunächst wiederum für vier Jahre. In dieser Zeit konnte er als griechischsprachiger Arzt und Gelehrter dank seiner umfassenden philosophischen wie medizinischen Ausbildung und einer schon beträchtlichen und erfolgreichen Berufserfahrung bald Anerkennung finden.

Dabei ist zu bedenken, dass es im kaiserzeitlichen Rom, aber auch in den größeren Städten der Provinz eine Ärztedichte gab, die nur mit der heutigen in unseren Großstädten vergleichbar ist.[16] So musste Galen sich gegen eine starke Konkurrenz durchsetzen. Das gelang ihm einerseits dank seines umfassenden medizinischen Wissens und dessen Umsetzung in die praktische Tätigkeit als unermüdlicher Hausarzt, andererseits aber auch dadurch, dass er auf die Medizin und damit auch auf die Ärzte seiner Zeit herabsah als in völligen Verfall geraten.[17] Warum er im Jahre 165 n. Chr. Rom verließ, ist nicht völlig geklärt. Die in Rom in diesem Jahr ausgebrochene sehr heftige Pest mag ein Grund gewesen ein. In seiner Heimat angekommen, erreichte ihn die Bitte, Kaiser Marc Aurel zunächst auf einem rasch abgebrochenen Feldzug in Unteritalien und dann in Rom zu begleiten. Galen hatte nun Zugang zu den höchsten Kreisen, um – wiederum in Rom – in den Häusern der römischen Aristokratie und als «Archiatros» (wörtlich: «Chefarzt»)[18] am kaiserlichen Hof bei Marc Aurel seine ärztliche Tätigkeit fortzusetzen und zu vollenden, wie er mit nicht geringem Stolz in seinen Schriften hervorhebt. Alle Facetten seines ärztlichen Wirkens mit vielen autobiographischen Bemerkungen hat Galen selber in seinem Werk umfassend dokumentiert. Umso erstaunlicher ist es, dass neben dieser praktischen Tätigkeit ein riesiges, nur zum Teil erhaltenes, ca. 400 Schriften umfassendes Werk entstand, mehr als doppelt so umfangreich wie das ganze *Corpus Hippocraticum* mit seiner Vielzahl von Verfassern. Darin legt Galen in ausführlichen, oft weitschweifenden Ausführungen sein System dar,[19] das zugleich eine bedeutende Stufe der Rezeption des Hippokrates umfasst, um die allein es hier gehen kann.

Galen hat Hippokrates grenzenlos bewundert. In seiner Schrift *Dass der beste Arzt zugleich Philosoph sein soll* (ὅτι ἄριστος ἰατρὸς καὶ φιλόσοφος) ist Hippokrates das Ideal des Arztes, der in ganzheitlicher Betrachtung zugleich Philosoph ist, wobei Galen unter Philosophie deren praktische Seite, also Ethik, versteht. Worte des Hippokrates seien wie die Stimme eines Gottes.[20] Hippokrates wird ins Unermessliche idealisiert. Aber Hippokrates bleibt für Galen auch ganz konkret der Ausgangspunkt medizinischen Handelns und Denkens. Was Hippokrates in vielen Jahren entdeckt hat, das könne man, so behauptet Galen, in kurzer Zeit lernen, um dann in der noch verbleibenden Lebenszeit das zu ergänzen, was noch fehlt. Diese noch notwendige Ergänzung sieht Galen gefährdet durch Ärzte, die sich in einzelnen, zu seiner Zeit auch tatsächlich vertretenen Dogmen verfangen und versteifen (Empiriker, Methodiker, Pneumatiker).

Nun kannte Galen das *Corpus Hippocraticum* und er wusste auch, dass darin verschiedene Schriften mehrerer Autoren enthalten sind. Für echt hippokratisch hielt er die nach übereinstimmender moderner Forschung nicht zur ältesten Schicht des Corpus gehörende Schrift *Über die Natur des Menschen*. Darin ist es vor allem die Lehre von den vier Säften in ihrer Korrespondenz mit den Elementen, Grundqualitäten, Jahreszeiten und idealer Mischung der klimatischen Verhältnisse, worin Galen Kern und Ausgangspunkt seiner eigenen Physiologie sieht. Dabei nimmt für ihn das Klima in Griechenland eine ideale klimatische Mittellage ein und innerhalb dieser Mitte als beste Mitte die Insel Kos, die Heimat des Hippokrates.[21] Auf der gleichen Ebene liegt die Konzeption Galens vom idealen Körper, bei dem die Mischung der Säfte und Kräfte in einer vollkommenen Konstitution verwirklicht ist. Galen sieht dies theoretisch dargelegt in der (verlorenen) Schrift *Kanon* des Polyklet, in der die vollkommene Proportion als Körperideal postuliert und die praktisch verwirklicht war in der Statue Doryphoros (Speerträger).[22] Man fühlt sich unwillkürlich erinnert an den Abschnitt in Platons *Protagoras*, wo bereits Hippokrates auf eine Stufe mit Polyklet gestellt ist (S. 27). Mit der Idealisierung des Hippokrates durch Galen geht ein Klassik bildendes Moment Hand in Hand, das generell für das 2. Jahrhundert n. Chr. bezeichnend ist und in dem (138 gestorbenen) Kaiser Hadrian, den man «Graeculus» nannte, seine stärkste Ausprägung erfahren hat.

Galen hatte es aber nicht bei der pauschalen Idealisierung belassen, sondern sich ganz konkret mit Hippokrates auseinandergesetzt, und zwar in zwei Schriften unterschiedlichen Umfanges. In der in neun Bücher eingeteilten Schrift *Über die Lehren des Hippokrates und Platons* hat Galen es unternommen, die Lehren beider Autoritäten einander anzunähern. Platon hatte in dem zum Spätwerk gehörenden Dialog *Timaios* (zwischen ca. 355 und 350 entstanden) nicht nur eine Kosmologie mit der Annahme von Elementarkörpern und -qualitäten entwickelt, sondern auch medizinische Gegebenheiten wie Herz, Lunge, Zwerchfell, Milz, Adern, Poren, Atmung, Gehör, Hirn, Eingeweide, Knochenmark, Fleisch, Muskeln, Haare, Haut, Fingernägel analysiert. Galen sucht die Interpretation dieser Faktoren durch Platon mit der Lehre des Hippokrates in Übereinstimmung zu bringen, indem er das Schema von den vier Säften hinzufügt und mit den platonischen Elementen, Körpern und Organen in Verbindung bringt. Auch in der kürzeren Schrift *Die hippokratische Lehre von den Elementen* steht die Viersäftelehre im Vordergrund und wird mit Theorien über die Zusammensetzung des menschlichen Körpers verbunden.

Noch konkreter lässt sich die Hippokratesrezeption Galens in seinen Kommentaren zu immerhin 14 bis 15 (je nach Zählung) hippokratischen Schriften fassen. Im Einzelnen handelt es sich um: *Prognostikon, Diät bei akuten Krankheiten, Epidemien I, II, III, In der Arztpraxis, Über die Knochenbrüche, Über die Gelenke, Aphorismen, Über die Säfte, Vorhersagungen I, Über die Natur des Menschen, Über die gesunde Lebensführung, Über die Nahrung, Über die Krisen,*

Über die kritischen Tage.[23] Die meisten dieser Schriften hielt Galen für echt, nicht jedoch *Epidemien Buch II*, *Über die gesunde Lebensführung*, *Über die Krisen*, *Über die kritischen Tage*. Weiterhin hielt er die von ihm nicht kommentierten Schriften *Über die Umwelt* und *Über die Verletzungen am Kopf* für echt.

Die Vorgehensweise Galens lässt sich besonders gut an dem Kommentar zur Schrift *Über die Natur des Menschen* beobachten. Galen zitiert einen Satz der hippokratischen Schrift und fügt dann seine Erklärung hinzu. Dabei geht er durchaus auch kritisch auf Positionen des Aristoteles und der hellenistischen Medizin ein. Die Lehren der verschiedenen Schulen seiner Zeit, der Dogmatiker, der Pneumatiker, der Empiriker und der Methodiker, berücksichtigt Galen wohl, wobei er die bedeutenden Errungenschaften der hellenistischen Medizin auf dem Gebiet der Anatomie und in der Entdeckung von Venen und Nerven eher in den Hintergrund treten lässt und nur als Ergänzungen der hippokratischen Lehre versteht. Er wendet sich gegen die Einseitigkeit dieser Schulen und macht selber eklektizistisch von den einzelnen Lehrmeinungen Gebrauch, immer auf der Basis des Hippokrates. So bedeutet Galen, auch in seinem eigenen Selbstverständnis, eine ganz wichtige Stufe in der Hippokratesrezeption, zumal in der Folgezeit Hippokrates auch durch das Medium Galen weiter vermittelt worden ist. Durch das Zeugnis Galens weiß man auch von uns verlorenen Editionen und Kommentaren einzelner hippokratischer Schriften durch Autoren des 1. und 2. Jahrhunderts n. Chr. wie Artemidoros Kapiton, Dioskurides, Rufus von Ephesus, Sabinus, Marinus, Numesianus, Lykos, Pelops (Lehrer Galens), Satyros und Asklepios (Arzt).[24] All diese Aktivitäten zeigen, dass im 2. Jahrhundert n. Chr. in und außerhalb Roms ein verstärktes Interesse an Hippokrates und den hippokratischen Schriften lebendig wurde.

Das war in den folgenden Jahrhunderten im spätantiken Rom nicht mehr der Fall, so dass dann von einer eigenständigen Hippokratesrezeption nicht die Rede sein kann. Es hängt auch damit zusammen, dass nun das riesige Werk Galens präsent war und die unmittelbare Auseinandersetzung mit den hippokratischen Schriften verdrängt hat. Ein signifikantes Beispiel dafür ist der Arzt Oreibasios, der im 4. Jahrhundert n. Chr. einen ähnlichen Lebensweg genommen hat wie Galen. Wie Galen stammte er aus Pergamon, studierte in Alexandria und wirkte als Arzt in Rom, wo er dem Kaiser Julian als dessen Leibarzt nahestand. Seine riesige, 72 Bände umfassende, nur teilweise erhaltene *Sammlung medizinischer Lehren* ruht denn auch ganz auf Galen.

Unter den Ärzten in byzantinischer Zeit sind es zwei, die etwa gleichzeitig lebten und Kommentare zu hippokratischen Schriften geschrieben haben, Palladios und Stephanos (6.–7. Jahrhundert). Palladios hat (erhaltene) Kommentare zum VI. Buch der *Epidemien*, zu den *Aphorismen* und zur Schrift *Über die Knochenbrüche* geschrieben, wobei aus dem *Epidemien*-Kommentar erkennbar ist, dass das Material der Erklärungen aus Galen stammt.[25] Und von dem aus Athen stammenden Stephanos, der zunächst in Alexandria, später in Konstantinopel wirkte, gibt es Kommentare zum *Prognostikon* und zu den *Aphorismen*. Der Kommentar zu den *Aphorismen* beginnt mit einer Erörterung über die Zielsetzung seines Werkes. Dann äußert sich Stephanos über die Echtheit der *Aphorismen* und erläutert die Prinzipien seiner Kommentierung. Ausführlich wird vor allem der erste Aphorismus analysiert. Daraus abgeleitet wird eine regelrechte Pflichtenlehre des Arztes, die in den Einzelheiten (ehrbares Auftreten, gute äußere und innere Haltung, Ethos der Seele) an die entsprechenden Anweisungen in den deontologischen Schriften des *Corpus Hippocraticum* erinnert.[26]

Insgesamt ist die byzantinische Medizin geprägt von praktischen Zielsetzungen einerseits und von einem Enzyklopädismus im Theoretischen andererseits. Sie ist im griechischen Sprachraum die unmittelbare Fortsetzung der griechischen Medizin, deren Zentrum Alexandria, nicht Rom, war. Die Römer haben keine medizinische Wissenschaft hervorgebracht und die byzantinischen Ärzte halten sich an die vor allem von Galen geprägten Standards. Dabei sind für den Schulgebrauch Kompendien mit einer Auswahl hippokratischer und galenischer Schriften entstanden. Hippokrates wird als Quelle benutzt, meist jedoch mittelbar durch Galen.[27]

Es gibt aber denn doch noch einen etwa aus der gleichen Zeit stammenden unmittelbaren Preis des Hippokrates. Es handelt sich um ein kurzes Stück eines Anonymus, das nur in einer Handschrift überliefert ist, die zum ersten Mal der spanische Gelehrte Juan de Yriarte (1702–1771) herausgegeben hat, der sich um die Katalogisierung der griechischen Handschriften der königlichen Bibliothek zu Madrid große Verdienste erworben hat.[28] Es ist das Proömium der pseudo-aristotelischen *Problemata inedita*. Darin heißt es:

> Die meisten älteren Ärzte haben verstreut Einzelerkenntnisse in der Medizin gewonnen, indem sie sie aus dem Volksmund oder von der Straße aufgriffen, und zwar auf Grund eines Zufalls oder eines Seherspruchs oder eines göttlichen Rufes oder auf eine andere Weise. Hippokrates aber, aus dem Geschlecht der Asklepiaden, hat diese sozusagen herumirrende Wissenschaft zusammengeführt, zu einem vollkommenen Gewebe gestaltet und so vollständig und wohlgegliedert gemacht, indem er ihr einen Kopf aufsetzte. Und man wird wohl nicht fehlgehen, wenn man sagt, dass der vorhersehende Gott aus Erbarmen mit dem Menschengeschlecht, das durch sich häufende Krankheiten unterzugehen drohte, indem er die Natur selbst Fleisch werden ließ, Hippokrates geschickt hat zur vollkommenen Weitergabe dieser (Wissenschaft). ... Das Bedeutendste an diesem Mann aber ist, dass seine so genannten *Aphorismen* nicht nur auf die Medizin passen, sondern allgemein auf das ganze Leben. Denn sie sind allgemeine Gesetze, die das Geschehen weissagen und in Regeln fassen.

Es handelt sich bei diesem Text um das Proömium zu einer Sammlung von 262 «Problemen», also um Erklärungen medizinischer und naturwissenschaftlicher Sachverhalte in Form von Frage und Antwort im Stile der pseudo-aristotelischen *Problemata Physica*.[29] Das Proömium selbst beginnt mit einer Art Kulturentstehungslehre, wonach Hippokrates im Laufe einer allmählichen Entwicklung die Medizin zu einer systematischen Wissenschaft gemacht hat. Hippokrates wird angesehen als «die Natur selbst», die ein vorhersehender Gott aus Erbarmen mit den Menschen Fleisch werden ließ. Hat man in dem «vorhersehenden Gott» einen Einfluss der stoischen Philosophie gesehen, so ist doch in dem ganzen Passus vor allem mit dem Motiv der Fleischwerdung des gottgesandten Hippokrates ein christlicher Einschlag unverkennbar. Dazu passt auch, dass Hippokrates nicht nur als Arzt angesehen wird, sondern als Lehrer für das ganze Leben. Damit ist eine

Brücke geschlagen zu dem christlichen Hippokratesbild, das an die in diesem Text, der in Alexandria oder Byzanz im 5./6. Jahrhundert entstanden sein dürfte, oder zumindest an die darin entwickelten Vorstellungen anknüpfen konnte.

Die weitere Rezeption der griechischen und damit auch hippokratischen Medizin ist geprägt durch die Hinwendung der Araber zur griechischen Philosophie und Wissenschaft.

Hippokrates in der arabischen Überlieferung

Durch die Errichtung des Oströmischen Reiches mit Konstantinopel (früher Byzantium) als Hauptstadt und Regierungssitz wurde Rom für die Rezeption und Entfaltung von Wissenschaft und dabei auch Medizin unbedeutend. Zentrum blieb das jetzt zum Oströmischen Reich gehörende Alexandria. Hier gab es Hochschulen mit regelrechtem Unterrichtsbetrieb, in denen auch die hippokratischen Schriften und Galens Werk gelesen und gelehrt wurden.[30]

In den folgenden Jahrzehnten und Jahrhunderten gingen jedoch dem riesigen Oströmischen (also Byzantinischen) Reich durch ständige Belagerung der Araber die wichtigsten Provinzen verloren, so Ägypten und Alexandria (641/642 erobert), Syrien und Palästina. Nur Konstantinopel hielt den Belagerungen stand. Im 7. Jahrhundert waren große Teile des Reiches in arabischer Hand. Die Eroberungen der Araber bedeuteten zugleich ein Vordringen des Islam als nun herrschender Religion. Im Jahre 635 wurde die zum Oströmischen Reich gehörende Provinzhauptstadt Damaskus erobert und wurde Hauptstadt der Umayyaden. Mehr als ein Jahrhundert später (762) gründete dann der Abbaside al-Mansur Bagdad als neue Hauptstadt des islamischen Reiches, die es bis zur Eroberung durch die Mongolen 1258 blieb. Der vordringende Islam war tolerant und duldete die verschiedenen religiösen Gruppierungen (auch Christen) in den eroberten Gebieten, die in ihren Gemeinden ihr Eigenleben weiterführen konnten.[31]

Die Araber haben generell ihrerseits begierig die ihnen überlegene griechische Wissenschaft und damit auch Medizin aufgenommen und ihre eigene Kultur dadurch bis zu einem gewissen Grade hellenisiert. Die altarabische Heilkunde war eine Volksmedizin mit einer magischen Komponente ohne ein wissenschaftliches Fundament. Die Begegnung mit der griechischen Medizin war für die Araber eine ganz neue Welt, die sie sich vor allem in der Form der Übersetzung angeeignet haben. Nach einer ersten, vereinzelten Übersetzung einer hippokratischen Schrift ins Syrische im 6. Jahrhundert ist vor allem die überragende Gestalt des Hunain ibn Ishaq (808–873) zu nennen, der nicht nur Aristoteles, sondern auch zahlreiche hippokratische Schriften ins Arabische übersetzt hat. Hunain (im Abendland: Johannitius) hatte in Bagdad Medizin studiert, beherrschte die syrische und griechische Sprache. In Bagdad stand ihm die große Palastbibliothek («Haus der Weisheit») zur Verfügung, in der sich Sammlungen vorislamisch-iranischer und früharabischer Schriften befanden. Später – obwohl nestorianischer Christ (benannt nach Nestorius, dem Patriarchen von Konstantinopel im 5. Jahrhundert) – wurde er Leibarzt am Hofe des Kalifen al-Mutawakkil, der die Übersetzertätigkeit offiziell förderte. Die Leistung Hunains ist ungeheuer. Das Werk ist im Umfang nur mit demjenigen Galens vergleichbar. Neben etwa 100 eigenen Büchern meist medizinischen Inhaltes (darunter eine Einführung in Galen und eine Augenheilkunde) und den Aristotelesübersetzungen sind es 17 Schriften aus dem *Corpus Hippocraticum*, die Hunain übersetzt hat, darunter die zentralen Schriften *Über die Umwelt*, *Prognostikon*, *Epidemien I–III, VI*, *Über die Natur des Menschen* und die in der Spätantike generell beliebten *Aphorismen*.[32]

Die Übersetzungen Hunains und anderer Gelehrter sind in mehrfacher Hinsicht von großem Interesse. Da die Übersetzer ältere, uns unbekannte Codices vor sich hatten, können die Übersetzungen in Einzelfällen für die Konstituierung des Textes bedeutsam sein. Auf der anderen Seite wird das Erkennen einer bestimmten Lesart durch Eigenmächtigkeiten des Übersetzers erschwert.[33] Wichtiger aber ist der mit diesen Übersetzungen verbundene Kulturtransfer, und zwar in doppelter Hinsicht, einmal als Hellenisierung des Orients, dann aber auch als ein Weg, die hippokratischen Schriften durch Übersetzungen aus dem Arabischen ins Lateinische dem westlichen Abendland bekannt zu machen, noch bevor die griechischen Gelehrten nach dem Fall von Konstantinopel 1453 von dort die Handschriften vor allem nach Norditalien, insbesondere nach Venedig, brachten. Während der Hauptort für die Übersetzungen der Schriften des Aristoteles aus dem Arabischen ins Lateinische das spanische Córdoba war, ist es in auffälliger Parallelität für die hippokratischen Schriften die unteritalische Stadt Salerno. In Salerno (seit 983 Erzbischofsitz) war es vor allem Constantinus Africanus (ca. 1015–1087), der, in Karthago geboren, in Bagdad als Arzt und Lehrer wirkte, dann über Sizilien nach Salerno gelangte, wo er arabische Übersetzungen Galens und hippokratischer Schriften ins Lateinische übersetzte. Im Einzelnen handelt es sich um die *Aphorismen*, die Schriften *Prognostikon* und *Über die Diät bei akuten Krankheiten*, und zwar jeweils mit den Kommentaren Galens. Die von ihm maßgeblich entwickelte Medizinschule hieß «Civitas Hippocratica» und er selbst wurde als neuer Hippokrates angesehen. Von nicht ganz der gleichen Bedeutung ist die Hippokratesrezeption durch Übersetzungen aus dem Arabischen von Gerhard von Cremona (1114–1187), der, in Salerno ausgebildet, dann sich nach Toledo (südlich von Madrid) begab und dort 70 Werke griechischer Medizin, Philosophie und Naturwissenschaft aus dem Arabischen (das er als Italiener studiert hatte) übersetzte, von Hippokrates nur die Schriften *Prognostikon* und *Über die Diät bei akuten Krankheiten*. In seiner ebenfalls aus dem Arabischen übersetzten Schrift *De elementis Galeni secundum Hippocratem* kommt die hippokratische Lehre von den Grundelementen und -qualitäten ebenfalls zum Ausdruck. Ähnliches gilt für das Werk *Quanum at-Tibb* (*Kanon der Medizin*) des arabischen Gelehrten Avicenna (980–1037), das in den systematischen Grundlagen auf der hippokratisch-galenischen Humoralpathologie ruht und in der Übersetzung ins Lateinische durch Gerhard von Cremona als wichtiges Lehrbuch der Medizin galt.

Daneben gibt es aber auch hippokratische Schriften, die ins Arabische, aber nicht auch ins Lateinische übersetzt wurden. Dazu gehören, um nur ein Beispiel zu nennen, die *Hippokratischen Behandlungen* von Abu l-Hasan at-Tabari (10. Jahrhundert) mit der programmatischen Ankündigung, er werde sich an Hippokrates orientieren (vor allem an der Schrift *Gesetz* [*Nomos*] als Dokument des idealen Arzttums), daneben aber im Einzelnen häufiger Galen zitieren. Galen ist sprachlich einfacher und lässt sich leichter übersetzen mit der Folge, dass mehrfach Hippokratisches durch das Medium Galen in dessen Übersetzungen oder Paraphrasen hippokratischer Texte ins Arabische übersetzt wurde. Insgesamt ist der Prozess des Übersetzens hippokratischer Texte ins Arabische und von da ins Lateinische ohne Galen undenkbar.[34]

Hippokrates im europäischen Mittelalter

Die Übersetzungen hippokratischer Schriften ins Lateinische insbesondere in Salerno haben die mittelalterliche Hippokratesrezeption geprägt.[35] Mit der «Civitas Hippocratica» wurde in Salerno eine Medizinschule etabliert, die wesentlich dazu beigetragen hat, dass wenigstens einige hippokratische Schriften allenthalben zum Lehrgegenstand der mittelalterlichen Hochschulen und Universitäten wurden. Ihren ersten und nachhaltigen Ausdruck fand diese Situation in der *Articella* (wörtlich: «kleine Kunst»). Es handelt sich dabei um ein gegen 1200 von den Lehrern der Medizinschule von Salerno zusammengestelltes, später noch mehrfach erweitertes Sammelwerk, das zuerst von Bartholomaeus von Salerno begründet wurde. Bartholomaeus lehrte an der Schola Medica Salernitana und trug dazu bei, dass das griechische medizinische Schrifttum und insbesondere hippokratische Schriften (darunter *Prognostikon, Über die Diät bei akuten Krankheiten* und die *Aphorismen*) Bestandteil des Unterrichtsstoffes an den europäischen Universitäten wurden. Durch die *Articella* konnte sich auch eine universelle medizinische Fachsprache entwickeln. In Kurztraktaten und Lehrbriefen wurde das allgemeine medizinische Wissen vermittelt. In ihnen wird Hippokrates als Begründer der Medizin gepriesen, aber nur wenige Werke des Corpus werden genannt und benutzt, während Galens Schriften im Ganzen präsent waren. Neben Kommentaren zu einigen hippokratischen Schriften[36] entstanden neue Schriften, als deren Verfasser der Name Hippokrates angegeben wurde, so beispielsweise das *Calendarium Dieteticum*, das einen aus mehreren hippokratischen Schriften zusammengestellten Speise- und Diätplan enthält. Auch in diesen Schriften dominiert Galen. In den gleichen Zusammenhang gehört auch die ebenfalls von Gerhard von Cremona aus dem Arabischen übersetzte Schrift *Capsula eburnea* letztlich byzantinischer Herkunft.[37] Der Titel der Schrift wird zu Anfang deutlich: Es ist eine Auffindungslegende, wonach Hippokrates sich über den Tod hinaus von den Grundsätzen seiner Prognostik nicht habe trennen wollen, die er in Form einer elfenbeinernen Kapsel aufbewahrt habe und die in seinem Grab gefunden worden sei. Es handelt sich dabei um 25 kurze Lehrsätze, die prognostisch orientiert sind, und zwar im Hinblick auf die Todeserwartung schwerkranker Patienten. Schließlich (nach 1400) ist, als Salerno längst als ein Zentrum medizinischer Wissenschaft anerkannt war, das berühmt gewordene, in zahlreichen Handschriften überlieferte *Regimen salutatis Salernitanum* entstanden. Es ist ein Gedicht von 3520 Versen, in denen auf der Grundlage der Lehre von den vier Säften Gesundheitsregeln aufgestellt werden, in denen hippokratisches Gedankengut verarbeitet und auch zitiert ist, daneben vor allem aber auch die entsprechenden Lehren Galens. Zu den Mitbegründern der medizinischen Schule von Bologna gehört auch der Arzt Taddeo Alderotti (ca. 1220–ca. 1300), der dazu beitrug, die rechtliche Stellung der in Bologna Lehrenden und Lernenden der Medizin denen der Juristen gleichzustellen. Für ihn, der auch Kommentare zu den Schriften Galens verfasst hat, war Hippokrates das Vorbild in seinem ärztlichen Ethos. Dante (1265–1321) nennt ihn «Taddeo ipocratista» (*Convivio* I 10, 10).[38]

Mit der Anverwandlung der griechischen und damit auch hippokratischen Medizin in Salerno hat sich dann auch eine universelle Fachsprache entwickelt, die nun als Schulfach in den Universitäten, allen voran Paris und Bologna (beide ca. 1200 gegründet), gelehrt werden konnte. In diesem Zusammenhang taucht auch der hippokratische *Eid* in modifizierter Form wieder auf, wobei offenbleibt, inwieweit er eine obligatorische Geltung gewann.[39]

Dass Hippokrates neben Galen und auch Avicenna als unangefochtene Autorität galt, zeigt auch Dante in seiner *Commedia*. So wird in der Reihung der antiken Geistesgrößen unter den Autoritäten der Medizin zuerst Hippokrates genannt, daneben Galen und Avicenna, zusammen in einem Vers (*Inferno* IV 143). Und es genügt das bloße Wort «Aphorismen» (aforismi), um damit neben Jura und Theologie den ganzen Bereich der Medizin zu kennzeichnen (*Paradiso* XI 4). Deutlicher noch nennt Dante den Apostel Lukas, der als Schutzpatron der Ärzte galt, «einen Vertrauten des größten Hippokrates» (famigliari di quel sommo Ipocrate) und fügt hinzu: «den die Natur den Lebewesen gegeben hat, welche ihr (der Natur) am liebsten waren», also den Menschen (che natura agli animali fe' ch'egli ha più cari, *Purgatorio* XXIX 137 f.). Dass Hippokrates als «Vertrauter des Lukas» und die «Natur» (wo es im christlichen Sinne «Gott» heißen müsste) so hervorgehoben werden, ist auch deshalb bemerkenswert, weil der Kontext ein heilsgeschichtlicher ist. Lukas erscheint zusammen mit Paulus – beide als Greise – auf einem christlichen Triumphwagen und die christliche Medizin als eine Therapie für schwache Seelen ist eine ganz andere als die des Hippokrates. Die überragende Autorität des Hippokrates wird so erneut sichtbar.

Hippokrates wurde aber auch rezipiert in den Klöstern und Kathedralschulen des Mittelalters. Es begann mit Cassiodor, der als Sohn einer römischen Senatorenfamilie mit syrischen Wurzeln Vertrauter des Ostgotenkönigs Theoderich war, sich aber im Jahre 554 aus der Politik zurückzog und das Kloster Vivarium in Kalabrien gründete. Seine Mahnung, «Hippocratem atque Galienum lingua Latina conversos» (*Institutiones divinarum et saecularium litterarum* I 31, 2) zu lesen, verband er mit der Aufgabe an die Mönche, die Handschriften religiöser und profaner Texte zu kopieren und zu archivieren. Es handelt sich hier – und analog auch in anderen Klöstern – um lateinische Übersetzungen griechischer Werke ohne den Umweg über das Arabische. Am Rande der Klöster haben die Mönche teilweise auch selber ärztliche Tätigkeiten ausgeübt, die ihnen dann auf dem Konzil von Clermont (1130) untersagt wurden, weil sie dabei zu sehr in einen weltlichen Bereich gezogen würden. Die hippokratische Konzeption vom Wesen der Krankheit ist denn auch weit entfernt von dem Glauben, Krankheit sei Sünde. Was den Umgang mit den hippokratischen

Schriften betrifft, so standen, neben den allgegenwärtigen *Aphorismen*, die diätetischen und die deontologischen Schriften im Vordergrund, erstere weil die Wirkungsweise von Speisen und Getränken im mönchischen Leben zwischen Essen und Fasten Interesse fand, die letzteren, weil sie dazu beitrugen, Hippokrates selber als den idealen Arzt zu heroisieren.

Indes ist gerade diese Tendenz im christlich geprägten Raum auch als Problem empfunden worden. Ein profanes und geradezu kurioses Beispiel dafür ist die Satire eines unbekannten spätbyzantinischen Autors aus dem frühen 12. Jahrhundert.[40] Ein frommer Mann namens Timarion begibt sich zur heiligen Messe nach Thessalonike. Unterwegs bekommt er eine Leberentzündung und eine Gallenkrankheit. Im Traum erscheinen ihm zwei schwarze Dämonen, die ihn in den Hades führen, weil es ein von Hippokrates und Galen verfasstes und im Hades veröffentlichtes Gesetz gibt, wonach kein Mensch leben dürfe, dem einer der vier Grundsäfte fehle. Das trifft auf Timarion zu, der die «gelbe Galle» verloren hat. Im Hades kommt er vor ein Gericht, zu dessen Verhandlung vier Sachverständige hinzugezogen werden, Asklepios, Hippokrates, Erasistratos und Galen. Diese vier Sachverständigen erweisen sich jedoch als eine Katastrophe. Asklepios verwendet nur eine Zeichensprache, Hippokrates spricht unverständlich in kurzen Sätzen und noch dazu in einem unverständlichen (ionischen) Dialekt, Erasistratos erweist sich als ganz ungebildet, nur Galen wird ernst genommen, doch hat er gerade Urlaub genommen, weil er noch ein Buch schreiben müsse.

Ihres satirischen Charakters entkleidet, zeigt die Satire neben einer parodistischen Geringschätzung des Gerichtswesens der Zeit eine für das Ansehen der Medizin im profanen Bereich signifikante Situation. Galen ist die erste Autorität, wird aber gleichwohl wegen Weitschweifigkeit seiner zahlreichen Schriften verspottet. Asklepios, in gefährlicher Parallelität zu Christus als Wunderheiler, äußert sich nur nonverbal, weil Worte ihm gefährlich werden könnten. Hippokrates wird angesehen als einer, der sich nicht verständlich machen kann, dessen Werk also noch nicht ganz erschlossen ist. Erasistratos wird wohl vor allem als Anatom angesehen, als einer, der mit dem Messer, aber nicht mit dem Wort umgehen kann. Bei alledem aber bleibt die Viersäftelehre (in der galenischen Prägung) unangefochten die Grundlage und damit im Bewusstsein der Zeit fest verankert. Hippokrates wird in der autoritätsgläubigen Medizin des Mittelalters hoch gepriesen, aber auf der Grundlage nur einiger Schriften und «im Schlepptau Galens».[41]

Hippokrates in der Neuzeit

Das Mittelalter hatte Kenntnis von Hippokrates und den ihm zugeschriebenen Schriften aus mehreren Quellen: aus lateinischen Versionen, teils aus dem Arabischen, teils aus dem Griechischen, aus Zitaten und Kommentaren im Werk Galens und aus Handbüchern, die hippokratisches Gut enthalten, wie es bei der *Articella* der Fall ist. Es gab aber auch mehrere, zwischen dem 9. und 12. Jahrhundert entstandene Handschriften als Abschriften griechischer Texte (aus Venedig, Wien, Paris und dem Vatikan), die natürlich vor der Erfindung der Buchdruckerkunst von begrenztem Bekanntheitsgrad waren.

In der Epoche, die man mit dem im 19. Jahrhundert geprägten Begriff «Renaissance» belegt hat, wurde das anders. Die Eroberung Konstantinopels durch die Türken im Jahre 1453 führte zu einer Emigration griechischer Gelehrter mit wichtigen Handschriften vor allem nach Norditalien, insbesondere nach Venedig. In den Jahrzehnten zuvor war die Buchdruckerkunst erfunden und über die ersten Inkunabeln (Wiegendrucke) in mehreren Stufen durch Johannes Gutenberg und seine Nachfolger verfeinert worden. So ist eine erste Gesamtausgabe des *Corpus Hippocraticum* (editio princeps) 1526 bei Andreas Asulani in Venedig erschienen, der bald weitere Editionen (Basel 1538, Venedig 1588) folgten. Der *Eid* ist immerhin schon acht Jahre vor der editio princeps in Basel im Druck erschienen. Durch den Buchdruck konnten natürlich die Texte eine viel breitere Wirkung entfalten als durch die aufwendig herzustellenden und in ihrer Reichweite begrenzten Handschriften. Dabei ist zu bedenken, dass es die uns geläufige Unterscheidung zwischen Geistes- und Naturwissenschaften in der strikten Ausprägung noch nicht gab. Die Medizin war eine universelle Leitdisziplin, offizielles Unterrichtsfach in den Artistenfakultäten der Universitäten.

Die Publikation aller hippokratischen Schriften hat in der Folgezeit dazu beigetragen, das Werk Galens, das im Mittelalter ganz im Vordergrund stand, stärker in den Hintergrund treten zu lassen.[42] Die Rezeption des Hippokrates lässt sich an einigen großen Gestalten paradigmatisch verdeutlichen.[43] Dazu gehört Johannes Reuchlin (1455–1522), der in der letzten Phase eines bewegten Lebens als Professor für Griechisch und Latein an der 1477 gegründeten Universität Tübingen eine dem Hippokrates zugeschriebene Schrift *Hippocratis libellus graecus* ins Lateinische übersetzt und den Medizinstudenten als Einführung zur Säfte- und Qualitätenlehre empfohlen hat. Es gehört ferner dazu Janus Cornarius (1500–1558), der Teile des hippokratischen Corpus ediert hat (Basel 1543). In der Widmung an den Abt Bonifacius vom Kloster Amorbach bezeichnet er die Schriften des Hippokrates als «wahr und heilig» (Hippocratem, cuius scripta certa, vera ac sancta). Zu nennen ist des Weiteren Anutius Foesius (1528–1595), der nach zunächst separater Übersetzung der *Aphorismen* und des zweiten Buches der *Epidemien* (Karl III., Herzog von Lothringen gewidmet) die Edition des Cornarius insgesamt ins Lateinische übersetzt hat (1560). Im Titel wird Hippokrates «der Große» (Magni Hippocratis opera) genannt. Sein Hauptwerk *Oeconomia Hippocratis* (1588) zeigt, dass die Hauptlehren der hippokratischen Medizin noch unangefochten in Geltung waren. Zugleich wird deutlich, dass Hippokrates jetzt nicht mehr durch Vermittlung Galens, sondern unmittelbar rezipiert wird. Diese Hippokratesrenaissance trug aber nicht dazu bei, die Kluft zwischen medizinischer Theorie und ärztlicher Praxis zu verringern. Die Gelehrten, die Hippokrates als eine heilige Autorität ansahen, waren zwar zum größten Teil doctores der Medizin, jedoch meist keine Ärzte.

Aber auch unabhängig von einer Hinwendung zum Werk wird Hippokrates in hohen Ehren gehalten. So wird Pieter van Foreest (auch Petrus Forestus, 1522–1597), der nun wirklich praktizierender Arzt war (Stadtarzt von Delft in Holland), auf seinem Grabstein

«Hippocrates Batavus» (holländischer Hippokrates) genannt. Ganz analog dazu erhalten einige prominente Mediziner den Beinamen (cognomen) «Hippokrates», so Giovanni Filippo Ingrassia (1510–1580) als sizilianischer Hippokrates, Thomas Sydenham (1624–1689) als englischer Hippokrates und Samuel Thomas von Soemmerring (1755–1830) als deutscher Hippokrates.[44] Hippokrates spielt aber auch da noch eine Rolle, wo die Humoralpathologie ausdrücklich abgelehnt wird. Ein bemerkenswertes Beispiel ist der seinerseits bald berühmt gewordene, in sich ganz widersprüchliche Arzt Paracelsus (1493–1541), der in kräftiger Polemik gegen die Viersäftelehre hippokratischer und galenischer Provenienz gleichwohl die *Aphorismen* zum ersten Mal ins Deutsche übersetzt hat, wie er ja auch zum ersten Mal medizinische Vorlesungen in deutscher Sprache gehalten hat (an der Universität Freiburg 1527–1528).

Insgesamt aber ist für das 16. Jahrhundert kennzeichnend, dass mit der Verbreitung der Texte durch den Buchdruck Hippokrates eine neue Aktualität gewann, er direkt Gegenstand der Auseinandersetzung und der Bewunderung wurde und die hippokratischen Grundlagen der Medizin, vor allem die Humoralpathologie, noch weitgehend als gültig angesehen wurden. Ausdruck dafür ist auch die Verankerung des Hippokrates an den Universitäten. In Paris gab es einen Lehrstuhl für hippokratische Medizin, der erst im Jahre 1811 aufgehoben wurde. Daneben aber kamen unabhängig von einem Rekurs auf Hippokrates in diesem so widersprüchlichen 16. Jahrhundert medizinische Neuerungen auf, vor allem auf dem Gebiet der Anatomie und Chirurgie.[45] Getragen wurde die neu gewonnene Aktualität des Hippokrates durch die als «Renaissance-Humanismus» bezeichnete, von Italien aus über Europa verbreitete Bewegung, die mit der Wiederentdeckung der antiken Autoren durch den Druck eine neue, als Bildungsideal verstandene Hinwendung zu antikem Denken ermöglichte.[46]

Die folgenden Jahrhunderte sind durch neue medizinische Entdeckungen und Fortschritte im naturwissenschaftlichen Bereich charakterisiert, so dass das hippokratisch-galenische System nicht mehr als verbindlich gelten konnte. Ein bedeutender Schritt in diese Richtung war die Entdeckung des Blutkreislaufes durch William Harvey (1578–

1657), veröffentlicht 1628 in der noch unangefochtenen Wissenschaftssprache Latein: *Exercitatio anatomica de motu cordis et sanguinis.* Harvey stand aber nur halb auf der Schwelle eines neuen Zeitalters. Zwar beruht seine Lehre auf Experimenten (an Tieren), auf Wägen, Messen und Zählen. Zugleich aber suchte er, wo es irgend möglich war, eine partielle Übereinstimmung mit Galen, wie er denn auch in aristotelisch-galenischer Tradition das Herz als das Zentralorgan des Menschen ansah. Eine mehr als nur ideelle Rückbindung an Hippokrates liegt dann bei Thomas Sydenham vor, der der «englische Hippokrates» genannt wurde, insofern mit Recht, als er wie Hippokrates Fieberkrankheiten (*Methodus curandi febres*, 1666) und epidemische Krankheiten mit einer Theorie der epidemischen Konstitution (Typologie der für epidemische Krankheiten Anfälligen) verbunden und behandelt hat. Aber in der Analyse von Masern, Scharlach, Gicht und anderer Krankheiten und in der strengeren Klassifizierung aller Krankheiten ging er doch weit über den hippokratischen Horizont hinaus. Weitere Errungenschaften und Entdeckungen, so die Erfindung des Fieberthermometers durch Gabriel Fahrenheit (1686–1726), kamen schon im 17. Jahrhundert hinzu,[47] während die Universitäten noch weitgehend an dem hippokratisch-galenischen System festhielten.

Die Fortschritte der Medizin vom 18. Jahrhundert an lassen die hippokratischen Schriften in ihrem Inhalt mehr und mehr als unverbindlich erscheinen. Den beginnenden Ablösungsvorgang hat Goethe, der sich wie Schiller von den *Aphorismen* inspirieren ließ, treffend beschrieben:

> Die Schriften, die uns unter dem Namen Hippokrates zugekommen waren, gaben das Muster, wie der Mensch die Welt anschauen und das Geschehene, ohne sich selbst hinein zu mischen, überliefern sollte. Allein niemand bedachte, dass wir nicht sehen können wie die Griechen, und dass wir niemals wie sie dichten, bilden und heilen werden (*Dichtung und Wahrheit* I 39).

Im Laufe des 19. Jahrhunderts ist dann im Zusammenhang mit der Etablierung einer modernen Altertumswissenschaft das *Corpus Hippocraticum* zum Objekt philologischer Forschung geworden, ohne die

Verbindlichkeit der hippokratischen Medizin ganz einzubüßen. Die bahnbrechende Edition des Textes mit französischer Übersetzung erfolgte durch Émile Littré (1801–1881) in zehn Bänden (1839–1861), verbunden mit einer Analyse der einzelnen Schriften hinsichtlich Echtheit und relativer Chronologie. Nach dieser Ausgabe wird bis heute international das hippokratische Werk zitiert. Dabei war Littré alles andere als ein reiner Editionsphilologe. Zwar hat er auch die *Naturalis Historia* des Plinius ediert, aber auch eigene philosophische Beiträge (*Fragments de philosophie positive et de sociologie contemporaine*, 1876) verfasst. Er hatte Medizin studiert ohne regelrechten Abschluss, hat zudem ein vierbändiges Wörterbuch der französischen Sprache verfasst (*Dictionnaire de la langue française*, 1863–1877) und wurde in die Loge der Freimaurer aufgenommen. Hippokrates war für ihn noch von unmittelbarer Aktualität.

Das Gleiche gilt für den Übersetzer des ganzen *Corpus Hippocraticum*, Richard Kapferer. Er war Arzt in Bad Wörishofen, wo Sebastian Kneipp (1821–1897) lebte, der den Ort durch seine Wasserkuren zu einem ansehnlichen Kurort anwachsen ließ. Kapferer hat sich in Anlehnung an Kneipps Schrift *So sollt ihr leben* (1889) mit seiner Schrift *So sollt ihr heilen* (1931) in die Tradition Kneipps gestellt. Seine Übersetzung des hippokratischen Corpus (1933–1939) ist getragen von dem Ethos der unmittelbaren Aktualität der hippokratischen Medizin. Die Medizin habe (so heißt es in der Einleitung zum ersten Band) sich in ihrer Geschichte immer wieder von Hippokrates losgesagt, sei aber «nach großen Irrungen» stets zu ihm zurückgekehrt. Weiter heißt es in der Einleitung: «In diesen Schriften liegt tatsächlich der Schlüssel zur Heilkunst.» ... «die darin entwickelten Lehren sind zum größten Teil, sowohl in ätiologischer wie in therapeutischer Beziehung für jeden Arzt die Grundlage des ärztlichen Wissens» ... «Möge unser Appell an die Kollegen Gehör finden. Unbegreiflich ist es, dass überhaupt auch nur ein Arzt achtlos an den hippokratischen Schriften vorbeigehen kann.»

Entsprechend sieht Kapferer, der die Problematik der verschiedenen Autoren des *Corpus Hippocraticum* sehr wohl kannte, weit mehr Schriften als echt hippokratisch an, als es dem heutigen und auch schon damaligem Forschungsstand entspricht: «Wir bezeichnen alle jene Bücher als echt, die deutlich den Stempel des großen Meisters tragen, mögen sie auch von dem Schwiegersohn des Hippokrates oder von einem seiner Vertrauten oder Schüler verfasst sein.» Es handelt sich bei Kapferer nicht um die erste deutsche Übersetzung aller Schriften des *Corpus Hippocraticum*. Neben noch älteren war vorausgegangen die Übersetzung von Robert Fuchs (1895–1900), doch ist nach Kapferer keine deutsche Gesamtübersetzung mehr erschienen, sondern Teilübersetzungen (Capelle, Diller, Schubert) nur weniger Schriften.

Die Übersetzung Kapferers ist, durch philologische Hilfe abgesichert, zuverlässig, gerade auch in der medizinischen Terminologie.

Inzwischen hat sich die im 19. Jahrhundert aufgekommene internationale Altertumswissenschaft der hippokratischen Schriften und der mit ihnen verbundenen Probleme durch Editionen, Kommentare und Interpretationen intensiv angenommen. Im Laufe der Zeit wurden auch Institute und Lehrstühle für die Geschichte der Medizin geschaffen (in Berlin, Leipzig und Wien schon im 19. Jahrhundert), so dass sich eine fruchtbare, fortdauernde Kooperation von Klassischen Philologen und Medizinhistorikern ergeben hat.

Hippokrates gestern – und heute?

Nahezu alle Institute für Geschichte der Medizin sind im letzten Viertel des 20. Jahrhunderts umbenannt worden in Institute «für Ethik und Geschichte der Medizin».[48] Damit kommt zum Ausdruck, dass der ethische Aspekt der Medizin auch in seiner historischen Dimension ein drängendes Problem der Gegenwart ist. Diese Last hat lange Zeit der seiner Geschichtlichkeit entkleidete und zu absoluter Norm stilisierte *Eid* tragen müssen.[49] Und es gab in der Tat auch Situationen, in denen zur unmittelbaren Orientierung in schweren Zeiten der *Eid* dienen konnte und sollte. Ein bewegendes Zeugnis dafür ist die legendäre öffentliche Vorlesung, die der Professor für Pathologie an der Universität Freiburg, Franz Büchner, im Kuppelsaal des Kollegiengebäudes I der Universität vor fast tausend Hörern über den «*Eid* des Hippokrates. Die Grundgesetze der ärztlichen Ethik» am 11. November 1941 gehalten hat, gipfelnd in dem Bekenntnis: «Der einzige Herr, dem der Arzt zu dienen hat, ist das Leben. Der Tod ist, ärztlich gesehen, der große Gegenspieler des Lebens wie des Arztes. Würde man aber dem Arzte zumuten, die Tötung unheilbar Erkrankter anzuregen und durchzuführen, so hieße das, ihn zu einem Pakt mit dem Tode zu zwingen. Paktiert er aber mit dem Tode, so hört er auf, Arzt zu sein.»[50] Dieses mutige und riskante Bekenntnis ist umso bemerkenswerter, als Büchner, der sich auch gegen die Unterkühlungsversuche im Konzentrationslager Dachau wandte, nicht eigentlich dem aktiven Widerstand zuzurechnen ist. Vielmehr hatte und behielt er seinen Lehrstuhl und gleichzeitig seine Position als führender Pathologe im Institut für Luftfahrtmedizin beim Reichsluftfahrtministerium. So hat denn der im Ersten Weltkrieg schwer verwundete, tief religiöse Büchner, der zunächst mit einem Studium der klassischen Philologie begonnen hatte, seit 1936 ordentlicher Professor für Pathologie an der Universität Freiburg war, seinen Vortrag[51] durchaus systemkonform eingerahmt durch die Bemerkung am Anfang, dass die «Stätten der antiken Kultur unter dem Schutze des Reiches» stehen, und die Schlussbemerkung: «Wenn heute unsere deutschen Ärzte an den Fronten stehen und Höchstes an ärztlichem Einsatz leisten, so handeln sie gewiss als Soldaten, nicht minder aber als Helden des hippokratischen Eides.» Im Übrigen gab es für den Vortrag ein ganz bestimmtes auslösendes Moment: Es war der drei Monate vorher (am 29. August 1941) in die Kinos gelangte NS-Propagandafilm *Ich klage an*, der als Rechtfertigung für das Euthanasieprogramm Hitlers und seines «Begleitarztes», des Chirurgen Karl Brandt, gedacht war, im Grunde aber mehr von aktiver Sterbehilfe handelt, wie sie im hippokratischen *Eid* allerdings dezidiert abgelehnt wird. Unter dem Eindruck dieses Filmes schrieb die Ärztin und ehemalige Studentin Büchners Johanna Schwerk am 28. Oktober 1941 an ihn. Mit dem Bekenntnis eines «leidenschaftlichen Nein» zur Vernichtung von Leben erklärte sie, sie sei dankbar «für jedes klare und mutige Wort», das ihre «gärenden Fragen und Zweifel klären hilft». Büchner hat noch vor seinem Vortrag am 8. November

1941 geantwortet und betont, dass Ethik religiös verankert sein müsse, und einen Beitrag «zu den grundsätzlichen Auseinandersetzungen zwischen Gottesfurcht und Selbstherrlichkeit» angekündigt. Konkret und explizit bezog er sich in dem Vortrag aber nicht auf das NS-Euthanasieprogramm, sondern auf die schon 1920 erschienene Schrift *Die Freigabe der Vernichtung des lebensunwerten Lebens* des Juristen Karl Binding und des Arztes und Psychiaters Alfred Hoche, die beide auch eine Zeit lang an der Freiburger Universität gewirkt hatten und Büchner persönlich bekannt waren.

Merkwürdigerweise haben die NS-Machthaber ihrerseits versucht, den hippokratischen *Eid* für sich zu reklamieren. Heinrich Himmler, Reichsführer SS, meinte, der hippokratische *Eid* «enthält arisches Gedankengut, das über zwei Jahrtausende hinweg zu uns eine lebendige Sprache redet».[52] Und der im Nürnberger Ärzteprozess 1946/47 angeklagte und dann auch zum Tode verurteilte Arzt und Generalleutnant der Waffen-SS Karl Brandt verstieg sich vor Gericht zu der Behauptung: «Ich bin überzeugt, dass, wenn Hippokrates heute leben würde, er seinem Eid eine andere Fassung gäbe».[53]

Dabei geht es in der ganzen Diskussion um den hippokratischen *Eid* im Kontext des Nationalsozialismus nur vordergründig um die Bestimmung im *Eid*, der Arzt werde «kein tödliches Mittel verabreichen». Soweit dieser Satz auf die Sterbehilfe bezogen wird, handelt es sich um ein bis in die Gegenwart mit Recht kontrovers diskutiertes Problem. Für die NS-Ideologie (so auch im Film: *Ich klage an*) ist dies aber der Deckmantel, der nach außen hin die Massentötungen nicht unwerten, sondern unliebsamen Lebens verschleiern und legitimieren soll. Büchner meinte in seinem Vortrag, «der griechische Arzt habe mit der Frage gerungen, ob dem Arzte die Vernichtung sogenannten lebensunwerten Lebens gestattet sei». Der *Eid* ist da eindeutig.

Gewiss ist der hippokratische *Eid* im Laufe der Zeit zur Untermauerung ethischer Grundsätze in der Medizin weniger im Ganzen, sondern immer nur in Teilaspekten rezipiert worden. Das sollte aber nicht dazu führen, ihm jegliche Relevanz abzusprechen, wie es Viktor von Weizsäcker tut: «Der Eid des Hippokrates geht uns gar nichts an.»[54] Der hippokratische *Eid* geht uns sehr wohl etwas an, doch allein reicht er nicht aus, um die ethischen Herausforderungen der Medizin unserer Tage zu beantworten. Denn die ethisch relevanten Probleme der Medizin sind zumindest teilweise andere als in der Antike. Es geht um Phänomene wie Intensivmedizin, Genmanipulation, Organentnahme und -verpflanzung, Umgang mit Impfstoffen, kosmetische Operationen und damit verbunden Anonymisierung, Juridifizierung, Großkliniken, eine riesige Pharmaindustrie und neuerdings die Möglichkeit der Gesundheitsfürsorge und sogar Therapie durch die digitale Technik mit der Möglichkeit, dass das einfache Handy Blutdruck, Herzschlag und andere Befindlichkeiten zu messen und auszuwerten in der Lage ist.[55]

Das alles kann aber nicht den Abschied von Hippokrates bedeuten.[56] Dabei geht es nicht allein um den *Eid*, dessen Prägekraft in den zentralen Fragen des Verhältnisses von Arzt und Patient über die Jahrhunderte nicht beiseitegeschoben werden kann. Es geht auch um die gesamte Ethik des *Corpus Hippocraticum* mit den Grundsätzen des «Nützen und nicht Schaden», der erstmals formulierten Mündigkeit des Patienten mit dem Postulat, dieser solle am Heilungsprozess mitwirken, mit dem Aufbau einer Vertrauensbeziehung zwischen Arzt und Patient, mit der Zuwendung zum Patienten als Menschen unabhängig von Geschlecht, Stand und Nationalität bis hin zur ethischen Haltung und zum ästhetischen Auftreten des Arztes.[57] Im Jahre 1992 ist das Buch des umstrittenen Arztes Julius Hackethal: *Der Meineid des Hippokrates* erschienen. Es wendet sich nicht gegen den hippokratischen *Eid*, sondern gegen Auswüchse der Apparatemedizin, gegen überflüssige Vorsorgeuntersuchungen, gegen Überheblichkeit von Ärzten, die unter Berufung auf den hippokratischen *Eid* eigentlich einen Meineid schwören würden. Vor allem aber beklagt Hackethal den Verlust der Individualmedizin und damit eines Vertrauensverhältnisses zwischen Arzt und Patient. Aber es gibt ja nach wie vor den Hausarzt, der auch Hausbesuche macht, und damit die zunächst asymmetrische, paternale Zweierbeziehung: Arzt – Patient in ein verantwortbares Vertrauensverhältnis[58] zu verwandeln hat, um auf einer solchen Grundlage den Behandlungs- und Heilungsprozess in Gang zu setzen, wie er paradigmatisch zuerst in den hippokratischen Schriften (nicht nur im *Eid*) formuliert wird. Damit ist Hippokrates kein rein historisches Phänomen. Wer die ihm zugeschriebenen Schriften liest – ob Arzt oder Laie –, kann über alle Zeiten und über alle historischen Bedingtheiten hinweg an sich und im Verhalten zum Anderen im Innersten berührt werden.

ANHANG

DAS CORPUS HIPPOCRATICUM

Der Überblick über die Titel der Schriften des Corpus Hippocraticum (hier wiedergegeben nach Golder, Hippokrates, 2007, S. 10–16) folgt in der Anordnung der Reihenfolge, in der die Schriften bei Littré ediert sind.

Abkürzung	Griechischer Titel	Lateinischer Titel	Deutscher Titel
1 Vet. med.	Περὶ ἀρχαίης ἰητρικῆς	De prisca medicina	Über die alte Heilkunst
2 Aer.	Περὶ ἀέρων, ὑδάτων, τόπων	De aere, aquis, locis	Über die Umwelt
3 Progn.	Προγνωστικόν	Prognosticon	Buch der Prognosen
4 Acut.	Περὶ διαίτης ὀξέων	De diaeta in morbis acutis	Über die Diät bei akuten Krankheiten
5 Acut. spur.	Περὶ διαίτης ὀξέων. Νόθα	De diaeta acutorum (spurium)	Über die Diät bei akuten Krankheiten. Unecht
6 Epid. I	Ἐπιδημιῶν τὸ πρῶτον	De morbis popularibus I	Epidemien I
7 Epid. III	Ἐπιδημιῶν τὸ τρίτον	De morbis popularibus III	Epidemien III
8 VC	Περὶ τῶν ἐν κεφαλῇ τρωμάτων	De capitis vulneribus	Über die Kopfverletzungen
9 Off.	Κατ' ἰητρεῖον	De officina medici	In der Praxis des Arztes
10 Fract.	Περὶ ἀγμῶν	De fracturis	Über Knochenbrüche
11 Artic.	Περὶ ἄρθρων Περὶ ἄρθρων ἐμβολῆς	De articulis De articulis reponendis	Über die Gelenke Über die Einrenkung der Gelenke
12 Mochl.	Μοχλικός	Vectiarius	Hebelkraft
13 Aph.	Ἀφορισμοί	Aphorismi	Aphorismen
14 Jusj.	Ὅρκος	Iusiurandum	Der Eid
15 Lex	Νόμος	Lex	Das Gesetz
16 Epid. II	Ἐπιδημιῶν τὸ δεύτερον	De morbis popularibus II	Epidemien II
17 Epid. IV	Ἐπιδημιῶν τὸ τέταρτον	De morbis popularibus IV	Epidemien IV
18 Epid. V	Ἐπιδημιῶν τὸ πέμπτον	De morbis popularibus V	Epidemien V

Abkürzung	Griechischer Titel	Lateinischer Titel	Deutscher Titel
19 Epid. VI	Ἐπιδημιῶν τὸ ἕκτον	De morbis popularibus VI	Epidemien VI
20 Epid. VII	Ἐπιδημιῶν τὸ ἕβδομον	De morbis popularibus VII	Epidemien VII
21 Hum.	Περὶ χυμῶν	De humoribus	Über die Säfte
22 Prorrh. I	Προρρητικός α'	Praesagia I	Vorhersagungen I
23 Coac.	Κῳακαὶ προγνώσεις	Coa praesagia	Koische Prognosen
24 De Arte	Περὶ τέχνης	De arte	Über die Kunst
25 Nat. Hom.	Περὶ φύσιος ἀνθρώπου	De natura hominis	Über die Natur des Menschen
26 Salubr.	Περὶ διαίτης ὑγιεινῆς	De diaeta salubri	Über die gesunde Lebensweise
27 Flat.	Περὶ φυσῶν	De flatibus	Über die Lüfte
28 Liqu.	Περὶ ὑγρῶν χρήσιος	De humidorum usu	Über den Gebrauch der Flüssigkeiten
29 Morb. I	Περὶ νούσων τὸ πρῶτον	De morbis I	Über die Krankheiten I
30 Aff.	Περὶ παθῶν	De affectionibus	Über die Leiden
31 Loc. Hom.	Περὶ τόπων τῶν κατὰ ἄνθρωπον	De locis in homine	Über die Stellen am Menschen
32 Morb. Sacr.	Περὶ ἱερῆς νούσου	De morbo sacro	Über die heilige Krankheit
33 Ulc.	Περὶ ἑλκῶν	De ulceribus	Über die Wunden
34 Haem.	Περὶ αἱμορροΐδων	De haemorrhoidibus	Über die Hämorrhoiden
35 Fist.	Περὶ συρίγγων	De fistulis	Über die Fisteln
36 Vict. I	Περὶ διαίτης τὸ πρῶτον	De diaeta I	Über die Diät I
37 Vict. II	Περὶ διαίτης τὸ δεύτερον	De diaeta II	Über die Diät II
38 Vict. III	Περὶ διαίτης τὸ τρίτον	De diaeta III	Über die Diät III
39 Insomn.	Περὶ διαίτης τὸ τέταρτον	De diaeta IV	Über die Diät IV – Träume
40 Morb. II	Περὶ νούσων τὸ δεύτερον	De morbis II	Über die Krankheiten II
41 Morb. III	Περὶ νούσων τὸ τρίτον	De morbis III	Über die Krankheiten III
42 Int.	Περὶ τῶν ἐντὸς παθῶν	De affectionibus interioribus	Über die inneren Leiden
43 Nat. Mul.	Περὶ γυναικείης φύσεως	De natura muliebri	Über die Natur der Frau
44 Septim.	Περὶ ἑπταμήνου	De septimestri partu	Über das Siebenmonatskind
Oct.	Περὶ ὀκταμήνου	De octimestri partu	Über das Achtmonatskind
45 Genit.	Περὶ γονῆς	De semine	Über den Samen
46 Nat. Puer.	Περὶ φύσιος παιδίου	De natura pueri	Über die Natur des Kindes

DAS CORPUS HIPPOCRATICUM 259

Abkürzung	Griechischer Titel	Lateinischer Titel	Deutscher Titel
47 Morb. IV	Περὶ νούσων τὸ τέταρτον	De morbis IV	Über die Krankheiten IV
48 Mul. I	Γυναικείων τὸ πρῶτον	De mulierum affectibus I	Über die Frauenkrankheiten I
49 Mul. II	Γυναικείων τὸ δεύτερον	De mulierum affectibus II	Über die Frauenkrankheiten II
50 Mul. III	Γυναικείων τὸ τρίτον	De mulierum affectibus III	Über die Frauenkrankheiten III (= Über die unfruchtbaren Frauen)
51 Virg.	Περὶ παρθενίων	De virginum morbis	Über die Krankheiten von Jungfrauen
52 Superf.	Περὶ ἐπικυήσιος	De superfetatione	Über die Überschwängerung
53 Foet. Exsect.	Περὶ ἐγκατατομῆς	De exsectione fetus	Über die Zerstückelung des Embryos im Mutterleib
54 Anat.	Περὶ ἀνατομῆς	De anatome	Über die Anatomie
55 Dent.	Περὶ ὀδοντοφυίης	De dentitione	Über das Zahnen
56 Gland.	Περὶ ἀδένων	De glandulis	Über die Drüsen
57 Carn.	Περὶ σαρκῶν	De carnibus	Über das Fleisch
58 Hebd.	Περὶ ἑβδομάδων	De hebdomadibus	Über die Siebenzahl
59 Prorrh. II	Προρρητικός β′	Praesagia II	Vorhersagungen II
60 Cord.	Περὶ καρδίης	De corde	Über das Herz
61 Alim.	Περὶ τροφῆς	De alimento	Über die Nahrung
62 Vid. Ac.	Περὶ ὄψιος	De visu	Über das Sehen
63 Oss.	Περὶ ὀστέων φύσιος	De natura ossium	Über die Natur der Knochen
64 Medic.	Περὶ ἰητροῦ	De medico	Über den Arzt
65 Decent.	Περὶ εὐσχημοσύνης	De habitu decenti	Über das anständige Verhalten
66 Praec.	Παραγγελίαι	Praeceptiones	Vorschriften
67 Judic.	Περὶ κρισίων	De iudicationibus	Über die Krisen
68 Dieb. Iudic.	Περὶ κρισίμων	De diebus iudicatoriis	Über die kritischen Tage
69 Epist.	Ἐπιστολαί	Epistulae	Briefe
70 Decr. Ath.	Δόγμα Ἀθηναίων	Decretum Atheniensium	Beschluss der Athener
71 Orat. ar.	Ἐπιβώμιος	Oratio ad aram	Altarrede
72 Thess. orat.	Πρεσβευτικὸς Θεσσάλου	Thessali legati oratio	Gesandtenrede

ANMERKUNGEN

I. DIE ANFÄNGE

1. Ägyptische Medizin

1 Einzelheiten bei Olav Röhrer-Ertl, Früheste Zeugnisse von Operationen, in: Heinz Schott (Hg.), Meilensteine der Medizin, 1996, 13–20.
2 Für die ägyptische Medizin war grundlegend das neunbändige Werk des Berliner Ägyptologen Hermann Grapow, Grundriß der Medizin der Alten Ägypter, Berlin 1954–1973 mit ausführlichen Erläuterungen, Wörterbuch, Grammatik usw. Band IV–IX mit Mitarbeitern. Die beste Orientierung findet man jetzt bei Wolfhart Westendorf (Schüler und Assistent von Grapow, dann Ägyptologe in Göttingen), Handbuch der altägyptischen Medizin, 2 Bde., Leiden 1999 mit deutscher Übersetzung der Papyri und ausführlichen Indices und Literaturnachweisen. Vgl. auch W. Westendorf, Erwachen der Heilkunst. Die Medizin im alten Ägypten, Zürich 1992.
3 Abbildung bei Westendorf 1992, 150.
4 Zu Herodots Kenntnis der Medizin vgl. Jochen Althoff, Herodot und die griechische Medizin, in: Klaus Döring/Georg Wöhrle (Hg.), Antike Naturwissenschaft und ihre Rezeption, Bd. III, Bamberg 1993 1–16.

2. Homerische Ärzte und mythische Ahnen

1 Grundlegend ist die Sammlung der Zeugnisse von Emma und Ludwig Edelstein, Asclepius, 1975.
2 Eine Besatzung von 50 Mann für ein Schiff war der Normalfall, vgl. Homers Ilias, Gesamtkommentar II 2, herausgegeben von Latacz 2003, 163. Auf die Einzelheiten der Homerforschung (Datierung, Quellen usw.) kann hier nicht eingegangen werden. Für medizinische Einzelheiten bei Homer vgl. Otto Körner, Die ärztlichen Kenntnisse in Ilias und Odyssee, München 1928.
3 *Iliou Persis*, Epicorum Graecorum Fragmenta, ed. M. Davies (1988), F 1. Weitere Ausgestaltung in späteren Quellen, vor allem bei Quintus Smyrnaeus XII 314–321. Ausführliche Darstellung bei Meike Droste, Die Asklepiaden, Aachen 2001 (Diss. Köln), 19–25.
4 Zu dem Homervers vgl. auch Carl Werner Müller, Medizin, Effizienz und Ökonomie im griechischen Denken der klassischen Zeit, in: Sitzungsber. der Sächs. Ak. d. Wiss., phil.-hist. Kl. 133, Heft 5, 5.

ANMERKUNGEN 261

5 Grundlegend für das Verhältnis des epischen Kyklos zu Homer ist Wolfgang Kullmann, Die Quellen der Ilias, Wiesbaden 1960 (Hermes-Einzelschriften 14).
6 Vgl. Christa Benedum, Asklepios – der homerische Arzt und der Gott von Epidauros, in: Rheinisches Museum, NF 133, 1990, 210–226.

3. Von Homer zu Hippokrates – die Medizin wird Wissenschaft

1 Ausführliche Darstellung bei Joseph Schumacher, Antike Medizin, I 1940. Ferner: Fridolf Kudlien, Der Beginn des medizinischen Denkens, 1967. Zu den frühgriechischen Ärzten: Peter Cordes, Iatros, 1994. Wichtig ist auch der Sammelband von Wittern/Pellegrin (Hg.), 1996.
2 Vgl. Charlotte Schubert, Menschenbild und Normwandel in der Klassischen Zeit, in: Hellmut Flashar/Jacques Jouanna (Hg.), Médecine et morale dans l'antiquité, 1997, 121–155.
3 Vgl. Markwart Michler, Demokedes von Kroton, in: Gesnerus 23, 1966, 213–229.
4 Platon lässt Sokrates in der Apologie 26 D sagen, man könne das Buch (die Papyrusrolle) des Anaxagoras für eine Drachme kaufen. Legen wir einen Taschenbuchpreis der unteren Grenze von sechs Euro zugrunde, entspräche eine Drachme drei Euro.
5 Artur Swerr, Arzt der Tyrannen. Das Leben des größten praktischen Arztes der Antike, München 1961. Das Buch ist auch ins Spanische übersetzt.
6 Grundlegend Ernst Berger, Das Basler Arztrelief, Mainz 1970.
7 Aus der griechischen Antike sind insgesamt zehn Grabreliefs bekannt, auf denen Ärzte dargestellt sind, wobei in den meisten Fällen die Inschrift den Arztberuf eindeutig fixiert. Zu Phanostrate und der Problematik der Ärztin vgl. auch Florian Steger, Asklepiosmedizin. Medizinischer Alltag in der römischen Kaiserzeit, Stuttgart 2004, 51–53. Zu einem in der Antikensammlung der Staatlichen Museen in Berlin aufbewahrten, gegen Ende des 1. Jh.s v. Chr. entstandenen Arztrelief vgl. Antje Krug, Das Berliner Arztrelief, Berlin 2008.
8 Die Testimonien und Zeugnisse findet man bei Grensemann 1975. Vgl. ferner Jouanna 1974; Kollesch 1989; Lonie 1965.
9 Zur Besiedlung von Kos vgl. Susan Sherwin-White, Ancient Cos, Göttingen 1978 (Hypomnemata 51).
10 Vgl. Jacques Jouanna, Hippocrate, Paris 1992, 15.
11 Ein relativ frühes Zeugnis ist ein kurzer Hymnus auf Asklepios, der im Kontext der Homerischen Hymnen (Nr. 16) überliefert ist.
12 Strabon, Geographica IX 5, 17.

II. HIPPOKRATES UND SEIN WERK

1. Das Leben und sein Bildnis

1 Vgl. Michael Erler, Platon, in: Hellmut Flashar (Hg.), Die Philosophie der Antike, Bd. 2/2, Basel 2007, 184.
2 Vgl. Vivian Nutton, Ancient Medicine 44: «Medical books were available in towns like Athens, Corinth or Miletus for any who wished to buy them.»

Volker Langholf, Platon über die Kommunikation zwischen Ärzten und Patienten: «Der Laie, der sich für Medizin interessierte, konnte damals also leicht einschlägige Literatur finden. Auch Vorträge konnte er sich anhören.» (in: Renate Wittern (Hg.), Hippokratische Medizin und antike Philosophie, 1996, 115). Zu den unterschiedlichen Formen der schriftlichen Vermittlung von medizinischem Fachwissen vgl. Jutta Kollesch, Ausdrucksformen der medizinischen Literatur im 5. und 4. Jh. v. Chr., in: Philologus 135, 1991, 157–176.

3 Der Abschnitt im *Phaidros* ist seit langem umstritten, insbesondere die Frage, ob mit der «Natur des Ganzen» das Ganze des Körpers oder das Weltall gemeint ist. Ausführliche Erörterungen bei Robert Joly, Die hippokratische Frage und das Zeugnis des *Phaidros*, in: Flashar (Hg.), Antike Medizin, 1971, 52–82. Der Streit ist müßig. Mit dem «Ganzen» ist eine ganzheitliche Betrachtung gemeint, die sich sowohl auf den ganzen Körper wie auf zu einem Ganzen gehörige Faktoren wie Klima, Umwelt usw. bezieht und darüber hinaus den Menschen als Glied des Kosmos meint. Zu Platons Stellung zur Medizin vgl. Susan B. Levin, Plato's rivalry with medicine, Oxford 2014.

4 Im gesamten *Corpus Hippocraticum* werden nur zweimal Patienten aus Athen genannt, in einem der späteren *Epidemien*-Bücher (V 9. 10).

5 Vgl. dazu Peter C. Bol, Die Hippokrates-Statue in Kos, in: Antike Plastik 15, Berlin 1975, 65–70; vgl. ferner Renate Kabus-Preisshofen, Die hellenistische Plastik der Insel Kos, in: Mitteilungen des Deutschen Archäologischen Instituts, Athenische Abteilung, 14. Beiheft, Berlin 1989,186–188; Angelika Dierichs, Das Museum von Kos – noch immer lockt es mit Hippokrates, in: Antike Welt 34, 2003, 299 f.

6 Dierichs (wie Anm. 5), 299.

7 Ausführlich nachgewiesen von Hildebrecht Hommel, Euripides in Ostia – ein neues Chorlied und seine Umwelt, in: Epigraphica 19, 1957, 109–164; ND in: H. H., Symbola I, Hildesheim 1976, 117–163. Dort auch ausführliche Darstellung des Fundzusammenhanges. Polyidos war ein Seher aus der thebanischen Heldensage. Aus der Tragödie des Euripides sind nur einige Fragmente erhalten, in: Tragicorum Graecorum Fragmenta 5. 2., ed. Richard Kannicht, Göttingen 2004, dort die Fragmente 634–646.

8 So Ralf von den Hoff, Philosophenporträts des Früh- und Hochhellenismus, München 1994, hier 264.

9 Von den Hoff (wie Anm. 8), 264.

10 Aufgeführt von Karl Schefold, Die Bildnisse der antiken Dichter, Redner und Denker, Basel 1997, 416, 520 f., 535, 542 f. Liste der Repliken und der Hippokrates-Darstellungen auf Münzen und in Kleinkunst bei Gisela Richter, The portraits of the Greeks I, London 1965, 151–154.

11 Vgl. Andreas Hillert, Anmerkungen zum Bildnis des Hippokrates. Das «Hippokrates»-Mosaik auf Kos und seine rundplastischen Vorbilder, in: Jahrbuch des Museums für Kunst und Gewerbe 8, 1989, 15–26.

12 Einzelheiten bei Hillert, Hippokrates-Bildnisse, 2006.

13 Im Einzelnen nachgewiesen durch Hillert, Hippokrates zwischen Theorie und Praxis: Zur Rezeption des Hippokrates-Bildnisses im ausgehenden zwanzigsten Jahrhundert, in: Hephaistos 16/27, 1998/99, 139–160; vgl. ferner auch Hillert, Archäologische Souvenirs aus Griechenland, Möhnesee 2007.

ANMERKUNGEN 263

2. Das Werk

1 Überblick über das gesamte Corpus bei Fichtner 1995 und Golder 2007.
2 Der große Philologe Ulrich von Wilamowitz-Moellendorff urteilte im Jahre 1901: «Hippokrates ist z. Z. ein berühmter Name ohne den Hintergrund irgendeiner Schrift, während die hippokratischen Schriften sämtlich verfasserlos sind.» In: Die hippokratische Schrift Περὶ ἱρῆς νούσου, in: Sitzungsber. Ak. Berlin 1901, 2–23, hier: 2; ND in: W.-M., Kleine Schriften III, Berlin 1969, 301. Sehr skeptisch Leven, Geschichte der Medizin, 2008, 19, der zwischen einem historischen und einem idealisierten Hippokrates unterscheiden möchte.
3 Näheres bei Hellmut Flashar, Anonymus Londinensis, in: Leven (Hg.), Antike Medizin, 2005, 52–53.
4 Vgl. Carolin Oser-Grote, Polybos, in: Leven (Hg.), Antike Medizin, 2005, 723–724.
5 Übersicht bei Golder, Hippokrates, 2007, 109–113.

III. WERKE UND THEMEN

1. Der Eid

1 Die Literatur zum hippokratischen *Eid* ist unermesslich. Zum Eid bei den Griechen generell vgl. Rudolf Hirzel, Der Eid, Leipzig 1902, ND 1966; Allan H. Sommerstein/Isabelle C. Torrance (Hg.), Oaths and Swearing in Ancient Greece, Berlin 2014 (Beiträge zur Altertumskunde 307). Die These von Ludwig Edelstein, The Hippocratic Oath, 1943 (ND in: L. E., Ancient Medicine, Baltimore 1967, 3–63), der hippokratische *Eid* sei ein Dokument pythagoreischer Esoterik, findet heute keinen Befürworter mehr. Die ausführlichste Interpretation stammt von Charles Lichtenthaeler 1984 (392 Seiten!), der ich mich weitgehend anschließe. Wichtig ist auch Schubert 2005, 247–273.
2 Ulrich von Wilamowitz-Moellendorff, Der Glaube der Hellenen, Berlin 1931, ND Darmstadt 1955, II 35.
3 Zu den Einzelheiten vgl. Peter Kranz, Hygieia – Die Frau an Asklepios' Seite, Möhnesee 2010.
4 Publiziert von Peter Sattler, Griechische Papyrusurkunden und Ostraka der Heidelberger Papyrus-Sammlung, Heidelberg 1963, 12–14.
5 Die Formulierung οὐ τεμέω δὲ οὐδὲ μήν kann nicht heißen: «Ich werde überhaupt nicht schneiden und schon gar nicht ...», sondern meint in verstärkender Negation: «Nie und nimmer werde ich den Steinschnitt machen.» Vgl. Lichtenthaeler 1984, 167.
6 Dass der Arzt sich bei zu hohem Risiko zurückhält, ist auch sonst im *Corpus Hippocraticum* belegt, vgl. Renate Wittern, Die Unterlassung ärztlicher Hilfeleistung in der griechischen Medizin der klassischen Zeit, in: Münchner Medizin. Wochenschrift 121, 1979, 731–734.
7 Vgl. M. W. Blundell, Helping Friends and harming enemies, Cambridge 1989.
8 Im Einzelnen nachgewiesen von Lichtenthaeler 1984. Charlotte Schubert plädiert für eine spätere Abfassungszeit auf Grund einer «Mentalität, die nicht

vor dem späten Hellenismus und der frühen Kaiserzeit nachweisbar ist»
(2005, 67).
9 Zu diesem Papyrus vgl. Schubert/Scholl 2005, 264.
10 Vgl. Schubert 2005, 15 f.
11 Dokumentiert bei Schubert 2005. Der sogenannte «Eid des Maimonides» gilt als eine Fälschung aus dem 18. Jh.
12 Zuletzt in der Fassung des Beschlusses des 118. Deutschen Ärztetages 2015 in Frankfurt/M.
13 Näheres bei Paul Lüth, Die Leiden des Hippokrates, Darmstadt 1975, 21–24. Dort auch die Übersetzung des sowjetischen Eides.
14 Im Kanton Bern haben Ärzte, Zahnärzte, Apotheker und Tierärzte einen Eid zu schwören, der mit dem hippokratischen *Eid* nur noch das Gebot zur Verschwiegenheit gemeinsam hat. Ein seit 1939 geltender chinesischer Grundsatz des ärztlichen Handelns (formuliert von Kung Hsin) hat lediglich den Schlusssatz mit dem hippokratischen *Eid* gemeinsam: «Ein guter Arzt wird in Ansehen endloser Generationen weiterleben.» Die Texte findet man bei Brigitte Ausfeld-Hafter, Primum nil nocere, in: Ausfeld-Hafter 2003, 145–153, hier: 150 f. In den USA werden in den medical schools nach Abschluss der Ausbildung verschiedene Abwandlungen des hippokratischen *Eides* geschworen. Zu den Einzelheiten vgl. R. D. Orr/E. D. Pellegrino/M. Siegler, Use of the hippocratic Oath. A review of twentieth-century practice and a content analysis of Oaths administered in medical schools in the USA and Canada, in: The Journal of clinical ethics 8, 1993, 377–388.

2. Die heilige Krankheit

1 Der Ausdruck «heilige Krankheit» ist zuerst bei Heraklit (ca. 535–475) Frgm. 22 B 46 belegt und bedeutet dabei so viel wie «Überheblichkeit», «Eigendünkel» (οἴησις), also etwas anderes als die Epilepsie, so dass der Ausdruck «heilige Krankheit» exklusiv für die Epilepsie sich erst im Laufe der Zeit herausgebildet hat. Als eine Art Überheblichkeit möchte man auch die «heilige Krankheit» ansehen, an der der persische Großkönig Kambyses (529–522) «von Geburt an» litt (Herodot III 33).
2 Zur modernen Erforschung der Epilepsie vgl. Schneble 1996, 2. Aufl. 2003.
3 Zur Ausbildung der Typenlehre vgl. Flashar, Melancholie und Melancholiker, 1966, hier: 28 ff.

3. Umwelt

1 Gründliche Analyse bei Liewert 2015.
2 Vgl. Flashar, Melancholie und Melancholiker, 1966, hier: 21–28.
3 So K. E. Müller, Geschichte der antiken ethnologischen Theoriebildung, Teil I, Wiesbaden 1972.
4 So Backhaus 1976.
5 Das Wort ἰσομοιρίη (bzw. -ία) kommt im politischen Sinn zur Bezeichnung der Gleichheit der Bürger (z. B. Thukydides VI 39) als auch zur (kosmologischen) Bezeichnung des gleichen Anteils von Erde und Luft (Sophokles, *Elektra* 87) vor.

ANMERKUNGEN 265

6 Zur Zeit der Wirksamkeit des Hippokrates war Milet (als wichtigste der kleinasiatischen Griechenstädte) Verbündeter des (demokratisch verfassten) Athen, fiel aber 412 von Athen ab. Im Jahre 405 kamen mit spartanischer Hilfe in Kos Oligarchen an die Macht.
7 Vgl. dazu grundsätzlich Heinimann 1945. Zu den Makrokephalen vgl. Herter 1975, 115–125.
8 Vgl. Heinz Sigurd Raethel, Hühnervögel der Welt, Melsungen 1988, 624 f.
9 Herodot VI 84.
10 Vgl. Triebel-Schubert 1990.
11 Vgl. die umfassende Darstellung von Parzinger 2004.
12 Triebel-Schubert 1990, hier: 103. Ergänzend: Schubert 1996, 121–143; Schubert 2009, 251–276.
13 Ausführlich dargestellt bei Liewert 2015, 169–196.

4. Von der Diagnose zur Prognose

1 So Kudlien 1977. Kühlewein hat in der Teubner-Ausgabe die Worte ἅμα δὲ καὶ εἴ τι θεῖον ἔνεσιν ἐν τῇσι νούσοισι athetiert, womit er sich des Problems entledigt hat.
2 Vgl. Renate Wittern, Die Unterlassung ärztlicher Hilfeleistung in der griechischen Medizin der klassischen Zeit, in: Münchner Medizinische Wochenschrift 121, 1979, 731–734.
3 Ediert von Rudolf Herzog, Heilige Gesetze von Kos, in: Abh. Preuss. Ak. Wiss., phil.-hist. Kl. 1928. Die Inschriften stammen allerdings aus dem 3. und 2. Jh. v. Chr., doch ist eine Familientradition anzunehmen, die es erlaubt, die gleichen Namen auch für das 4. Jh. v. Chr. vorauszusetzen.
4 Im Einzelnen aufgewiesen von Klaus Weidauer, Thukydides und die Hippokratischen Schriften, Heidelberg 1954. Die Einzelbeobachtungen sind erweitert und vertieft durch Georg Rechenauer, Thukydides und die hippokratische Medizin, Hildesheim 1991 (Spudasmata 47).
5 Vgl. Weidauer 75.
6 Rechenauer 1991 zeigt überzeugend, wie Thukydides das durch Hippokrates begründete medizinisch-physiologische Modell von Gesundheit und Krankheit umfassend auf historische und politische Prozesse übertragen hat.

5. Epidemien, Säfte und Krankheiten

1 Ursprünglich schloss das Buch III direkt an I an, was daran erkennbar ist, dass die in III 1–12 aufgeführten Krankengeschichten zur dritten Katastasis des ersten Buches gehören, vgl. Deichgräber 1982.
2 Im Einzelnen nachgewiesen und belegt bei Deichgräber 1982.
3 Vgl. Nikitas 1968. Epid. VI möchte Jutta Kollesch, Diätetische Aphorismen des VI. Epidemienbuches und Herodikos von Selymbria, in: Baader/Winau (Hg.), 1989, einem anderen Verfasser zuweisen.
4 Vgl. Hellweg 1985.
5 In VII 29–34 und 121 ist von Kriegsverwundeten die Rede. In VII 32 wird berichtet, dass die Verwundung durch den Steinwurf eines Makedonen verursacht ist. In VII 121 wird die Belagerung der Stadt Patos genannt, die 358

v. Chr. von Philipp II. eingenommen und dann nach ihm in Philippoi umbenannt wurde. Dass zwischen einer ersten tagebuchähnlichen Aufzeichnung und der Formulierung des vorliegenden Textes eine gewisse Zeit der Bearbeitung anzunehmen ist, zeigt Hellweg 1985.

6 Darüber ausführlich bei Deichgräber 1982.
7 Im Einzelnen aufgewiesen durch Paul Potter, Epidemien I/III: Form und Absicht der zweiundvierzig Fallbeschreibungen, in: Baader/Winau (Hg.), 1989.
8 Analyse der medizinischen Einzelheiten bei Lichtenthaeler 1994.
9 Erster Beleg des Substantivs φιλανθρωπία bei Platon, *Euthyphron* 3 D. Gemeint ist: die freundliche Haltung, mit der Sokrates anderen Menschen begegnet.
10 Deichgräber 1972 und Overwien 2014 mit ausführlicher Analyse der Überlieferungsgeschichte. Diese «den Säften dieser Welt» gewidmete Abhandlung enthält auch ausführliche Darlegungen zu Gattung, Quellen und Datierung (100–121).

6. Grundfragen der Medizin in der Diskussion

a) Über die Lüfte

1 Zu dieser Schrift vgl. Kühn, System- und Methodenprobleme, 1956, 57–65.
2 Vgl. die differenzierende Analyse der Lehre des Anaximenes bei Niels Christian Dührsen, in: H. Flashar et alii (Hg.), Die Philosophie der Antike, Basel I 2013, 326.
3 Dass im *Anonymus Londinensis* (V 35–VII 40) eine Auffassung, wonach die Krankheiten aus Luft (Gasen) und Ernährungsstörungen bestehen, als Lehre des Hippokrates bezeichnet wird, hat keinen unmittelbaren Zeugniswert.

b) Die Natur des Menschen

4 Zur Entwicklung der Säftelehre vgl. Flashar, Melancholie und Melancholiker, 1966, hier: 21–49 und vor allem Schöner 1964.
5 Vgl. Grensemann 1968 mit den Einzelheiten der biographischen Tradition.
6 Galen hat nur die ersten acht Kapitel für echt hippokratisch gehalten. Der zweite Teil sei ein buntes Durcheinander, erst nachträglich hinzugefügt. Wilamowitz nennt das Mittelstück der Schrift «ein Geschiebe von unzusammenhängenden und zum Teil minderwertigen Abschnitten», in: Kleine Schriften III, Berlin 1969, 293 (ursprünglich 1901).
7 Vgl. dazu Leven, Die Geschichte der Infektionskrankheiten, 1997.
8 Über die Adernsysteme in der antiken Medizin vgl. Fredrich 1899, 57–80.
9 Zu Theorie und Praxis des Aderlasses vgl. K. H. Leven, Aderlass, in: Leven (Hg.), Antike Medizin, 2005, 9 f.
10 Über andere Einteilungen der Fieberarten vgl. Beate Gundert, Fieber, in: Leven (Hg.), Antike Medizin, 2005, 299–302.

c) Die alte Heilkunst

11 Grundlegend und überzeugend ist jetzt: Schiefsky 2005.
12 Mit Recht weist Schiefsky 2005, 2–5 und 47 auf einen generellen Trend der Zeit, die Ursachen von Krankheiten auf ganz wenige Faktoren zurückzuführen.

13 Überblick bei Woldemar Uxkull-Gyllenband, Griechische Kulturentstehungslehren, Berlin 1924. Zur Schrift über die alte Heilkunst im Kontext der Kulturentstehungslehren vgl. Herter 1963.
14 Die Spätdatierung auf die Mitte des 4. Jh.s v. Chr. durch Diller, Hippokratische Medizin und attische Philosophie, 1952, unter der Annahme, es läge eine Auseinandersetzung mit Platon vor, hat kaum Nachfolge gefunden. Überzeugend Schiefsky 63 f. und schon Kühn, System- und Methodenprobleme, 1956, 46–56.

d) Über die Kunst

15 Zu dieser Schrift grundlegend Gomperz 1910, ferner: Cordes, Iatros, 1994, 101–137 (dort auch die ältere Literatur).
16 Cordes, Iatros, 1994, 131.

7. Diät und Gesundheitsvorsorge

1 So in dem Bericht des *Anonymus Londinensis* (vgl. S. 34) IX 20–35.
2 Ausführliche Analyse bei Fredrich, Hippokratische Untersuchungen, 1899, 89–110, ferner bei Diller 1959. Die Quellenkritik im Einzelnen ist jedoch nur insoweit fruchtbar, als sie zeigt, wie der Autor Ideen und Formulierungen der frühen Philosophen aufgreift, um sie in seine Lehre zu integrieren.
3 Vgl. dazu Karl Deichgräber, Goethe und Hippokrates, in: Sudhoffs Archiv f. Geschichte der Medizin und Naturwissenschaften 29, 1936, 27–56, ND in: K. D., Ausgewählte kleine Schriften, Berlin 1984, 363–392 und Simon Byl/ Bruno Vancamp, La survie d'Hippocrate chez les philosophes Allemands de l'époque de Goethe, in: Hippokratische Medizin und antike Philosophie, 1996, 611–622. In der Weimarer Bibliothek befanden sich zur Zeit Goethes acht Hippokrates-Ausgaben. *Die Maximen und Reflexionen* bestehen aus postum zusammengesetzten Äußerungen Goethes mit spruchähnlichem Charakter.
4 Zu den verschiedenen Vererbungslehren vgl. Erna Lesky, Die Zeugungs- und Vererbungslehren der Antike und ihr Nachwirken, Wiesbaden 1950 (Abhandl. d. Mainzer Akad. d. Wiss. 1950, 19). Kritische Äußerungen dazu bei Antoine Thivel, Die Zeugungslehren des Hippokrates und der Vorsokratiker, in: Wittern/Pellegrin (Hg.), Hippokratische Medizin, 1996, 3–13.
5 Zu Parallelen und möglichen (aber ganz unsicheren) Quellen des Katalogs vgl. Wöhrle 1990, 78–80. Palm 1933 sucht in der Anordnung der hier genannten 52 Tiere ein «voraristotelisches Tiersystem» zu gewinnen.
6 Zu diesem Buch vgl. die ausführliche Analyse bei Palm 1933, 72–96.
7 Dieser Satz steht wörtlich auch am Eingang der Schrift *Über die Leiden* (περὶ παθῶν). In welche Richtung die Entlehnung gegangen ist, lässt sich schwer eindeutig feststellen.
8 So bei Brian Clement, WunderLebensMittel. Mit dem bewährten Hippocrates-Programm Lebenskraft tanken – für Gesundheit und Vitalität, Emmendingen 2012; Ann Wigmore/Beate Rupprecht-Stroell, Lebendige Nahrung ist die beste Medizin, München 1990.

8. Gynäkologie

1 Grensemann, Knidische Medizin, I 1975; II 1987; ferner: Grensemann 1982. Grensemann teilt die Schicht A noch einmal in A 1 und A 2. Die Schichtenanalyse bleibt hier unberücksichtigt, zumal Grensemann selber bemerkt: «Bei der Zusammenfassung dieses Teilcorpus spielten die ... Schichten schon keine Rolle mehr» (1975, 217).
2 Grensemann, Knidische Medizin, I 1975, 217.
3 Der Ausdruck «Herakleische Krankheit» für Epilepsie kommt innerhalb des *Corpus Hippocraticum* nur an dieser Stelle vor, ist aber auch sonst belegt. Bei Dikaiarch (4. Jh. v. Chr.) heißt es (Frgm. 101 Wehrli), die heilige Krankheit werde «herakleische» genannt, weil Herakles ihr nach langen Mühen verfallen sei.
4 Für die Gebärmutter wird (ohne Bedeutungsunterschied) auch das Wort μήτρα verwendet. Für die unterschiedliche Verwendung beider Bezeichnungen vgl. Grensemann, Knidische Medizin, II 1987, 23.
5 Dorothée Treiber, Hugo von Hoffmannsthals *Elektra*, Frankfurt/M. 2015 (Heidelberger Beiträge zur deutschen Literatur 20), 22 mit weiteren Belegen.
6 Artemis als Göttin der Fruchtbarkeit steht als «Artemis Lochia» mit Geburt und Entbindung in Verbindung. Im Heiligtum der Artemis Brauronia werden der Iphigenie als Priesterin der Artemis nach ihrer Rückführung von Tauris prächtige Kleider geweiht, von Frauen, die bei der Geburt mit dem Tode ringen mussten, vgl. Euripides, *Iphigenie bei den Tauern* 1466–1468.
7 Zur Bedeutung der Siebenzahl vgl. Kap. 11 mit Anmerkungen.
8 Aristoteles, *Metaphysik* XIV 6, 1092 b 26–1093 b 29.
9 Gründlicher Kommentar von Lonie 1981.
10 Es ist die Abwandlung eines berühmt gewordenen Verses von Pindar: «Das Gesetz ist der König von allem, von Sterblichen und Unsterblichen» (Frgm. 169).
11 Zu den beiden Theorien, die sich auch sonst im *Corpus Hippocraticum* finden, vgl. Erna Lesky, Die Zeugungs- und Vererbungslehren der Antike und ihr Nachwirken, in: Abh. d. Mainzer Ak. d. Wiss., geistes- und sozialwiss. Klasse 19, 1950.
12 Der Rückverweis: «Das ist von mir schon an anderer Stelle erklärt worden» (Kap. 3, VII 474 L.) muss sich auf eine andere Schrift beziehen.
13 Littré hatte diese Schrift als die unmittelbare Fortsetzung des vorangehenden Traktats angesehen und entsprechend fortlaufend die einzelnen Kapitel nummeriert (1 = 12 Littré). Wir folgen hier der Zählung von Littré.
14 Sehr instruktiv zu dieser Schrift ist auch Regenbogen 1930, ND: 1961.
15 Im Einzelnen nachgewiesen bei Lonie 1981,148.
16 Klärung dieser Zusammenhänge bei Wolfgang Kullmann, Aristoteles als Naturwissenschaftler, Berlin 2014, 217–223.
17 μουσεργός, wörtlich: «Musenwerkerin» war wahrscheinlich eine Hetäre als Sängerin im Unterschied zur Tänzerin und zur Flötenspielerin, vgl. Lonie 1981, 164.
18 Vgl. Ruth Hähnel, Der künstliche Abortus im Altertum, in: Sudhoffs Archiv für Geschichte der Medizin 29, 1936, 224–255. In der wohl erst in der zweiten Hälfte des 4. Jh.s entstandenen Schrift *Über das Fleisch* heißt es: «Die öffent-

lichen Dirnen, die oft Geschlechtsverkehr haben, wenn sie an einen Mann geraten, merken genau, ob sie empfangen haben. Dann töten sie die Frucht ab» (Kap. 19, VIII 610 L.).
19 Zu diesem Exkurs vgl. auch Ian M. Lonie, On the botanic excursus in *De natura pueri*, Hermes 97, 1969, 391–411. Der Exkurs ist «a vignette of a complete botanic theory» (409).
20 Regenbogen 1930, ND 1961, 144. Nähere Analyse des Pflanzenvergleichs auch bei Regenbogen, Beilage II 177–188 mit Nachweis über den Einfluss vorsokratischer Theorien (Empedokles, Anaxagoras), der aber angesichts der Selbständigkeit des Autors der hippokratischen Schrift nicht überbewertet werden sollte.
21 Vgl. dazu Hans Diller, Ὄψις ἀδήλων τὰ φαινόμενα, in: Hermes 67, 1932; ND in: H. D., Kleine Schriften zur antiken Literatur, München 1971, 119–143.
22 So Max Wellmann, Spuren Demokrits von Abdera im *Corpus Hippocraticum*, in: Archeion 11, 1929, 297–330 und Lonie 1981, 252–255.
23 Das vierte Buch des (in nachträglicher Zusammenstellung) Werkes *Über die Krankheiten* wurde früher (bei Littré in Durchnummerierung der Kapitelzahlen) als Fortsetzung der Schrift *Über die Natur des Kindes* des gleichen Autors angesehen, aber zu Unrecht, vgl. Lonie 1981, 43 und Wilhelm Kahlenberg, Die zeitliche Reihenfolge der Schriften περὶ γονῆς, περὶ φύσιος παιδίου und περὶ νούσων 4, in: Hermes 83, 1955, 252–256.
24 Vgl. Wolfhart Westendorf, Erwachen der Heilkunst, Zürich 1992, Kapitel: Gynäkologie, 193–212.
25 Grundlegend dazu Sabine Föllinger, Differenz und Gleichheit, Stuttgart 1996 (Hermes-Einzelschriften 74), 18–55.
26 Aristoteles, *De generatione animalium* IV 1, 766 a 33. Ausführliche Diskussion der Zusammenhänge bei Föllinger 1996, 118–227.
27 Kurzer Überblick über diese Lehre auch bei Hellmut Flashar, Aristoteles, München 2013, 337–339.
28 So Stein 1994, hier: 86. Auch kann die Annahme kaum überzeugen, die «brutalen Therapieanweisungen» seien «älteren Datums», die der (doch nur schemenhaft geisternde) «Autor C» schon überwunden habe.
29 So Anja Huovinen/Gaby Sutter, Körperbild und Sexualität, in: Beiträge der 4. Schweizerischen Historikerinnentagung, Zürich 1988, 9–22.

9. Innere Krankheiten

1 Das Wort «Organ» (organon) hat noch nicht die terminologische Bedeutung des menschlichen Organs in dem uns geläufigen Sinn gewonnen. Es heißt im *Corpus Hippocraticum* ganz allgemein «Gerät», auch «Instrument» des Arztes, vgl. Jörn Henning Wolf, Der Begriff «Organ» in der Medizin, München 1971.
2 Die partielle Entzündung nennt der Autor πλεγμονίς, die umfassende Lungenentzündung περιπλεγμονίη.
3 Zu den parallelen, im Wesentlichen übereinstimmenden Darstellungen der Lungenentzündung im zweiten und dritten Buch *Über die Krankheiten* vgl. Gert Preiser, Περιπλεγμονίη in den Schriften der knidischen Ärzteschule, in: Hans-Heinz Eulner (et alii), Medizingeschichte in unserer Zeit, Stuttgart 1971, 31–35.

4 Zu den übrigen Stellen im *Corpus Hippocraticum* über die Lunge vgl. Carolin Oser-Grote, Aristoteles und das Corpus Hippocraticum, Stuttgart 2004, 198–201.
5 Die Bezeichnungen der Krankheiten nach Kapferer IV 14–15.
6 Zu den übrigen Stellen im *Corpus Hippocraticum* über die Niere vgl. Oser-Grote 2004, 230–232.
7 Näher ausgeführt in der Schrift *Über die Krankheiten* IV 40 (VII 560 L.).
8 Zu den übrigen Stellen im *Corpus Hippocraticum* über die Leber vgl. Oser-Grote 2004, 221–223.
9 Zu den vormedizinischen Anschauungen von der schwarzen Galle und ihrer Erscheinungsformen vgl. Fridolf Kudlien, Der Beginn des medizinischen Denkens, 1967, 77–88 und F. K., Schwärzliche Organe im frühgriechischen Denken, in: Med.-hist. Journal 8, 1973, 53–58.
10 Vgl. Walter Pagel, The smiling spleen, Basel 1984.
11 Die im *Corpus Hippocraticum* überlieferte Schrift *Über das Herz* stammt aus der 2. Hälfte des 4.Jh.s und gehört zu den spätesten medizinischen Traktaten des Corpus, in die Zeit des späten Platon und des frühen Aristoteles, vgl. Dönt 1984. Sie kann hier im Kontext der Untersuchung der hippokratischen Schriften im engeren Sinne unberücksichtigt bleiben.
12 Vgl. Wittern 1974.
13 Wittern LXXIV.
14 Das Verhältnis beider Teile zueinander ist umstritten. Jouanna 1992, 545 meint, der zweite Teil sei von einem anderen Autor längere Zeit nach dem ersten Teil geschrieben worden, was jedoch Hypothese bleiben muss.
15 Zu den Einzelheiten vgl. Paul Potter, Die hippokratische Schrift *De morbis III*, Diss. Kiel 1973 (Edition, Übersetzung, Kommentar).
16 Sonst nur ganz beiläufige Erwähnung von Würmern, vor allem in den *Epidemien* I 27 (II 712 L.), IV 55 (V 194 L.), VII *Progn.* (V 462 L.), ferner *Progn.* 11 (II 136 L.).
17 Dieser Satz steht wörtlich so auch im 4. Buch der Schrift *Über Diät* (IV 9, VI 662 L.). Wer von wem abhängig ist, lässt sich nicht ermitteln.
18 Einzelanalyse bei Wittenzellner 1969.
19 Einzelnachweis bei Wittenzellner 1969.
20 Weitere Einzelheiten zur Anatomie und Physiologie in den hippokratischen Schriften bei Oser-Grote 2004.

10. Chirurgie und Orthopädie

1 Vgl. Michler 1969.
2 Offenbar ist im Text von zwei verschiedenen Instrumenten die Rede. Denn zusätzlich zu dem Bohrer mit der Säge (πρίων) ist ein Trympanon (τρύμπανον) erwähnt, also ein «Trepan», mit dem hier wohl ein Perforativtrepan (Drillbohrer) gemeint ist, so Kapferer (in der Anmerkung zur Übersetzung). Abbildung eines Krontrepan aus archäologischer Grabung bei Krug, Heilkunst, 2. Aufl. 1993, 99, allerdings aus römischer Zeit, wie auch alle anderen Funde von ärztlichen Instrumenten. Dazu Lawrence Bliquez, The tools of Asclepius. Surgical instruments in Greek and Roman times, Leiden 2014.
3 Weitgehende Übernahme der in dieser Schrift dargelegten anatomischen

Kenntnisse des Gehirns durch Aristoteles, *Historia animalium* I 7, 491 a 28–b 4. Zu den Einzelheiten vgl. Stephan Zierlein, Aristoteles, Historia animalium I und II. Übersetzung und Kommentar, Berlin 2013 (Aristoteles, Werke in deutscher Übersetzung 16 I), 262–268.
4 Dazu (IV 98 L.) wird ein Homervers zitiert, der sich in unserem Homertext nicht findet.
5 Vgl. Michler 1963.

11. Zahlen, Fieber, Tod

1 Ausführlich dokumentiert durch Franz Boll, Hebdomas, in: RE VII 2, 1912, 2547–2578.
2 Das ist die Auffassung von Franz Lommer (in der Ausgabe der Übersetzung von Kapferer, Bd. IV, XX 63) und Walther Kranz 1938.
3 Zu den Einzelheiten vgl. Roscher 1913.
4 Vgl. Franz Boll, Die Lebensalter, in: Abh. d. Sächs. Akad. 1903, ND in: F. B., Sternkunde des Altertums, Leipzig 1950, 156–213.
5 Vgl. Otto Regenbogen, Eine Forschungsmethode antiker Naturwissenschaft, in: Quellen und Studien zur Geschichte der Mathematik I 2, 1930, 151–182, ND in: O. R., Kleine Schriften, München 1961, 141–194 und Hans Diller, ΟΨΙΣ ΑΔΗΛΩΝ ΤΑ ΦΑΙΝΟΜΕΝΑ, in: Hermes 67, 1932, 14–42, ND in: H. D., Kleine Schriften zur antiken Literatur, München 1971, 119–143.
6 Der Satz ist in dem (für diesen Abschnitt wieder zur Verfügung stehenden) griechischen Text in den Handschriften etwas unterschiedlich überliefert. Er stimmt nahezu wörtlich überein mit *Aphorismen* VIII 18. Das seltene Wort σκῆνος («Zelt», «Behausung») erscheint prägnant im Zusammenhang: Körper – Seele bei Demokrit (ca. 460–380 v. Chr.) (Frgm. B 37 Diels/Kranz) und Frgm. B 187 zur Bezeichnung der «Mühsal der Behausung» des Menschen. Im *Corpus Hippocraticum* neutral zur Bezeichnung des menschlichen Körpers in der kurzen, wohl sehr späten, in der antiken Literatur nirgends erwähnten Schrift *Über die Anatomie* (Kap. 1, VIII 538 L.). Zu dieser Schrift vgl. Elisabeth M. Craik, The Hippocratic treatise *On Anatomy*, in: Classical Quarterly 48, 1998, 135–167 (Edition, engl. Übersetzung und Kommentar).
7 Mit dem gleichen Satz beginnt das dritte Buch *Über die Krankheiten*, das aber nicht als die angekündigte Fortsetzung angesehen werden kann.
8 West 1971, 385: «not far removed in space or time from the author of *De victu*».
9 Mansfeld 1971, 205–231 sieht in einer kurzen Analyse des zweiten Teiles der Schrift Einflüsse der sog. Pneumatiker, die unter Athenaios von Attaleia etwa in der Mitte des 1. Jh.s v. Chr. ihre Blütezeit hatten. Entsprechend sieht er beide Teile der Schrift als eine Einheit an.
10 Mehrfach hat man auch darauf hingewiesen, dass der Arzt Diokles von Karystos (vgl. S. 226) im 4. Jh. v. Chr. hinsichtlich der Entwicklung des Menschen von der Geburt bis zur Reife, aber auch auf anderen Gebieten eine Einteilung nach der Siebenzahl vorgenommen hat und dass «viele andere Ärzte» und auch der Peripatetiker Straton von Lampsakos (3. Jh. v. Chr.) ähnliche Hebdomadentheorien aufgestellt haben (Frgm. 45 b bei Philip van der Eijk in seiner Edition der Fragmente des Diokles (2000) mit ausführlicher Diskussion im

Kommentarband (2001) 100–103; 177–178. Analyse des Fragmentes auch bei Mansfeld 1971, 164–170.

12. Die Einrichtung einer Praxis und die ärztliche Standesethik

1 Mit ein paar Öllampen, die nur ein «schwaches, ungerichtetes Licht» (Hermanns, 7) liefern, ist keine für eine Operation ausreichende Helle zu erzielen. Aber gerade um 400 v. Chr. kommen heller leuchtende Laternen auf, die auch archäologisch nachweisbar sind, vgl. Marcus Heinrich Hermanns, Licht und Lampen im westgriechischen Alltag. Beleuchtungsgerät des 6.–3. Jh. s v. Chr. in Selinunt, Rahden 2004.
2 Fleischer 1939 hat diese Schrift als frühhellenistisch bezeichnet und also auf ca. 300 v. Chr. datiert. Kudlien 1966 geht noch weiter und hält eine Entstehung der Schrift bis ins 1. Jh. n. Chr. für möglich. Sein Hauptargument ist die Gliederung der Schrift nach dem Schema: artifex – ars, das als Literaturform erst im Hellenismus voll ausgebildet sei. Aber das Schema ist hier nicht streng angewendet und findet sich in lockerer Form auch in früheren hippokratischen Schriften. So scheint mir die Datierung auf das Ende des 4. Jh.s v. Chr. wahrscheinlich.
3 Die Datierung auf das 1. Jh. n. Chr. durch Fleischer 1939, 108, scheint mir nicht zwingend.
4 Im Einzelnen nachgewiesen durch Fleischer 1939, 11.
5 Müller 1940 datiert die Schrift auf die Mitte des 5. Jh.s v. Chr., also als vorhippokratische Schrift, was ausgeschlossen ist.

13. Aphorismen

1 Kudlien 1962.
2 So Althoff 1998, hier: 38.
3 In der Beschränkung auf die ersten Worte des Aphorismus findet sich eine kurze, zugleich aber glänzende Interpretation bei Harald Weinrich, Knappe Zeit, München 2004, 15–20.
4 In einigen Handschriften sind noch 12 Aphorismen angehängt.
5 Alle Belege bei Nachmanson 1933.
6 Nachweis bei Fichtner, Corpus Hippocraticum, 1995, 22.
7 Abgebildet bei Nutton, Ancient Medicine, 2004, 55. Die Handschrift (lateinische Übersetzung) befindet sich in dem Londoner Wellcome Institute for the history of medicine, Nr. 353.
8 Walter Wehle, Geist und Form des deutschen Aphorismus, in: Gerhard Neumann (Hg.), Der Aphorismus, Darmstadt 1976, 130–143, hier: 134.
9 Gerhard Figuth, Deutsche Aphorismen, Stuttgart 1978.
10 Friedemann Spicker/Jürgen Wilbert (Hg.), Der Aphorismus in Westfalen, Bochum 2013.
11 Alexander Eilers/Tobias Grüterich (Hg.), Neue deutsche Aphorismen, Dresden 2010, 2. Aufl. 2012.
12 Tagungsbände: Petra Kamburs (et alii Hg.), Wertsetzung – Wertschätzung, Bochum 2013; Friedemann Spicker/Jürgen Wilbert (Hg.), Größe im Kleinen, Bochum 2015. Für Informationen und Material danke ich Anselm Vogt (Bochum), der auch selber als Aphoristiker hervorgetreten ist.

ANMERKUNGEN 273

13 Siegfried Grosse, Das syntaktische Feld des Aphorismus, in: Gerhard Neumann (Hg.), Der Aphorismus, Darmstadt 1976, 378–398, hier: 382.
14 Abgebildet in: Rolf Potthoff (et alii Hg.), Leitkultur? Kultur light!, Bochum 2007. Darin auch zahlreiche weitere Aphorismen.

14. Briefe, Reden und ein Dekret

1 Zur Datierung Philippson 1928. Edition der Briefe mit englischer Übersetzung und kurzem Kommentar bei Smith 1990. Dort auch Ausführungen zur Überlieferung, auf die hier nicht eingegangen werden kann.
2 Zu diesem Teil der Briefsammlung vgl. Sakalis 1983.
3 Der Name ist verschieden überliefert. Paitos ist jedenfalls eine falsche Lesart, vgl. Sakalis 1983, 504, Anm. 26.
4 Zu den Einzelheiten vgl. Susan M. Sherwin-White, Ancient Cos, in: Hypomnemata 51, 1978.
5 Dazu Mary W. Blundell, Helping friends and harming enemies, Cambridge 1989.
6 Zu dieser Briefgruppe vgl. Rütten 1992.
7 Im 11. Brief berichtet Hippokrates, er habe das Ansinnen des persischen Königs ausgeschlagen, das persische Heer von der Seuche zu befreien.
8 Ob dieser Brief der Sammlung ursprünglich angehörte, ist zweifelhaft. Er ist nur in einer Handschrift des 16. Jh.s (Urbina Graecus 68) überliefert. Vgl. dazu Hans Diller, Die sogenannte zweite Fassung des 19. Hippokratesbriefes, in: Studien zur Geschichte der Naturwissenschaften und der Medizin 3, 1933, 35–44.
9 Welcher Demetrios gemeint ist, bleibt unklar. Man hat an den makedonischen König Demetrios Poliorketes (ca. 336–283 v. Chr.) gedacht, der im Jahre 307 Athen eroberte.
10 Reiche Belege dazu bei Rütten 1992, 8–53.
11 Die Schrift Theophrasts ist benutzt (und daher erkennbar) in den ps.-aristotelischen *Problemata Physica* XXX 1. Zu den Einzelheiten vgl. Flashar, Melancholie und Melancholiker, 1966, hier: 68–71.
12 Vgl. dazu Rütten 1992, 27–32.
13 Vgl. dazu Smith 1990, 4–5.
14 Es muss sich um Vorgänge des Jahres 411 v. Chr. handeln, als Athen wiederholt gegen Kos vorging, vgl. Thukydides VIII 44 und 55.
15 Eric D. Nelson, Coan promotions and the authorship of the *Presbeutikos*, in: van der Eijk (Hg.), Hippocrates in context, 2005, 157–171.

IV. ASKLEPIOS UND DIE ASKLEPIOSMEDIZIN

1 Grundlegend ist Riethmüller 2005 mit umfassender Analyse der Kultstätten. Ergänzend: Sebastian Prignitz, Bauurkunden und Bauprogramm von Epidauros, München 2014. Daneben: Benedum 1990; Wickkiser 2008. Weitere Literatur bei Riethmüller. Nach wie vor unentbehrlich ist Edelstein 1975. Ansprechender Überblick bei Kerényi 1964.
2 Riethmüller 2005, 38.

3 Frühestes Zeugnis für Koronis und damit für den Mythos im Ganzen ist Hesiod, Frgm. 60, aus dem Gedicht *Ehoien*. Ausführliche Analyse bei Ulrich von Wilamowitz-Moellendorff, Isyllos von Epidauros, in: Philologische Untersuchungen 9, 1886, 44–103.
4 Überblick über die verschiedenen Geburtsmythen bei Riethmüller 2005, 37–42.
5 Zu den Einzelheiten Edelstein, Asclepius II, 1975, 40–53 und Riethmüller 2005, 47 f.
6 Vgl. Riethmüller 2005, 91–93.
7 Vgl. Krug, Heilkunst, 1985, 129.
8 Das älteste Zeugnis ist eine auf den Anfang des 5. Jh.s v. Chr. datierte Schale mit einer Weihinschrift auf Asklepios, Vgl. Krug, Heilkunst, 1985, 130.
9 Das ist die Schilderung des Reiseschriftstellers Pausanias (2. Jh. n. Chr.) II 26. Vgl. dazu Riethmüller 2005, 42 f., der auch auf noch weitere Geburtsmythen hinweist.
10 Abgebildet auch bei Krug, Heilkunst, 1985, 127. Dort auch Näheres über die Schlange.
11 Ausführliche Analyse bei Riethmüller 2005, 241–250.
12 Der Bericht bezieht sich offenbar auf das kleinere Asklepiosheiligtum im Piraeus, das am Ankunftsort des Asklepios errichtet war, vgl. Riethmüller 2005, 249. So schon Ulrich von Wilamowitz-Moellendorff, Der Glaube der Hellenen, II 1932, 229. Zum Asklepiosheiligtum in Athen: Aleshire 1991.
13 Die Zahlen sind ermittelt von Riethmüller 2005, 75–90. Hier auch Angaben über die geographische Verteilung der Kultorte.
14 Einzelheiten bei Riethmüller 2005, 206–219.
15 Rudolf Herzog, Koische Forschungen und Funde, Leipzig 1899.
16 Riethmüller 2005, 150.
17 Ulrich von Wilamowitz-Moellendorff, Isyllos von Epidauros, Berlin 1886 (Philologische Untersuchungen 9) und Antje Kolde, Politique et religion chez Isyllos d'Epidaure, Basel 2003. Der Text der Gedichte in: IG (= Inscriptiones Graecae) IV, I² 128.
18 Grundlegend dazu Herzog 1931.
19 Herzog 1931, 76.
20 Herzog 1931, 83 f.
21 Herzog 1931, 97.
22 Herzog 1931, 155 f.
23 Riethmüller 2005, 389.
24 Bernd Seidensticker (et alii, Hg.), Der Neue Poseidipp. Text – Übersetzung – Kommentar, Darmstadt 2015. Über die *Iamatica* dort Irmgard Männlein-Robert, 343–440 mit ausführlichem und überzeugendem Kommentar.
25 Herzog 1931, 158.
26 Unterschiede und Affinitäten zwischen beiden Formen der Medizin hat anschaulich herausgearbeitet Renate Wittern, Asklepios trifft Hippokrates, in: Kemper (Hg.), Die Geheimnisse der Gesundheit, 1994, 95–114. Auch ein römisches Mosaikbild zeigt Asklepios und Hippokrates in konfliktfreier Sphäre.
27 Instruktiv ist dazu auch das Kapitel «Rom und Pergamon» bei Krug, Heilkunst, 1985, 163–172.
28 Abgebildet auch bei Krug, Heilkunst, 1985, 165.

ANMERKUNGEN 275

29 Wilamowitz, Glaube der Hellenen, II 1932, 497.
30 Wilamowitz, Glaube der Hellenen, II 1932, 498.
31 Reiches Material und überzeugende Interpretationen dazu bei Florian Steger, Asklepiosmedizin. Medizinischer Alltag in der römischen Kaiserzeit, Stuttgart 2004.
32 Steger 2004, 203.
33 Überblick bei Krug, Heilkunst, 1985, 185-224.
34 Einzelheiten bei Erich Dinkler, Christus und Asklepios, in: Abhand. d. Akad. der Wiss. Heidelberg 1980. Ausführliche Nachweise und Darstellung bei Michael Dörnemann, Krankheit und Heilung in der Theologie der frühen Kirchenväter, Tübingen 2003.
35 Karl Heinrich Rengstorf, Die Anfänge der Auseinandersetzung zwischen Christusglaube und Asklepiosfrömmigkeit, Münster 1953, weist nach, dass das Bild des heilenden Christus im Johannesevangelium unter bewusster Bezugnahme auf Asklepios und sein Wirken gestaltet ist.
36 Einzelheiten bei Hunger 1978. Dort S. 67 eine Übersicht über die Typologie des Äskulapstabes.

V. STATIONEN DER REZEPTION

1 Die Fragmente der Werke des Diokles sind jetzt umfassend ediert und erläutert von Philip van der Eijk, Leiden 2000 (Edition der Fragmente) und 2001 (Kommentar). Werner Jaeger, Diokles von Karystos, Berlin 1937 (2. Aufl. 1963), hatte mit viel Aufwand nachzuweisen gesucht, dass Diokles gegen Ende des 4. Jh.s v. Chr. (ca. 340-260) gelebt habe und von Aristoteles (sowie vom Peripatos) beeinflusst sei. Diese Auffassung hat sich mit Recht nicht durchsetzen können, vgl. Fridolf Kudlien, Probleme um Diokles von Karystos, in: Archiv f. Gesch. d. Medizin 47, 1963, 456-465 (ND in: Flashar (Hg.), Antike Medizin, 1971, 192-201 und Heinrich von Staden, Jaeger's «Skandalon der historischen Vernunft»: Diocles, Aristotle and Theophrastus, in: William M. Calder III, Werner Jaeger reconsidered, Atlanta 1990, 221-265 (Illinois Studies in the history of classical scholarship 2).
2 Frgm. 2 (Wellmann). Diokles sei sectator Hippocratis, quem Athenienses iuniorem Hippocratem vocaverunt. Dass hippokratische Schriften in Athen im 4. und 3. Jh. v. Chr. bekannt waren, zeigen auch die ps.-aristotelischen *Problemata Physica* in den medizinisch orientierten Abschnitten vor allem des ersten Buches. Zu den Einzelheiten vgl. Hellmut Flashar, Aristoteles, *Problemata Physica*, in: H. F. (Hg.), Aristoteles. Werke in deutscher Übersetzung, Bd. 19, 1962, 319-321, 385-422.
3 Georg Wöhrle, Studien zur Theorie der Gesundheitslehre, Stuttgart 1990, 173-183.
4 Edition der Fragmente bei Fritz Steckerl, The fragments of Praxagoras of Cos and his school, Leiden 1958 (Philosophia Antiqua 7).
5 Frgm. 21 (Steckerl). Nickel 2005, 315-323 weist am Beispiel der Epilepsie darauf hin, dass bei Praxagoras keine direkte Abhängigkeit von Hippokrates besteht, sondern eine Gemeinsamkeit innerhalb einer medizinischen Diskussion, deren Basis Hippokrates ist.

6 Frgm. 38 (Steckerl).
7 Edition der Fragmente des Herophilos durch Heinrich von Staden, Herophilus: The art of medicine in early Alexandria, Cambridge 1982; von Erasistratos durch Ivan Gargofalo, Erasistrati Fragmenta, Pisa 1988. Zu Herophilos vgl. Fridolf Kudlien, Herophilos und der Beginn der medizinischen Skepsis, in: Gesnerus 21, 1964, 1–13, ND in: Flashar (Hg.), Antike Medizin, 1971, 280–293.
8 Vgl. die etwas weitschweifende Abhandlung von Solmsen 1961. Präziser: Burkert 2009, 31–44.
9 Näheres bei Fridolf Kudlien, Antike Anatomie und menschlicher Leichnam, in: Hermes 97, 1969, 78–94. Dass mit der Anatomie zugleich eine stärkere Ausweitung der Chirurgie verbunden ist, zeigt Markwart Michler, Die alexandrinischen Chirurgen, Wiesbaden 1968 (mit einer Fragmentsammlung chirurgischer Schriften hellenistischer Ärzte).
10 Vgl. dazu Kudlien 1989.
11 Vgl. dazu Pardon 2005, 157–171.
12 Zu Celsus als Arzt vgl. Christian Schulze, Aulus Cornelius Celsus, Arzt oder Laie?, Trier 1999 (Bochumer Altertumswissenschaftliches Colloquium 42), und ders., Celsus, Hildesheim 2001.
13 Vgl. dazu Johannes Ilberg, Die Hippokratesausgaben des Artemidoros Kapiton und des Dioskurides, in: Rheinisches Museum 50, 1890, 111–137 und Pfaff 1932.
14 Ausführlich dazu Heinrich Schlange-Schöningen, Die römische Gesellschaft bei Galen, Berlin 2003. Dort auch alle Quellennachweise.
15 Zu den Gladiatorenspielen vgl. Christian Mann, Die Gladiatoren, München 2013 (dort frühere Literatur).
16 Die Ausstellung «Medicus. Der Arzt im römischen Köln» im Römisch-Germanischen Museum zu Köln (2015) lässt durch zahlreiche Funde (Instrumente, Urkunden, aber auch Gräber römischer Ärzte mit entsprechenden Grabbeigaben) allein am Beispiel von Köln die außerordentliche Dichte der medizinischen Versorgung in den Städten des römischen Imperiums erkennen. Ausführlich informiert Steger 2004. Ein signifikantes Interesse an medizinischen Themen in verschiedenen Gattungen der griechischen Literatur in den ersten beiden Jahrhunderten weist nach: Katharina Luchner, Philiatroi. Studien zum Thema der Krankheit in der griechischen Literatur der Kaiserzeit, Göttingen 2004 (Hypomnemata 156).
17 Beispiele dafür bei Johannes Ilberg, Aus Galens Praxis, in: Neue Jahrbücher 15, 1901, 276–312. ND in: Flashar (Hg.), Antike Medizin, 1971, 361–416.
18 Der zuerst im Hellenismus geprägte Titel «Archiatros» war zur Zeit Galens an den kaiserlichen Hof gebunden, konnte aber später allgemein für einen prominenten Arzt verwendet werden, vgl. Fridolf Kudlien, Der griechische Arzt im Zeitalter des Hellenismus, in: Abh. d. Ak. d. Wiss. Göttingen, 1979, 6, hier: 34–36.
19 Es gibt eine große Zahl von Einzelstudien. Eine umfassende Monographie über Galen ist ein Desiderat. Für das Verhältnis: Galen – Hippokrates ist generell zu nennen: Johannes Ilberg, Über die Schriftstellerei Galens, Darmstadt 1974 (ND. von Beiträgen im Rheinischen Museum 44, 1889; 47, 1892; 51, 1896; 52, 1897). Diller 1933, 167–181; Diller 1974, 227–238; Geoffrey E. R.

Lloyd, Galen on Hellenistics and Hippocrateans: contemporary battles and past authorities, in: Kollesch/Nickel (Hg.), 1993, 125-143.
20 *De usu partium* I 9 (II 1-3 Kühn). Vgl. dazu Owsei Temkin, Hippocrates in a world of Pagans and Christians, Baltimore 1991, 47-50.
21 *De sanitate tuenda* II 7, 11 (CMG V 4, 2). Vgl. dazu Christian Brockmann, Gesundheitsforschung bei Galen, in: Christian Brockmann et alii (Hg.), Antike Medizin im Schnittpunkt, 2009, 141-154.
22 *De sanitate tuenda* II 7, 10 (CMG V 4, 2). Galen erwähnt noch mehrfach (*De semine* 2, 1, 53; *De temperamentis* 1, 9; *De usu partium* 17, 1) Polyklet und die als Kanon bezeichnete Figur des Doryphoros. Alle Stellen und die Erwähnung anderer Autoren in: Der neue Overbeck, II 2014, 477-487. Zur Sache selbst vgl. Peter C. Bol, Polyklet, in: Peter C. Bol (Hg.), Die Geschichte der antiken Bildhauerkunst, Frankfurt/M. 2005, 123-130.
23 Auflistung der Schriften bei Golder, Hippokrates, 2007, 115.
24 Einzelheiten bei Golder, Hippokrates, 2007, 112-113.
25 Vgl. dazu Biesterfeld 2007, 385-397.
26 Näheres bei Deichgräber 1970, hier: 78-83.
27 Überblick bei Temkin 1932; Temkin 1962, 97-115.
28 Es handelt sich um den Madrider Codex Nr. 84. Später hat der Königsberger Professor für klinische Medizin Friedrich Reinhold Dietz den Text ediert (1834), der als Prooemium zu den ps.-aristotelischen *Problemata inedita* bezeichnet ist. Zur ganzen Problematik vgl. Hellmut Flashar, Beiträge zur spätantiken Hippokratesdeutung, in: Hermes 90, 1962, 402-418; ND in: H. F., Eidola, Amsterdam 1989, 397-413, Nachtrag 415-417.
29 Zur Gattung der Problemata vgl. Aristoteles, *Problemata Physica*, übersetzt und erläutert von Hellmut Flashar, in: Aristoteles. Werke in deutscher Übersetzung, Berlin, Bd. 19, 1962.
30 Vgl. Leven 1996.
31 Grundlegend dafür: Ullmann 1970. Wichtig auch Weisser 1989 und Ullmann 2015. Die Literatur zu dem ganzen Komplex ist nahezu unübersehbar. Ein Standardwerk war Franz Rosenthal, Das Fortleben der Antike im Islam, Zürich 1965. Zu der sich daran anschließenden Forschung vgl. Hinrich Biesterfeld, Secular Graeco-Arabica. Fifty years after Franz Rosenthal's *Fortleben der Antike im Islam*, in: Intellectual History of the Islamicate World 3, 2015, 125-157. Über die historischen Zusammenhänge informiert Gutas 1998. Wichtig auch Biesterfeld 2013.
32 Liste aller ins Arabische übersetzten hippokratischen Schriften bei Ullmann 1970, 27-34.
33 Dazu Strohmaier 1980.
34 Im Einzelnen mit viel Material aufgewiesen durch Weisser 1989, 377-408.
35 Kurzer Überblick bei Golder, Hippokrates, 2007, 198-201. Ausführlicher Gerhard Baader, Die Tradition des Corpus Hippocraticum im europäischen Mittelalter, in: Baader/Winau (Hg.), 1989, 409-419.
36 Vgl. dazu Sibylle Ihm, Clavis commentariorum der antiken medizinischen Texte, Leiden 2002.
37 Vgl. dazu Mareike Temmen, Das Abdinghofer Arzneibuch, Köln 2006 (über die capsula eburnea 244-247).
38 Zur Bedeutung Alderottis vgl. auch Siraisi 2001.

39 Fassungen des Eides in der Handschrift Ambrosianus B 113 (abgedruckt bei Charlotte Schubert, Der hippokratische Eid 2005, 80) und im «Lorscher Arzneibuch» aus dem 8. Jh. (im Codex Bambergensis Medicinalis 1), vgl. dazu Ulrich Stoll, Das Lorscher Arzneibuch. Text, Übersetzung und Fachglossar, Stuttgart 1992 (Sudhoffs Archiv, Beiheft 28).
40 Zu dieser Satire vgl. auch Leven 1996, 114–120. Kurzer Hinweis bei Golder, Hippokrates, 2007, 196.
41 Weisser 1989, 381.
42 Zu Einzelheiten vgl. Nutton 1989, 420–439.
43 Einzelheiten bei Rütten und Sodmann 1993.
44 Überblick bei Golder, Hippokrates, 2007, 206.
45 Vgl. dazu das Kapitel «Die Medizin in der Renaissance» bei Ackerknecht, Geschichte der Medizin, 1992, 66–77.
46 Vgl. dazu Paul Otto Kristeller, Humanismus und Renaissance, München 1980 und Manfred Landfester, Renaissance-Humanismus, in: Der Neue Pauly, Suppl. Bd. 9, Darmstadt 2014. Dort über Medizin S. 603–616 (Maike Rotzoll).
47 Vgl. dazu das Kapitel «Die Medizin des 17. Jahrhunderts» bei Ackerknecht, Geschichte der Medizin, 1992, 78–89.
48 Zu diesen Vorgängen vgl. Volker Roelcke, Die Institutionalisierung der Medizinhistoriographie: Entwicklungslinien vom 19. ins 20. Jahrhundert, Stuttgart 2001.
49 Näheres bei Leven, 1994.
50 Veröffentlichung des Vortrages in: Franz Büchner, Der Mensch in der Sicht moderner Medizin, Freiburg 1985, 131–151, hier: 147. Dort auch Abdruck des Briefwechsels der Ärztin Johanna Schwerk mit Büchner.
51 Über die Vorgeschichte und die unmittelbare Wirkung des Vortrages informiert in allen Einzelheiten Karl-Heinz Leven, Der Freiburger Pathologe Franz Büchner 1941 – Widerstand mit und ohne Hippokrates, in: Bernd Grün et alii (Hg.), Medizin und Nationalsozialismus. Die Freiburger Medizinische Fakultät und das Klinikum in der Weimarer Republik und im «Dritten Reich», Frankfurt/M. 2002, 362–396.
52 In: Vorwort von Himmler zu Ernst Grawitz (Hg.), Gedanken ärztlicher Ethik aus dem Corpus Hippocraticum. Ewiges Arzttum, Bd. 1, Prag 1942.
53 In: Alexander Mitscherlich/Fred Mielke (Hg.), Medizin ohne Menschlichkeit. Dokumente des Nürnberger Ärzteprozesses, Frankfurt/M. 1960, 206. Dort gilt bis heute der Name Hippokrates als Symbol für eine in der ethischen Verantwortung stehende Medizin, vgl. Michel Cymes, Hippokrates in der Hölle, Darmstadt 2016.
54 Viktor von Weizsäcker, Euthanasie und Menschenversuche, in: Gesammelte Schriften, Frankfurt/M. VII 1987, 91–134, hier: 121. Weizsäcker leugnet generell die Existenz einer medizinischen Ethik: «Es gibt keine medizinische Ethik»; deshalb könne sie auch nicht übertreten werden. «Alte Wahrheiten können nicht auf eine gegenwärtige Situation angewandt werden.»
55 Aus der umfangreichen Literatur sei hier nur angeführt: H. Schipperges, Der Arzt von morgen, Berlin 1982; F. J. Illhardt, Medizinische Ethik, ein Arbeitsbuch, Berlin 1984; W. Wieland, Strukturwandel und ärztliche Ethik, Abh. d. Heidelberger Ak. d. Wiss. 1985; E. Luther (Hg.), Ethik in der Medizin,

Berlin 1987; O. Marquard/E. Seidler/H. Staudinger, Medizinische Ethik und soziale Verantwortung, in: Ethik der Wissenschaften 8, 1989; H. M. Sass (Hg.), Medizinische Ethik, Stuttgart 1989; H. Flashar/J. Jouanna (Hg.), Médecine et morale dans l'antiquité, Genève 1997 (Entretiens sur l'antiquité classique, Fondation Hardt 43), darin: H. Flashar, Ethik und Medizin – Moderne Probleme und alte Wurzeln, 1–19, ND in: H. F., Spectra, Tübingen 2004, 103– 118; Juliane Wilmans, Ethische Normen im Arzt-Patienten-Verhältnis auf der Grundlage des Hippokratischen Eides, in: n. Knoepffler/A. Haniel (Hg.), Menschenwürde und medizinische Konfliktfülle, Stuttgart 2000, 203–220, ND in: H. Wolff (Hg.), Medizin braucht Geschichte und Ethik. Juliane C. Wilmanns zum Gedenken, in: Münchener Beiträge zur Geschichte und Ethik der Medizin 3, 2011, 53–72; Peter Stulz/Dominic Kaegi/Enno Rudolph (Hg.), Philosophie und Medizin, Zürich 2006 (darin u. a. der Beitrag von Enno Rudolph, Die Medizin – angewandte Philosophie, 13–22); Steger 2008; Klaus Bergdolt, Das Gewissen der Medizin. Ärztliche Moral von der Antike bis heute, München 2004; Christian Katzenmeier, Das Bild des Arztes im 21. Jahrhundert, Berlin 2009. Seit 1989 gibt es eine Zeitschrift: *Ethik in der Medizin*.
56 Gegen eine rein historische Kontextualisierung der hippokratischen Ethik wendet sich mit Recht Walter Bruchhausen, Abschied von Hippokrates? Historische Argumentation in der bioethischen Kritik am ärztlichen Ethos, in: Walter Bruchhausen/Hans-Georg Hofer (Hg.), Ärztliches Ethos im Kontext, Bonn 2010, 75–98.
57 Zur Problematik des Vertrauensverhältnisses vgl. Steger 2008, hier: 67–80; Kyrill Schwegler und Eli Alon, Vertrauen in der Arzt-Patienten-Beziehung, in: Josette Baer/Wolfgang Rother (Hg.), Vertrauen, Basel 2015, 153–160.
58 Dazu Paul Mikat, Ethische Überlegungen zum hippokratischen Ethos, in: Gerhard Mertens et alii (Hg.), Markierungen der Humanität, Paderborn 1992, 215–228, mit der Forderung nach «Integrierung des hippokratischen Ethos in eine medizinische Ethik, die sich whom universellen ethischen Anspruch nach menschlicher Würde leiten lässt».

LITERATURHINWEISE

Ein erschöpfendes Literaturverzeichnis kann hier nicht gegeben werden. Die repräsentative Auswahl ermöglicht aber eine weitgehende Orientierung.
Die Literaturhinweise sind analog zu den Kapiteln im Haupttext angeordnet. Nur zu Einzelaspekten und ergänzungsweise in den Anmerkungen genannte Literatur erscheint in der folgenden Liste nicht. Angaben nur mit Namen des Autors und der Jahreszahl in den Anmerkungen verweisen auf die Bibliographie des sachlich jeweils entsprechenden Kapitels. Angaben mit Namen des Autors, der Jahreszahl und Kurztitel verweisen auf die Rubrik: «Allgemeines» oder «Hippokrates und das Corpus Hippocraticum».
Bei Sammelwerken von mehr als zwei Herausgebern wird nur der erste Herausgeber genannt. Bei mehr als einem Erscheinungsort einer Monographie wird nur der erste Erscheinungsort genannt.

Ausgaben:
Émile Littré, Gesamtausgabe mit französischer Übersetzung, Paris, 1839–1861, ND 1962 (nach dieser Ausgabe wird zitiert). Eine neuere Gesamtausgabe existiert nicht.

Im Corpus Medicorum Graecorum (CMG) sind erschienen:
I 1   Iusiurandum, De arte, De medico, De decente habitu, Praeceptiones, De prisca medicina, De aere aquis locis, De alimento, De liquidorum usu, De flatibus, ediert von J. Heiberg, Leipzig 1927.
I 1, 2   De aere aquis locis, mit deutscher Übersetzung von H. Diller, Berlin 1970, 2. Auflage 1999.
I 1, 3   De natura hominis, mit französischer Übersetzung von J. Jouanna, Berlin 1975, 2. Auflage 2002.
I 2, 1   De octimestri partu, De septimestri partu, mit deutscher Übersetzung von H. Grensemann, Berlin 1968.
I 2, 2   De superfetatione, mit deutscher Übersetzung von C. Lienau, Berlin 1973.
I 2, 3   De morbis III, mit deutscher Übersetzung von P. Potter, Berlin 1980.
I 2, 4   De diaeta, mit französischer Übersetzung von J. Joly, Berlin 1984, 2. Auflage 2003.
I 4, 1   De capitis vulneribus, mit englischer Übersetzung von M. Hamson, Berlin 1999.
Alle Ausgaben des CMG sind auch online verfügbar.

Die meisten Schriften des Corpus Hippocraticum sind auch ediert in der Loeb Classical Library in acht Bänden mit englischer Übersetzung, in der Collection Budé (Les belles lettres) mit französischer Übersetzung in elf Bänden und in der Bibliotheca classica Gredos, Madrid, mit spanischer Übersetzung in acht Bänden. In der Bibliotheca Teubneriana, ed. Hugo Kuehlewein, sind zwei Bände erschienen: I (1894): De prisca med.; Aer.; Progn.; Diaet. Ox.; Epid. I und III; II: Chirurgische Schriften.

Kühn, Josef-Hans/Fleischer, Ulrich (Hg.), Index Hippocraticus, Göttingen 1986–1989.

Anastassiou, Anargyros/Irmer, Dieter (Hg.), Index Hippocraticus, Supplement, Göttingen 1999.

Übersetzungen (Auswahl):
Deutsche Gesamtübersetzung von Richard Kapferer, Die Werke des Hippokrates, 5 Bände, Stuttgart 1933–1940.

Teilübersetzungen (deutsche):
Capelle, Wilhelm, Hippokrates, Fünf ausgewählte Schriften, Zürich 1955. Enthält die Schriften: Die heilige Krankheit, Die Umwelt, Prognostikon, Epidemien Buch I und III, Eid.

Diller, Hans, Die Anfänge der abendländischen Medizin, Reinbek 1962. Enthält die Schriften: Die Umwelt, Die heilige Krankheit, Die inneren Krankheiten (knappe Auswahl), Aphorismen (knappe Auswahl), Die Natur des Menschen, Die Winde, Die ärztliche Kunst, Die alte Heilkunst, Über die Diät Buch I und IV.

Müri, Walter, Der Arzt im Altertum, München 1962. Nach Themen geordnete Auszüge aus verschiedenen Schriften.

Schubert, Charlotte/Leschhorn, Wolfgang, Hippokrates. Ausgewählte Schriften, Zürich 2006. Enthält die Schriften: Die Umwelt, Die heilige Krankheit, Über die Kunst, Über die Winde, Über die Krankheiten Buch I, Über die Natur des Menschen, Über die Lebensweise [= Über die Diät] Buch I, Über die Lebensweise [Diät] bei akuten Krankheiten, Über die Leiden, Über die Knochenbrüche, Über die Gelenke, Über die alte Medizin. Jeweils mit griechischem Text. Ausführliche Einleitung mit Erläuterungen (310–462).

Schubert, Charlotte/Huttner, Ulrich, Frauenmedizin in der Antike, Zürich 1999. Nach Themen geordnete Auszüge aus verschiedenen Schriften, jeweils mit griechischem Text.

I. ALLGEMEINES UND ANFÄNGE

Ackerknecht, Erwin, Geschichte der Medizin, 7. Aufl., mit Ergänzungen von Axel Hinrich Murken, Stuttgart 1992.

Brockmann, Christian (et alii, Hg.), Antike Medizin im Schnittpunkt von Geistes- und Naturwissenschaften, Berlin 2009.

Cordes, Peter, Iatros. Das Bild des Arztes in der griechischen Literatur von Homer bis Aristoteles, Stuttgart 1994.

Flashar, Hellmut, Melancholie und Melancholiker in der medizinischen Theorie der Antike, Berlin 1966.
Flashar, Hellmut (Hg.), Antike Medizin, Darmstadt 1971.
Flashar, Hellmut/Jouanna, Jacques (Hg.), Médicine et morale dans l'Antiquité, Vandœuvres-Genève 1997 (Entretiens sur l'Antiquité classique de la Fondation Hardt 43).
Jones, W. H. S., The medical writings of Anonymus Londinensis, Cambridge 1947.
Kemper, Peter (Hg.), Die Geheimnisse der Gesundheit, Frankfurt/M. 1994 (Vortragsreihe des Hessischen Rundfunks).
Koelbing, Huldrych, Arzt und Patient in der antiken Welt, Zürich 1977.
Krug, Antje, Heilkunst und Heilkult, München 1985.
Kudlien, Fridolf, Der Beginn des medizinischen Denkens bei den Griechen, Zürich 1967.
Künzel, Ernst, Medizin in der Antike, Stuttgart 2002 (mit vielen Abbildungen).
Leven, Karl-Heinz (Hg.), Antike Medizin, München 1997.
Leven, Karl-Heinz, Die Geschichte der Infektionskrankheiten von der Antike bis ins 20. Jahrhundert, Landsberg/Lech 2005.
Leven, Karl-Heinz, Geschichte der Medizin, München 2008.
Longrigg, James, Greek rational medicine: philosophy and medicine from Alcmaeon to Alexandrinians, London 1993.
Michaelides, Demetrios (Hg.), Medicine and healing in the ancient mediterranean world, Oxford 2014.
Müller, Carl Werner (et alii, Hg.), Ärzte und ihre Interpreten, München 2006.
Nutton, Vivian, Ancient Medicine, London 2004.
Ricciardetto, Antonio, L'Anonyme de Londres, Liège 2014.
Rütten, Thomas (Hg.), Hippokrates im Gespräch, Münster 1993 (Ausstellungskatalog).
Schöner, Erich, Das Viererschema in der antiken Humoralpathologie, Wiesbaden 1964 (Sudhoffs Archiv, Beiheft 4).
Schott, Heinz (Hg.), Meilensteine der Medizin, Dortmund 1996.
Schumacher, Joseph, Antike Medizin I, Berlin 1940.
Stulz, Peter (et alii, Hg.), Philosophie und Medizin, Zürich 2006.
Westendorf, Wolfhart, Handbuch der altägyptischen Medizin, 2 Bde., Leiden 1999.
Wittern, Renate, Grenzen der Heilkunst – Eine historische Betrachtung, Stuttgart 1982 (Vortrag Bosch Stiftung).
Zapfe, Wolfgang (Hg.), Forschen, Helfen, Verdienen, Göttingen 1982.

II. HIPPOKRATES UND CORPUS HIPPOCRATICUM (ALLGEMEIN)

Anastassiou, Anargyros/Irmer, Dieter (Hg.), Testimonien zum Corpus Hippocraticum, Göttingen 2006.
Bourgey, L./Jouanna, J. (Hg.), La collection hippocratique et son rôle dans l'histoire de la médicine, Strasbourg 1972.
Craik, Elisabeth, The Hippocratic corpus. Content and context, London 2015.
Diller, Hans, Stand und Aufgaben der Hippokratesforschung, in: Jahrb. d. Akad. Mainz 1959, 271–287; ND in: H. D., Kleine Schriften zur antiken Medizin, Berlin 1973, 89–105.

van der Eijk, Philip (Hg.), Hippocrates in context, Leiden 2005.
Fichtner, Gerhard, Corpus Hippocraticum. Verzeichnis der hippokratischen und pseudohippokratischen Schriften, Tübingen 1995.
Fredrich, Carl, Hippokratische Untersuchungen, Berlin 1899.
Golder, Werner, Hippokrates und das Corpus Hippocraticum, Würzburg 2007.
Grmek, Mirko D. (Hg.), Hippocratica, Paris 1980.
Hillert, Andreas, Hippokrates – Bildnisse und andere Leitmotive ärztlicher Identität, in: Düll, Rupprecht H. (Hg.), Das Maß aller Dinge ist der Mensch, Möhnesee 2006, 31–56.
Horstmannhoff, Manfred (Hg.), Hippocrates and medical education, Leiden 2010.
Joly, Robert (Hg.), Corpus Hippocraticum, Paris 1980.
Jouanna, Jacques, Hippocrate, Paris 1992.
Kühn, Josef Hans, System- und Methodenprobleme im Corpus Hippocraticum, Wiesbaden 1956 (Hermes-Einzelschriften 11).
Langholf, Volker, Medical theories in Hippocrates, Berlin 1990.
Lasserre, François/Mudry, Philippe (Hg.), Formes de pensée dans la collection Hippocratique, Genève 1983.
Lesley, Dean J./Rosen, Ralph M. (Hg.), Ancient concepts of the Hippocratic writings, Leiden 2015.
Lichtenthaeler, Charles, La médecine hippocratique, I–IV, Paris 1948–1963.
Oser-Grote, Carolin, Medizinische Schriftsteller, in: Flashar, Hellmut (Hg.), Grundriss der Geschichte der Philosophie, Bd. 2/1: Die Philosophie der Antike, Basel 1998, 457–485.
Perilli, Lorenzo (et alii, Hg.), Officina Hippocratica, Berlin 2011 (Festschrift für Anargyros Anastassiou und Dieter Irmer).
Pohlenz, Max, Hippokrates und die Begründung der wissenschaftlichen Medizin, Berlin 1938.
Schlichting, Christa, Geisteswissenschaftliche Elemente im Corpus Hippocraticum, Diss. München (TU) 1986.
Smith, Wesley D., Pseudohippocratic writings, London 1990.
Temkin, Owsei, Der systematische Zusammenhang im Corpus Hippocraticum, in: Kyklos 1, 1928, 9–43.
Wittern, Renate/Pellegrin, Pierre (Hg.), Hippokratische Medizin und antike Philosophie, Hildesheim 1996.
Wittern, Renate, Gattungen im Corpus Hippocraticum, in: Kullmann, Wolfgang (et alii, Hg.), Gattungen wissenschaftlicher Literatur in der Antike, Tübingen 1998, 17–36.

Zur knidischen Medizin
Grensemann, Hermann, Knidische Medizin, Berlin 1975.
Jouanna, Jacques, Hippocrate. Pour une archéologie de l'école de Cnide, Paris 1974.
Kollesch, Jutta, Knidos als Zentrum der frühen wissenschaftlichen Medizin im antiken Griechenland, in: Gesnerus 46, 1989, 11–28
Lonie, Ian M., The Cnidian treatises of the Corpus Hippocraticum, in: Classical Quarterly 15, 1965, 1–30.

III. WERKE UND THEMEN

1. Der Eid

Ausfeld-Hafter, Brigitte (Hg.) Der hippokratische Eid und die heutige Medizin, Bern 2003 (Vortragsreihe an der Universität Bern).

Boschung, Urs, Der hippokratische Eid – Überlieferung, Wirkungsgeschichte und medizinhistorische Interpretation, in: Ausfeld-Hafter (Hg.), Der hippokratische Eid 2003, 9–26.

Deichgräber, Karl, Der hippokratische Eid, Stuttgart 1955.

Edelstein, Ludwig, Der hippokratische Eid, Zürich 1969.

Harig, Georg/Kollesch, Jutta (Hg.), Der Hippokratische Eid. Zur Entstehung der antiken medizinischen Deontologie, in: Philologus 122, 1978, 157–176.

Lichtenthaeler, Charles, Der Eid des Hippokrates, Köln 1984.

Schubert, Charlotte, Der hippokratische Eid, Darmstadt 2005.

Schubert, Charlotte/Scholl, Reinhold, Der hippokratische Eid: Wie viele Verträge und wie viele Eide?, in: Medizinhistorisches Journal 40, 2005, 247–273.

Steinmann, Kurt, Hippokrates. Der Eid des Arztes, Frankfurt/M. 1996 (enthält auch die Übersetzung der Schrift Über die heilige Krankheit).

Rütten, Thomas, Die Herausbildung der ärztlichen Ethik. Der Eid des Hippokrates, in: Schott, Heinz (Hg.), Meilensteine der Medizin, Dortmund 1996, 57–66.

Wilmanns, Juliane, Ethische Normen im Arzt-Patienten-Verhältnis auf der Grundlage des Hippokratischen Eides, in: Knoepffler, Nikolaus (Hg.), Menschenwürde und medizinethische Konfliktfälle, Stuttgart 2000; ND in: Wolff, Hartmut (Hg.), Medizin braucht Geschichte und Ethik. Juliane C. Wilmanns zum Gedenken, in: Münchner Beiträge zur Geschichte und Ethik der Medizin 3, 2011, 53–72.

Literatur zum Eid in der gegenwärtigen medizin-ethischen Diskussion S. 278 f.

2. Die heilige Krankheit

Grensemann, Hermann, Die hippokratische Schrift «Über die heilige Krankheit», Berlin 1968.

Laskaris, Julie, The art is long. On the sacred disease and the scientific tradition, Leiden 2002.

Miller, Harold W., The concept of Divine in De morbo sacro, in: Transact. and Proceed. of the American Philological Association 84, 1953, 1–15.

Nörenberg, Heinz-Werner, Das Göttliche und die Natur in der Schrift über die heilige Krankheit, Bonn 1965.

Schneble, Hansjörg, Epilepsie. Erscheinungsformen, Ursachen, Behandlung, München 1996, 2. Aufl. 2003.

Steinmann, Karl, Der Eid des Hippokrates. Von der heiligen Krankheit, Frankfurt/M. 1996 (Übersetzung mit Anmerkungen).

Temkin, Owsei, The falling sickness, Baltimore 1945, 2. Aufl. 1971.

Wellmann, Max, Die Schrift περὶ ἱερῆς νούσου des Corpus Hippocraticum, in: Archiv für Geschichte der Medizin 22, 1929, 290–330.

Wurz, Michael, Die hippokratische Schrift «Über die heilige Krankheit», textkritisch und sprachlich untersucht, Wien 1953.

3. Umwelt

Backhaus, Wilhelm, Der Hellenen-Barbaren-Gegensatz und die hippokratische Schrift περὶ ἀέρων ὑδάτων τόπων, in: Historia 25, 1976, 170–185.

von Brunn, Walter, Hippokrates und die meteorologische Medizin, in: Gesnerus 1946, 151–173 und 1947, 1–18, 65–85.

Diller, Hans, Die Überlieferung der hippokratischen Schrift περὶ ἀέρων ὑδάτων τόπων, in: Philologus, Suppl. 23, 3, 1932.

Diller, Hans, Wanderarzt und Aitiologe, in: Philologus, Suppl. 26, 3, 1934.

Edelstein, Ludwig, Περὶ ἀέρων und die Sammlung der hippokratischen Schriften, Berlin 1931 (Problemata 4).

van der Eijk, Philip, ‹Air, water, places› and ‹On the sacred disease›: two different religiosities?, in: Hermes 119, 1991, 168–176.

Grensemann, Hermann, Das 24. Kapitel von De aeribus, aquis, locis und die Einheit der Schrift, in: Hermes 107, 1979, 423–441.

Harig, Georg, Zur medizinischen Analyse der hippokratischen Schrift περὶ ἀέρων ὑδάτων τόπων, Berlin 1959.

Heinimann, Felix, Nomos und Physis, Basel 1945, ND 1965.

Herter, Hans, Vererbung erworbener Eigenschaften, in: Dorema (Festschr. Diller), Athen 1975, 115–125.

Liewert, Anne, Die meteorologische Medizin des Corpus Hippocraticum, Berlin 2015.

Nickel, Diethard, Künstliche Schädeldeformation und Vererbung – eine antike Hypothese, in: Das Altertum 24, 1978, 236–240.

Parzinger, Hermann, Die Skythen, München 2004, 3. Aufl. 2009.

Schubert, Charlotte (= Triebel-Schubert), Anthropologie und Norm: Der Skythenabschnitt in der hippokratischen Schrift «Über die Umwelt», in: Medizinhist. Journal 25, 1990, 90–103.

Schubert, Charlotte, Menschenbild und Normwandel in der klassischen Zeit, in: Flashar, Hellmut/Jouanna, Jacques (Hg.), Médecine et morale dans l'antiquité. Entretiens sur l'Antiquité classique 43, 1996, 121–143.

Schubert, Charlotte, Zum problematischen Verhältnis von res fictae und res factae im antiken Nomadendiskurs, in: Weiß, Alexander (Hg.), Der imaginierte Nomade, Wiesbaden 2007.

Schubert, Charlotte, Nomaden in der Peripherie – Nomaden im Zentrum: Die Lokalisierung der Nomaden in griechischen Raumvorstellungen, in: Kath, Roxana/Rieger, Anna-Katharina (Hg.), Raum – Landschaft – Territorium, Wiesbaden 2009, 251–276.

Wenskus, Otta, Geschlechterrollen und Verwandtes in der pseudohippokratischen Schrift «Über die Umwelt», in: Rollinger, Robert/Ulf, Christoph (Hg.), Geschlechterrollen und Frauenbild in der Perspektive antiker Autoren, Innsbruck 1999, 173–186.

Zeugwetter, Karl, Die Einheit der hippokratischen Schrift περὶ ἀέρων ὑδάτων τόπων, Wien 1939.

4. Von der Diagnose zur Prognose

Alexanderson, Bertil, Die hippokratische Schrift Prognostikon. Überlieferung und Text, Stockholm 1963.

Kudlien, Fridolf, Das Göttliche und die Natur im hippokratischen Prognostikon, in: Hermes 105, 1977, 268–274.

Langholf, Volker, Prognosen in der hippokratischen Medizin. Funktionen und Methoden, in: Döring, Klaus/Wöhrle, Georg (Hg.), Antike Naturwissenschaft und ihre Rezeption II, Bamberg 1992, 224–241.

5. Epidemien, Säfte und Krankheiten

Baader, Gerhard/Winau, Rolf (Hg.), Die hippokratischen Epidemien, Stuttgart 1989 (die Einzelbeiträge werden hier nicht gesondert aufgeführt).

Deichgräber, Karl, Die Epidemien und das Corpus Hippocraticum, Berlin 1971.

Deichgräber, Karl, Die Patienten des Hippokrates, Wiesbaden 1982.

Diller, Hans, Ausdrucksformen des methodischen Bewusstseins in den hippokratischen Epidemien, in: Archiv f. Begriffsgesch. 9, 1964; ND in: H. D., Kleine Schriften zur antiken Medizin, Berlin 1973, 106–123.

Graumann, Lutz Alexander, Die Krankengeschichten der Epidemienbücher des Corpus Hippocraticum, Aachen 2000.

Hellweg, Rainer, Stilistische Untersuchungen zu den Krankengeschichten der Epidemienbücher I und III des Corpus Hippocraticum, Bonn 1985.

Langholf, Volker, Medical theories in Hippocrates. Early texts and the Epidemics, Berlin 1990.

Lichtenthaeler, Charles, Neuer Kommentar zu den ersten zwölf Krankengeschichten im III. Epidemienbuch des Hippokrates, Stuttgart 1994 (Hermes-Einzelschriften 65).

Nikitas, Anastasios A., Untersuchungen zu den Epidemienbüchern I, IV, VI des Corpus Hippocraticum, Diss. Hamburg 1968.

Zur Schrift Über die Säfte

Deichgräber, Karl, Hippokrates' De humoribus in der Geschichte der griechischen Medizin. Mainz 1972 (Abh. d. Ak. Mainz 1972, 14).

Overwien, Oliver, Hippokrates, De humoribus (Edition, deutsche Übersetzung, Kommentar), Berlin 2014 (CMG I 3, 1).

6. Grundfragen der Medizin in der Diskussion

a) Über die Lüfte

Ducatillon, J., Le traité des vents et la question hippocratique, in: Lasserre/Mudry (Hg.), Formes de pensée 1983, 263–276.

b) Die Natur des Menschen

Dunn, Francis, On Ancient Medicine and its intellectual background, in: van der Eijk, Hippocrates in context 2005, 29–47.

Grensemann, Hermann, Der Arzt Polybos als Verfasser hippokratischer Schriften, Mainz 1968 (Abh. Akad. Mainz, geistes- und sozialwiss. Klasse 1968, 2).

c) Die alte Heilkunst

Dihle, Albrecht, Kritisch-exegetische Bemerkungen zur Schrift Über die alte Heilkunst, in: Museum Helveticum 20, 1963, 135–150.
Diller, Hans, Hippokratische Medizin und attische Philosophie, in: Hermes 80, 1952, 385–409; ND in: H. D., Kleine Schriften zur antiken Medizin, Berlin 1973, 46–70.
Festugière, André-Jean, L'ancienne médecine, Paris 1948; ND New York 1979.
Herter, Hans, Die kulturhistorische Theorie der hippokratischen Schrift Von der alten Medizin, in: Maia 15, 1963, 464–483.
Miller, Harold W., On Ancient Medicine and the origins of medicine, in: Trans. and Proceed. of Am. Phil. Ass. 80, 1949, 187–202.
Müri, Walter, Περὶ ἀρχαίης ἰητρικῆς, Kap. 9, in: Hermes 71, 1936, 467–469.
Nickel, Diethard, Bemerkungen zur Methodologie in der hippokratischen Schrift De prisca medicina, in: Wittern, Renate (Hg.), Hippokratische Medizin und antike Philosophie, Hildesheim 1996, 53–61.
Pohlenz, Max, Das zwanzigste Kapitel von Hippokrates' De prisca medicina, in: Hermes 53, 1918, 369–421.
Schiefsky, Mark J., Hippocrates On ancient medicine, translated with introduction and commentary, Leiden 2005 (dort auch alle frühere Literatur).
Schiefsky, Mark J., On Ancient Medicine on the nature of human beings, in: van der Eijk, Philip (Hg.), Hippocrates in context, Leiden 2005, 69–85.
Wanner, H., Studien zu Περὶ ἀρχαίης ἰητρικῆς, Zürich 1939.

d) Über die Kunst

Gomperz, Theodor, Die Apologie der Heilkunst, Leipzig 1890, 2. Aufl. 1910 (Edition, Übersetzung, Kommentar).

7. Diät und Gesundheitsvorsorge

Diller, Hans, Der innere Zusammenhang der hippokratischen Schrift De victu, in: Hermes 87, 1959, 385–409; ND in: H. D., Kleine Schriften zur antiken Medizin, Berlin 1973, 71–88.
Joly, Robert, Recherches sur le traité pseudo-hippocratique du régime, Paris 1960.
Lonie, Ian M., The Hippocratic treatise peri diaites oxeon, in: Sudhoffs Archiv 49, 1965, 50–79.
Palm, Adolf, Studien zur hippokratischen Schrift περὶ διαίτης, Tübingen 1933.
Wöhrle, Georg, Studien zur Theorie der antiken Gesundheitslehre, Stuttgart 1990 (Hermes-Einzelschriften 56).

8. Gynäkologie

Countouris, Nicolas, Hippokratische Gynäkologie, Diss. Hamburg 1985.
Diepgen, Paul, Die Frauenheilkunde der Alten Welt, Berlin 1937.
Grensemann, Hermann, Die hippokratische Schrift περὶ ὀκταμήνων (De octimestri partu). Ausgabe und kritische Bemerkungen, Kiel 1960.
Grensemann, Hermann, Hippokratische Gynäkologie, Wiesbaden 1982.
Lonie, Ian M., The Hippocratic Treatises On generation, On the nature of the child, Diseases IV, Berlin 1981.

Regenbogen, Otto, Eine Forschungsmethode antiker Naturwissenschaft, in: Quellen und Studien zur Geschichte der Mathematik I 2, 1930, 151–182; ND in: O. R., Kleine Schriften, 1961, 141–192.

Stein, Michael, Die gynäkologischen Schriften des Corpus Hippocraticum, in: Dettenhofer, Maria H. (Hg.), Reine Männersache? Köln 1994, 69–95.

Trapp, Helga, Die hippokratische Schrift De natura muliebri, Diss. Hamburg 1967 (Edition und textkrit. Kommentar).

9. Innere Krankheiten

Dönt, Hilde, Die pseudohippokratische Schrift Über das Herz, in: Wiener Hum. Studien 26, 1984, 31–38.

Jouanna, Jacques, La structure du traité hippocratique Maladie II et évolution de l'école de Cnide, in: Rev. Et. Greques 82, 1969, 12–17.

Oser-Grote, Carolin, Aristoteles und das Corpus Hippocraticum, Stuttgart 2004.

Potter, Paul, Die hippokratische Schrift *De morbis III*, Diss. Kiel 1973 (Edition, Übersetzung, Kommentar).

Wittenzellner, Jürgen, Untersuchungen zu der pseudohippokratischen Schrift Περὶ παθῶν, Diss. Würzburg 1969.

Wittern, Renate, Die hippokratische Schrift De morbis I, Hildesheim 1974 (Edition, Übersetzung, Erläuterungen).

10. Chirurgie und Orthopädie

Grensemann, Hermann, Hypothesen zur ursprünglich geplanten Ordnung der hippokratischen Schriften De fracturis und De articulis, in: Med. Hist. Journal 5, 1970, 217–235.

Michler, Markwart, Die Klumpfußlehre des Hippokrates, in: Sudhoffs Archiv für Geschichte der Medizin, Beiheft 2, 1963.

Michler, Markwart, Das Spezialisierungsproblem und die antike Chirurgie, Bern 1969.

Roselli, Amneris, Problemi relativi ai trattati chirurgici De Fracturis e De articulis, in: Bourgey, Louis/Jouanna, Jacques (Hg.), La collection Hippocratique, 1975, 229–234.

11. Zahlen, Fieber, Tod

Boll, Franz, Die Lebensalter (mit einem Anhang zur Schrift ΠΕΡΙ ΕΒΔΟΜΑΔΩΝ), in: Abh. d. Sächs. Ak. d. Wiss. 1903, ND in: F. B., Sternkunde des Altertums, Leipzig 1950, 156–224.

Kranz, Walther, Kosmos und Mensch in der Vorstellung des frühen Griechentums, in: Nachr. d. Gött. gelehrten Gesellschaft, phil.-hist. Klasse 1938, 121–161, ND in: W. K., Studien zur antiken Literatur und ihrem Nachwirken (hg. von Ernst Vogt), Heidelberg 1967, 165–196.

Mansfeld, Jaap, The pseudohippocratic tract ΠΕΡΙ ἘΒΔΟΜΑΔΩΝ ch. 1–11 and Greek philosophy, Assen 1971.

Mras, Karl, Sprachliche und textkritische Bemerkungen zur spätlateinischen Über-

setzung der Hippokratischen Schrift von der Siebenzahl, in: Wiener Studien 21, 1919, 61–74.
Roscher, Wilhelm Heinrich, Die Hebdomadenlehre der griechischen Philosophen und Ärzte, in: Abh. d. Sächs. Ak. d. Wiss. 1906.
Roscher, Wilhelm Heinrich, Die hippokratische Schrift von der Siebenzahl in ihrer vierfachen Überlieferung, Paderborn 1913.
West, Martin L., The cosmology of ‹Hippocrates› De hebdomadibus, in: Classical Quarterly NS 21, 1971, 365–388.

12. Die Einrichtung einer Praxis und die ärztliche Standesethik

Fleischer, Ulrich, Untersuchungen zu den pseudohippokratischen Schriften παραγγελίαι, περὶ ἰητροῦ und περὶ εὐσχημοσύνης, in: Neue deutsche Forschungen Bd. 240, Abt. klassische Philologie Bd. 10, 1939.
Kudlien, Fridolf, Mutmaßungen über die Schrift περὶ ἰητροῦ, in: Hermes 94, 1966, 54–59.
Müller, Friedrich, Der hippokratische Nomos, in: Hermes 75, 1940, 93–105.

13. Aphorismen

Althoff, Jochen, Die aphoristisch stilisierten Schriften des Corpus Hippocraticum, in: Kullmann, Wolfgang (et alii, Hg.), Gattungen wissenschaftlicher Literatur in der Antike, Tübingen 1998, 37–63.
Kudlien, Fridolf, Zur Interpretation eines hippokratischen Aphorismus, in: Sudhoffs Archiv für Geschichte der Medizin 52, 1962, 289–294.
Nachmanson, Ernst, Zum Nachleben der Aphorismen, in: Quellen und Studien zur Geschichte der Naturwissenschaften und Medizin 3 (Heft 4), 1933, 300–315.

14. Briefe, Reden und ein Dekret

Philippson, Robert, Verfasser und Abfassungszeit der sogenannten Hippokratesbriefe, in: Rheinisches Museum 77, 1928, 293–328.
Rütten, Thomas, Demokrit – lachender Philosoph und sanguinischer Melancholiker, Leiden 1992.
Sakalis, Dimitrios, Beiträge zu den pseudohippokratischen Briefen, in: Lasserre, François/Mudry, Philippe (Hg.), Formes de pensée dans la collection Hippocratique, Genève 1983, 499–519.
Smith, Wesley D., Hippocrates, Pseudepigraphic writings. Letters – Embassy – Speech from the Altar – Decree, Leiden 1990.

IV. ASKLEPIOS

Aleshire, Sara B., Asklepios at Athens, Amsterdam 1991.
Benedum, Christa, Asklepios – der homerische Arzt und der Gott von Epidauros, in: Rheinisches Museum 133, 1990, 210–226.
Edelstein, Emma und Ludwig, Asclepius. A collection and interpretation of the testimonies, 2 Bände, New York 1975.

Herzog, Rudolf, Koische Forschungen und Funde, Leipzig 1899.
Herzog, Rudolf, Die Wunderheilungen von Epidauros, Leipzig 1931 (Philologus Suppl. Bd. 22, Heft 3).
Hunger, Karl Heinz, Der Äskulapstab, Berlin 1978.
Kerényi, Karl, Der göttliche Arzt, Darmstadt 1964.
Prignitz, Sebastian, Bauurkunden und Bauprogramm von Epidauros (400–250).
Asklepiostempel, Tholos, Kultbild, Brunnenhaus, München 2014 (Vestigia 67).
Riethmüller, Jürgen, Asklepios-Heiligtümer und Kulte, 2 Bände, Heidelberg 2005.
Steyer, Florian, Asklepiosmedizin. Medizinischer Alltag in der römischen Kaiserzeit, Stuttgart 2004.
Wickkiser, Bronwen L., Asklepios, medicine, and the politics of healing in fifth-century Greece, Baltimore 2008.

V. STATIONEN DER REZEPTION

Baader, Gerhard, Die Tradition des Corpus Hippocraticum im europäischen Mittelalter, in: Baader, Gerhard/Winau, Rolf (Hg.), Die hippokratischen Epidemien, Stuttgart 1989, 409–419.
Biesterfeld, Hinrich, Palladius on the Hippocratic Aphorisms, in: Philosophia Antiqua 107, 2007, 385–397.
Biesterfeld, Hinrich, «Von Alexandria nach Bagdad», in: Georges, Tobias (et alii, Hg.), Alexandria, Tübingen 2013, 477–490.
Burkert, Walter, Die Entdeckung der Nerven. Anatomische Evidenz und Widerstand der Philosophie, in: Brockmann, Christian (et alii, Hg.), Antike Medizin im Schnittpunkt, Berlin/New York 2009, 31–44.
Deichgräber, Karl, Medicus gratiosus, Mainz 1970 (Abh. d. Ak. d. Wiss. Mainz 1970, 3).
Diller, Hans, Zur Hippokratesauffassung Galens, in: Hermes 68, 1933, 167–181; ND in: H. D., Kleine Schriften zur antiken Medizin, Berlin 1973, 3–16.
Diller, Hans, Empirie und Logos. Galens Stellung zu Hippokrates und Platon, in: Döring, Klaus/ Kullmann, Wolfgang (Hg.), Studia Platonica (Festschrift für Hermann Gundert), Amsterdam 1974.
Gutas, Dimitri, Greek thought, Arabic culture, London 1998.
Ilberg, Johannes, Die Hippokratesausgaben des Artemidoros Kapiton und des Dioskurides, in: Rheinisches Museum 50, 1890, 111–137.
Kollesch, Jutta/Nickel, Diethard (Hg.), Galen und das hellenistische Erbe, Stuttgart 1993 (Sudhoffs Archiv, Beiheft 32).
Kudlien, Fridolf, Hippokrates-Rezeption im Hellenismus, in: Baader/Winau (Hg.), Die hippokratischen Epidemien 1989, 355–376.
Leven, Karl-Heinz, Hippokrates im 20. Jahrhundert: Ärztliches Selbstbild, Idealbild und Zerrbild, in: Leven/Prüll (Hg.), Selbstbilder des Arztes im 20. Jahrhundert 1994, 39–96.
Leven, Karl-Heinz, Von Alexandria nach Konstantinopel, in: Schott (Hg.), Meilensteine der Medizin 1996, 114–120.
Lloyd, Geoffrey E. R., Galen on Hellenistics and Hippocrateans, in: Kollesch, Jutta/Nickel, Diethard (Hg.), Galen und das hellenistische Erbe, Stuttgart 1993, 125–143.

Nickel, Diethard, Hippokratisches bei Praxagoras von Kos?, in: van der Eijk (Hg.), Hippocrates in context 2005, 315–323.
Nuland, Sherwin B., Doctors. The biography of medicine, New York 1988. Deutsche Übersetzung: Lichtblau, Heidi, Im Dienste des Hippokrates, München 1994.
Nutton, Vivian, Hippocrates in the Renaissance, in: Baader/Winau (Hg.), Die hippokratischen Epidemien 1989, 420–439.
Pardon, Muriel, Celsus and the Hippocratic corpus. The originality of a ‹Plagiarist›, in: van der Eijk (Hg.), Hippocrates in context 2005, 157–171.
Pfaff, Franz, Die Überlieferung des Corpus Hippocraticum in nachalexandrinischer Zeit, in: Wiener Studien 50, 1932, 67–82.
Rütten, Thomas und Sodmann, E., Hippokratesrenaissance im 16. Jahrhundert, in: Rütten, Thomas, Hippokrates im Gespräch, München 1993 (Ausstellungskatalog).
Siraisi, Nancy G., Medicine and the Italian universities 1250–1600, Leiden 2001.
Solmsen, Friedrich, Greek philosophy and the discovery of the nerves, in: Museum Helveticum 18, 1961, 150–197. Deutsche Übersetzung in: Flashar (Hg.), Antike Medizin 1971, 202–279.
Steger, Florian, Asklepiosmedizin. Medizinischer Alltag in der römischen Kaiserzeit, Stuttgart 2004.
Steger, Florian, Das Erbe des Hippokrates. Medizinethische Konflikte und ihre Wurzeln, Göttingen 2008.
Stohmeier, Gerhard, Der arabische Hippokrates, in: Sudhoffs Archiv 64, 1980, 243–249.
Temkin, Owsei, Geschichte des Hippokratismus im ausgehenden Altertum, in: Kyklos 4, 1932; ND in: Flashar (Hg.), Antike Medizin 1971, 417–434.
Temkin, Owsei, Byzantine medicine. Tradition and Empiricism, in: Dumbarton Oaks Papers 16, 1962, 97–115. Deutsche Übersetzung in: Flashar (Hg.), Antike Medizin 1971, 435–468.
Ullmann, Manfred, Die Medizin im Islam, Leiden 1970.
Ullmann, Manfred/Arnzen, Rüdiger (Hg.), Aufsätze zur arabischen Rezeption der griechischen Medizin und Naturwissenschaften, Berlin 2015.
Weisser, Ursula, Das Corpus Hippocraticum in der arabischen Medizin, in: Baader/Winau (Hg.), Die hippokratischen Epidemien 1989, 377–408.

BILDNACHWEIS

Abb. 1:   bpk/ Antikensammlung, SMB/Johannes Laurentius

Abb. 2:   Antikenmuseum Basel und Sammlung Ludwig/Andreas F. Voegelin. Inv.-Nr. BS236

Abb. 3:   akg-images/De Agostini/G. Dagli Orti

Abb. 4:   H. Felbermeyer, D-DAI-Rom 68.1499

Abb. 5:   Stefan von der Lahr, München

Abb. 6:   Wellcome Library, London. http://wellcomeimages.org

Abb. 7:   bpk

Abb. 8:   akg-images/De Agostini Picture Library

Abb. 9:   Bibliothèque Nationale de France, Cabinet des Médailles, Paris/De Agostini Picture Library/J. E. Bulloz/Bridgeman Images

Abb. 10: © World Health Organization (WHO)

PERSONENREGISTER

Abu l-Hasan at-Tabari (10. Jh.) 240
Aischylos (525–456 v. Chr.) 69, 183
Alderotti, Taddeo (ca. 1220–ca. 1300) 242
Alkmaion von Kroton (ca. 570–500 v. Chr.) 18–20, 63, 134, 139
Anaxagoras (ca. 510–428 v. Chr.) 110, 137, 175
Anaximenes (ca. 585–zwischen 528 und 524 v. Chr.) 91
Aristoteles (384–322 v. Chr.) 18, 26, 31, 34, 57, 64, 112, 131, 136, 139, 168, 170, 181, 187, 200, 228, 235, 237, 239–240, 248
Artaxerxes I. (465–424 v. Chr.) 196–197
Artemidoros Kapiton (1./2. Jh. n. Chr.) 35, 230, 235
Asklepios/Aesculapius (6. Jh. v. Chr.) 12, 15–17, 23–25, 28, 31, 36–37, 45, 196–197, 199, 209–217, 220–225, 227, 231, 237, 244
Asklepios, Arzt (1./2. Jh. n. Chr.) 235
Asulani, Andreas (16. Jh.) 245
Avicenna (980–1037) 240, 243

Bacon, Francis (1561–1626) 194
Bartholomaeus von Salerno (12. Jh.) 241
Binding, Karl (1841–1920) 252
Brandt, Karl (1904–1948) 251–252
Bruyère, Jean de la (1645–1696) 194
Büchmann, Georg (1813–1837) 189
Büchner, Franz (1895–1991) 250–252

Cassiodor (485–585) 243
Celsus, Aulus Cornelius (25 v. Chr.–50 n. Chr.) 42, 230
Cheiron, Lehrer des Asklepios 15–16, 208
Constantinus Africanus (ca. 1015–1087) 240
Cornarius, Janus (1500–1558) 246

Daidares, Heilsuchender 81
Damagetos, Reeder in Rhodos 198, 201
Dante (1265–1321) 242
Dareios (550–486 v. Chr.) 20–21, 183
Demetrios, König von Makedonien (336–283 v. Chr.) 203
Demokedes (ca. 550–480 v. Chr.) 20–23, 197
Demokrit (460–370 v. Chr.) 101, 110, 133, 138–139, 197–205
Diogenes von Apollonia (ca. 499–ca. 428 v. Chr.) 91, 135, 229
Diokles von Karystos (Mitte 4. Jh. v. Chr.) 33, 226–229
Dioskurides Pedanius (1. Jh. n. Chr.) 35, 230, 235

Ebers, Georg Moritz (1837–1898) 9
Empedokles (ca. 483–424 v. Chr.) 19, 110, 229
Epikur (um 341–270 v. Chr.) 184, 196
Erasistratos (304–250 v. Chr.) 218, 228–229, 244–245
Erotian (1. Jh. n. Chr.) 45, 230
Eryximachos (5. Jh. v. Chr.) 16, 27
Euripides (480–406 v. Chr.) 30, 71, 121

PERSONENREGISTER

Fahrenheit, Gabriel (1686–1726) 248
Foesius, Anutius (1528–1595) 246
Foreest, Pieter van/Forestus, Petrus (1521–1597) 246
Fuchs, Robert (1847–1927) 250

Galen (129–199) 23, 34–35, 42, 95–96, 146, 169, 192, 229, 231–236, 238–248
Gerhard von Cremona (1114–1187) 240, 242
Goethe, Johann Wolfgang von (1749–1832) 112, 189, 194, 248
Gorgias (um 480–380 v. Chr.) 92, 100
Gutenberg, Johannes (um 1400–1468) 245

Hackethal, Julius (1921–1997) 253
Hadrian, römischer Kaiser (76–138) 222, 231, 234
Harvey, William (1578–1657) 247–248
Hekataios von Milet (um 560–um 480 v. Chr.) 72
Heraklit (ca. 535–475 v. Chr.) 110–111, 113, 187–188
Herodikos (2. Hälfte 5./1. Hälfte 4. Jh. v. Chr.) 109–110
Herodot (ca. 485–425 v. Chr.) 11, 20–21, 24, 70, 72
Herondas (oder Herodas) (3. Jh. v. Chr.) 215
Herophilos (335–280 v.Chr) 228–229
Hesiod (um 700 v. Chr.) 74–75, 208
Hieron, Fürst von Syrakus († 466 v. Chr.) 16
Hippokrates (ca. 460–ca. 380 v. Chr.) 7, 11, 17, 19–20, 22–35, 39, 44–45, 47, 50–72, 76–77, 79–84, 86, 88–90, 93, 95–96, 99, 101, 104, 108–110, 119–122, 133, 163, 178, 183–184, 186–187, 193–194, 196–206, 212, 214, 221, 226–231, 233–238, 240–254
Hoche, Alfred (1865–1943) 252
Homer (um 700 v. Chr.) 12–17, 25, 31, 37, 52, 111, 208–210

Horaz (65–8 v. Chr.) 204
Hunain ibn Ishaq (808–873) 239

Ingrassia, Giovanni Filippo (1510–1580) 247
Isyllos (2. Hälfte 4. Jh. v. Chr.) 216

Julian, römischer Kaiser (4. Jh. n. Chr.) 236

Kalif al-Mutawakkil (5. Jh. n. Chr.) 239
Kapferer, Richard (19./20. Jh.) 187, 249
Karl III., Herzog von Lothringen (839–888) 246
Klemens von Alexandria (2. Jh. n. Chr.) 192
Kneipp, Sebastian (1821–1897) 249

Leonicenus, Nicolaus (um 1530) 193
Lichtenberg, Georg Christoph (1742–1799) 194
Littré, Émile (1801–1881) 89, 161, 249
Livius (59 v. Chr.–17 n. Chr.) 222
Lykos (1./2. Jh. n. Chr.) 235

Machaon, Sohn des Asklepios 12, 14–15, 17, 209
Marinus (1./2. Jh. n. Chr.) 235
Marc Aurel, römischer Kaiser (2. Jh. n. Chr.) 232
Mediolano, Johannes de (13. Jh.) 194
Metochites, Theodoros (14. Jh.) 192
Michael von Ephesos (12. Jh.) 192

Nestorius (386–451 n. Chr.) 239
Nietzsche, Friedrich (1844–1900) 195
Nikias (470–413 v. Chr.) 212
Numesianus (1./2. Jh. n. Chr.) 235

Olympiodor (5. Jh. n. Chr.) 192
Oreibasios (4. Jh. n. Chr.) 235
Oroites, persischer Statthalter (6.–6./5. Jh. v. Chr.) 20
Ovid (43 v. Chr.–wohl 17 n. Chr.) 222

Palladios (6.–7. Jh.) 236
Paracelsus (1493–1541) 247
Pausanias (um 115–180 n. Chr.) 216,
221
Pelops, Lehrer Galens (1./2. Jh. n. Chr.)
235
Phanostrate, Ärztin (4. Jh. v. Chr.) 23
Phidias (480–430 v. Chr.) 27
Philolaos (470–385 v. Chr.) 100, 168
Philon von Alexandria (1. Jh. n. Chr.)
192
Pindar (522–443 v. Chr.) 16–17, 208
Platon (427–347 v. Chr.) 16, 26–28,
54, 56, 100, 104, 109–110, 120,
181, 196, 215, 226, 234
Plinius der Ältere (23–79) 230, 249
Plutarch (um 45–um 125) 192
Podaleirios, Sohn des Asklepios 12,
14–15, 209
Polybos, Schwiegersohn des Hippokrates 34, 95–99, 250
Polyklet (um 480–gegen Ende des
5. Jh. v. Chr.) 27, 234
Polykrates (um 570–522 v. Chr.) 20
Praxagoras (2. Hälfte des 4. Jh.s
v. Chr.) 221, 227–228
Protagoras (um 490–um 411 v. Chr.)
27, 100–101, 234
Pythagoras (um 570–nach 510 v. Chr.)
17–18, 20, 43, 131, 134, 168

Reuchlin, Johannes (1455–1522) 246
Rochefoucauld, François de La
(1613–1680) 194
Rufinus, Konsul (2. Jh. n. Chr.) 231
Rufus von Ephesus (1./2. Jh. n. Chr.)
235

Sabinus (1./2. Jh. n. Chr.) 235
Satyros (1./2. Jh. n. Chr.) 235
Schiller, Friedrich (1759–1805) 189,
248

Schopenhauer, Arthur (1788–1860)
195
Schwanthaler, Ludwig (1802–1848)
31
Scribonius Largus, vielleicht Schüler
des Celsus 230
Seneca (4 v. Chr.–65 n. Chr.) 188, 204,
230
Smith, Edwin (1822–1906) 9
Sokrates (470–399 v. Chr.) 27–28,
206, 215
Solon (um 640–560 v. Chr.) 40, 170
Soemmerring, Samuel Thomas von
(1755–1830) 247
Soran (1. Jh. n. Chr) 26, 45
Sosias (tätig um 500 v. Chr.) 13
Stephanos (6.–7. Jh.) 236
Stobaios, Johannes (5. Jh. n. Chr.) 192
Sulla (1. Hälfte des 1. Jh.s v. Chr.) 222
Sydenham, Thomas (1624–1689)
247–248

Theoderich, Ostgotenkönig (um
453–526) 243
Theophrast (um 371–287 v. Chr.) 204
Thukydides (vor 454–wohl zwischen
399 und 396 v. Chr.) 31, 80–81,
205
Tzetzes, Johannes (um 1110–um
1180) 26

Varro (116–27 v. Chr.) 230

Weizsäcker, Viktor von (1896–1957)
252

Xenophanes (ca. 580–480 v. Chr.)
52
Xerxes, Vater von Artaxerxes I.
196–197

Yriarte, Juan de (1702–1771) 237

ORTSREGISTER

Abdera (in Thrakien) 29, 198–199, 203, 205
Acharnai 212
Afrika 51, 65
Ägina/Aegina 20–21, 25
Ägypten 11, 24, 65, 138, 173, 238
Alexandria 32, 35, 178, 192, 228–231, 236, 238
Argos 27
Arkadien 209
Asien 64–70
Astypalaia 25
Athen 13, 20–22, 25, 27–29, 31, 34, 47, 66, 72, 80–81, 109, 181, 183, 197, 205–206, 212–213, 216–217, 219, 221, 226, 236

Bagdad 238–240
Basel (Basler Eid von 1460) 22–23, 45–46, 245–246
Bologna 242
Bremen, Vertonung des Eides, von Mauricio Kagel uraufgeführt am 13.5.1984 48
Brüssel, *Vita Bruxellenis*, ein in Brüssel aufbewahrter Codex aus dem 6. Jh. n. Chr. 26

Chios 162, 217
Clermont 243
Córdoba 240

Damaskus 238
Delos 77
Delphi 207–208, 222

Epidauros 25, 37, 210–212, 214–222, 224, 227
Epirus 217

Genf, Genfer Ärztegelöbnis von 1948 46–48, 50
Gießen, Gießener Doktoreid von 1607 46
Göttingen 194

Heidelberg(er Papyrus) 40
Hellespont (= Dardanellen) 172, 197
Herakleia 217

Kahun, Papyrus Kahun (ca. 1850 v. Chr.) 138
Karthago 240
Kleinasien (= Ionien) 20, 66, 91, 172, 223
Knidos 22–24, 29, 118, 125, 127, 133, 140–141, 149, 168, 188, 229
Kolchis 68
Konstantinopel 236, 238–240, 245
Kos 23–25, 27–31, 34, 54, 74, 78, 118, 125, 163, 165, 188, 190–191, 197–198, 206, 210, 214–215, 220–221, 227–229, 233
Kroton 18, 20–23, 63, 131, 134, 139, 168

Lakonien 209, 217
Lampsakos 217
Larissa 29
Lemnos 14
Libyen 51, 65, 77
London, Anonymus Londinensis 34, 95

ORTSREGISTER

Madrid 237, 240
Mailand 194
Malis 87
Mäotis-See (heute Asowsches Meer) 67, 70
Messene 217
Messenien 209
Milet 72
München 31

Odessos, das heutige Varna am Schwarzen Meer in Bulgarien 78
Orchomenos in Böotien 156
Ostia 30, 32
Oxyrhynchos 45

Palästina 238
Paris 193, 242, 245, 247
Parthenon 27
Pelion-Gebirge 12, 15–16
Peloponnes 69, 172, 206, 212
Pergamon 222, 231–232, 236
Perinth (samische Kolonie in Thrakien) 82
Piraeus 25, 212

Rhodos 199
Rom 26, 30–32, 42, 208, 211, 222–223, 229–232, 235–236, 238, 243

Salamis 69
Salerno 194, 240–242
Samnium (südlich der Apenninen) 222
Samos 20–21, 82
Schwarzes Meeres 68, 72, 78, 173
Selymbria 109
Sizilien 81, 206, 240, 247
Skapte Hyle 81
Smyrna 231
Sparta 81, 181, 262
Susa 20–21
Syrien 223, 238, 243

Thasos 29, 81, 83, 85, 217
Theben 181, 217
Thessalien in Nordgriechenland 12, 15, 29, 82, 159, 206, 208–209
Thrakien 29, 82, 109, 198
Toledo 240
Trikka (Trikke, heute: Trikala) 12, 25, 208, 215
Troia 12, 14
Troizen 217

Venedig 240, 245

Wien 245, 250

Zea 212

AUS DEM VERLAGSPROGRAMM

Biographien bei C.H.Beck – eine Auswahl

Hellmut Flashar
Aristoteles
Lehrer des Abendlandes
3. Auflage. 2015. 416 Seiten mit 9 Abbildungen
und 1 Karte. Gebunden

Ralf von den Hoff, Wilfried Stroh, Martin Zimmermann
Divus Augustus
Der erste römische Kaiser und seine Welt
2014. 341 Seiten mit 74 überwiegend farbigen Abbildungen,
zwei Plänen und einer Karte. Gebunden

Alexander Demandt
Alexander der Große
Leben und Legende
2009. XIV, 655 Seiten. Mit 16 Farbtafeln, einem farbigen
vorderen und hinteren Vorsatz, 30 Schwarzweißabbildungen,
3 Karten und 5 Stammtafeln. Leinen

Klaus Rosen
Attila
Der Schrecken der Welt
2016. 320 Seiten mit 15 Abbildungen und 3 Karten. Gebunden

Wolfgang Schuller
Cicero
oder Der letzte Kampf um die Republik
Eine Biographie
2013. 255 Seiten mit 30 Abbildungen. Gebunden

Wolfgang Will
Herodot und Thukydides
Die Geburt der Geschichte
2015. 280 Seiten mit 1 Abbildung und 2 Karten. Gebunden

Die Antike bei C.H.Beck – Eine Auswahl

Linda-Marie Günther
Kochen mit den Römern
Rezepte und Geschichten
2015. 208 Seiten mit 26 farbigen Abbildungen,
10 farbigen Karten im Text und 1 farbigen Karte auf dem vorderen
und hinteren Vorsatz sowie vielen Vignetten. Halbleinen

Werner Dahlheim
Die Welt zur Zeit Jesu
4. Auflage. 2015. 492 Seiten mit 50 Abbildungen,
11 Karten, davon 2 in Farbe sowie 2 Zeittafeln. Gebunden

Hermann Parzinger
Abenteuer Archäologie
Eine Reise durch die Menschheitsgeschichte
2016. 256 Seiten mit 70 farbigen Abbildungen
und Karten. Halbleinen

James Romm
Der Geist auf dem Thron
Der Tod Alexanders des Großen und der mörderische
Kampf um sein Erbe
Aus dem Englischen von Karl Heinz Siber
2016. 352 Seiten mit 25 Abbildungen und Karten. Gebunden

Werner Tietz
Hirten, Bauern, Götter
Eine Geschichte der römischen Landwirtschaft
2015. 370 Seiten mit 28 Abbildungen und 2 Karten. Gebunden

Markus Schauer
Der Gallische Krieg
Geschichte und Täuschung in Caesars Meisterwerk
2016. 271 Seiten mit 4 Abbildungen und 1 Karte. Leinen